“十二五”普通高等教育本科国家级规划教材
普通高等教育经济学管理学重点规划教材

公司财务 第四版

CORPORATE FINANCE

张 纯 ◎ 编著

上海财经大学出版社

图书在版编目(CIP)数据

公司财务/张纯编著. —4版. —上海：上海财经大学出版社，2021.6
普通高等教育经济学管理学重点规划教材
ISBN 978-7-5642-3787-5/F·3787

Ⅰ.①公… Ⅱ.①张… Ⅲ.①公司—财务管理—高等学校—教材 Ⅳ.①F276.6

中国版本图书馆CIP数据核字(2021)第095488号

□ 责任编辑 李嘉毅
□ 封面设计 贺加贝

公 司 财 务
(第四版)
张 纯 编著

上海财经大学出版社出版发行
(上海市中山北一路369号 邮编200083)
网 址：http://www.sufep.com
电子邮箱：webmaster@sufep.com
全国新华书店经销
上海华教印务有限公司印刷装订
2021年8月第4版 2021年8月第1次印刷

787mm×1092mm 1/16 25.75印张 626千字
印数：20 001－25 000 定价：72.00元

前　言

公司财务是一门有着自己独特的研究对象、理论和方法体系的学科，它融生产、经营、流通中的资金运动及所体现的经济关系于一体。现代财务学立足于企业微观，置身于经济宏观，涉及财税、金融、部门经济与管理等多学科学术领域。从这个意义上说，财务可以被称为一门新兴的边缘学科。1990 年，诺贝尔经济学奖获得者美国纽约大学的 H. 马科维茨教授、斯坦福大学的 W. 夏普教授和芝加哥大学的 M. 米勒教授相继拓展了财务学术的新领域，深化了理论体系，强化了其功能和效应，博得了举世的荣誉。

现代企业管理的核心是财务管理，这是市场经济发展的必然。我国社会主义市场经济体制的形成和发展使财务学科面临新的发展机遇和挑战。机遇在于市场经济为财务运作构建了新的理财环境，现代企业制度建设又为企业发展创造了前所未有的有利条件；挑战来自市场的公平竞争，企业只能在竞争中自我发展、自我完善，而财务唯有充分发挥其固有的系统功能才能使企业处于不败之地。为此，财务理论界和实务工作者必须围绕如何强化财务效应不失时机地总结、探索和实践。

本教材第一版自 2003 年 8 月发行以来，一直深受社会各界的好评。不少高校的本科教育和企事业单位、金融机构的高级管理人员培训选用本教材，并在教学和培训中收到较好的效果；有的学校还将本教材作为考试指定用书。目前，本教材已累计发行逾万册，在此对广大读者的支持表示衷心的感谢。

随着我国经济形势的快速发展，企业和社会各界对财务管理日益重视，对教材的要求也越来越高。根据教育部对精品教材提出的要求，本教材第四版紧紧围绕高校本科公司财务和相关经济管理专业人才的培养目标，坚持创新、改革的精神，体现新的课程体系、新的教学内容和教学方法，以提升学生整体素质为基础，以能力培养为目的，兼顾知识教育、技能教育和能力教育，并针对当前经济领域出现的新事物、新问题、新法规，对本教材的第三版进行了修改，力求体现先进、简明、适用的原则，使本教材更具有生命力。

与第一版、第二版、第三版相比，本教材第四版保持了它的先进性，主要体现为以下三个特点：一是思路的发散性，二是理念的创新性，三是实践的联系性和研究方法的多样性。在本教材中，作者思路不受传统观念束缚，在充分结合我国客观经济环境的基础上，广泛借鉴当代发达国家的理财思想和理念，较全面地完善了现代财务的基础理论，进行财务功能开发与探索，并在财务资金管理、财务业绩和风险控制等方面进行深化，及时修正并适应我国的新法律、新法规、新规章，对我国财务实践的经验进行总结。本教材还在坚持理论联系实践的基础上，引进了不少创新的理财观念，将财务的功能与许多经济学和管理学的研究相结合，采用多元化的研究方法，试图对我国解决公司财务的相关问题做出论述和解释。

以上改进可能存在诸多不尽如人意的地方，错误和遗漏难免，恳请读者批评指正。

本书作者陈文浩教授于 2013 年 1 月 18 日过世，第三版和第四版的修订由张纯教授完成。

张　纯

2021 年 6 月于上海

目 录

第一章 公司财务概述

学习要点

公司财务管理是组织财务活动和处理财务关系的经济管理行为，它主要回答三个问题：如何筹集资金(融资决策)？如何运用资金(投资决策)？如何管理资金(资产管理决策)？这些问题构成了公司财务的基本内容。

- 了解公司财务理论的发展历程及与其他学科之间的关系，有助于学生更全面地把握财务管理的内涵。
- 理解财务管理的概念、目标、职能、内容及原则。财务管理的目标和原则应重点掌握。前者是公司理财活动所希望实现的结果，是评价公司理财活动是否合理、有效的基本标准；后者则是在财务管理工作中所要遵循的准则。把握了目标和原则，就等于把握了源头。
- 了解公司的组织形式和公司财务所依存的经济、法律、金融市场、宏观政策、税收等环境，熟悉公司价值的含义及其评价的基本表示方法。

第一节 公司财务理论的历史沿革及与相关学科的关系

一、公司财务理论的历史沿革

公司财务习惯上称为财务管理，它着重研究公司当前或未来经营活动所需要的资金取得、使用与分配的管理活动。公司财务形式上是财务活动，围绕公司当前或未来的资源取得、使用和分配活动进行，实质上是处理财务活动中形成的公司与各方的经济关系。公司财务运用预测、决策、规划、控制、分析等手段增加公司的价值，实现公司所有者利益的最大化。

要了解公司财务的现状，就必须研究公司财务思想和实务的历史发展。公司财务出现于19世纪末，发展于20世纪，特别是在20世纪中期，随着社会化商品生产和商品交换规模的不断扩大，金融市场日益繁荣，企业并购等资本运作形式风起云涌，计算机技术全面应用，公司财务的理论与方法取得了令人瞩目的发展。西方发达国家公司经济活动和财务管理实践的发展大致经历了以下几个阶段：

(一) 19世纪末—20世纪初：萌芽阶段

公司财务最早被认为是微观经济理论的应用学科，是经济学的一个分支。1897年，美国财务学者格林(Green)出版了最早的财务管理著作——《公司财务》。尔后，米德(Meade)于

1910年出版了《公司财务》，戴维（Dewing）和利昂（Lyon）于1938年分别出版了《公司财务政策》和《公司及其财务问题》。这些著作标志着公司财务管理学科初步形成。

（二）20世纪20—30年代：发展阶段

20世纪20年代，随着西方国家工业化程度的加深，一方面公司（及各类企业）普遍面临发展资本不足的困境，另一方面资本市场很不发达。一些人乘机控制证券的发行和买卖，并由此造成证券价格大起大落。面对公司（及各类企业）难以获取所需资金、投资者因价格变化而不愿购买证券的情况，公司财务不得不将重点放到证券发行和买卖的法律条文管理上。这个时期的代表作是斯通（Stone）于1920年写成的《公司财务策略》。

20世纪30年代，资本主义国家发生了空前的经济危机，经济一片萧条。大批公司对资本运用不加控制，生产消耗增加，导致经营失败而相继倒闭。残酷的现实使得财务管理的重点转向维持生存和加强政府的管制，如要求公司公布财务信息、注重公司倒闭和重建的法律条文管理等，从而使公司财务状况分析得以发展。

（三）20世纪40—50年代：扩展阶段

20世纪50年代初，虽然公司财务管理以法律条文管理为主要内容的做法还在延续，但是，财务管理的研究重心已经转为分析、预测和控制公司的现金流量，研究方法以定性分析为主，到20世纪50年代中期则逐步转向资本预算。随着市场竞争的日益激烈，公司要想生存和发展，不仅要以低成本筹集资金，更要重视资产的合理利用。于是，一些内部管理程序运用了定量分析方法，各种计量模型逐步被应用于库存、现金、应收账户及固定资产等问题的分析。财务决策开始被视为公司财务的重要内容，有关法律条文也开始被用作财务决策的参考。这个时期的代表著作有洛夫（W. H. Lough）的《公司财务》、罗斯（T. G. Rose）的《公司内部财务论》及乔尔·迪安（Joel Dean）于1951年出版的《资本预算》。他们分别从对资金周转进行有效管理、内部控制及如何利用现金流量来确定最佳投资决策等角度，拓展了财务管理的理论和实践。

（四）20世纪60年代至今：综合决策化阶段

自20世纪60年代以来，财务管理的发展步伐加快了，对资本市场与证券的研究也逐步深入，逐渐形成了以估价问题为核心的现代财务管理理论。例如，马科维茨（Markowitz）通过研究证券组合，首次提出了风险与报酬率之间关系的理论；随后，夏普（Sharp）等人进一步提出了著名的资本资产定价模型（CAPM）；罗斯（Ross）以有效市场假设理论为前提，扩展了资本资产定价模型，提出了套利定价理论。此后，莫迪格莱尼（Modigliani）和米勒（Miller）以投资者行为理论为基础，建立起一整套被称为“MM模型”的现代资本结构理论。此时，公司财务管理已经把决策作为重点。参与决策以适应规模经济条件下的公司规模及其成长速度，应对通货膨胀所带来的工资、物价、利率等问题，解决随着交通、运输和通信迅猛发展而日趋复杂的国际贸易中的财务问题，处理筹资方法多样化、资产形态多样化的问题等，均成为当前和将来财务管理的特点和重点。

二、公司财务与相关学科的关系

从财务管理理论的发展历史可以看出，财务兼具经济学和管理学的双重特点，并与会计学联系紧密，但又有区别。

(一) 与经济学的关系

经济学是针对资源的稀缺性来研究"如何有效率地分配、使用各种经济资源，以达到财富增长"的科学，即通过研究市场中各经济主体的行为及其相互关系来实现资源的优化配置。公司财务的研究对象和内容与经济学有范围上的差异：(1) 公司财务具有微观性，研究主体是公司或厂商；而经济学研究主体的范围较广，包括宏观经济和微观经济，如在市场经济条件下的经济主体可以分为居民、公司(企业或组织)和政府三大类。(2) 公司财务是以资本市场为依托，以价值增值和财富增长为目标，通过有效财务管理，使公司内部拥有或支配的资源得到优化配置，是经济学研究的根本问题的具体化。

公司财务源于经济学，经济学是公司财务的理论基础。公司财务在其研究对象、研究目标和环境、研究采用的基础假定和观念以及研究方法上都与经济学一脉相承，具体体现如下：(1) 以经济学的基本假定为基础，如经济人假定、有限理性假定、市场有效性假定等。(2) 直接借鉴或引申经济学中的研究观念，并应用于相应的财务模型，如市场均衡及利率确定被用于投资规模和筹资边界的确定，价值和效用观念通过风险-收益均衡、货币的时间价值及成本-效益原则来体现等。

(二) 与管理学的关系

管理学作为一门科学始于近代，其内容随着经济进步和社会发展不断地被更新、完善，并在经济生活和社会生活中发挥越来越重要的作用。现代管理学可按研究对象分为宏观管理学和微观管理学。前者是针对整个国民经济的管理，后者针对不同的对象和范围还可以分别划分成若干分支。其中，公司管理以公司组织、公司框架和职能分工为对象，包括公司组织行为、人事管理、生产管理、营销管理、财务管理等职能部门的管理。显然，从管理的职能定位与管理循环看，公司财务管理应包括计划、组织、控制、指挥、协调等一系列职能作用过程，是公司管理的基石与核心，是管理学的分支之一。

通过以上分析可以看出，公司财务管理就是从公司财务层面解决公司内部各主体之间、公司与外部利益相关集团之间的利益矛盾与协调问题，从财务制度上规范财务行为主体(如股东大会、董事会、经营者、财务经理、债权人及其他利益相关集团)之间的责、权、利关系，解决公司管理中各行为主体的激励与约束不对称问题，从而提高公司内部资源的配置效率。经济学中的理性人、有效市场假设等构成了公司财务管理学的基本假定，管理学中的职能管理层次则为公司财务管理学提供了充分的制度框架。

(三) 与会计学的关系

现代公司财务管理与会计是两种不同的管理行为。财务管理是对财务活动及其所体现的关系进行管理，会计则是对资金运动的全过程进行反映和监督。作为两种不同的管理手段，两者在部门设置、管理职能、管理目标和方法上都存在一定的差别。

1. 部门设置不同

会计部门的大小较固定，凡是公司，都必须设置会计部门，以加强会计核算；财务管理部门则根据公司规模大小的不同而决定其存在的必要性。小型公司往往不单独设立财务管理部门，大型公司则一般设置专门的财务管理部门来负责财务和会计工作。

2. 职能不同

财务人员的主要职责：(1) 筹资管理。预测资金的需要量，保证公司生产经营及对外投资等活动对资金的需求。(2) 投资管理。负责公司投资，并协调公司与投资者之间的关系。(3) 股利分配。协助董事会处理股利分配问题，尽力满足股东的资本收益要求。(4) 面对银行和非银行金融机构，对公司现金收入和支出、有价证券的买卖及其财务交易事项进行管理。(5) 信用事宜和收款。制定信用政策、催收公司的应收账款等。

会计人员的主要职责：(1) 提供对外会计报表。按规定的会计准则、会计程序和会计方法准确地记录经济事项，及时地向利益相关者提供有关的财务信息。(2) 对内报告。收集和整理与公司有关的各种经济信息，并编制成管理报告，提供给内部管理层，便于管理层做出正确决策。(3) 计划和控制。制订生产经营中的各项计划，并将计划与实际情况进行对比，以控制公司的经济活动。(4) 经济评价。评价公司的生产经营、财务收支和经济效益状况。(5) 保全公司财产。通过内部控制、内部审计等方式保护公司资产的完整性。(6) 税务管理。制定必要的税务政策，负责申报纳税，在法律允许的范围内进行合理避税。

3. 管理的具体目标不同

公司财务管理的根本目标在于实现公司价值最大化，它是管理者目标的综合体现；而会计目标只在于定期、完整、准确地提供给投资者、管理者及其他利益相关者所需要的会计报表，包括对外提供相关会计报表、对内提供内部决策报表。

4. 管理方法不同

公司财务管理侧重事前的预测、决策、计划和事中的控制与监督，财务预测、财务决策、财务计划、财务控制和财务分析是主要的管理方法；会计作为信息处理系统则侧重对事后经济事项进行反映和监督，设置会计科目和账户、复式记账、填制凭证、登记账簿、成本核算和编制报表是其主要方法。

5. 管理意识不同

公司财务管理注重公司的现金流量对公司偿债能力的影响；会计则是以权责发生制为依据，注重收益的发生。

第二节　企业的组织形式和理财环境

一、企业的组织形式

企业是市场经济的主体。不同组织形式的企业所适用的法律是不同的。按国际惯例，企业划分为独资企业、合伙企业和公司制企业。不同类型的组织形式对财务管理有着不同的影响。本书的研究重点是公司制企业，但是，财务管理的基本概念、原则、方法也适用于独资企业和合伙企业。下面简单介绍这三种企业形式之间的差异及各自的特点。

（一）独资企业

独资企业又称个体企业，是由业主个人出资兴办，完全归个人所有和控制的企业。其出资人既是企业的所有者，也是企业的管理者。其特点是易于设立和解散，投资少，开办容易，经营方式灵活多样，所得归业主，生产经营积极性高，决策灵活、迅速，企业所得利润无须与他人分享，对企业的债务承担无限责任。这类企业财务管理的内容比较简单，资本的投入与抽回也比较方便。另外，独资企业受政府的管制较少，无须向社会公布财务报表，易于保密，只需缴纳个人所得税，免缴企业所得税。

独资企业的缺陷显而易见，主要表现在以下几个方面：(1) 由于信用有限，独资企业的资本来源单一、规模较小，很难取得大量资金，也很难承担大规模的经营项目。(2) 独资企业在法律上不具有法人资格，其所有人对该企业的债务承担无限责任，当企业资产不足以偿还债务时，业主的个人资产将被追索。(3) 独资企业的寿命往往较短，创办人生重病、服刑、死亡等，企业往往就会终止。基于上述原因，独资企业通常限于做小生意，但许多公司是以此作为起点的。

(二) 合伙企业

合伙企业是指由两个或两个以上投资人共同出资兴办、联合经营、共负盈亏的企业。各出资人对企业的债务承担无限连带责任。合伙企业可以分为普通合伙企业与有限合伙企业。合伙企业也是一种自然人企业。创办合伙企业可以通过非正式协议或者口头协议确定合伙人之间的权利和义务关系。协议内容一般包括：(1) 分享利润与承担亏损的方式；(2) 每个合伙人的责任，包括投资的种类和数量、无限或有限责任及主要经营管理职责；(3) 合伙人变更机制，即原有某一合伙人死亡或退伙与接纳新合伙人进入的办法；(4) 合伙的期限及企业关闭后的财产分配方式；等等。有限合伙企业中至少有一个合伙人承担无限责任。

合伙人的出资形式多样，可以是资金、厂房、技术甚至劳务，然后按照约定分享利润和承担责任。合伙企业与独资企业相比，资金来源、信用能力、决策水平、经营规模等有所提高。合伙企业的主要优点与独资企业相似，即创办方便，解散容易，能够随市场状况的变化做出适当、灵活、快速的调整，便于资金与经营能力的结合。其缺点也与独资企业相似：(1) 虽然资金来源相对独资企业多一些，但仍然较少；(2) 生产经营规模一般较小，企业的寿命往往较短，当合伙人发生重大变故，如合伙人退出或生重病、服刑、死亡时，合伙企业往往会终止合伙。在责任方面，合伙人承担无限责任，其全部财产都承担合伙企业的风险，而且合伙人之间负有连带责任。合伙企业的财务管理活动比独资企业复杂，其资本来源和信用能力比独资企业有所增强，盈余分配也更加复杂。合伙企业的税负与公司制企业互有优劣，视情况而定，对此，我们将另行讨论。

合伙企业一般适用于规模较小的企业，尤其适用于业主的个人信誉和个人责任特别重要的企业，如会计师事务所、资产评估事务所及律师事务所等。

(三) 公司制企业

公司制企业的设立必须符合《中华人民共和国公司法》(简称《公司法》)的相关规定。公司制企业是指由两个或两个以上出资者集资，每个出资者以其认缴的出资额或认购的股份对公司承担有限责任，公司以其全部资产对其债务承担有限责任的法人企业。公司包括有限责任公司和股份有限公司两种，是依据法定的条件和程序设立，具有独立法人资格的“法人”企业。

创办公司需要办理一系列手续。发起人必须先备妥申请书与公司章程。申请书的内容包括：(1) 公司名称；(2) 营业事项；(3) 资本额；(4) 董事人数；(5) 经理人员；(6) 营业期间；等等。申请书送达公司所在地的政府相关部门，经审核批准后，公司方可成立。公司章程是由创办人草拟的一套引导公司内部管理的规章，主要内容包括：(1) 如何选举董事；(2) 现有股东是否有新股认购优先权；(3) 执行委员会或财务委员会等管理委员会的任命、各委员会的职责；等等。

1. 有限责任公司

有限责任公司是指股东以其出资额为限对公司承担责任，公司以其全部资产对公司债务承担法律责任的一种企业组织形式。有限责任公司不公开募股，而是由为数不多的股东集资组建。

(1) 有限责任公司的基本特征

第一，有限责任公司股东人数较少，《公司法》规定的上限是50人。

第二，有限责任公司的资本无须划分等额股份，也不公开发行股票。股东确定投入资本额并交付公司资本后，公司出具出资证明书。出资证明书只是表明股东投资入股享有权益的凭证，不能自由买卖。股东出让自己的出资时，受到一定的限制，一般应经公司批准，并在公司登记；出让时，老股东具有优先购买权。

第三，在有限责任公司中，往往是大股东亲自经营公司，所有权与控制权分离程度不高的情况较多。

第四，有限责任公司成立、停业、解散的程序比较简单，管理机构也比较简单，公司账目不需要向公众公开。

鉴于有限责任公司的以上特点，这种企业组织形式比较适合中小规模的企业。这使企业既可以享受政府对法人组织给予的税收等优惠和法人制度带来的其他好处，又能够保持少数出资人的封闭式经营。

(2) 一人有限责任公司的特别规定

《公司法》允许设立一人有限责任公司，这是立法的一大突破，体现了法律对现实经济生活需要的承认。所谓一人有限责任公司，是指只有一个自然人股东或者一个法人股东的有限责任公司。为维护债权人等利害关系人的权益，保障社会经济秩序，《公司法》对一人有限责任公司的设立和组织机构专门用一节做了特殊规定，以加强对其的监管；特殊规定以外的问题适用对有限责任公司的一般规定。

根据《公司法》的规定，一人有限责任公司的注册资本最低限额为人民币10万元，高于普通有限责任公司。股东应当一次足额缴纳公司章程规定的出资额，不允许分期缴付出资。一个自然人只能投资设立一家一人有限责任公司，禁止其设立多家一人有限责任公司，而且该一人有限责任公司不能投资设立新的一人有限责任公司。

一人有限责任公司应当在公司登记中注明自然人独资或者法人独资，并在公司营业执照中载明。一人有限责任公司的章程由股东制定。

一人有限责任公司不设股东会。法律规定的股东会职权由股东行使，当股东行使相应职权并做出决定时，应当采用书面形式，由股东签字后置备于公司。一人有限责任公司应当在每一会计年度终了时编制财务会计报告，并经会计师事务所审计。

为防止一人有限责任公司的股东滥用公司法人人格与有限责任制度，将公司财产混同于个人财产，抽逃资产，损害债权人的利益，《公司法》规定，一人有限责任公司的股东不能证明公司财产独立于股东自己财产的，应当对公司债务承担连带责任。

2. 股份有限公司

股份有限公司是指其全部资本由等额股份构成，股份以股票形式向社会公开发行，股东以其所认购的股份为限对公司负责，公司以其全部资产对公司的负债承担法律责任的一种企业组织形式。股份有限公司将全部资本划分为等额股份，发行代表股份并且可以自由转让的有价证券——股票。

（1）股份有限公司的基本特征

第一，股份有限公司发起人符合法定人数，即发起人为 2 人以上 200 人以下，其中须有半数以上在中国境内有住所。股份有限公司的发起人承担公司筹办事务。发起人应当签订发起人协议，明确各自在公司设立过程中的权利和义务。

第二，股份有限公司的总资本是由若干等额股份组成的，这是股份有限公司区别于其他公司形式或商业团体的一个重要标志。股份有限公司可以通过向社会发行股票筹集资本，人们可以通过认购股票取得相应股权。股东不能要求退股，但可以通过买卖股票随时转让股份。

第三，股份有限公司必须向公众公开披露其财务状况。为了保护投资者的利益，《公司法》规定，股份有限公司必须在每个财务年度终了时公布公司的年度报告，其中包括董事会的年度报告、公司利润表和资产负债表等。

（2）股份有限公司与其他企业组织形式相比较的优点

第一，股份有限公司的法人地位不受某些股东死亡或转让股份的影响，具有永续存在性。所以，股份有限公司的寿命通常较独资企业和合伙企业长。

第二，股份有限公司可以有效地为公司筹集大规模资本，为需要巨额资本的公司提供了筹资渠道，也为广大投资者提供了简便、灵活的投资对象。

第三，股份有限公司对社会发行股票，有利于分散投资风险，特别是对于规模较大、风险也较大的企业投资者而言，可以使每个投资者承担相对较小的风险。

第四，股份有限公司有利于资本产权的社会化和公众化，把大企业的经营置于社会的监督之下。

（3）股份有限公司与其他企业组织形式相比较的缺点

第一，股份有限公司作为公众公司，发起和停业的法定程序较复杂。

第二，股份有限公司的所有权与控制权分离程度较高，造成股东与经营管理者之间较复杂的委托代理关系，往往伴随着较高的代理成本。

第三，法律规定股份有限公司的经营情况必须定期向社会披露，这可能造成商业机密的泄漏。

第四，股份有限公司的收益先要缴纳企业所得税，税后收益以现金股利的形式分配给股东后，股东还要缴纳个人所得税，存在收益重复纳税缺陷。

虽然股份有限公司具有上述缺点，但我们还是可以说，它是一种最具活力的现代企业组织形式。

不同的企业组织形式对企业的财务管理有不同的影响和要求。财务管理要针对不同类型企业的特点采取相应的措施，所以，企业财务管理人员需要对企业组织形式进行深入了解，这也是我们在这里介绍企业组织形式的原因。

二、企业的理财环境

（一）法律环境

企业理财的法律环境是指企业所在国家在一定时期内对企业理财发生法律效力的各项法

律规范的总称。它是企业与外部发生经济关系时，应遵守的各种法律、法规和规章。企业在其经营活动中，要与国家、其他企业或社会组织、职工或其他公民，及国外的经济组织或个人发生经济关系。国家管理这些经济活动和经济关系的手段包括行政手段、经济手段和法律手段三种。在经济改革中，行政手段逐步减少，而经济手段和法律手段日益增多，把越来越多的经济关系和经济活动的准则用法律的形式固定下来；同时，众多经济手段和必要行政手段的使用必须逐步做到有相应的法律依据，从而转化为法律手段的具体形式，真正实现国民经济管理的法制化。从企业理财角度来看，法制建设既为企业提供了一个规范化的理财环境，也对企业的理财活动提出了严格的要求。企业理财活动既受保护，又受约束。企业的理财活动，无论是筹资、投资还是利润分配，都应当遵守有关的法律规范。

1. 税务征管法律

税务问题是企业在各种决策中所要考虑的重要内容。企业的价值取决于税后的现金流。科学的税务规划是企业理财的重要职责。企业在经济活动中涉及的税种较多，与企业所在行业及经营业务有关，主要有流转税、所得税等。《企业财务通则》及具体会计准则从会计信息可靠性和相关性角度具体、直接地规范了企业的理财行为，与国家税务征管法律的目标有适度的分离。

税收环境对企业理财的影响主要有以下几个方面：

第一，国家采取高税率的税收政策时，留给企业的纯收入将减少，企业现金流出增加、现金流入相对减少甚至绝对减少，加深了企业的资金紧缺程度。

第二，国家采取低税率的税收政策时，留给企业的纯收入将增加，企业从国家获得投资和补贴的可能性增加，使企业现金流入增加、现金流出相对减少甚至绝对减少，使企业资金出现盈余。国家调整税收政策时，企业应善于用好用足政策调整给企业带来的潜在好处，合理进行税收筹划，以期获得最大的政策利益。

第三，国家调整税收政策和支出政策时，企业应善于把握政策导向，如产业导向和生产力布局导向，及时调整投资方向，谋求最大投资收益。

2. 财务会计法律

现代财务会计法规体系是以财务通则为主导，以行业财务制度为主体，以企业内部财务管理办法为补充的基本框架。

（1）《企业财务通则》

《企业财务通则》是各类企业进行财务活动、实施财务管理的基本规范，它是最基本的财务法规和制度，起着统率的作用。它是经国务院批准由财政部发布的。在财务法规制度体系中，它处于体系的最高层次。

（2）行业财务制度

行业财务制度是我国各类企业必须遵守的原则和规范，反映国家对各类企业理财活动的一般要求。

行业财务制度是根据财务通则的规定和要求，结合行业的实际情况，充分体现了行业的特点和管理要求，是各行业财务活动特点相结合的产物，在整个财务法规、制度体系中起基础性作用。

行业财务制度是以行业划分为标准的。根据我国实际情况，《国民经济行业分类》（GB/T

4754-2017)已于2017年10月1日实施,共有20个门类、97个大类、473个中类、1 380个小类。行业财务制度由财政部制定,与财务通则一致。

(3) 企业内部财务管理办法

企业内部财务管理办法(规定)是企业管理当局根据国家统一的财务制度制定的,用来规范企业内部财务行为,处理企业内部财务关系的具体规则。它在财务法规体系中起补充作用。

3. 金融证券法律

资本市场和证券市场是企业筹集资本的重要场所。金融证券法律对证券发行、证券交易、证券交易所、证券公司及证券市场的监管都有明确的规定,是企业在筹资、投资过程中必须遵循和执行的法律规范。《中华人民共和国证券法》(简称《证券法》)以更新市场监管理念为主线,强调公共服务意识,着力构建信息披露体系,注意监管程序的建构,成为业内关注的焦点。我国证券市场的投资品种主要有股票、债券和投资基金,其中,投资基金包括证券投资基金、风险投资基金、产业投资基金,以证券投资基金为主。为了规范开放式基金的运行,《中华人民共和国证券投资基金法》(简称《证券投资基金法》)中对开放式基金当事人的主要权利、义务与责任,开放式基金份额净值及价格计算,开放式基金申购、赎回及其暂停申购和赎回的情形等做了详尽规定。《公司法》和《证券投资基金法》促进了我国证券市场的良性发展。随着我国证券市场和资本市场的不断扩大,我国金融证券立法将进一步得到加强。

(二) 经济环境

经济环境是指影响企业理财活动的宏观经济状况,即宏观经济的发展状况。经济环境主要由经济结构和经济周期组成。

1. 经济结构

经济结构是指一国经济系统的内部组织构成情况,主要是指一国国民经济各部门、各产业的组成或构成。经济结构对财务管理的影响主要表现在以下几个方面:(1) 不同产业的生产经营规模不同,从而有投资规模的差别,企业所处的产业会决定其筹资量的大小;(2) 不同产业的内部资本构成比例有差别,从而产业会决定企业的资本结构和资本成本;(3) 不同产业的收益水平和相应的风险有差别,从而会影响企业的投资收益、风险及分配政策等。财务人员需要了解企业的行业特征和产业政策,及时调整管理策略、投资方向等,以适应经济发展的要求。

2. 经济周期

经济周期的变化会影响总的营业水平,进而导致就业水平和商品与劳务买卖的变化,对宏观经济产生影响。经济周期的变化可能在许多方面影响各个行业。首先出现的往往是销售水平的变化,进而影响筹集和资金使用。销售下降或上升会阻碍资金的流转或使多余资金产生投资的需求。在这种情况下,财务人员就需要有相应的对策及时筹集短缺资金,或为多余的资金寻找投资途径,从而保证资金的正常周转。

经济周期包括四个阶段:经济复苏阶段、经济繁荣阶段、经济衰退阶段和经济萧条阶段。在不同的阶段,要求财务管理人员运用不同的理财策略来实现财务管理目标。

(1) 经济复苏阶段

在经济复苏阶段,社会购买力逐步提高,市场销售逐渐好转,投资机会相应增多。财务人员应该寻找最佳的投资机会,及时地确定企业的投资方案,并应在新产品投产运营后,采用扩大存货水平的存货控制策略、积极进攻的营销战略和放松信用的应收账款管理政策,为今后的发展奠定坚实的基础。

（2）经济繁荣阶段

在经济繁荣阶段，应该采取更为扩张的政策，如扩建厂房、更新或改造流水线、扩大经营规模等；但在制定理财策略时，应该留有一定的弹性空间，以防意外发生。在实施一系列扩张性理财策略时，应保证能够控制已有的消费群，并能不断地将高额利润转化为积累，为顺利地渡过后面的经济衰退期和萧条期打下基础。

（3）经济衰退阶段

经历了经济繁荣期后，经济会从顶峰下落，步入衰退阶段。这个阶段的策略应该是收缩规模，降低投资风险，多余的资金可以投资于诸如政府债券之类的低风险资产，以获取稳定的收益。

（4）经济萧条阶段

当经济衰退到谷底，经济发展进入萧条阶段时，理财策略应该将重点转到维持现有规模上。企业应该保持现有的规模不再缩小，并设置新的投资标准，适当考虑一些低风险的投资机会；同时，由于这个时期市场上的现金极度短缺，因此可适当放松应收账款信用政策，以保证资金周转顺畅。

（三）金融市场环境

金融市场环境是指资金的供求双方借助某种形式融通资金的场所。人们常说的有价证券市场，即股票和债券的发行和买卖市场，是狭义的金融市场。广义的金融市场是指一切资本流动的场所，包括实物资本和货币资本的流动，其交易对象包括货币借贷、票据承兑和贴现、有价证券的买卖、黄金和外汇的买卖、办理国内外保险、生产资料的产权交换等。这里指的是广义的金融市场。

1. 金融市场的分类

（1）按融通资金的期限划分

按融通资金的期限，金融市场可以划分为短期资金市场和长期资金市场。

短期资金市场是指期限不超过一年的短期资金交易市场，又称货币市场。进入短期资金市场的目的并非盈利，而是取得现实的支付手段。短期资金市场的资金主要用于短期周转，流动性较强，风险较小。其主要流通工具有中央政府发行的短期国库券和其他短期债券、地方政府发行的短期债券、银行承兑汇票、银行发出的可转让定期存单、商业本票、商业承兑汇票等。

长期资金市场是指期限在一年以上的股票和债券交易市场，又称资本市场。从长期资金市场上取得的资金可供长期使用。其主要流通工具有国家长期公债和中长期国库券、公司股票、公司债券、地方市政建设公债、银行可转让定期存单等。

（2）按市场的交易对象划分

按市场的交易对象，金融市场可以划分为货币借贷市场、票据承兑市场、票据贴现市场、有价证券市场、黄金市场和外汇市场等。

（3）按市场的交割时间划分

按市场的交割时间，金融市场可以划分为现货市场和期货市场。

现货市场是指买卖双方成交后，当场或几天内买方付款、卖方交付证券的交易市场。

期货市场是指买卖双方成交后，在双方约定的未来某一特定时日才交割的交易市场。

(4) 按市场交易过程的性质划分

按市场交易过程的性质，金融市场可以划分为发行市场和流通市场。

发行市场是指从事新证券和票据等金融工具买卖的转让市场，又称一级市场或初级市场。

流通市场是指从事已上市的旧证券或票据等金融工具买卖的转让市场，又称二级市场或次级市场。

(5) 按市场融通资金的范围划分

按市场融通资金的范围，金融市场可以划分为区域性金融市场和国际性金融市场。

区域性金融市场是指资金融通仅限于区域内各经济组织、经济实体的货币和有价证券。

国际性金融市场是指进行世界范围内的不同货币的资金和有价证券的融通活动。

2. 金融市场的组成

金融市场的组成成分包括主体、客体及参加人。主体是指银行和非银行金融机构，它们是金融市场的中介机构，是连接筹资人和投资人的"桥梁"。客体是指金融市场上的买卖对象，即公司股票、政府债券、商业票据、可转让大额存单等信用工具。参加人是指客体的供给者和需求者，即企业、事业单位、政府部门、城乡居民投资者等。

(1) 金融机构

我国各种类型的金融机构遍布全国，其业务范围、职能和服务对象等各不相同。

① 中国人民银行

中国人民银行是我国的中央银行，它代表政府管理全国的金融机构和金融活动，经理国库。中国人民银行的主要职责是制定和实施货币政策，保持货币币值稳定；依法对金融机构进行监督管理，维持金融业合法、稳健地运行；维护支付和清算系统的正常运行；持有、管理、经营国家外汇储备和黄金储备；代理国库和其他与政府有关的金融业务；代表政府从事有关的国际金融活动。

② 政策性银行

政策性银行是指由政府设立，以贯彻国家产业政策、区域发展政策为目的，不以营利为目的的金融机构。政策性银行与商业银行相比，其特点在于：不面向公众吸收存款，而以财政拨款和发行政策性金融债券为主要资金来源，其资本主要由政府拨付，不以营利为目的，经营时主要考虑国家的整体利益和社会效益。政策性银行的服务领域主要是对国民经济发展和社会稳定有重要意义的经济实体。政策性银行一般不普遍设立分支机构，其业务由商业银行代理。但是，政策性银行的资金并不等同于财政资金，其必须有偿使用，对贷款也要进行严格审查，并且要求还本付息、周转使用。

③ 商业银行

商业银行是以经营存款、放款、办理转账结算为主要业务，以营利为主要经营目的的金融公司。商业银行的建立和运行受《中华人民共和国商业银行法》(简称《商业银行法》)的制约。

在我国，商业银行分为国有商业银行和股份制商业银行两类。

国有商业银行是由国家专业银行演变而来的，包括中国工商银行、中国农业银行、中国银行、中国建设银行和中国交通银行。它们过去分别在工商业、农业、外汇业务和固定资产贷款领域提供服务。近年来，其业务交叉进行，传统分工已经淡化。

股份制商业银行是自 1987 年以后发展起来的，包括深圳发展银行、中信银行、中国光大银行、华夏银行、招商银行、兴业银行、上海浦东发展银行、广东发展银行、中国民生银行等。这些银行的股权结构各异，以公司法人股和财政入股为主，目前已有部分银行上市。股份制商业银行完全按照商业银行的模式运行，服务比较灵活，业务发展很快。

（2）非银行金融机构

我国目前主要的非银行金融机构如下：

① 保险公司

保险公司主要经营保险业务，包括财产保险、责任保险、保证保险和人身保险。目前，我国保险公司的资金运用被严格限制在银行存款、政府债券、金融债券和证券投资基金范围内，不能为企业提供资金。

② 信托投资公司

信托投资公司主要是以受托人的身份代人理财。其主要业务有经营资金和财产委托、代理资产保管、金融租赁、经济咨询以及投资等。

③ 证券机构

证券机构是指从事证券业务的机构，包括：一是证券公司，其主要业务是推销政府债券、公司债券和股票，代理买卖和自营买卖已上市流通的各类有价证券，参与企业收购、兼并，充当企业财务顾问等；二是证券交易所，其提供证券交易的场所和设施，制定证券交易的业务规则，接受上市申请并安排上市，组织、监督证券交易，对会员和上市公司进行监管等；三是登记结算公司，其主要业务是股票交易所有权转移时的过户和资金结算。

④ 财务公司

财务公司通常类似于投资银行，是指由企业集团内部各成员单位入股，向社会募集中长期资金，为企业技术进步服务的金融股份有限公司。它的业务被限定在本集团内，不得从集团外吸收存款，也不得对非集团单位和个人贷款。

⑤ 金融租赁公司

金融租赁公司是指办理筹资、租赁业务的企业组织。其主要业务有动产和不动产的租赁、转租赁、回租租赁等。

（3）金融市场与公司理财

金融市场在公司理财中发挥了很大的作用，具体表现在如下几个方面：

① 金融市场是公司投资和筹资的场所

金融市场上有多样、灵活的融通资金方式。公司在需要资金时，可以根据需要选择适合自身的筹资方式，如发行股票或债券等进行资金筹措。公司生产经营过程中临时剩余的资金也可以通过在金融市场选择合适的投资方式寻找出路。

② 金融市场为公司提供了长短期资金相互转化的方式和场所

公司持有的股票和债券是长期投资，在金融市场上随时可以转手变现，成为短期资金；远期票据可以通过贴现变成现金；大额可转让定期存单可以在金融市场上卖出，成为短期资金。与此相对应，短期资金也可以在金融市场上转变为股票、债券等长期资金。

③ 金融市场为公司理财提供重要信息

金融市场的利率变动反映资金的供求状况，有价证券市场的行情反映投资人对公司经营状况和盈利水平的评价，汇率变动也在一定程度上影响公司特别是外贸公司的理财活动。这些都是公司经营和投资的重要依据。

在金融市场上，利率是资金使用权的价格，一般可以用下面的公式来表示：

利率＝纯粹利率＋通货膨胀附加率＋变现力附加率＋违约风险附加率＋到期风险附加率

- 纯粹利率。纯粹利率是指无通货膨胀、无风险情况下的平均利率。在没有通货膨胀时，国库券的风险为零，这时的国库券利率被看作纯粹利率。纯粹利率的高低受平均利润率、资金供求关系和中央银行货币政策的影响。首先，利息是平均利润的一部分，平均利润本身就成为利息的上限。同时，利率原则上不能低于零，如果没有利息，资金供给者就不会提供资金。所以，纯粹利率是在平均利润率和零之间上下摆动。其次，在平均利润率不变的情况下，金融市场上资金的供求关系决定市场利率的水平。当资金供不应求时，利率上升；当资金供过于求时，利率下降。最后，中央银行的货币政策也影响着利率水平。由于利率变动对经济有很大影响，因此，国家往往通过调节利率来调节经济。中央银行通过变更再贴现利率和利率管理政策来调节利率，使其达到预期水平。
- 通货膨胀附加率。在现实生活中，通货膨胀有时是无法避免的。通货膨胀会使货币贬值，使实际购买力下降，使投资者的真实回报减少。为了弥补通货膨胀造成的实际购买力下降的损失，每次发行国库券的利息率随预期的通货膨胀率变化，其等于纯粹利息率加上预期通货膨胀率。
- 变现力附加率。不同有价证券的流动性不同，因而变现力不同。流动性强的证券，如政府债券和大公司的股票，变现力就强，投资人随时可以出售并收回投资；相反，一些小公司的债券鲜为人知，不容易变现，投资人一般要求将利率提高1%～2%作为变现力附加率。
- 违约风险附加率。违约是指借款人未能按时交付利息或未如期偿还贷款本金。贷款人所承担的这种风险就叫违约风险。违约风险越大，投资人要求的利率就越高。
- 到期风险附加率。到期时间不同的有价证券的风险大小不同。到期时间越长，市场利率变动的可能性越大，投资人遭受损失的风险就越大。到期风险附加率就是因为到期时间长短不同而形成的利率差别，是对投资人承担利率变动风险的一种补偿。

（四）税收环境

税收是国家经济行为，是一种重要的宏观调控手段。税收是国家财政收入的重要来源，国家通过各种税种的设置、税率的调整来调节企业的经营活动。财务决策必须适应税收政策的导向，合理安排生产经营活动，以追求最佳经济效益。

税负是企业的一项费用，会增加企业的现金流出。所以，税负在财务决策中居于重要的地位。任何企业都希望在不违反税法的前提下减少税务负担。但是，税负的减少不允许采取偷税、漏税的方式，而只能靠投资、筹资和利润分配等财务决策的精心安排和筹划来合理规避。对一家企业来说，其资本和债务的筹集、房产和设备的购买、特定投资的选择、联营或合并等决策，无一不受税负因素的影响。所以，精通税法是对财务管理人员的必然要求。

（五）宏观政策环境

国家政策的宏观调控对经济发展具有重大影响。国民经济的发展规划、国家的产业政策、经济体制改革的措施、政府的行政法规等，对各类企业的财务活动都有重大影响。

国家对某些地区、某些行业、某些经济行为的优惠、鼓励和有利倾斜构成了政府政策的主要内容；反过来看，政府的这些政策也是对另外一些地区、行业和经济行为的限制。在进行财务决策时，要认真研究政府政策，只有按照政策导向行事，才能趋利避害，获得最大报酬。

由于经济状况的变化必然影响政府政策的调整，因此，企业在进行财务决策时，要为这种变化留下余地，甚至预见其变化趋势，这会给企业理财活动带来帮助。

三、有效市场假说与信息不对称问题

（一）有效市场假说

在证券投资中，每个投资者都力图获得最大收益，或追求超出平均水平的收益。从理论上说，若证券市场的有关信息对每个投资者都是均等的，而且每个投资者都能根据自己掌握的信息及时地进行理性的投资决策，那么任何投资者都不可能获得超额收益。这种市场被称作“有效市场”。

关于证券市场有效理论，西方许多经济学家进行了大量研究和探讨，其中最著名的就是美国芝加哥大学教授法玛(E. Fama)于1965年在《商业周刊》发表的《股票市场价格的行为》一文。法玛注意到有关证券市场效率的两个关键问题：一是信息变化如何引起价格的变动，二是不同的信息对证券价格的影响程度不同。

有效市场假说有以下三种形式：

1. *弱式有效市场假说*

该假说认为在弱式有效的情况下，市场价格已充分反映所有历史的证券价格信息，包括股票的成交价、成交量、卖空金额、融资金额等。

推论一：如果弱式有效市场假说成立，则股票价格的技术分析就失去作用，基本分析可能帮助投资者获得超额利润。

2. *半强式有效市场假说*

该假说认为价格已充分反映所有已公开的有关企业营运前景的信息。这些信息有成交价、成交量、盈利资料、盈利预测值、企业管理状况及其他公开披露的财务信息等。假如投资者能迅速获得这些信息，股价应迅速做出反应。

推论二：如果半强式有效假说成立，则在市场中利用技术分析和基本分析就都失去作用，投资者获得内幕消息就有可能赚得超额利润。

3. *强式有效市场假说*

强式有效市场假说认为价格已充分反映了所有关于企业营运的信息，这些信息包括已公开的或内部未公开的所有信息。

推论三：在强式有效市场中，没有任何方法能帮助投资者获得超额利润，即使基金和拥有内幕消息者也一样。

（二）信息不对称问题

根据有效市场假说，强式有效市场中没有任何人掌握其他人所无法知道的信息，每个人在获得信息的能力和可能性上都是均等的。用信息学上的术语来说，这时的市场上存在信息获得的对称性，或市场参加者挖掘的是对称信息。但事实上，几乎没有任何一个金融市场是强式有效的，总有一些市场参加者掌握着另一些市场参加者无法知道的信息，这就是所谓的信息不对称。

信息不对称理论产生于20世纪70年代，该理论说明相关信息在交易双方的不对称分布对市场交易行为和市场运作效率产生的影响。这一理论的基本内容：一是有关交易的信息在交易双方之间的分布是不对称的，即一方比另一方占有更多相关信息；二是交易双方对于各自在信息占有方面的相对地位是清楚的。这种相关信息占有的不对称状况导致在交易前后可能分别发生“逆向选择”和“道德风险”问题，严重降低市场运行效率，在极端的情况下甚至会造成市场交易停顿。

1. 信息不对称和资源逆向选择

在金融市场上，交易双方是金融资产的出售者（发行债券或借款人）和购买者（购买债券或放款人）。借款人是资金的使用者，对于借入资金的“实际”投资项目（不一定是他向放款人所声称的项目）、投资风险和收益、投资回收及借入资金的偿还等问题较了解。放款人只是资金的提供者，并不直接运用资金，对于借贷的有关信息只能通过借款人或其他渠道间接地了解。也就是说，在相关信息的占有方面，借款人处于优势地位，放款人处于劣势地位，而且双方对于这种情况都是清楚的。由于信息不对称，放款人无法对借款人的信用质量和资金偿还情况做出可靠的判断，因此在购买金融资产时，通常是按照所有发行公司的平均质量来决定其愿意支付的价格。对于信用质量高于平均水平的证券来说，这种价格低于其公平的市场价值；而对于信用质量低于平均水平的证券来说，这种价格高于其公平的市场价值。由于借款人处于信息优势地位，因此，借款人能够对自己的信用质量做出比较合理的评价，也能判断出证券市场对其证券的实际价格是高估了还是低估了。那些证券价值被市场高估了的借款人，也就是信用质量低于平均水平的企业就会极力推销自己的证券；而那些证券价值被市场低估了的借款人，即信用质量高于平均水平的企业感到发行证券不合算，从而尽量避免用市场集资的办法来扩大经营规模。金融市场信息的不对称会鼓励投资资金向低质量的企业流动，抑制投资资金向高质量的企业流动，这种不合理的资金分配机制就是“逆向选择”问题。

2. 信息不对称和交易道德风险

如果说“逆向选择”是在金融交易前产生的，那么“道德风险”则是在金融交易后产生的。所谓“道德风险”，从广义上来说是由于信息不对称，市场交易中的一方难以观察或监督另一方的行为而产生的。在金融交易中，“道德风险”主要表现在以下三个方面：一是违反借款合同，私下改变资金用途。例如，将借入的资金用于投机性交易或风险项目投资。又如，借款企业的管理者为了提高自己的地位或扩大自己的权利，故意将资金投入对于企业来说无利可图的项目。这些都会增加违约风险。二是借款人隐瞒投资收益，逃避偿付义务。例如，企业管理者为了侵吞投资成果，利用放款人对企业投资经营状况的“信息缺陷”，谎称投资失利，使放款人的利益受到侵害。三是借款人取得资金后，对于借入资金的使用效益漠不关心，不负责任，致使借入资金发生损失。信息不对称只是发生“道德风险”的外因，其内因在于借款人自身的内在动机，从本质上讲，是借款人与放款人之间的利益冲突所致，或者说是代理人与委托人之间的利益摩擦关系所致。

第三节　公司的管理目标和公司价值

一、公司的管理目标

公司在一定的理财环境下选择了适合自身的组织形式，为使公司组织形式顺利运转，就需要制定公司的管理目标。公司经营决策的制定是以一定的目标为依据的。公司作为一种经济组织，是多种经济利益关系的集合体，它必须满足不同利益相关者的要求。所以，公司的管理目标是多元化的。现代经济学的研究结果表明：经营管理目标是有层次性的，其自身的基本目标是生存，核心目标是发展，最终目标是获利。公司成立后就面临竞争，处于生存与倒闭、发展与萎缩的交替变动中。只有生存下去，才能获利。要生存，就只有不断发展。在这些目标外，还需要保证债权人的利益，履行社会责任。

（一）生存

生存是获利的前提。公司在商品市场、金融市场、人力资源市场、技术市场等众多市场环境下，生存的基本条件就是以收抵支。公司付出货币，从市场上取得所需资源，然后加工生产，提供市场所需要的商品或服务，从市场上换回货币。若要这个过程能够长期循环下去，即公司能够长期存续，就必须满足一个基本条件：出售商品或服务后从市场上获得的货币至少等于其为取得资源所付出的货币。由此可见，公司的生命力在于其不断创新，生产出独特的商品或服务以获取货币；同时，不断降低成本，减少货币流出，从而实现新一轮的增值循环。如果这个基本条件得不到满足，获得的货币少于其流出的货币，公司就没有足够的货币从市场上换取必要的资源，公司就会逐渐萎缩，直至因无法维持最低的运营条件而终止。一般情况下，公司长期亏损且扭亏无望，就失去了存在的意义，为了避免更大的损失，就有终止营业的必要。

除了上述条件外，公司生存还应满足一个基本条件：到期还债。公司在经营过程中通常会借债，以满足扩大经营规模或经营周转的需要。这些债权人可以是法人或个人。国家为了维持市场经济秩序，在法律上对债务人的义务和债权人的权利做出规定，债务人必须到期还债，必要时可破产偿债。所以，如果公司不能到期偿还债务，就可能被申请破产，从而无法继续生存。

长期亏损和不能到期偿还债务都会对公司的生存造成威胁。前者是无法继续生存的内在原因，后者是公司终止的直接原因。亏损公司在债务到期时，为了维持经营，被迫进行偿债性融资，借新债还旧债，如此下去，如果不能扭亏为盈，总有一天会因为无法借到新债而不能偿还到期债务。即使公司盈利，也可能出现无法偿债的情况，主要原因可能是公司通过借款扩大业务规模，结果冒险失败，最终为了偿债而必须出售厂房和设备，使公司无法继续经营下去，导致破产。

可见，公司管理最基本的要求就是保持收支平衡和偿还到期债务，降低破产的风险，使之能够长期、稳定地生存下去。

（二）发展

公司的生产经营不是简单意义上的循环往复，而是在发展中求生存。

公司的生产经营如逆水行舟，不进则退。在经济高速发展的今天，产品更新换代的速度极快。公司必须不断推出更新、更好、更为消费者喜欢的产品，才能在竞争中立于不败之地。在市场经济中，公司之间的竞争极其激烈，优胜劣汰机制极其残酷。一家公司如果不能发展，不能提高产品和服务的质量，不能扩大自己的市场份额，就会被淘汰。

公司发展的重要内容就是增加收入。其根本方法就是不断更新设备，提高技术和工艺以及人员素质，提高产品质量，扩大销售数量。在市场经济中，要投入更多、更好的物质资源、人力资源，改进技术和管理，都需要付出货币，所以，公司发展离不开资金。

可见，公司管理的重要要求就是筹集发展所需要的资金，使之有足够的资金进行设备、技术、工艺改造和人员素质的提高工作，从而生产出更多、更好的产品，扩大销售数量，提高销售收入，使公司有良好的发展基础。

（三）获利

公司的存在价值是获利，公司创办的动机是盈利。公司的目标是多元化的，改善职工收入、改善劳动条件、扩大市场份额、提高产品质量、减少环境污染等都是公司目标的一部分。但是，在众多目标中，只有增加盈利才是最综合的目标。盈利体现了公司的出发点和归宿，并且可以反映其他目标的实现程度，有助于实现其他目标。

盈利的含义就是投资的收益超过其投资成本的差额部分。在市场经济中，任何资源的取得都是需要成本的，资金作为一种尤其重要的资源也不例外。每项资产都是投资，都具有投资成本，所以，都必须具有盈利性，要能够带来回报。例如，公司的各项固定资产，无论是否使用，都已经有成本的付出，所以必须充分利用固定资产，不让其闲置。存货也占用着资金，有资金成本的付出，所以必须加快存货的周转，避免存货积压，尽量降低成本。应收账款是应收而未收回的没有利息的商业信用资金，对公司来说，存在着资金成本的损失，所以必须尽快收回应收账款，加快应收账款的周转速度，降低其潜在的资金成本。在日常经营过程中，总会或多或少地出现暂时闲置的现金。现金是收益水平最低的一种资产，如果将其闲置，不仅不会带来任何收益，而且存在时间价值流失的成本，所以，必须合理利用暂时闲置的现金进行各种短期投资以获取收益来弥补现金闲置的时间价值损失。

可见，公司管理的最后一个要求就是合理、有效地使用资金，降低成本，扩大收益，使其能够最大限度地获利。

综上所述，公司是以营利为目的的从事经营活动的组织。公司的经营活动是在激烈的市场竞争中进行的，充满着风险，有时甚至面临破产倒闭的危险。公司必须生存下去才可能获利，公司也只有在不断发展中才能存续。所以，公司的目标可以概括为生存、发展、获利。

二、公司价值

在市场经济条件下，公司同样是商品，与一般意义上的商品不同的是，公司是一种非常特殊和庞大的商品。

简单地讲，公司价值就是作为一种商品，公司在转让或出售时的价格。在市场经济条件下，任何商品的价值的大小和能否实现都是由市场决定的，公司价值也不例外。如果一家公司的经营业绩稳定、良好，资产负债结构合理，财务风险较小，可预测的未来有稳定的回报及良好的发展前景，这家公司就是优质商品，在市场上就会有较高的价值认可度。

要认识公司价值，就需要认识以下几个方面：

（一）市场价值与账面价值

市场价值是指公司能在市场上实现的价值，而并非其账面价值之和。公司资产的账面价值是其历史价值、置存价值，它与实际市场价值有差异。业绩较好的公司，其市场价值往往高于其账面价值；而业绩较差或严重亏损的公司，其市场价值必然低于其账面价值。公司经营的成败与财务状况会综合地表现在其市场价值上，市场会对此做出公正、合理的评价。

（二）公司价值与股票价格

价值概念，从财务学的角度来看，就是实现现金流入的现值总额。对于非股份制公司来讲，公司价值的确认必须通过转让、变卖或正确的资产评估才能完成。但是，对于股份制公司来讲，特别是上市公司，从长久来看，公司股票的市场价格越高，说明这家公司的价值越大。一家业绩非常差的公司，其股票价格不可能持续走高。所以，股票的价格是真正的市场价值，是投资人对公司的评价，公司内部各种经营和财务状况的变化因素以及发展前景都会在股票价格上表现出来。

（三）公司价值与股东财富

从广义上来说，股东就是公司的投资人，追求股东财富最大与追求公司价值最大和公司股票价格最高是一致的。公司作为一种商品，在其品质最高并能被市场确认时，就具有最高的价值。一家上市公司如果长期经营和财务状况良好，在其经营业绩达到最好时，其股票价格就会达到最高，这时公司的价值是最大的。如果此时公司股东将其股票出售，那么，股东就能获得实际上的最大财富。而当众多投资者看好某公司时，就会争相购买该公司的股票，其股票价格必然上升，从而引起股东财富的实际增长。可见，对上市公司来说，股票价格最高相对于公司价值最大化或股东财富最大化等抽象概念更易于理解和接受。

（四）公司价值与利润

公司价值不等于利润。利润只是新创价值的一部分，而公司价值不但包括新创价值，而且包括未来创造价值的能力。此外，利润仅是账面实现的价值，并没有考虑现金流量、时间价值和风险等因素，而考虑公司价值必须综合考虑各方面因素，需要仔细分析现金流量、财务结构和风险等，并将其体现在市场对其评价的折现因素中，或者说公司价值是投资者在综合考虑了现金流量、时间价值和风险因素后所确定的实际和未来报酬的折现价值。公司价值是对公司最综合的评价。

第四节　财务关系和财务管理目标

一、公司财务关系

公司是以营利为目的的经济组织。公司为了营利，就必须具有人力、物资、资金等生产经营要素，并持续不断地开展生产经营活动。公司在生产经营过程中与方方面面所形成的货币经济关系，即公司财务关系。公司在筹资活动、投资活动、经营活动、利润及其分配活动中都会与其各个方面发生广泛的联系。在日常财务活动中，公司必须处理好各个方面的财务关系，才能保证财务活动的正常进行和稳步发展。

公司财务关系主要表现在以下几个方面：

（一）公司与其资产所有者之间的财务关系

这是资产所有者向公司投放一定数量的资金，公司相应地向投资者支付报酬所形成的财务关系。出资者履行出资义务，并行使控制与分配的权利；接受投资的公司有义务履行对出资者的财产责任。这种关系直接体现为投资-报酬的转换关系。向公司投资的资产所有者主要有政府、法人单位、个人等。公司与不同出资者之间的财务关系是不相同的。不同财务关系的产生、运行和处理都必须以合同、协议、章程等具有法律效力的文件作为保证，这有利于财务关系中各成员维护权利、承担义务。公司与其资产所有者之间的财务关系体现的是所有权的性质，反映的是经营权与所有权的关系。

（二）公司与债权人及债务人之间的财务关系

公司在生产经营过程中，为了更好地发挥财务杠杆效应、改善资本结构、降低资本成本，往往除了使用自有资本外，还需要借入资本，这就产生了公司与债权人之间的财务关系。债权人向其提供的是公司的债务性资金，公司必须按照借款合同的规定按时支付利息和归还本金。公司的债权人主要有公司债券持有人、贷款机构、商业信用提供者、其他为公司提供贷款的单位或个人。公司与债权人之间的财务关系主要反映的是债务与债权之间的关系。

与借入资本相对应，公司也可以购买其他公司的债券，对外提供借款或向商品、劳务的购买者提供商业信用，并按合同、协议等的规定收回本金和获取利息。这时，公司就成了债权人，从而产生了公司与债务人之间的财务关系。公司与债务人之间的财务关系主要体现的是债权与债务之间的关系。

公司正确处理这两个方面的财务关系，有利于维护债权人、债务人和公司自身的合法权益。

（三）公司与被投资公司之间的财务关系

公司在生产经营过程中往往会产生或多或少的闲置资金。公司有权将这些闲置资金通过购买股票或直接投资的形式对其他公司投资，从而形成公司与被投资公司之间的财务关系。这种经济关系现在越来越多，包括公司与其子公司、与其参股公司等之间的财务关系。公司对其他单位投资，应该按约定履行出资义务，并有权参加被投资公司的利润分配。公司与其投资对象单位之间的财务关系体现的是所有权性质的投资与受资关系。

（四）公司与国家税务机关之间的财务关系

国家是社会公共事务的管理者，其在履行各种社会管理职能的过程中需要支出。为了使其功能持续、正常发挥，国家必须有一定的收入来源。税收是国家财政收入最主要的来源，是国家以行政权力向社会成员强制征收的。公司作为社会成员的一部分，是社会财富的创造者，有向国家纳税的义务。国家税收机关是代表国家向公司征税的行政权力机关。公司正确处理好与国家税务机关的关系，有利于维护社会的共同利益。公司与国家税务机关之间的财务关系反映的是依法纳税与依法征税的关系。

（五）公司内部的财务关系

公司内部的财务关系主要包括公司内部各单位之间的财务关系和公司与职工之间的财务关系。

1. 公司内部各单位之间的财务关系

在实行经济核算的公司内部，各单位之间是相互独立的经济组织。公司内部各单位在生产经营过程中必然会相互提供技术、产品和劳务等，从而形成内部各单位之间的财务关系。它们之间的关系集中表现为对内部经济往来的计价结算关系。这种内部形成的资金结算关系体现的是内部各部门之间的利益关系。

2. 公司与职工之间的财务关系

职工是任何公司进行生产经营活动必不可少的条件之一。职工一般包括组织管理人员、技术人员和生产营销人员。职工在生产经营过程中会有各种各样的体力或脑力上的耗费，公司必须对此做出补偿。公司应当按照职工提供劳动的数量的多少和质量的优劣支付工资、津贴、福利等。公司与职工之间的财务关系体现的是按劳分配的关系。

二、公司财务管理目标

（一）财务管理最优目标的选择

在公司管理目标的约束下，确立公司财务管理目标是一项很关键的工作。财务管理的目标是指财务管理在特定的内外部环境中，通过有效地组织各项财务活动，实施各项财务管理职能，正确地处理好各项财务关系所要达到的最终目标。公司财务管理的最终目标与经营管理目标是一致的，并受经营管理目标的制约。公司的特定经营目标会随着经营环境的变化和公司经营方针的调整而调整，这时，相应的财务管理的具体目标也会做出适应性调整。总的来说，公司财务管理的最终目标是稳定的，其具体目标则应根据公司不同时期特定经营管理要求的变化，及时做出相应的调整。

在财务管理理论的发展过程中，关于财务管理目标的理论性描述中最具代表性的是企业利润最大化、每股盈余最大化和企业价值最大化。每种表述都有其合理的一面，但从深入的财务理论研究、财务评价的相关性和可行性来看，将企业价值最大化或股东财富最大化作为公司财务管理的目标是大多数财务理论和实务工作者认同的科学、合理和可行的目标。

1. 企业利润最大化

这种观点认为，利润是衡量企业经营和财务管理水平的标志。利润越大，越能满足投资人对投资回报的要求，所以，利润最大化是财务管理的目标。

以利润最大化作为财务管理的目标有以下几点理由：(1) 利润是企业新创造的价值，是企业已实现销售并被社会承认的价值；(2) 利润是企业最综合的指标，能够说明企业整体经营管理和财务管理水平的高低；(3) 真实的利润就是社会财富的积累；(4) 利润的概念是一个最容易被社会各界广泛接受的财务概念。

但是，以利润最大化作为企业财务管理的目标又有其不可克服的缺点，主要表现在以下几个方面：(1) 没有考虑利润实现的时间因素，即没有运用货币时间价值这一重要的财务概念；(2) 没有充分考虑利润实现的风险因素，可能造成财务管理人员不切实际地盲目追求利润最大化，使企业承受很大甚至不必要的风险；(3) 利润是一个绝对数指标，不能反映企业一定时期的投资收益率水平，因而无法表现一定时期的投入和产出关系，更无法在不同企业之间进行财务状况的比较；(4) 利润最大化没有考虑一定时期的现金流量状况，利润最大并不意味着企业的现金流量状况良好；(5) 追求利润最大可能会造成企业经营者和财务决策者的短期行为，只顾实现当前或局部的利润最大而不顾长远和整体的发展，甚至伤害长远发展的财务实力。

可见，将利润最大化作为财务管理目标具有一定的片面性，是对财务管理的一种初步认识，而且这种表述的缺陷是无法克服的。所以，现代财务管理研究认为，利润最大化不是财务管理目标的最优选择。

财务管理特别强调现金流量概念，那么，是否能用现金流量最大化来代替利润最大化呢？事实上，现金流量与利润之间有较大差异，不能互相替代。一家企业一定时期的现金流量最大并不意味着其获取的利润也是最大的。现金流量状况好主要说明财务风险小，企业在近期不会出现因现金失控而造成的财务状况恶化。另外，现金来源有多种可能，借款、吸收投资款、未付款、预收款等都会增加现金流入量。所以，现金状况的好坏并不等同于经营状况的好坏。相比较而言，只有利润才是新创造的价值，如果一家企业仅仅满足于现金不失控，却没有较强的盈利能力，那么，它绝对不是一家经营和财务管理水平高的企业。可见，现金流量最大化也不能作为财务管理的最优目标。

2. 每股盈余最大化（或权益资本净利率最大化）

每股盈余是指公司一定时期的净利润额与发行在外的普通股股数的比值，说明投资者每股股本的盈利能力，主要用于上市公司。非上市公司则主要采用权益资本净利率，它是公司一定时期的净利润额与其权益资本总额的比值，说明权益资本的盈利能力。这两个指标在本质上是相同的，将公司的普通股股数乘以每股净资产，便可以得到权益资本总额。由于这两个指标都是以净利润为基础的，因此，其优点与利润最大化基本相同，而更大的好处是该指标采用相对数来反映公司的盈利能力，可以更清楚地揭示投资与收益的报酬率水平，更便于财务分析、预测以及不同资本规模的公司或公司不同期间之间的比较。

但是，每股盈余或权益资本净利率仍然是以利润为基础来计算的，所以，同样存在与利润指标相似的缺陷，主要表现在以下几个方面：(1) 没有考虑风险因素。要提高每股盈余或权益资本净利率，最简单的方法是扩大负债比例，减少权益资本，同时最大限度地表现利润，承担最大的税收成本。这样就会使公司的财务风险加剧，偿债能力被进一步削弱。所以很多人认为，每股盈余最大的时候也可能是财务风险最大的时候。如果公司不惜冒更大的风险去追求每股盈余最大，就必然对其长远发展能力造成伤害。(2) 没有考虑货币的时间价值，即没有考虑股本或公司权益资本获取利润的时间性差异和持续性特征。(3) 没有考虑现金流量因素，无法克服经营者因为追求最大收益而造成的短期行为。

可见，每股盈余和权益资本净利率也有很多不完善之处，同样不能作为最优的财务管理目标。事实上，任何财务指标都不能作为财务管理的最终目标，我们不能简单或孤立地讲某一个财务指标越大越好或越小越好。虽然我们可以在理论上用资金利用水平最高或综合财务实力最强等概念作为财务管理的目标，但其实务评价的可行性很差。任何企业都不能通过一个甚至几个财务指标的高低变化便得出一个最终结论，并用来评价一家企业资金利用水平的高低，或者说其综合财务实力的强弱。所以，我们不可能将一个或几个财务指标的变动作为财务管理的最优目标。

3. 股东财富最大化

股东财富最大化是指通过企业的合理经营，采用最优的财务政策，在考虑资金的时间价值和风险报酬的情况下不断增加股东的财富。在股份有限公司中，股东财富可以用股东所拥有的股票数量和股票市场的价格来决定。如果股东拥有的股票数量一定，当股票价格达到最高时，股东财富也就达到最大。

与前面几种观点相比，股东财富最大化作为企业财务管理的目标具有以下优点：(1) 股东财富最大化目标考虑了取得报酬的时间因素，并用货币时间价值的原理进行了科学的计量。(2) 股东财富最大化目标能克服企业在追求利润方面的短期行为。因为影响股东财富的不只是过去和目前的利润水平，预期未来利润的多少对股东财富的影响更大。(3) 股东财富最大化目标有利于社会财富的增加。各企业都把追求财富作为自己的目标，整个社会的财富就会增加。(4) 股东财富最大化目标科学地考虑了风险与报酬之间的关系，有效地克服了企业财务管理人员不顾风险大小，只片面追求利润的错误倾向。股东财富最大化的观点体现了对经济效益的深层次认识。(5) 股东财富最大化目标比较容易量化。

然而，股东财富最大化目标也有不足之处，主要表现在以下两个方面：(1) 一般来说，它只适合上市公司。(2) 股票价格受众多因素的影响，特别是我国证券市场还未达到强式有效，股票价格不一定能全面反映股票价值。如果市场是高效的，作为上市公司，就应该将股东财富最大化确定为财务管理的最优目标。

4. 企业价值最大化

企业价值最大化是指通过企业的合理经营，采用最优的财务政策，在考虑货币的时间价值和风险报酬的情况下，理性地权衡风险与报酬的关系，在企业持续、稳定发展的基础上，使企业价值达到最大。

企业价值最大化目标考虑了货币的时间价值和风险价值，体现在市场对企业评价的折现因素中。总之，以企业价值最大化作为财务管理的目标，不但是财务管理研究的必然结论，也是企业内外部对经营和财务状况做出客观评价的必然选择，因为企业价值既是一个抽象的概念，又是一个能用于最终评价的实际可行的概念。

与其他财务管理目标相比，企业价值最大化不但适合上市公司，而且适合所有企业。它考虑了各利益集团的利益，考虑了风险与报酬。为追求企业持久、稳定发展，企业价值最大化目标在一定程度上避免了决策者为眼前利益而进行短期决策的行为。可以说，在目前的时代背景下，企业价值最大化是企业财务管理的最优目标。但是，如何以客观、公正、科学的方法来评价企业的价值是一个难点。

当然，企业价值最大化也存在一些不足，主要表现在以下几个方面：(1) 概念比较抽象，不易为非专业人士所接受，也不像利润和每股盈余指标那样，在日常会计核算中经常被揭示。所以，运用一些基本的财务指标作为辅助是必要的。(2) 对于上市公司来讲，股票价格是企业价值的直接表现。但是，股票价格会受到特定经济环境等多种市场因素的综合影响，所以，在某一时点，股票价格可能并不真正反映这家企业的价值。说股票价格是企业价值的外在表现，是从较长一段时间来讲的。(3) 对于上市公司来讲，公司股票的上市比例及公司之间相互参股、控股和间接持股等情况的存在也会影响股票价格。因为法人股东对股票市场的变动并不敏感，所以，以控股为目的的股东似乎并不在意股票价格的变化。(4) 对于非上市公司来讲，企业价值不能依据股票价格来确定，而必须进行资产评估。所以，日常的财务控制和评价指标就显得更加重要，如权益资本保值增值率、权益资本净利率等。可以说，表现良好并且真实的财务指标与企业价值是一致的。对任何企业来讲，都可以用未来现金流量的贴现值来反映企业价值。企业未来的现金流入量越大，企业的价值就越大，反之则越小；而贴现率越大，企业的价值就越小，反之则越大。贴现率的高低主要由风险的大小来决定，当风险上升时，贴现率就会上升，也就是说，企业价值的大小与企业的预期收益能力成正比，与预期风险成反比。

(二) 影响财务管理目标实现的因素

财务管理的目标是企业价值最大化。企业价值取决于经营现有资产、权衡风险与报酬、做最优的财务决策后预期可获得的现金流量。

企业价值受外部环境和管理决策两个方面因素的影响。

从企业管理当局的可控因素来看，企业价值的高低取决于企业的投资报酬率和风险，而企业的投资报酬率和风险又是由企业的投资项目、资本结构和股利政策决定的。所以，这五个因素影响企业价值。财务管理正是通过投资决策、筹资决策和股利决策来提高投资报酬率，降低风险，实现其目标的。

1. 投资项目

投资项目是决定企业投资报酬率和风险的首要因素。

2. 风险

任何决策都是面向未来的，都会有或多或少的风险。决策时需要权衡风险和报酬，才能获得较好的结果。财务决策不能不考虑风险，当所冒风险与可望得到的额外报酬相称时，方案才是可取的。不能仅仅考虑每股盈余而不考虑风险。

3. 投资报酬率

在风险相同的情况下，投资报酬率主要取决于企业将来能获得的现金流量。

4. 资本结构

资本结构会影响企业的投资报酬率和风险。资本结构是所有者权益与负债的比例关系。一般情况下，当企业借款的利息率低于其投资预期报酬率时，可以通过借贷取得短期资金以提高预期每股盈余，但同时会增加预期每股盈余的风险，因为一旦情况发生变化，如销售萎缩等，实际投资报酬率低于利息率，则负债不但没有提高每股盈余，反而使每股盈余减少，企业甚至可能因不能按期支付本息而破产。资本结构不当是企业破产的一个重要原因。

5. 股利政策

股利政策也是影响企业投资报酬率和风险的重要因素。加大保留盈余会提高未来的投资报酬率，但再投资的风险比立即分红要大。所以，股利政策会影响企业的投资报酬率和风险。

（三）股东和经理人及其他利益人之间目标利益的冲突与协调

股东和债权人都为企业提供财务资源，但他们通常处在企业外，只有经营者即管理当局在企业内直接从事财务管理工作。股东、经营者和债权人之间构成了企业最重要的财务关系。由于股东、经营者和债权人的目标不同，因此，企业必须协调这三个方面的冲突，才能实现企业价值最大化的目标。

1. 股东和经营者

在现代企业制度下，企业的经营权和所有权分离。企业是一个通过一系列合同或契约关系将各利益主体联系在一起的组织。在绝大多数股份公司里，股东通过董事会委托经理代为行使对公司的经营管理权，这也就形成了公司股东与经理人的委托-代理关系。股东和经营者分离后，股东的目标是使企业价值最大化，千方百计地要求经营者以最大的努力去完成这个目标。经营者也是最大合理效用的追求者，其具体目标、行为与委托人可能不一致。例如，在现实中，经理人除了注重企业的经营业绩外，可能更关心诸如其个人财富的积累、职位的稳定、职位消费等自身利益。经理人在追求自身利益的同时，往往不能全身心地投入经营，以实现企业价值最大化，或者说他们在追求自身利益时，可能会在一定程度上损害企业的利益。因此，股东与经理人之间不可避免地存在冲突和矛盾。由于股东与经理人在利益目标上的不一致或者说当经理人把自身目标放在企业目标之前时而引发的矛盾，称为股东与经理人之间的委托-代理矛盾。由委托-代理矛盾引起的企业价值的降低额即代理成本。

(1) 经理人目标

① 增加报酬，包括物质报酬和非物质报酬。

② 增加闲暇时间，包括较少的工作时间、工作时间里较多的空闲和有效工作实践中较低的劳动强度等。

③ 避免风险。经理人努力工作可能得不到应有的报酬，他们的行为和结果之间存在着不确定性，这使得经理人总是力图避免这种风险，希望付出一份劳动便得到一份报酬。

(2) 经理人与股东目标的背离

经理人的目标和股东的目标不完全一致，经理人有可能为了自身的目标而背离股东的利益。这种背离表现在以下两个方面：

① 道德风险：他们不做什么错事，只是不十分卖力，以增加自己的闲暇时间。

② 逆向选择：经理人为了自己的目标而背离股东的目标。

(3) 防止经理人背离股东目标的方法

① 监督

经理人背离股东目标的前提条件是双方的信息不一致，主要是经理人了解的信息比股东多。避免“道德风险”和“逆向选择”的出路是股东获取更多信息，对经理人进行监督，在经理人背离股东目标时，减少其各种形式的报酬，甚至解雇他们。

监督可以减少经理人违背股东意愿的行为，但不能解决全部问题。

② 激励

防止经理人背离股东利益的另一条出路是采用激励报酬计划，使经理人分享企业增加了的财富，鼓励他们采取符合企业最大利益的行动。

如果报酬过低，则不足以激励经理人，股东不能获得最大利益；而如果报酬过高，则股东付出的激励成本过大，也不能实现自己的最大利益。所以，激励可以减少经理人违背股东意愿的行为，但也不能解决全部问题。

通常，股东同时采取监督和激励两种办法来协调自己与经理人之间的关系。监督、激励成本和偏离股东目标的损失之间此消彼长，相互制约。股东要权衡利弊，力求找出能使三项之和最小的解决办法，那就是最佳的解决办法。

2. 股东和债权人

当企业向债权人借入资金后，两者之间就形成了一种债权-债务关系。债权人把资金交给企业，其目标是到期收回本金，并获得约定的利息收入；企业借款的目的是用于扩大经营或投入有风险的生产经营项目。两者的目标并不一致。债权人事先知道借出资金是有风险的，并把这种风险相应的报酬纳入利率，通常要考虑的因素包括企业现有资产的风险、预计新增资产的风险、企业现有的负债比率、预期未来的资本结构等。

股东可以通过经理人，为了自身利益而侵害债权人的利益，常用方式如下：(1) 股东不经债权人的同意投资于比债权人预期风险高的项目；(2) 企业为了提高利润，不征得债权人的同意而迫使管理当局发行新债，致使旧债券的价值下降，使旧债权人蒙受损失；等等。

债权人为了防止其利益被侵害，除了寻求法律保护，如破产时优先接管、优先于股东分配剩余财产外，通常可采取以下措施：(1) 在借款合同中加入限制性条款；(2) 发现企业有剥夺其财产的意图时，拒绝进一步合作，不再提供新的借款或提前收回借款；等等。

（四）企业财务管理目标与社会责任

从长远来看，企业财务管理目标和社会整体目标在许多方面是一致的。企业在追求自身目标的同时，自然会使社会受益，即在企业目标实现的过程中产生了很多有利于社会的因素。企业创造财富，实现其价值最大化，也就是为社会财富的积累做出了贡献。

具体来讲，企业财务管理目标与企业应尽的社会责任所表现的一致性如下：一方面，企业为了实现其价值最大化，不断进取，开发和引进新产品、新技术，不断提高管理水平，生产出更优质的产品或向消费者提供更好的服务，满足了人们日益增长的生产和生活的需要；与此同时，为社会提供了就业机会。另一方面，企业创造财富，实现其价值最大化的目标；与此同时，为政府提供了更多税收，有助于社会积累更多财富，以增进社会的福利，使社会不断进步。

企业财务管理目标与其应尽的社会责任也有不一致的地方。股东只是社会的一部分，作为“经济人”，他们在谋求自己利益的时候，很可能会损害他人的利益。例如，向社会提供假冒伪劣或以次充好的产品或服务、制造虚假广告来蒙骗广大消费者从而非正当地获取利润；用各种手段偷漏税款；污染环境，危害人类的健康和生存；不重视雇员的人身安全和培训，随意解雇雇员；等等。

企业要尽社会责任，难免会增加企业的成本费用开支，这些花费不一定能得到补偿。所以，为了使企业在为社会创造财富的同时不损害社会利益，我们必须采用法律制约、行政干预和舆论监督等手段，协调企业财务管理目标的实现与企业应尽社会责任之间的冲突和矛盾，不断强化企业应有的商业道德，使企业不断规范自己的行为，使整个社会的文化和物质生活水平日益提高。

第五节　财务管理的职能和内容

一、财务管理的职能

财务管理的职能是指财务管理的职责和功能，包括制定和实施公司筹资决策方案、投放和配置资金、提高资金利用水平、合理分配公司收益和建立有效的财务管理制度等。这些具体职能可以分别归入财务管理的财务预测、财务决策、财务计划、财务控制、财务分析、财务检查等基本职能中。

（一）财务预测

财务预测就是在掌握大量信息资料的基础上，考虑各种可变因素，根据公司财务收支的客观规律，运用经济预测的科学方法，对公司未来的财务状况和经营成果进行预计和推测。财务预测是财务管理的一项重要工作，其作用是测算各项生产经营方案的经济效益，为财务决策、财务预算和日常财务管理工作提供依据，使公司合理安排收支，提高资金使用效益，提高公司整体管理水平。

财务预测的内容具体包括资金预测、成本和费用预测、营业收入预测、利润预测。按预测时间的长短，财务预测可以分为长期预测、中期预测和短期预测。

财务预测的方法主要有定性预测和定量预测两种。前者是利用已收集的资料，依靠财务人员的经验和吸收各方面的意见进行分析，做出定性的判断；后者是利用历史和现实的资料，运用数学方法建立经济模型，对未来财务发展做出量化的预测。在实践中，一般是将这两种方法结合运用。

（二）财务决策

1. 财务决策的含义

财务决策是公司决策的一部分。公司决策按决策过程能否程序化，可分为程序化决策和非程序化决策；按决策影响的时间长短，可分为长期决策和短期决策；按决策所涉及的管理领域，可分为销售决策、生产决策和财务决策。

财务决策是为了实现预定的财务目标，根据财务预测资料，运用科学方法对若干可供选择的财务活动方案进行评价，从中选出最佳方案的过程。财务决策主要包括筹资决策和投资决策两个部分，所以，也可以说财务决策就是有关资金筹集和使用的决策。财务决策是财务管理的重点和核心。

2. 财务决策的过程

(1) 收集信息阶段，主要是探查环境，寻找决策的条件。要根据初步设想的目标收集情报，找出决策的依据。

(2) 设计方案阶段，主要是创造、制订和分析可能采取的方案。要根据收集到的情报，以公司想要解决的问题为目标，设计各种可能采取的方案即备选计划，并对每一种备选方案的利弊得失进行分析。

(3) 选择方案阶段，主要是从各种备选方案中选择一种最优的行动方案。需要根据当时的情况和对未来的预测，以一定的价值标准评价各种备选方案，按一定的准则从中选出一种作为行动方案。

(4) 审查评价阶段，主要是对过去的决策进行后评价。要根据实际发展过程与行动方案的比较，评价决策的质量优劣，以便及时纠正错误，改进后续决策。

在实践中，这四个阶段并不是依次进行的，而是需要不断地返回以前阶段进行循环或修正。例如，设计方案和选择方案时，如果需要的信息不充分，就需要返回收集信息阶段；选择方案时，可能发现原来设计的方案有错误，就需要对原来的设计进行修改。

3. 决策系统包含的要素

(1) 决策者

决策者是整个决策系统的主体。它可以是一个人，也可以是一个团体即决策机构。关系到集体利益的决策一般会逐步从个人决策转变为团体决策，从高度集中的决策转变为多层次的分散决策。

(2) 决策对象

决策对象是决策的客体，是决策所面对的需要解决的问题。构成决策对象的只能是决策者的行为可以施加影响的系统，决策者的意志不能够改变的东西不能成为决策对象。

(3) 决策信息

决策信息包括公司内部功能的信息和公司外部环境状态及发展变化的信息。在决策时，所使用的信息必须真实、正确；否则，决策就失去了合理性。

（4）决策的理论和方法

决策的理论和方法包括决策的一般模式、预测方法、定量分析和定性分析技术、决策方法论、数学和计算机应用等。有了正确的信息，只是具备了可能做出科学决策的条件，并不等于就做出了正确的决策。决策者还需要科学的理论指导，同时运用恰当的方法来分析、推理和判断，最终找出正确的方案。

（5）决策结果

决策结果是指通过决策过程形成的，指导人的行为的行动方案。公司决策的结果通常采用语言、文字、图表等书面形式表达。

决策的五个要素相互联系、相互作用，构成了一个完整的决策系统。

4．方案价值的评价

在对各种备选方案进行分析、比较及对方案进行后评价的时候，需要有一定的决策价值标准，即评价方案优劣的尺度或者衡量决策目标实现程度的尺度，以评价各种方案价值的大小。

过去常常使用的是单一的价值标准，如最大利润、最高产量、最低成本、最大市场份额、最优质量、最短时间等。单一的价值标准比较片面，也许刚开始能带来一些益处，但最终往往会造成公司长期发展缺乏后劲。多次失败的教训使人们逐渐认识到，必须进行多目标的综合决策。

现在常用的评价方法是综合经济目标的办法，强调以长期稳定的经济增长为目标、以经济效益为尺度的综合经济目标作为价值标准。在实践中，将各种投入和产出都货币化进行比较，判断经济效益。这种方法与单一的短期利润目标相比，使人们的眼界更加开阔，看问题更加全面、长远。此外，还应该注意的是一些社会的、心理的、道德的、美学的等非经济目标。在评价方案的最后阶段，需要加进各种非经济的或不可计量的因素，进行综合判断，尔后选取行动方案。

根据决策的价值标准，对各种备选方案进行了比较、分析后，还需要有一定的决策准则，指导人们对行动方案做出选择。

由于决策者在认识能力和时间、成本、信息来源等方面的限制，因此不能完全要求每项决策均得出最理想的结果，常常只能得到“令人满意的”或“足够好的”决策。在实践中，人们在决策时并不是考虑一切可能的情况，而是只考虑与问题紧密相关的特定情况，使多重目标能达到令人满意的、足够好的水平，以此作为行动方案。

（三）财务计划

计划是指预先决定做什么、何时做、怎样做和由谁去做。财务计划是生产经营计划的重要组成部分，是以货币形式表现的生产经营计划。财务计划是财务决策的具体化，是公司及其各部门工作的目标，是组织财务活动、协调财务关系、控制财务收支和考核财务业绩的依据。

财务计划按内容分，主要有筹资计划、投资计划、现金收支计划、财务成果计划及预计财务报表；按计划期的长短分，主要有长期财务计划和短期财务计划。长期财务计划是指计划期超过一年的计划，主要包括长期筹资计划、长期投资计划、长期现金收支计划和较长时期的预计财务报表。长期财务计划主要反映的是公司长期的战略目标，是以货币表现的公司经营战略计划。短期财务计划则是指计划期为一年及一年以内的计划，主要包括现金预算和预计财务报表。短期财务计划是为了实现长期目标而在短期内对公司财务活动的具体安排。财务计划是在公司的销售计划、生产计划等经营计划的基础上编制的，它必须与公司的生产经营计划密切配合。

（四）财务控制

控制是对一个系统或组织的活动进行约束与指导的过程。财务控制是对公司的财务活动进行约束、监督和指导，将财务活动的实际成果与财务预算相比较，发现差异，找出原因，采取纠正措施及时纠正的过程。财务控制与财务计划紧密相连，财务计划是财务控制的重要依据，财务控制是财务计划执行的重要手段，两者构成了财务管理的基本循环体系。财务控制需要建立在良好的责任制度、信息反馈制度及考核奖惩制度的基础上。

财务控制的程序一般包括制定标准、执行标准、确定和分析差异、消除和纠正差异，其方法主要有规章制度控制、定额标准控制、预算控制等。

（五）财务分析

财务分析是利用财务报表和其他资料对公司过去的财务状况和财务成果、公司的现状、公司的发展趋势进行分析、评价，从中总结成绩、找出差距、挖掘潜力，并提出改进措施。财务分析可以为公司内外的有直接或间接利害关系的使用者，如内部的管理者，外部的投资者、债权人、信用机构等，进行财务决策、计划、控制，了解公司的财务状况、经营业绩及发展前景等提供依据。

（六）财务检查

财务检查是按照国家财经法规制度和企业财务通则、分行业财务制度等对公司财务活动的正确性、合理性、合法性和有效性进行检查的过程，目的是保证公司行为合法、财产安全以及制度的执行。

财务检查分为内部检查和外部检查两类。前者是公司内部财务、审计等有关部门进行的检查，后者是国家有关部门及社会监督机构进行的检查。

二、财务管理的内容

财务管理的内容主要有三个方面：筹资管理、投资管理和分配管理。

（一）筹资管理

任何公司想要从事生产经营活动，都必须首先筹集到其经营规模所需要的一定数量的资金。公司所筹集的资金既要能够满足正常经营和特定投资计划的需求，也要能满足归还各项到期债务和支付利息及股利方面的要求。筹集所需的资金是公司能够进行生产经营的前提。

筹资管理就是解决如何筹集所需资金的问题，包括向谁筹资、什么时间以及筹集多少资金等。不同的筹资渠道和筹资方式的筹资成本不同，资金使用的时间、条件也不尽相同，给公司带来的风险大小也就不同。筹资管理的目标就是正确权衡成本与风险之间的关系，采用最适当的筹资方式来筹集资金，使风险适度的情况下，资金成本最低。

筹资管理的关键是确定公司的资本结构，即各种来源的资本在总资本中所占的比例，具体内容包括：(1) 确定具体的财务目标；(2) 预测对资金的需求量；(3) 规划资金的来源渠道；(4) 研究各种筹资方式及其优缺点，选择合理的筹资方式和渠道；(5) 确定综合资金成本与最优资本结构，保持资本结构的合理性。

(二) 投资管理

筹资的目的是投资，财务管理所追求的目标是将各种资金有效组合起来，获取最大的投资收益。在财务管理学中，广义的投资是指公司全部资产的占用，也称资产的配置。财务管理的根本任务就是依据公司的具体经营目标和管理要求，合理配置各类资产，并对有关投资事项做深入分析，加强资金管理和成本控制，不断加快资金的周转速度，提高投资管理水平，增强盈利能力。

按时间长短划分，投资决策可分为短期投资和长期投资。短期投资主要是针对现金、短期有价证券、应收账款和存货等流动资产的投资，具有较强的流动性，可以提高变现能力和偿债能力，减少财务风险，但同时伴随着较弱的盈利能力。公司需要对风险和收益进行权衡，尔后决定投资对象。长期投资主要是对固定资产和长期有价证券的投资，其投资收益较高，但是流动性弱、风险大。所以，在进行长期投资决策时，要仔细进行风险因素分析，将风险控制在合理的范围内。

按投资方式不同划分，投资决策可分为直接投资和间接投资。直接投资是指把资金直接投放于生产经营性资产并获取利润的投资，如购建厂房、固定资产等。间接投资是指将资金投资于金融性资产并获取股利或利息收入的投资，如购买股票、公司债券和政府公债等。

投资管理的具体内容可以归纳为：(1) 确定投资管理的财务目标；(2) 实施投资项目的可行性研究；(3) 制定营运资金的管理方针；(4) 加强成本费用控制；(5) 强化金融投资监督。

(三) 分配管理

公司通过生产经营和对外投资等能够获取利润，对利润应按照规定的程序进行分配。财务管理应该努力挖掘各项潜力，促进合理、有效地使用人力、物力和财力，增加公司盈利，提高公司价值。财务管理也要根据公司的具体经营状况和发展要求，制定合理的分配政策，正确处理好各项财务关系，确定有效的税收方针，定期考核总体及各部门的经营业绩，进行全面财务分析，为未来更加稳定和长期的发展提供保障、指明方向。

在进行财务分配时，既要考虑股东的近期利益，又要考虑股东的远期利益和公司的长远发展。过高的股利支付率影响再投资能力，不利于公司的长远发展，会损害股东的长期利益，导致股价下跌；过低的股利支付率则可能引起现有股东的不满，股东纷纷抛售股票，致使股价下跌。财务分配决策的确定受多种因素的影响，如税法对股利收入和出售股票的资本利得收入的不同处理、资金来源与成本、未来的投资机会、销售收入的稳定性、公司对流动性的偏好、股东对当期收入和未来收入的相对偏好等。公司应该根据实际情况，全面考虑各种因素的影响，合理做出财务分配的决策，实现公司价值最大化的财务目标。

财务分配管理的具体内容可归纳为以下几个方面：(1) 确定合理的财务分配政策；(2) 准确处理好各项财务关系；(3) 确定有效的税务方针；(4) 建立完备的责任考核制度；(5) 实施全面的财务分析。

第六节　财务管理的原则

财务管理的原则是公司组织财务活动、处理财务关系所必须遵循的基本准则。财务管理的原则是从财务管理实践中抽象出来，并在实践中证明是正确的行为规范，反映了财务管理活动的内在要求。财务管理原则在根本上是一种指导性的财务观念，根据这些原则合理地组织各项财务活动是财务目标得以实现的重要保证。

现代财务管理的基本原则主要包括以下几项：

一、企业价值最大化原则

现代财务管理的目标是企业价值最大化，这也是在日常财务管理活动中所应该遵循的基本原则。公司应该切实地将价值最大化观念内在化，使其能自觉地指导日常的财务管理活动，使一切管理活动都按照价值最大化原则进行。

现代企业制度下的公司产权关系明确，在此条件下，理财的目的就是合理运作资金，使资金的利用效益最好。现代财务管理活动在某种意义上是对资金运作的专业化管理，它遵循资金运动的基本要求和规律，运用价值管理的一系列方法，综合地对整体资金运动进行科学的统筹安排。公司在从事购置、生产、销售及投资等资金活动时，都要努力提高交易效率，最大限度地降低交易费用，从而达到事半功倍的目的。在整个经营过程中，公司要严格控制各项投入和产出、耗费和收入、盈利和亏损，尽量使资金在系统价值观念的指导下高效运行。

财务管理应该将价值最大化的基本理念贯穿于财务预测与决策、编制财务计划、进行财务控制和开展财务考核与分析等各项财务管理方法中，自觉运用价值管理的有效手段，促使其在整个经营与投资等资金运作过程中保持稳定和高效，确保公司价值最大化目标的实现。

二、风险与收益均衡原则

在市场经济条件下，竞争激烈，组织财务活动过程中无处不隐含风险，也无处不是创造盈利的机会，对财务人员来说，关键是如何把握和处理好风险与收益的均衡关系。财务管理的目标是企业价值最大化，这里的价值最大化概念是与收益均衡前提下的风险价值紧密相连的。市场经济的基本规律是高风险、高收益。财务管理者的一项重要工作就是努力在收益与风险之间取得平衡，做到既不盲目冒险，也不过于保守。

财务活动的风险是指获得预期财务成果的不确定性。要想获利，就不能回避风险。在现代市场经济条件下，公司理财面临许多不确定因素。其中，有宏观的，也有微观的；有内部的，也有外部的；有经营层面的，也有投资层面的。这就决定了各项财务管理活动都必须十分谨慎地对各种可能造成伤害的风险因素做深入的分析和研究，避免因为不合理的、冒失的决策而给公司带来严重后果。例如，在财务筹资方面，既要尽可能地满足经营和投资发展的需要，筹集尽可能多的资金，又必须考虑资金成本、资金结构和债权人限制性条款的变化等因素，在充分考虑其利害关系后，做出最合理的决策。再如，在投资决策方面，要对投资项目进行深入的可行性研究，对其财务效益及社会效益进行综合分析和比较。一方面，要追求最大的投资回报，实现财务效益最大化；另一方面，要充分考虑投资项目未来可能带来的风险，以及公司对各种风险的承受能力。这是做出正确决策的基本条件。为了稳健，可以将风险大、收益高的项目与风险小、收益低的项目适当地搭配起来，以分散风险、提高收益。

三、成本-效益原则

为了实现企业价值最大化这一目标，在财务管理工作中，必须处处讲求经济效益，以最少的成本支出获取最大的收益，以此作为实现财务管理目标的基本手段。在市场经济条件下，经济效益的计算和比较是通过以货币表现的财务指标进行的。公司在生产经营过程中的各种消耗用货币表现即成本和费用，劳动成果以货币表现即营业收入和利润，利润是营业收入扣除成本和费用后的剩余。公司所要追求的就是以最少的成本和费用获取最大的利润。在整个财务管理活动中，要始终坚持成本-效益原则，任何不顾成本，盲目、单纯追求产值或利润最大的做法都是错误的，其结果只会造成更大的损失。

一般情况下，进行成本-效益分析时，应遵循以下基本要求：

第一，在理财活动中，无论采用哪种决策方案，首先都应该考察其可实现收益的大小，然后根据其收益来决定投资额，并且要确保实现的收益大于成本；否则，就说明该投资项目得不偿失，没有投资价值。

第二，某些特殊的决策方案可能要求在执行过程中不断追加成本支出来维持投资效益的不断增长，并最终达到效益最大。在这种情况下，除了对项目进行整体的成本-效益分析外，还应对不同时期的成本支出与投资效益进行具体分析，采取跟踪控制和及时反馈的方法保证投资项目成本和效益的合理性。

第三，对于某些特殊投资项目，当存在太多不确定因素，以致该项目的投资收益难以估计时，应考虑在达到既定投资目标的前提下，使投入的成本最小化。

进行决策方案的成本-效益分析，以最少的资金投入追求最大的产出效益，这既是财务管理的基本原则，也是一家成功的公司自始至终追求的方向。但是，需要注意的是，财务管理的成本-效益分析不可能绝对量化，要从定量上明确效益最大化，在实践中是很困难的，即便要确认次优效益，也不是显而易见的。所以，在进行成本-效益分析时，应该尽可能地将重点放在成本的节约和控制上，尤其是在日常的内部财务管理中，既要注重资金的投资成本，又要注意资金的日常运作成本。

四、资源合理配置原则

公司是市场活动的主体，作为市场经济中的微观组织，在财务管理方面应该十分重视如何将其财力资源进行最优化配置，最大限度地发挥其整体效用，既要防止资源供应不足而影响整体规模效益，又要避免各个环节上的资源过剩和浪费。财务管理应通过帮助公司合理配置资源来促进生产规模的合理发展、产品结构的有效调整、产品质量的不断提高、资金管理和利用效益的增长，以及员工待遇的改善等。

财务管理所遵循的资源合理配置原则一般包括以下几个方面：

第一，资金或资产资源是有限的，可能与公司现实或长久的发展需要相矛盾，所以，应该根据其短期经营目标和长久发展战略的要求，在资源的配置和资金的供求关系上寻找平衡点，既不盲目冒进，也不畏缩保守，以确保良性发展。

第二，因为资源的可动用性是有时限的，所以，财务管理在资源配置时应该注意资源的时效性，注意资金在用于长期或短期目标方面的合理调配和妥善安排，不能轻易地改变资源配置的时序，要确保长短期资金，以及经营资金与投资资金之间合理、有效的组合。

第三，在资源配置方面，财务管理必须充分发挥其有效的控制职能，生产发展和投资规模必须适度，真正做到量体裁衣和量力而行，不能一味地追求规模效应而不考虑实际资源能力，最终捉襟见肘、半途而废，就会给公司造成极大的伤害。

第四，充分发挥财务管理的考核、评价和分析功能，经常结合各项财务指标，及时评价资源的配置情况，随时把握各类资金的分配和比例关系，通过各项资金利用指标，定期考核和分析资金的周转能力和盈利水平，为不断调整资源配置提供依据。

五、利益关系协调原则

财务管理工作必然涉及公司与各方面的经济利益关系。从某种意义上讲，财务管理的重要性直接表现为其涉及的各方面利益关系，这种关系在财务中又称财务关系。所以，理财不但要理清财产资源，而且必须理顺不同利益者之间的利益关系。因此，合理分配收益、协调各项利益关系是搞好财务管理工作的一项重要原则。它直接关系到投资人、债权人、经营者、内部员工及外部合作者的积极性和期望收益的满足程度，也直接关系到能否最大限度地实现公司价值最大化这一财务管理目标。

财务管理在处理经济利益关系时，一方面，应最大限度地满足公司投资人（权益者）的经济利益，但保障投资人的利益不能以伤害其他方面人员的利益为代价。另一方面，想要从根本上保障和提高投资人的利益，就必须处理好公司与其他各方面的利益关系。只有当各方面的经济利益关系得到充分协调和相对最大满足时，投资人的利益才能从根本上得到保证。例如，在处理公司与经营者的财务关系时，要建立一定的激励机制，确保经营者的利益与公司的利益一致；在处理公司与国家的利益关系时，要做到依法纳税，同时在不违反税法的前提下尽可能地维护公司利益；在处理公司与员工的利益关系时，应充分关心员工的利益，确保员工的工薪收入和各项福利，但不能任意提薪和滥发奖金，直接造成对投资者利益的伤害；在处理公司与权益者的利益时，要恰当地处理好新老投资者之间的利益关系，处理好投资者目前利益和长远利益之间的关系。财务管理只有正确处理好各方面的财务关系，确保公司具有长久的综合发展能力，才能实现公司价值最大化。

本章小结

公司财务管理是一项专业管理与综合管理相结合的管理活动，它与公司的经营管理密切相连，必须及时反映公司的经营状况和财务状况。财务管理由财务活动引起，其基本职能是制订和实施公司筹资决策方案、投放和配置资金、提高资金利用水平、合理分配收益和建立有效的财务管理制度等。关于财务管理的目标，有三种最具代表性的观点：公司利润最大、每股收益最大和公司价值最大。最后一种观点是比较科学和合理的。公司管理目标和财务管理目标既有联系，又有区别，主要表现在管理目标、涉及的风险、收支的内容和形式以及管理方法等方面。财务管理的目标应该与社会整体利益保持一致，在实现公司价值最大化的同时，应充分考虑各利益相关者之间的协调，注重社会责任的承担，实现社会利益最大化。财务管理总是在一定的环境中进行的，主要包括经济环境、金融市场环境、税收环境、政策环境和法律环境。这些环境都是公司的外部影响因素，公司的财务管理活动必须努力适应这些环境。财务管理的主要内容是筹资管理、投资管理和分配管理，这也是其职能的具体化。价值最大化原则、风险与收益均衡原则、成本-效益原则、资源合理配置原则和利益关系协调原则是财务管理工作必须遵循的基本准则，是确保财务目标实现的重要保证。

复习思考题

1. 影响公司价值的因素有哪些？

2. 试分析某家公司的外部理财环境和公司目标是如何影响公司财务管理目标的制定和实施的。

3. 试分析股东和经理人及其他利益人之间可能产生的冲突并说明应如何协调。

4. 试分析公司财务管理目标的实现与承担社会责任之间的关系。

5. 公司财务管理有哪些内容？

6. 公司财务管理应该遵循哪些原则？

第二章　财务管理的分析技术

学习要点

财务管理分析技术是公司进行财务活动的依据之一。有效的财务管理离不开良好的技术与方法,不同技术与方法的选用将使财务管理活动产生不同的效果。本章将对货币时间价值、风险衡量与风险报酬、损益平衡分析、资本资产定价等基本的财务管理技术与方法做简要介绍。

本章内容是整个财务管理学的基础,要重点掌握。

第一节　货币的时间价值

一、利率的含义

(一) 利率的概念

利率是衡量货币增值量的基本单位,也就是货币的增值量与货币本金的价值之比。从货币流通的借贷关系来看,利率是特定时期运用货币这一资源的交易价格,也就是说,货币作为一种特殊商品,在流通市场上的买卖是以利率作为价格标准的,货币资源的融通是通过利率这个价格体系在市场机制作用下实现的再分配。

利率在货币资金的供求、个人和企业财务决策过程中起着重要的作用。例如,一家公司拥有投资利润率很高的投资机会,它就可以发行高利率的证券以吸引投资,投资者把过去投资的利率较低的证券卖掉,来购买这种利率较高的证券,这样,货币资金就从低利的投资项目向高利的投资项目转移。所以,在完善的市场经济机制的条件下,货币资金从高收益项目到低收益项目的依次分配是由市场机制提供货币的价格——利率的差异决定的。企业必须适应利率杠杆对经济活动的调节,正确运用利率实现对货币资金的有效利用。

(二) 利率在公司理财中的作用

利率在市场经济体系下是一个重要的经济调节杠杆,它对于投资过程有着极其重要的作用。

利率在金融市场运行过程中可以看作无风险的资产收益率,是投资者决策的重要参数。如果一定时期的利率是由金融市场的供求关系决定的,利率就是由市场内在性确定的,投资者主要是依据市场变化所给出的利率来做出投资决策。

经济学家认为,市场利率的变化与社会总储蓄(资金供给)和总投资(资金需求)的变动密切相关。从长期来看，储蓄等于投资。利率一方面影响现期的投资活动，另一方面通过调节储蓄影响未来的投资规模。

证券的价格与利率的变动成反比。利率提高，股票、债券的价格下降，将影响公司直接吸收社会资金；利率下降，股票、债券的价格上升，将有利于公司吸收社会资金。利率与证券价格的这种关系使得公司在所持有的金融资产的安排上可以在货币与债券之间进行选择，以期获利。

1. 利率对投资的影响

利率对投资的影响表现在投资规模和投资结构上。

利率对投资规模的影响是在投资收益不变的条件下，因利率上升而导致的投资成本增加必然使那些投资收益较低的投资者退出投资领域，从而使投资需求减少；相反，利率下跌则意味着投资成本下降，从而刺激投资，使投资需求增加。

利率通过利率水平与利率结构影响投资结构。利率水平对投资结构的调节是通过预期收益率与利率的对比实现的，资金应理性地流向预期收益率高的投资活动，预期收益率低于利率的投资往往因缺乏资金而无法进行。利率对投资项目期限结构的影响表现为，利率越高，投资越集中于期限短、收益高的项目。利率结构对投资结构的影响表现得更为淋漓尽致，利率按贷款行业划分，可分为工业贷款利率、商业贷款利率、农业贷款利率等，不同行业的贷款利率高低不同，是国家对产业政策的具体体现，对公司的投资必然产生重大影响。

2. 利率对筹资的影响

利率对公司筹资的影响表现在公司的筹资成本和资金结构上。在公司收益率一定的情况下，利息由于能够进行税前抵扣，对公司分配的影响是，利息支出越大，对息税前利润的杠杆作用就越大。

二、利率的种类与构成

（一）名义利率与实际利率

在市场价格变化的条件下，按照货币资产交易协议确定的利率是一种名义利率，其不能反映投资者所获得的实际收益率，因为市场价格的变化或通货膨胀会影响货币的购买力，从而使名义利率的实际价格发生变化。实际利率是指名义利率去除通货膨胀因素后的利率，它往往是用货币的实际购买力来显示的，因为通货膨胀是一种物价的全面上涨，它会影响货币的实际购买力。所以，投资的收益不能只看名义利率，而要计算实际利率。

如何才能准确地计算出物价的变动？这是一个较为困难的问题，因为各种不同的价格水平变化对于货币购买力的影响是不同的。目前用于测算价格变化影响因素的方法很多，但通常用“消费价格指数”来反映价格变化对货币购买力的影响。这个消费价格指数是根据消费者购买的一揽子商品的价格变化率计算出来的。用名义利率减去一定的消费价格指数，就得到了实际利率。

$$\text{实际利率} = \text{名义利率} - \text{消费价格指数}$$

从以上分析可以看出，名义利率是事先确定的契约利率，而实际利率要在期末才能得出，事先的预测只是预期的实际利率。

（二）市场利率与基准利率

市场利率是由借贷双方在资金市场上通过竞争形成的利率，它是一种均衡利率，没有外力影响的话，它将处于稳定状态。市场利率的形成依赖竞争性的货币市场和资本市场，货币资金可以自由流动，没有行政性的管制。在我国市场经济体制确立前，货币市场与资本市场尚未开放，利率是由金融行政当局直接决定的，是一种官方利率。随着货币市场和资本市场的开放，资本流动已不可避免，利率也开始浮动，但还没有完全市场化。随着金融市场的发展，我国的利率将走向市场化。

基准利率是指在市场上起指导性作用的中心利率，通常是指中央银行的再贴现利率和再贷款利率。基准利率不是由市场竞争直接给出的，而是由中央银行根据金融市场的供求关系决定的。这种基准利率会影响商业银行和其他金融机构的贴现及贷款利率，而商业银行和其他金融机构的贴现或贷款利率会影响债券利率、股票价格，以及市场上的借贷利率。所以，基准利率往往是一国中央银行实施货币政策调控的重要工具，对资金市场供求有很大的影响。

（三）固定利率与浮动利率

从货币市场和资本市场的运行过程看，利率按形成与变化可以分为固定利率与浮动利率。

固定利率是指整个借贷期内，不管市场供求关系如何变化，利率都固定不变。固定利率使资金借贷的成本保持不变，便于计算与控制成本。但固定利率不能反映资金市场供求关系的变化和通货膨胀因素，对借贷双方都增加了不确定性。所以，在中长期借贷活动中，通常不采用固定利率，只有一些中短期国债，为了交易方便而实行固定利率。

浮动利率是一种在借贷期内可以根据资金市场供求关系的变化进行调整或浮动的利率。浮动可以是定期浮动，如以一年为期限；也可以是随机浮动。浮动利率使借贷资金的成本不确定，但利率因随资金市场供求关系变化而调整，可使借贷双方的利率风险降低。所以，浮动利率是资本市场上普遍采用的形式。

（四）普通利率与优惠利率

在货币市场和资本市场的运行过程中，利率还有普通利率与优惠利率之分。普通利率是金融借贷活动中的一般利率，也是市场上通常采用的利率。优惠利率是金融机构在资金交易时采用的一种比一般利率更低的利率，属于一种经营性的策略。

在市场竞争较普遍的条件下，金融机构为了吸引客户，尤其是资信高、来往密切的大客户，往往推出一种比一般商业分期付款利率更优惠的利率来提供分期付款。所以，在市场较成熟且竞争较充分的环境下，市场上的优惠利率往往是其他商业利率的基准，一般商业利率与优惠利率的差额体现的是不同借款之间风险的差异。

三、货币时间价值的含义

货币的时间价值是客观存在的经济范畴，任何公司的理财活动都是在特定的时空中进行的，如果离开了货币的时间价值这一因素，就无法正确计算不同时期的财务收支，也就不能正确评价公司盈亏。时间价值原理揭示了不同时点上货币资金之间的换算关系，是财务决策的基本依据。

（一）货币时间价值的概念

在商品经济中，货币的时间价值是客观存在的。例如，将资金存入银行可以获得利息，将资金用于公司的经营活动可以获得利润，将资金用于对外投资可以获得投资收益等。这种运用资金而实现的利息、利润或投资收益表现为货币的时间价值。由此可见，货币的时间价值是指货币经历一段时间的投资和再投资所增加的价值，也称资金的时间价值。

获得时间价值的前提是把货币作为资金投入生产经营中，如果货币的持有者把货币闲置在家中，脱离流通领域，就不能带来增值。只有经历供应、生产、销售全过程，并循环往复，收回多于投入的货币资金，才能实现价值的增值。从量的规定性来看，货币的时间价值是在没有风险和通货膨胀条件下的社会平均资金利润率。在市场经济条件下，各部门投资项目的资金利润率有高有低。竞争的存在使得各部门的投资利润率必将趋于平均化，导致每家公司的投资项目至少要取得社会平均利润率。所以，时间价值就成为评价投资项目的基本标准之一。

货币的时间价值有两种表现形式：一种是相对数，即时间价值率，是指扣除风险报酬和通货膨胀贴水后的平均资金利润率或平均报酬率；另一种是绝对数，即时间价值额，表现为货币资金在生产经营过程中带来的真实增值额，其大小等于一定数额的货币资金与时间价值率的乘积。

由于不同时间的货币资金收入的经济价值不同，因此，不宜直接进行比较，需要换算到相同的时间基础上。公司理财中对货币时间价值的研究主要是对货币资金筹集、投放、使用和收回从量上进行分析，以便了解不同时点上收到或付出的货币价值之间的数量关系，寻找适用于决策方案的数学模型，提高财务决策的质量。

(二) 货币时间价值的计算

为了计算方便，我们将有关符号标示如下：

PV——现值，即一个或多个发生在未来的现金流相当于现在时刻的价值，又称为本金。

FV_n——未来值，又称为终值、本利和，即一个或多个发生在现在或未来的现金流相当于未来时刻的价值。

I——利息。

i——实际利率。

r——名义利率。

A——在一定周期内连续发生的等额现金流，即 $A_1 = A_2 = A_3 = \cdots = A_n$。

n——计息的期数。

M——每年复利的次数。

1. 单利

单利是一种不论时间长短，只按本金计息，其所生利息不加入本金重复计算利息的方法。

(1) 单利终值的计算

$$\begin{aligned} FV_n &= PV + I \\ &= PV + PV \times i \times n \\ &= PV \times (1 + ni) \end{aligned}$$

例 2-1 某公司于某年年初存入银行 10 000 元，期限为 5 年，年利率为 10%，则到期时的本利和为：

$FV_5 = 10\,000 \times (1 + 10\% \times 5) = 15\,000$(元)

(2) 单利现值的计算

$$PV=\frac{FV_n}{1+ni}$$

例 2-2 某公司打算在 3 年后用 60 000 元购置新设备，目前的银行存款利率为 5%，则公司现在应存入：

$PV=\frac{60\,000}{1+5\%\times 3}=52\,173.91$(元)

2. 复利

复利是指不仅本金要计算利息，而且利息要计算利息，即通常所说的“利上滚利”。货币资金的时间价值一般是按复利方式进行计算的。

(1) 复利终值的计算

复利终值是指现在的一定量资金按复利计算的未来价值。其计算公式为：

$$FV_n=PV\times(1+i)^n$$

其中，$(1+i)^n$ 称为复利终值系数或 1 元的复利终值，用符号 $(F/P, i, n)$ 或 $FVIF_{i,n}$ 表示。例如，$(F/P,6\%,3)$表示利率为 6%的 3 年期复利终值系数。在实际工作中，可编制复利终值系数表备用(见附表一)。该表的第一行是利率 i，第一列是计息期数 n，相应的 $(1+i)^n$ 值在其纵横相交处。通过该表可查出，$(F/P,6\%,3)=1.191$。在利率为 6%的情况下，现在的 1 元和 3 年后的 1.191 元在经济上是等效的，根据这个系数可以把现值换算成终值。利用该表，还可在已知 1 元复利终值和 n 时查找 i，或已知 1 元复利终值和 i 时查找 n。

例 2-3 某公司将 100 000 元投资于某项目，年报酬率为 6%，经过 1 年时间的期终金额为：

$$\begin{aligned}FV_n&=PV+PV\times i\\&=PV\times(1+i)\\&=100\,000\times(1+6\%)\\&=106\,000(\text{元})\end{aligned}$$

若 1 年后公司并不提取现金，而是将 106 000 元继续投资于该项目，则第二年年末的本利和为：

$$\begin{aligned}FV_n&=PV\times(1+i)^2\\&=100\,000\times(1+6\%)^2\\&=112\,360(\text{元})\end{aligned}$$

例 2-4 某公司有 120 000 元，拟投入报酬率为 8%的投资项目，经过多少年才可使现有货币增加 1 倍？

$FV_n=120\,000\times(1+8\%)^n$

$240\,000=120\,000\times(1+8\%)^n$

即：

$(F/P, 8\%, n)=2$

查复利终值系数表(见附表一)，在 $i=8\%$ 的项下寻找 2，最接近的值为：

$(F/P,\ 8\%,\ 9)=1.999$

所以：

$n=9$

即在 9 年后，可使现有资金增加 1 倍。

例 2-5　公司现有 120 000 元，欲在 19 年后使其达到原来的 3 倍，选择投资机会时最低可接受的报酬率为多少？

$S=120\ 000\times(1+i)^{19}$

$360\ 000=120\ 000\times(1+i)^{19}$

即：

$(F/P,\ i,\ 19)=3$

查复利终值系数表（见附表一），在 $n=19$ 的行中寻找对应的 i 值为 6%，即：

$(F/P,\ 6\%,\ 19)=3$

可见，只有投资机会的最低报酬率为 6%时，才可使现有货币在 19 年后达到原来的 3 倍。

(2) 复利现值的计算

复利现值是指以后年份一定量的货币资金按贴现率(i)所计算的现在的价值，是复利终值的逆运算，也称为贴现。其计算公式为：

$$PV=FV_n\times\frac{1}{(1+i)^n}$$

式中，$\frac{1}{(1+i)^n}$ 称为复利的现值系数或 1 元的复利现值，用符号 $(P/F,\ i,\ n)$ 或 $PVIF_{i,n}$ 表示，可以通过查阅复利现值系数表（附表二）来简化计算，使用方法与复利终值系数表相同。

例 2-6　某项投资预计 5 年后可获利 100 万元，假设投资报酬率为 8%，则现在应投入多少元？

$PV=100\times(P/F,\ 8\%,\ 5)$

$\quad=100\times0.681$

$\quad=68.1$(万元)

(3) 连续复利的计算

到目前为止，我们都假定现金流动按年结算，讨论的是年度利息率。但是，复利的计息期不一定是一年，有可能是季度、月或日。当利息在一年内要复利几次时，给出的年利率称为名义利率，此时的实际利率要比名义利率高。名义利率与实际利率的关系是：

$$1+i=\left(1+\frac{r}{M}\right)^M$$

随着复利计算期限的不断缩短，计算复利的次数(M)不断增加，实际利率(i)也会不断增加。当 M 无限增多时，$\left(1+\frac{r}{M}\right)^M$ 的极限值趋于 e^r，e 为自然对数的底。e^r 代表单位货币投资 1 年后按连续复利计息的增值。

按连续复利率计算，终值公式为：

$$FV_n = PV \times e^{rt}$$

现值公式为：

$$PV = \frac{FV_n}{e^{rt}}$$

自然对数 e^{rt} 的未来值可查表求得（见附表三）。

（4）年金的计算

年金是指在某一确定的期间内，每期都有一笔相等金额的收付款项，它实际上就是一组相等的现金流序列，如等额的折旧、利息、租金及销售收入等。年金按付款时间划分，可分为后付年金（即普通年金）和先付年金（即预付年金）两种。另外，还有几种特殊的年金，如递延年金、永续年金等。

① 后付年金的计算

后付年金又称普通年金，是指每期期末都有等额的收付款项的年金，如银行的零存整取存款。下文凡涉及年金的问题，如不做特殊说明，均指普通年金。

- 普通年金终值

年金终值是指一定时期内每期期末收付款项的复利终值之和。以横线为时间轴，用数字表示各期的顺序号，用竖线表明支付的金额，其现金流如图 2-1 所示。

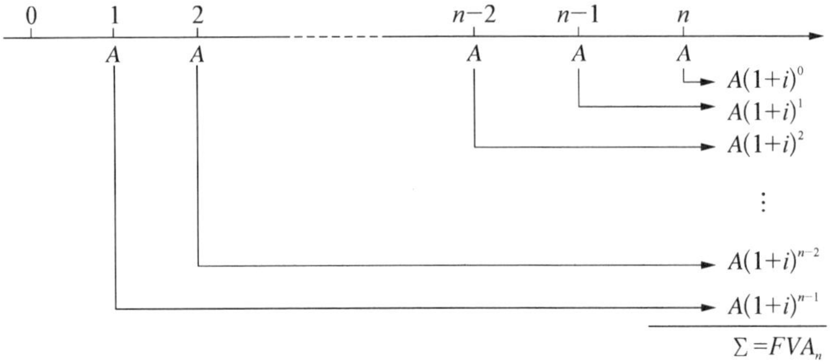

图 2-1　普通年金终值计算示意图

普通年金终值的计算公式如下：

$FVA_n = A(1+i)^0 + A(1+i)^1 + A(1+i)^2 + \cdots + A(1+i)^{n-2} + A(1+i)^{n-1}$

式中，FVA_n 为普通年金终值，A 为每期年金额。

这是一个等比数列，公比为$(1+i)$。运用等比数列求和公式，得到普通年金终值的计算公式为：

$$\begin{aligned} FVA_n &= A \times \sum_{t=1}^{n}(1+i)^{t-1} \\ &= A \times \frac{(1+i)^n - 1}{i} \end{aligned}$$

为统一起见，我们把 $\frac{(1+i)^n-1}{i}$ 称为年金终值系数，记为 $(F/A, i, n)$ 或 $FVIFA_{i,n}$，

可直接查阅年金终值系数表。这样，上式可写成：

$$FVA_n = A \times (F/A, i, n)$$

例 2-7　公司拟在 5 年后还清 100 000 元债务，从现在起每年等额存入一笔款项。假如银行存款利率为 5%，则每年需要存入多少钱？

这是一个求年金 A 的问题，计算如下：

$$\begin{aligned} A &= \frac{FVA_n}{(F/A, i, n)} \\ &= \frac{100\,000}{(F/A, 5\%, 5)} \\ &= 100\,000 \div 5.526 \\ &= 18\,096.3(\text{元}) \end{aligned}$$

- 偿债基金

偿债基金是为了在约定的未来某一时点清偿某笔债务或积聚一定数额的资金而必须分次等额提取的存款准备金。债务实际上等于年金终值，每年提取的偿债基金等于分次付款，实质上是年金终值的逆运算。偿债基金的计算公式为：

$$\begin{aligned} A &= \frac{FVA_n}{\sum_{t=1}^{n}(1+i)^{t-1}} \\ &= FVA_n \times \frac{i}{(1+i)^n - 1} \end{aligned}$$

式中，$\frac{i}{(1+i)^n-1}$ 是普通年金终值系数的倒数，称为偿债基金系数，记作 $(A/F, i, n)$。它可以把年金终值折算为每年需要支付的金额，可直接查阅偿债基金系数表，也可根据年金终值系数求倒数确定。

有一种折旧方法称为偿债基金法，其理论依据是"折旧的目的是保持简单再生产"，其年折旧额就是根据偿债基金系数乘以固定资产原值计算出来的。

- 普通年金现值

年金现值是指一定时期内每期期末收付款项的复利现值之和，其现金流如图 2-2 所示。

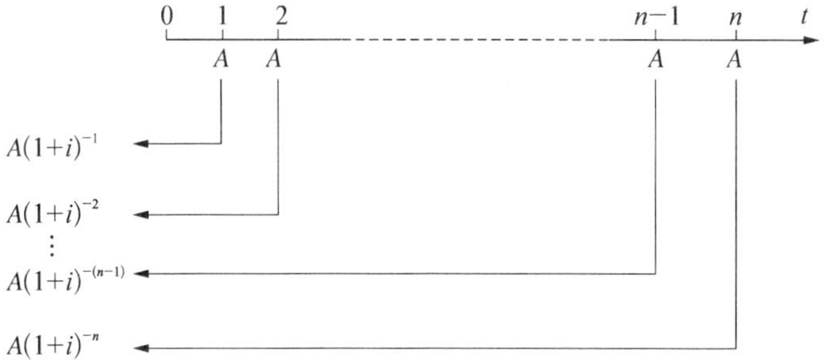

图 2-2　普通年金现值计算示意图

普通年金现值的计算公式如下：

$$PVA_n = \frac{A}{(1+i)^1} + \frac{A}{(1+i)^2} + \cdots + \frac{A}{(1+i)^{n-1}} + \frac{A}{(1+i)^n}$$

式中，PVA_n 为普通年金现值。

同样运用等比数列求和公式，得到普通年金现值的计算公式为：

$$PVA_n = A \times \frac{1-(1+i)^{-n}}{i}$$

把 $\frac{1-(1+i)^{-n}}{i}$ 记作年金现值系数 $(P/A,\ i,\ n)$ 或 $PVIFA_{i,\ n}$，这样，上式可写成：

$$PVA_n = A \times (P/A,\ i,\ n)$$

式中，$(P/A,\ i,\ n)$ 可以通过年金现值系数表查得（见附表四）。

例 2-8 某人规划学习 5 年，每年学费为 6 000 元，若银行存款利率为 10%，则他现在应当存入银行多少钱？

这是一个已知年金求现值的问题，可直接用上述公式计算：

$$\begin{aligned} PVA_n &= A \times (P/A,\ i,\ n) \\ &= 6\,000 \times (P/A,\ 10\%,\ 5) \\ &= 6\,000 \times 3.791 \\ &= 22\,746(\text{元}) \end{aligned}$$

- 资本回收额

资本回收额是指在给定的年限内等额回收初始投入的资本或清偿初始所欠的债务。其中，未收回部分要按复利计息构成偿债的内容。年资本回收额是年金现值的逆运算，其计算公式为：

$$A = PVA_n \times \frac{i}{1-(1+i)^{-n}}$$

式中，$\frac{i}{1-(1+i)^{-n}}$ 是普通年金现值系数的倒数，称为投资回收系数，它可以把现值折算成年金。

例 2-9 假设以 10% 的利率借得 20 000 元，投资于某个期限为 10 年的项目。若每年的产出相等，则每年至少要收回多少现金？

这是一个已知现值求年金的问题，计算如下：

$$\begin{aligned} A &= \frac{PVA_n}{(P/A,\ i,\ n)} \\ &= \frac{20\,000}{(P/A,\ 10\%,\ 10)} \\ &= 20\,000 \div 6.145 \\ &= 3\,254.7(\text{元}) \end{aligned}$$

② 先付年金的计算

先付年金是指在每期的期初有等额收付款项的年金。先付年金的现金流如图 2－3 所示。

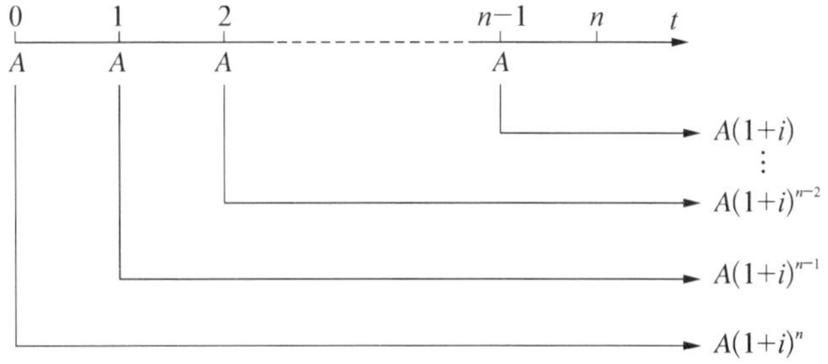

图 2－3　先付年金终值计算示意图

先付年金和后付年金的现金流次数相同，只是由于发生时间不同，因此终值和现值的计算有差异。就终值的计算来看，先付年金比普通年金多计算一期利息；而就现值的计算来看，先付年金又恰好比普通年金少贴现一期利息。

- 先付年金终值的计算

先付年金终值的计算公式如下：

$$\begin{aligned} \boldsymbol{FVA_n} &= \boldsymbol{A} \times \sum_{t=1}^{n} (1+i)^t \\ &= \boldsymbol{A} \times \left[\frac{(1+i)^{n+1}-1}{i} - 1\right] \\ &= \boldsymbol{A} \times (F/A,\ i,\ n) \times (1+i) \end{aligned}$$

式中，$\left[\frac{(1+i)^{n+1}-1}{i}-1\right]$ 是先付年金终值系数，或称 1 元的先付年金终值。它和普通年金终值系数相比，期数加 1，系数减 1，可记作 $[(F/A,\ i,\ n+1)-1]$，并可利用普通年金终值系数表查得 $(n+1)$ 期的值，减去 1，得出 1 元的先付年金终值。

例 2－10　每年年初存入银行 1 000 元，银行存款利率为 5%，则第十年年末的本利和是多少？

这是一个先付年金的终值问题，计算如下：

$$\begin{aligned} FVA_{10} &= A \times (F/A,\ i,\ n) \times (1+i) \\ &= 1\,000 \times 12.578 \times (1+5\%) \\ &= 13\,206.9(\text{元}) \end{aligned}$$

- 先付年金现值的计算

先付年金现值的计算公式如下：

$$\boldsymbol{PVA_n} = \boldsymbol{A} \times \left[\frac{1-(1+i)^{-(n-1)}}{i} + 1\right]$$

式中，$\left[\frac{1-(1+i)^{-(n-1)}}{i}+1\right]$ 是先付年金现值系数，或称 1 元的先付年金现值。它和普

通年金现值系数相比，期数减 1，系数加 1，可记作 $[(P/A, i, n-1)+1]$，并可利用普通年金现值系数表查得 $(n-1)$ 期的值，然后加 1，得出 1 元的先付年金现值。

例 2－11 6 年分期付款购物，每年年初付 200 元，若银行利率为 10%，则该项分期付款相当于一次性付款多少？

$$
\begin{aligned}
PVA_n &= A\times[(P/A, i, n-1)+1] \\
&= 200\times[(P/A, 10\%, 5)+1] \\
&= 200\times(3.791+1) \\
&= 958.2(元)
\end{aligned}
$$

③ 递延年金的计算

递延年金是指最初的年金现金流不是发生在当期，而是隔若干期后才发生。递延年金是普通年金的特殊形式，凡不是从第一期开始的普通年金都是递延年金。一般用 m 表示递延期数，表示 m 期没有发生支付，第一次支付在 $(m+1)$ 期期末。递延年金的现金流如图 2－4 所示。

图 2－4　递延年金终值计算示意图

递延年金终值的大小与递延期无关，其终值计算与普通年金终值相同，主要是在现值计算上有所差别。递延年金的现值计算有两种方法：一种是把递延年金视为 n 期普通年金，求出递延期期末的现值，然后将此现值调整到第一期期初；另一种是假设递延期也进行支付，先求出 $(m+n)$ 期的年金现值，然后扣除实际并未支付的递延期 m 的年金现值，即得出最终结果。

例 2－12 有一项年金，前 3 年无流入，后 5 年每年年初流入 500 万元，若年利率为 10%，则其现值为多少？

$$
\begin{aligned}
PVA &= 500\times[(P/A, 10\%, 4)+1]\times(P/F, 10\%, 3) \\
&= (500\times3.169\,87+500)\times0.915\,14 \\
&= 1\,908(万元)
\end{aligned}
$$

④ 永续年金的计算

永续年金是指无限期等额收付的特种年金，可视为普通年金的特殊形式，即期限趋于无穷的普通年金。由于永续年金持续期限无限，没有终止的时间，因此，其没有终值，只有现值。永续年金的现值可以通过普通年金现值的计算公式导出：

$$
PVA_n = A\times\frac{1-(1+i)^{-n}}{i}
$$

式中，PVA_n 为永续年金的现值。

当 $n\to\infty$ 时，$(1+i)^{-n}$ 的极限为零，故上式可以写成：

$$
PVA_n = \frac{A}{i}
$$

也可以将利率较高、持续时间较长的年金视同永续年金进行计算。

例 2-13　建一项永久的奖学金，每年计划颁发 10 000 元，当前的利率水平为 10%，则现在应存入多少钱？

$PVA_n = 10\,000 \div 10\% = 10$(万元)

例 2-14　若一项优先股计划每季分发股息 2 元，利率为 6%，则现在可以多少钱来购买？

$PVA_n = 2 \div 1.5\% = 133.33$(元)

如果此优先股每年分得股息 2 元，则：

$PVA_n = 2 \div 6\% = 33.33$(元)

⑤ 价值计算中的几个特殊问题

- 求不等额现金流的终值

不等额现金流的终值计算公式为：

$$FV_n = \sum_{t=1}^{n} C_t (1+i)^t$$

式中，FV_n 为不等额现金流的终值，C_t 为 t 期现金流量，n 为计息期数。

- 求不等额现金流的现值

不等额现金流的现值计算公式为：

$$PV_n = \sum_{t=1}^{n} \frac{C_t}{(1+i)^t}$$

式中，PV_n 为不等额现金流的现值。

在年金和不等额现金流混合的情况下，能用年金公式计算现值便用年金公式计算，不能用年金公式计算的部分便用复利公式计算，然后把它们加总，便可得出年金和不等额现金流混合情况下的现值。

- 求贴现率

在前面计算现值和终值时，都假定利息率是给定的，但是，在财务管理中，经常会遇到已知计息期数、终值和现值，求贴现率的问题。一般来说，求贴现率可分为两步：第一步，求出换算系数；第二步，根据换算系数和有关系数求贴现率。

例 2-15　现在向银行存入 5 000 元，按复利计算，在利率为多少时，才能保证在以后 10 年内每年得到 750 元？

$(P/A,\ i,\ 10) = 5\,000 \div 750 = 6.667$

查年金现值系数表：当利率为 8% 时，系数为 6.710；当利率为 9% 时，系数为 6.418。所以，利率应在 8% 与 9% 之间，可用插值法计算 x 的值如下：

利率	差额		年金现值系数	差额	
8%	$x\%$	1%	6.710	0.043	0.292
?			6.667		
9%			6.418		

$$\frac{x}{1} = \frac{0.043}{0.292}$$

$x = 0.147$

则：

$i = 8\% + 0.147\% = 8.147\%$

上述关于时间价值计算的方法在财务管理中有广泛的用途，如存货管理、养老金决策、租赁决策、资产和负债估价、长期投资决策等。随着财务问题的日益复杂化，时间价值的应用也将日益频繁。

第二节　风险衡量与风险报酬

风险是现代企业财务管理环境的一个重要特征，在企业财务管理的每一个环节都不可避免地存在风险。风险是客观存在的，如何防范和化解风险以达到风险与报酬的优化配置是非常重要的。本节着重介绍投资风险报酬率的评估。

风险与报酬是理财学中的一对基本概念，也是理财行为中需要权衡处理的一对基本矛盾。财务活动经常是在有风险的情况下进行的。有风险就要有额外收益，否则就会得不偿失。理财人员为了通过理财行为达到企业价值最大化的目标，就必须正确处理风险与报酬这一对理财过程中的基本矛盾。

一、风险与风险报酬

（一）风险的含义

一般来说，风险是在一定条件下和一定时期内可能发生的各种结果的变动程度，是事件本身的不确定性，具有客观性。在财务管理中，风险（Risk）被定义为出现财务损失（Financial Loss）的可能性，或者更加广义地定义为特定资产实现收益的不确定性。严格来说，风险和不确定性有区别。风险是指事先可以知道所有可能的后果，以及每种后果出现的概率。不确定性是指事先不知道可能的后果，或者虽然知道可能的后果，但不知道每种后果出现的概率，如寻找矿藏就属于不确定性问题而非风险问题。但是，面对现实问题，两者很难区别，所以，在风险分析中，通常将风险与不确定性作为同义语，不做严格区分。

（二）风险报酬的含义

一般而言，投资者讨厌风险，并力求回避风险。那么，为什么还有人进行风险投资呢？这是因为风险投资可得到额外报酬——风险报酬。风险报酬有两种表示方法：风险报酬额和风险报酬率。所谓风险报酬额，是指投资者因冒风险进行投资而获得的超过时间价值的那部分额外报酬；所谓风险报酬率，是指投资者因冒风险进行投资而获得的超过时间价值率的那部分额外报酬率，即风险报酬额与原投资额的比率。在财务管理中，风险报酬通常用相对数——风险报酬率来计量，所以，讲到风险报酬，通常是指风险报酬率。如果不考虑通货膨胀因素，投资报酬率就是时间价值率与风险报酬率之和。所以，时间价值和风险报酬便成为财务管理中的两个基本因素。

（三）风险的特征

第一，风险具有客观性，即风险不以人的意志为转移，不论人们喜欢与否，它都无处不在、无时不有。

第二，风险具有不确定性，即风险的发生难以琢磨，虽然整体风险可以通过概率来计算，但某一特定风险何时发生、怎么发生是难以预计的。

第三，风险与收益在一般情况下具有对等性，即风险大，成功则收益大，失败则损失大。

风险对不同的人来说是不一样的，这取决于风险的具体内容和人们选择风险时的偏好。人们对待风险的态度有三种，即喜好风险、厌恶风险和漠视风险。对于保守的人而言，对待风险的态度是厌恶，从而要求风险与收益挂钩，风险越大，收益也必须越大，否则就没有经济意义；对于敢冒险的人而言，在收益一定的情况下，风险越大，越刺激，就越有成就感；对于漠视风险的人而言，风险与收益没有关系。

（四）风险与不确定性、损失、危险的区别

风险与不确定性的区别：与风险相比，在不确定性状态下，人们不能预知各种后果出现的可能状况。

风险与损失的区别：风险只是存在损失的可能性而不是损失本身。损失是一个事后概念，而风险是一个事前概念。风险不只有损失的可能性，还有不损失或获益的可能性。

风险与危险的区别：危险是指能使损失事件更容易发生或损失事件一旦发生会使损失更加严重的因素。所以，危险是影响风险的环境性因素，是导致风险水平增加的原因。

二、单项资产的风险衡量与风险报酬

（一）风险的衡量

风险的衡量需要使用概率和统计的方法。

1. 确定概率分布

概率就是用来表示随机事件发生的可能性大小的数值。通常，把必然发生的事件的概率定为 1，把不可能发生的事件的概率定为 0，一般随机事件的概率是介于 0 与 1 之间的一个数。概率越大，就表示该事件发生的可能性越大。所有结果的概率之和应等于 1。

将随机事件所有可能的结果列在一起，并给予一定的概率，即构成概率分布。概率分布可以是离散的，也可以是连续的。对离散型概率分布，其可能的结果数目有限。表 2－1 所列的概率分布是离散的。

2. 期望报酬率

投资收益的期望报酬率是指所有可能的收益值按概率加权平均。离散型概率分布的期望报酬率按下述公式计算：

$$\boldsymbol{K}=\sum_{i=1}^{n}\boldsymbol{K}_i\boldsymbol{P}_i$$

式中：K——期望报酬率；

K_i——第 i 种可能出现的结果的报酬率；

P_i——第 i 种可能出现的结果的概率；

n——可能出现的结果的个数。

期望值反映了同一事件大量发生或多次重复发生所产生的结果的统计平均。

例 2－16　某公司有 A、B 两个投资项目，其未来的期望报酬率及发生的概率如表 2－1 所示。

表 2-1　未来的期望报酬率及发生的概率

经济情况	发生概率	期望报酬率	
		A项目	B项目
繁荣	0.2	40%	70%
一般	0.6	20%	20%
衰退	0.2	0%	−30%

分别计算A、B两个投资项目的期望报酬率如下：

$$K_A = K_1P_1 + K_2P_2 + K_3P_3$$
$$= 40\% \times 0.2 + 20\% \times 0.6 + 0\% \times 0.2$$
$$= 20\%$$
$$K_B = K_1P_1 + K_2P_2 + K_3P_3$$
$$= 70\% \times 0.2 + 20\% \times 0.6 + (-30\%) \times 0.2$$
$$= 20\%$$

A、B两个项目的期望报酬率相同，但其概率分布不同。显然，A项目的期望报酬率分散度小，B项目的期望报酬率分散度大。为了衡量风险的大小，还要使用标准差。

3. *方差和标准差*

方差和标准差是用来描述各种可能结果相对于期望值的离散程度的。方差通常用 $\mathrm{Var}(x)$、σ_x^2 表示，标准差通常用 $\sqrt{\mathrm{Var}(x)}$、σ_x 表示，标准差是方差的平方根。

方差和标准差的大小取决于两个因素：一个是各种可能的结果与期望值的绝对偏离程度越大，对方差和标准差的影响越大；另一个是每一个可能的结果发生的概率越大，对方差和标准差的影响越大。方差和标准差越大，说明各种可能的结果相对于其期望值的离散程度越大，即不确定性越大，风险就越大。由于方差和标准差的这种特性，因此，人们通常以它们作为衡量投资风险的基础。标准差可按下列公式计算：

$$\boldsymbol{\sigma} = \sqrt{\sum_{i=1}^{n}(\boldsymbol{K}_i - \boldsymbol{K})^2\boldsymbol{P}_i}$$

式中：σ——期望报酬率的标准差。

例 2-16 中，A、B两个投资项目期望报酬率的标准差分别为：

$$\sigma_A = \sqrt{(40\% - 20\%)^2 \times 0.2 + (20\% - 20\%)^2 \times 0.6 + (0\% - 20\%)^2 \times 0.2} = 12.65\%$$

$$\sigma_B = \sqrt{(70\% - 20\%)^2 \times 0.2 + (20\% - 20\%)^2 \times 0.6 + (-30\% - 20\%)^2 \times 0.2} = 31.62\%$$

标准差越小，说明离散程度越小，风险就越小。根据这种测量方法，B项目的风险大于A项目。

4. *标准离差率*

利用标准差的大小来比较不同投资的风险大小的前提条件是不同投资的期望收益相同。在实际投资决策中，常常要比较期望收益不同的投资项目的风险大小，所以，引入了标准离差率的概念。标准离差率是标准差与期望报酬率的比值，即：

$$V=\frac{\sigma}{K}$$

式中：V——标准离差率。

标准离差率反映了不同投资方案或项目之间相对风险的大小，或每单位收益面临的风险的大小。标准离差率越小，风险越小；反之，则风险越大。

例 2－16 中 A、B 两个项目期望报酬率的标准离差率为：

$V_A=12.65\%\div20\%\times100\%=63.25\%$

$V_B=31.62\%\div20\%\times100\%=158.1\%$

可见，A 项目的风险比 B 项目小。

5. 置信概率和置信区间

根据统计学原理，在概率分布为正态分布的情况下，随机变量出现在期望值±1 个标准差范围内的概率为 68.26%，出现在期望值±2 个标准差范围内的概率为 95.44%，出现在期望值±3 个标准差范围内的概率为 99.72%。我们把期望值±x 个标准差称为置信区间，把相应的概率称为置信概率。

已知置信概率，可求出置信区间，反过来也一样。因为计算较麻烦，所以，我们通常通过查表求得。例如，1 个标准差对应的数值是 0.341 3，则中轴两侧的面积占总面积的 68.26%。

仍以例 2－16 说明。A、B 两个项目的期望报酬率为 20%，A 项目的标准差为 12.65%，B 项目的标准差为 31.62%，则 A 项目的实际报酬率有 68.26%的可能性在 20%±12.65%的范围内，风险较小；B 项目的实际报酬率有 68.26%的可能性在 20%±31.62%的范围内，风险较大（参见表 2－2）。

表 2－2　A、B 两个项目的置信概率和置信区间

置信概率	A 项目的置信区间	B 项目的置信区间
99.72%	20%±3×12.65%	20%±3×31.62%
95.44%	20%±2×12.65%	20%±2×31.62%
68.26%	20%±1×12.65%	20%±1×31.62%

如果预先给定置信概率，则能找到相应报酬率的一个区间即置信区间，反之也可以。

续例 2－16，假设期望报酬率符合连续正态分布，要求计算 A 项目盈利（置信区间为 0 到无穷大）的可能性有多大。

对于 0～20%（均值）的面积，该区间含有标准差的个数为：

$x=20\div12.65=1.58$

查表，$x=1.58$ 时对应的面积是 0.442 9。

20%至无穷大的部分占总面积的一半，则：

盈利的概率＝50%＋44.29%＝94.29%

亏损的概率＝50%－44.29%＝5.71%

同样计算 B 项目盈利的概率如下：

$x = 20 \div 31.62 = 0.63$

查表，$x=0.63$ 时对应的面积是 0.235 7，则：

盈利的概率 $=50\% + 23.57\% = 73.57\%$

亏损的概率 $=50\% - 23.57\% = 26.43\%$

上述计算说明，B 项目亏损的概率大于 A 项目。

又如，计算两个项目的期望报酬率在 30%以上的概率。

$$x(A) = \frac{30-20}{12.65} = 0.79$$

查表，对应的面积是 0.285 2，则：

$P(A, 30\%\text{ 以上}) = 50\% - 28.52\% = 21.48\%$

同样：

$$x(B) = \frac{30-20}{31.62} = 0.32$$

查表，对应的面积是 0.125 5，则：

$P(B, 30\%\text{ 以上}) = 50\% - 12.55\% = 37.45\%$

上述计算说明，B 项目取得 30%以上期望报酬率的可能性较大。

综上所述，两个项目的平均报酬率相同，但风险不同：A 项目取得高报酬的可能性小，亏损的可能性也较小；B 项目可能取得高报酬，但亏损的可能性较大。

（二）风险与报酬的关系

1. 风险报酬率

在投资报酬率相同的情况下，人们会选择风险小的项目投资，结果，竞争使其风险增加，报酬率下降。最终，高风险的项目必须有高报酬，否则就没有人投资；低报酬的项目必须低风险，否则也没有人投资。风险与报酬的这种关系是市场竞争的结果。具体公式为：

$$R_R = bV$$

式中：R_R——风险报酬率；

b——风险报酬系数。

2. 投资总报酬率

投资总报酬率可表示为：

$$\begin{aligned} R &= R_F + R_R \\ &= R_F + bV \end{aligned}$$

式中：R_F——无风险报酬率。

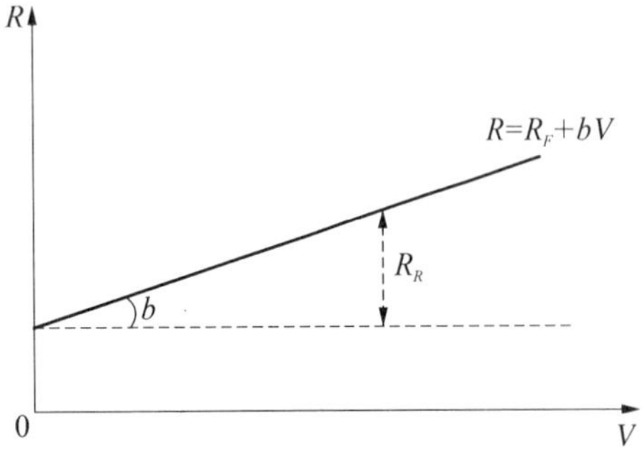

图 2－5　风险与报酬的关系

图 2－5 表示了投资总报酬率与风险程度之间的关系。无风险报酬率是不含风险但含通货膨胀补偿率的货币的时间价值，常用政府公债利率作为无风险报酬率。风险报酬系数就是把标准离差率转化为风险报酬的一种系数或倍数，取决于投资者的风险回避态度，可以通过统计方法来测定。如果人们愿

意冒险，斜率就小，风险溢价不大；反之，斜率就大，风险溢价就比较大。

续例 2－16，假设 A 项目的风险报酬系数为 5%，B 项目的风险报酬系数为 8%，则两个项目的风险报酬率分别为：

A 项目：$R_R = bV$

$= 5\% \times 63.25\%$

$= 3.16\%$

B 项目：$R_R = bV$

$= 8\% \times 158.1\%$

$= 12.65\%$

如果无风险报酬率为 10%，则 A、B 两个项目的投资报酬率分别为：

A 项目：$R = R_F + bV$

$= 10\% + 5\% \times 63.25\%$

$= 13.16\%$

B 项目：$R = R_F + bV$

$= 10\% + 8\% \times 158.15\%$

$= 22.65\%$

3. 风险报酬系数的确定方法

(1) 根据以往同类项目确定

风险报酬系数(b)可以参照以往同类投资项目的历史资料，运用前述有关公式确定。

例 2－17　某公司准备进行一项投资，此类项目含风险报酬率的投资报酬率一般为 20%，其报酬率的标准离差率为 100%，无风险报酬率为 10%，则由公式 $R = R_F + bV$ 得：

$$b = \frac{R - R_F}{V}$$

$$= \frac{20\% - 10\%}{100\%}$$

$$= 10\%$$

(2) 由公司领导或公司组织有关专家确定

以上第一种方法必须在历史资料比较充分的情况下才能采用，如果缺乏历史资料，则可由公司领导，如总经理、财务副总经理、财务总监、财务主任等根据经验加以确定，也可由公司组织有关专家确定。实际上，风险报酬系数的确定在很大程度上取决于各公司对风险的态度。比较敢于承担风险的公司往往把风险报酬系数定得低一些；反之，比较稳健的公司则常常把风险报酬系数定得高一些。

(3) 由国家有关部门组织专家确定

国家有关部门，如财政部、国家银行等，组织专家，根据各行业的条件和有关因素确定各行业的风险报酬系数，由国家定期公布，作为国家参数供投资者参考。

如今，公司大多采用多角化经营的方针进行多种经营(其利润率和风险是独立的或不完全相关的)。由于它们的景气程度不同，因此，盈亏可以互补以降低风险。

三、证券组合的风险报酬

投资者在进行投资时，一般并不把其所有资金都投资于一种证券，而是同时持有多种证券。这种同时投资多种证券的方法叫证券的投资组合，简称证券组合或投资组合。银行、共同基金、保险公司和其他金融机构一般持有多种有价证券，即使个人投资者，一般也持有证券组合，而不是投资于一家公司的股票或债券。所以，我们必须了解证券组合的风险报酬。

（一）证券组合的风险

证券组合的风险是它所包含的各项资产的方差的加权平均数，加上各项资产之间协方差的加权平均数的倍数。通过数学推导，n 项投资组合的总体期望收益方差可表述如下：

$$\boldsymbol{\sigma}_P^2=\sum_{i=1}^{n}W_i^2\boldsymbol{\sigma}_i^2+\sum_{i=1}^{n}\sum_{j=1}^{n}W_iW_j\cdot\boldsymbol{\sigma}_{ij}\,(i\neq j) \qquad ①$$

或

$$\boldsymbol{\sigma}_P^2=\sum_{i=1}^{n}\sum_{j=1}^{n}W_iW_j\,\mathrm{cov}(R_i,R_j) \qquad ②$$

式中：σ_P^2——资产组合的方差；

σ_i^2——第 i 项资产的方差；

W_i——第 i 项资产的权重；

W_j——第 j 项资产的权重；

σ_{ij} 或 $\mathrm{cov}(R_i, R_j)$——资产 i 和资产 j 之间的协方差。

投资组合的风险可以分为两种性质完全不同的风险，即不可分散风险和可分散风险，分别由等式①右边的第一项和第二项体现。现分述如下：

1. 不可分散风险

不可分散风险又称系统性风险或市场风险，是指由于某些因素给市场上所有证券都带来经济损失的可能性，如宏观经济状况的变化、国家税法的变化、国家财政政策和货币政策的变化、世界能源状况的变化等，都会使股票报酬发生变动。这些风险影响所有证券，所以不能通过证券组合分散掉。换句话说，即使投资者持有的是经过适当分散的证券组合，也将遭受这种风险。对投资者来说，这种风险是无法消除的，故称不可分散风险。

2. 可分散风险

可分散风险又称非系统性风险或公司特别风险，是指某些因素对单个证券造成经济损失的可能性，如个别公司工人的罢工、公司在市场竞争中的失败等。这种风险可以通过证券持有的多样化抵消，即多买几家公司的股票，其中某些公司的股票报酬上升，另一些公司的股票报酬下降，从而将风险抵消。所以，这种风险称为可分散风险。

协方差是用来反映两个随机变量之间线性相关程度的一种指标。若协方差为 0，则两者不相关；若协方差大于 0，则两者正相关；若协方差小于 0，则两者负相关。

这样，我们看到，投资组合的风险并不仅仅是组合中各项资产风险的平均值，而且与各证券之间的相互关系有关。在图 2－6 中，假设组合中包罗的两种证券的价格变动是完全一致的，那么，组合的风险为两者的叠加，建立组合完全达不到分散风险的目的。在图 2－7 中，假设两种证券的价格波动完全相反,且组合中这两种证券比例适当,则组合的预期价格变为一个固定值,风险被完全分散。

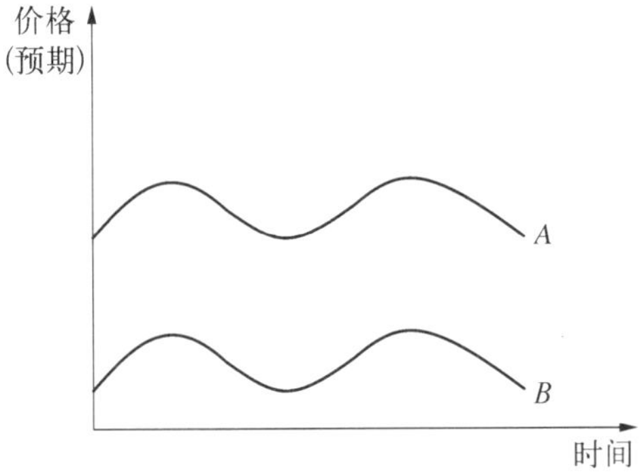

图 2-6 组合风险图(1)

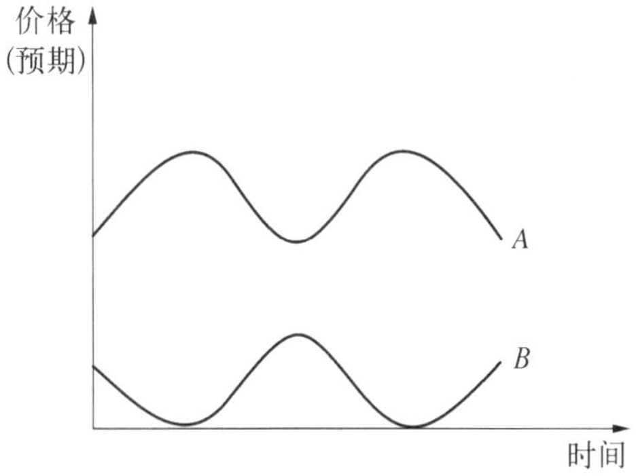

图 2-7 组合风险图(2)

至此,可把上面的分析总结如下:(1) 一种股票的风险由两个部分组成,即可分散风险和不可分散风险。(2) 可分散风险可通过证券组合消除,大部分投资者正是这样做的。可分散风险随证券组合中股票数量的增加而减少。根据最近几年的资料,由几种股票组成的证券组合的标准差 σ 大约为 28%。由所有股票组成的证券组合叫市场证券组合,其标准差为 15.1%,即 $\sigma_M=$ 15.1%。这样,如果是一个包含 40 种股票且比例比较合理的证券组合,则能消除大部分可分散风险。(3) 股票的不可分散风险由市场变动产生,它对所有股票都有影响,不能通过证券组合消除。

(二) 证券组合的风险报酬

投资者进行证券组合投资与进行单项投资一样,都要求对承担的风险进行补偿。股票的风险越大,要求的报酬就越高。但是,与单项投资不同,证券组合投资要求补偿的风险只是不可分散风险,而不要求对可分散风险进行补偿。如果存在可分散风险的补偿,善于科学地进行投资组合的投资者就会购买这部分股票,并抬高其价格,则其最后的期望报酬率只反映不能分散的风险。所以,证券组合的风险报酬是投资者因承担不可分散风险而要求的、超过时间价值的那部分额外报酬,可用下列公式计算:

$$\boldsymbol{R_P=\beta_P(R_M-R_F)}$$

式中:R_P——证券组合的风险报酬率;

β_P——证券组合的 β 系数;

R_M——由市场上所有股票组成的证券组合的报酬率,简称市场报酬率;

R_F——无风险报酬率,一般用国库券的利息率来衡量。

可以看出,调整各种证券在证券组合中的比重可以改变证券组合的风险、风险报酬和风险报酬率。有关风险和报酬率的关系,读者可参照本章第三节"资本资产定价模型"的相关内容。

第三节 资本资产定价模型

资本资产定价模型(CAPM)是由威廉·夏普(William Sharpe)、约翰·林特纳(John

Lintner)及简·莫森(Jan Mossin)一起创造并发展的，旨在研究证券市场价格如何决定的模型，在实际操作中具有广泛用途。资本资产定价模型研究的重点在于探求风险资产收益与风险的数量关系，所以有必要先介绍一下资产组合理论。

一、资产组合理论

资产组合理论(Portfolio Theory)最早由马科维茨提出。在一系列假设条件下(有效资本市场、理性投资者等)，马科维茨提出，投资者为了实现效用最大化，必将依据两条标准来选择投资组合，即在给定的预期收益下选择风险最小的资产组合和在给定的风险下选择预期收益最大的资产组合。一般来说，我们用数学期望来度量收益，用收益的标准差来度量投资组合的风险。

下面用一个实例来说明投资者如何确定有效投资组合。

例 2-18 假定有 8 个投资组合，其风险与报酬资料如表 2-3 所示。

表 2-3 各投资组合的风险与报酬

投资组合	预期报酬率 R_P(%)	组合风险 σ_P(%)
A	8	3.0
B	8	4.0
C	10	4.5
D	12	5.0
E	12	5.5
F	13	6.2
G	13	7.6
H	14	7.6

根据表 2-3，可以将每种投资组合的风险与报酬用图 2-8 表示。其中，虽然有 8 个投资组合，但可以看出，有效的投资组合是 $ADFH$。假定市场上存在无数投资组合，体现在风险-报酬率坐标图上就是无数个诸如 A、B 的点。此时，有效投资组合的集合会形成一条光滑的曲线，如图 2-9 中的 EF 线，这条线称为有效前沿，它包含所有满足马科维茨判别标准的投资

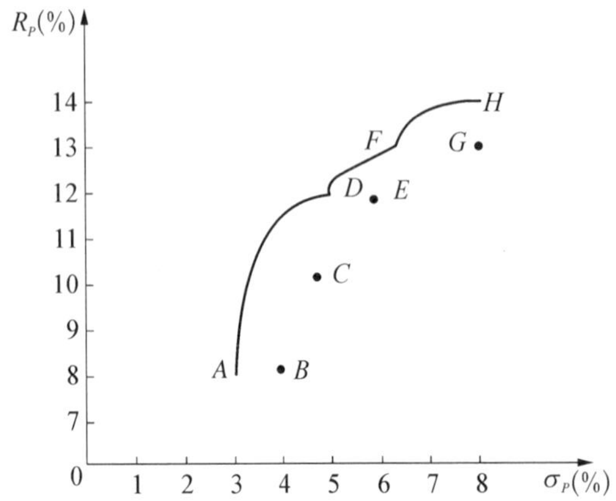

图 2-8 各投资组合的风险与报酬

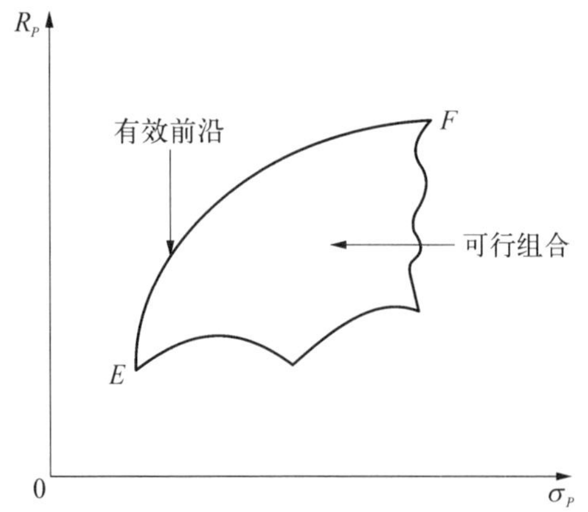

图 2-9 投资组合的有效前沿

组合。线上的投资组合在承担相同风险的情况下，获得了最高的报酬率；或在给定的收益率下，承担最小的风险。高于此线的投资组合不存在，低于此线的投资组合不如线上的投资组合好。例如，在图 2－8 中，在相同的报酬率 8%下，A 点比 B 点的风险小；同样，在 8%的风险下，报酬最高的组合是曲线上的 H 点，虽然 G 点也同样面临 7.6%的风险，但其报酬率明显低于 H 点。

二、资本资产定价模型介绍

资本资产定价模型试图定量揭示多样性投资组合资产的风险与所要求收益之间的关系。资本资产定价模型分析以所有投资者均按照资产组合理论来选择投资组合为前提，同时设置了如下假设：(1) 投资者可以无风险利率无限制地借贷任意数额的资金，对卖空没有任何限制；(2) 投资者对每一项资产收益有相同的预期，追求单期最终财富的效用最大化。上述假设可能与现实经济生活并不符合，但是，采用这些简化的形式有助于进行基本理论分析，且资本资产定价模型的实际应用可以不受这些基本假设的严格限制。

(一) 资本市场线

在实际生活中，投资者不仅能投资于风险资产，通过资产组合降低风险，而且能投资于无风险资产(如短期国库券)。资本资产定价模型的出发点是在有效前沿以外加上一个新的投资项目，即无风险资产。在这种情况下，投资者的资产组合如图 2－10 所示。

设无风险资产的收益率为 R_F，标准差为 0。投资者可以根据他们对风险的偏好，用无风险资产和有效前沿上的风险资产组合构成新的资产组合 P。我们会发现，无论投资者的投资目标和风险偏好如何，他们都会选择 M 点作为其风险资产的组合，M 点是由 R_F 发出的射线与有效前沿的切点。

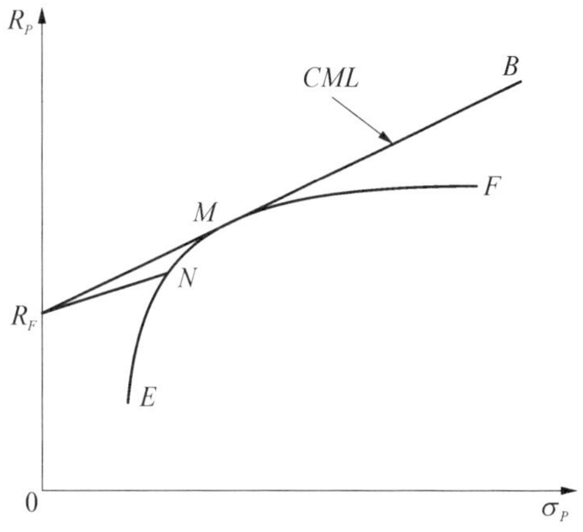

图 2－10　资本市场线

假设投资者没有选择 M 点代表的投资组合，而是选择了 N 点。从图 2－10 中可以看出，位于 R_FN 上的点(如 N)与 R_FM 上的点代表的投资组合相比，在相同的期望收益率下，风险较大；在相同的风险下，期望收益率较小。所以，理性的投资者会选择 M 点。

可见，无风险资产的借入和贷出把原来的有效前沿改变成直线 R_FB。投资者通过将风险资产 M 与无风险资产借贷相结合，可以覆盖直线 R_FB 上的任一点。直线 R_FB 上的投资组合优于曲线上点 E 到点 M 及点 M 到点 F 的投资组合，因为在给定的风险水平下，前者的回报率更高。这些考虑无风险借贷时的投资组合，除去组合 M 外，都优于仅由风险资产组成的投资组合。R_FB 体现了所有投资者的有效资产组合，通常被称为资本市场线(CML)，它表明资产组合的收益率是其标准差的线性函数，即：

$$\boldsymbol{R_P = R_F + \frac{R_M - R_F}{\sigma_M} \cdot \sigma_P}$$

式中：R_P——投资组合的预期收益率；

σ_P——投资组合的标准差；

R_M——市场资产组合的预期收益率；

R_F——无风险资产的预期收益率。

上述公式表明，任意有效投资组合的期望收益率都等于无风险收益率与风险溢酬之和，该风险溢酬等于资本市场线的斜率和该投资组合标准差的乘积，斜率表示单位风险所产生的收益。

投资者会依据各自不同的效用无差异曲线与资本市场线的切点确定其最优资产组合。风险回避的投资者会选择靠近 R_F 的点，在 R_FM 上，将一部分资金投资于无风险资产，将剩余资金投资于风险资产。风险偏好的投资者会选择 MB 上的点所代表的投资组合，不仅将其所有资金投入风险资产，而且以无风险利率借入一部分资金投入风险资产。

按照上述分析，市场均衡时，由于对资产收益分布有一致的预期，因此，所有投资者都必定选择持有市场资产组合作为他们的最优风险资产组合，面临相同的也是唯一的有效前沿，即资本市场线，投资组合的差别只是在于投资于风险资产与无风险资产的数量比例不同而已。

（二）证券市场线

资本市场线是反映市场处于均衡状态下有效资产组合的收益与风险关系的模型，并没有说明对于无效投资组合及单个证券的相应情况。现在我们来考察市场上某一证券的收益与风险的关系，并且含有该证券的资产组合并不一定是有效的资产组合。

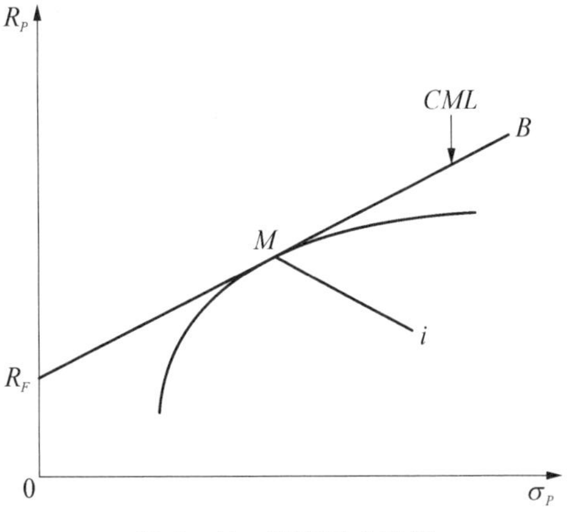

图 2-11　资产组合举例

1. 资本资产定价模型的数学推导

考虑这样一种资产组合，由证券 i 与市场资产组合 M 构成，且 i 不一定处于有效前沿上，如图 2-11 所示。假设资产组合中 i 所占的比重为 α，市场组合 M 所占的比重为 $(1-\alpha)$，则该组合 P 的期望收益率为：

$$\boldsymbol{R_P = \alpha \cdot R_i + (1-\alpha) \cdot R_M}$$

式中：R_P——新证券组合的期望收益率；

R_i——证券 i 的期望收益率；

R_M——证券市场的平均收益率，即市场组合 M 的收益率。

该组合的期望收益率方差为：

$$\boldsymbol{\sigma_P^2 = \sigma_M^2 (1-\alpha)^2 + \sigma_i^2 \cdot \alpha^2 + 2\alpha \cdot (1-\alpha) \cdot \mathrm{cov}(M,\ i)}$$

式中：σ_P^2——新证券组合的方差；

σ_M^2——市场组合的方差；

σ_i^2——证券 i 的方差；

$\mathrm{cov}(M,\ i)$——市场组合 M 与证券 i 的协方差。

当 $\alpha \to 0$，即该证券在新组合中所占的比重极小（因为市场中有无数只证券）时，$R_P \to R_M$，$\sigma_P \to \sigma_M$，可推导出下式：

$$R_i = R_F + \frac{\mathrm{cov}(M,\ i)}{\sigma_M^2} \cdot (R_M - R_F) \qquad ③$$

设 $\beta_i = \frac{\mathrm{cov}(M,\ i)}{\sigma_M^2}$，则上式可简化为：

$$R_i = R_F + \beta_i(R_M - R_F) \qquad ④$$

该式称为资本资产定价模型。将该式用图表示出来，即证券市场线(SML)，如图 2－12 所示。由图 2－12 可以看出，证券市场线上的各种证券相对于风险与报酬而言处于一种均衡状态。证券市场线/资本资产定价模型界定了风险与回报率之间的关系，适用于所有资产与证券，无论是有效的还是无效的。

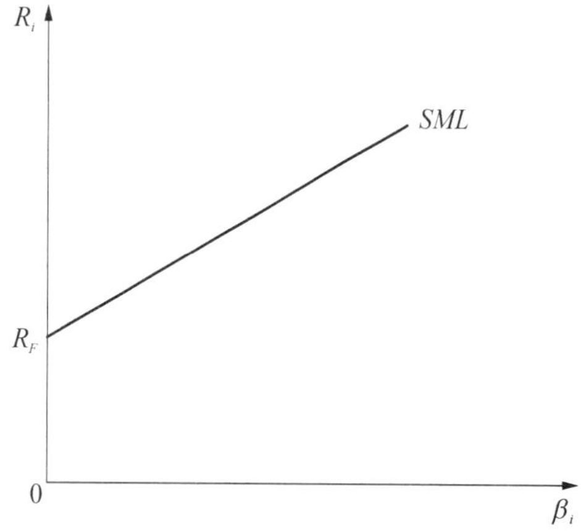

图 2－12　证券市场线

已知：

$$\beta_i = \frac{\mathrm{cov}(M, i)}{\sigma_M^2} = \frac{\beta_{iM} \cdot \sigma_i \cdot \sigma_M}{\sigma_M^2}$$

当 $\beta_{iM}=1$，即证券 i 与市场资产组合 M 完全正相关时，$\beta_i = \frac{\sigma_i}{\sigma_M}$，此时，③式可写成：

$$R_i = R_F + \frac{(R_M - R_F)}{\sigma_M} \cdot \sigma_i$$

上式为资本市场线。由此可见，资本市场线为证券市场线的特例，当资产组合有效时，证券市场线就是资本市场线。

2. 证券市场线的经济含义

投资者在投资活动中存在着厌恶风险的心理。这种对风险的厌恶使投资者期望取得与投资所冒风险相当的风险补偿。β 值即一种风险指数，反映了某种股票(证券)随市场变动的趋势。某种与股票市场同步运动的股票，其风险与市场平均风险相同，这种股票的 β 值为 1；假如某种股票的涨跌变化幅度只是市场平均变化幅度的一半，则该股票的市场风险是市场平均风险的一半。

资本资产定价模型表明，任何一种证券的预期收益率都等于无风险债券利率加上风险溢酬，也即风险补偿。$(R_M - R_F)$可以看作风险的平均补偿水平；β_i 系数可以看作 i 股票风险大小的表示，即风险的度量。两者相乘便是该股票获得的风险补偿。用数学式表示如下：

$$R_M = R_F + \text{市场平均风险补偿}$$
$$R_i = R_F + i\ \text{证券风险补偿}$$

证券市场线的斜率即市场平均风险补偿，反映了一般投资者的风险规避程度。投资者的风险规避程度越高，证券市场线就越陡，这时，对风险资产所要求的风险补偿就越大，从而对风险资产所要求的收益率也就越高。

3. 证券市场线的变化

证券市场线与单项证券在线上的位置会随着投资者的风险规避程度、市场利率以及单项证券的 β 系数等因素的改变而改变。如果投资者的风险厌恶感增强，其要求的风险补偿便会提高，证券市场线的斜率便会增大，证券市场线变陡；如果市场利率下跌或经济走向繁荣，则证券市场线的斜率就会减小。如果预期通货膨胀率增加，实际利率即无风险收益率减少，投资者就会要求更高的市场无风险利率即名义利率，从而导致证券市场线向上平移。

三、β 系数

从投资者的角度看，投资组合的风险可以分为系统风险和非系统风险两类。β 系数是用于衡量证券投资风险的，但由于非系统风险可以通过投资多样化予以消除，因此，β 系数只用于衡量不可分散风险，即用于计量系统风险。

由于非系统风险可以被分散或消除，因此，一个充分的投资组合几乎没有非系统风险。假设投资者都是理性的，都会选择充分投资组合，非系统风险将与资本市场无关，市场不会给予它任何价格补偿，就像商品市场只承认社会必要劳动时间而不承认个别劳动时间一样，市场不会给“浪费”价格补偿，不会给那些不必要的风险回报。通过分散或消除非系统风险，几乎没有任何值得市场承认的、必须花费的成本。

β 系数被定义为某项资产或某个证券组合的收益率与市场组合之间的相关性，它反映了系统风险的程度，用于衡量个别证券报酬率对于证券市场组合报酬率变化的敏感性。β 系数可以为正值，也可以为负值。当 $\beta=1$ 时，表示该股票的报酬率与证券市场平均报酬率呈相同比例的变化，其风险情况与证券市场组合的风险情况一致；当 $\beta>1$ 时，说明其风险大于整个证券市场组合的风险；当 $\beta<1$ 时，说明其风险小于整个证券市场组合的风险。

系统风险的程度通常用 β 系数来计量。β 系数有多种计算方法，实际计算过程十分复杂，但幸运的是，β 系数一般不由投资者自己计算，而由一些投资服务机构定期计算并公布。关于 β 系数值的来源，在美国，有很多服务机构提供公司的 β 系数数据资料。这些 β 系数数据资料通常是根据过去 3 至 5 年的周收益率或月收益率计算出来的，从这些服务机构取得 β 系数的数据较为方便。如果投资者认为某股票过去的系统风险适用于未来，则过去值可以代替预期的 β 值。

投资组合的 β 系数是单个证券 β 系数的加权平均，权数为各种证券在投资组合中所占的比重。

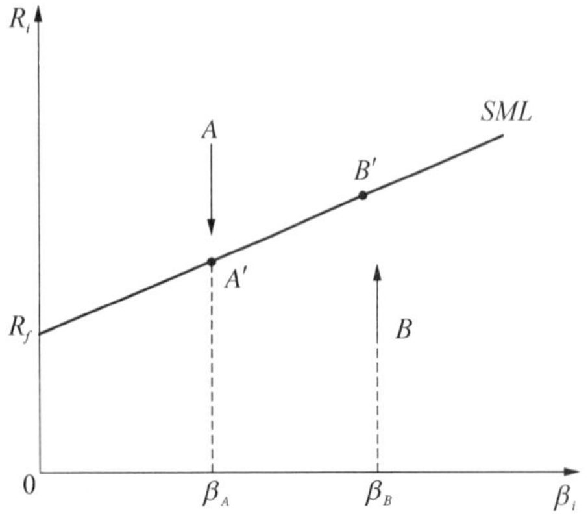

图 2－13　证券市场均衡

四、证券市场均衡

在以上讨论中，我们假设证券市场处于均衡状态，即所有证券都落在证券市场线上。假设现在有某种股票 A 的市价偏低，即其价格低于均衡状态下应有的价格，则它的预期收益率相对于其风险来说，必然会高于市场的平均收益率，股票的需求因而增加，终将迫使其价格上升，直至其预期收益率下降到证券市场线上的 A' 点（见图 2－13）。同样，对于市价偏高的 B 点来说，通过股票的抛售会促使其价格下跌，最终使其预期收益率上升到证券市场线上的 B' 点。

例 2－19　设目前证券市场上无风险收益率 $R_F=6\%$，市场平均收益率 $R_M=10\%$。对股票 A 来说，$\beta_A=1.5$，目前的股价 $P_0=40$ 元，预期下一年股利 $D_1=2.1$ 元，股利增长率 $g=5\%$。试推算该种股票的价格走势。

通过资本资产定价模型，可以计算出股票 A 所要求的收益率为：

$R_A=6\%+1.5\times(10\%-6\%)=12\%$

该种股票的预期收益率为：

$R_A=D_1\div P_0+g$

$\quad=2.1\div 40+5\%$

$\quad=10.25\%$

预期收益率低于市场均衡时所要求的收益率，位于证券市场线的下方。这时，投资者就会争相抛售该种股票，直到其价格被降低到 30 元，预期收益率恰好等于要求的收益率时，供需才达到均衡状态。反之，如果该股票的售价低于 30 元，则预期收益率便会高于要求的收益率。此时，投资者就会争相购买该种股票，直到价格被抬高到 30 元，达到均衡为止。

实证研究表明，在成熟的证券市场中，由于特殊因素导致股票脱离均衡状态的情况很快会被自动调整至均衡状况，特别是那些在证券交易所上市的大公司的股票，这一调整过程更迅速。所以，可以说，任何股票的价格都处于均衡状态，股票投资者的要求收益率必然等于股票预期收益率。当然，股票价格有时也会发生改变，但这种改变仅仅是反映不断变动中的情况而已。

第四节　损益平衡分析

损益平衡分析又叫本量利分析、保本分析，主要是对成本、销售量、单价和利润四个因素之间的内在联系进行综合分析，找出四者之间的变动规律，为公司财务管理人员预测盈利、控制成本、判断公司经营状况、选择决策方法提供依据。

一、边际贡献与边际贡献率

(一) 边际贡献

所谓边际贡献，是指产品销售收入减去变动成本后的余额，也称为边际利润或毛利。边际贡献可分为单位产品的边际贡献和全部产品的边际贡献两种。

1. 单位产品的边际贡献

单位产品边际贡献的计算公式为：

$$mc=P-vc$$

式中：mc——单位产品的边际贡献；

P——单价；

vc——单位变动成本。

单位产品的边际贡献表示每增加 1 单位产品销售可提供的边际贡献。

2. 全部产品的边际贡献

全部产品的边际贡献是指全部产品的销售收入减去全部产品的变动成本总额，其计算公式为：

$$\begin{aligned} MC &= R - CV \\ &= P \cdot Q - vc \cdot Q \\ &= (P - vc) \cdot Q \\ &= mc \cdot Q \end{aligned}$$

式中：MC——全部产品的边际贡献；

R——销售收入；

CV——全部产品的变动成本额；

Q——销售数量。

(二) 边际贡献率

所谓边际贡献率，是指边际贡献在销售收入中所占的百分比。边际贡献率表示每1元销售收入中边际贡献所占的比重，反映产品为公司做出贡献的能力，又叫边际利润率、边际收益率，其计算公式为：

$$MCR = \frac{mc}{P} \times 100\%$$

$$或 = \frac{MC}{R} \times 100\%$$

式中：MCR——边际贡献率。

与边际贡献率相关联的一个指标是产品的变动成本率。变动成本率是指变动成本在销售收入中所占的百分率，其计算公式如下：

$$VCR = \frac{VC}{R} \times 100\%$$

$$或 = \frac{vc}{P} \times 100\%$$

式中：VCR——变动成本率。

结合前面边际贡献率的公式，可以得出如下等式：

$$MCR = 1 - VCR$$

$$边际贡献 = 销售收入 \times 边际贡献率$$

$$利润 = 边际贡献 - 固定成本$$

例 2-20 设某产品的售价为10元，变动成本为6元，相关的固定成本为6 000元，预计该季销售量为2 000件。

单位产品的边际贡献(mc)＝10－6＝4(元)

全部产品的边际贡献(MC)＝4×2 000＝8 000(元)

边际贡献率(MCR)＝4÷10×100％＝40％

边际贡献及其相关指标可以很好地衡量产品的创利能力。从边际贡献中扣除公司的期间成本(固定成本),可以得到营业净利润指标。其计算公式如下:

$$OP = MC - CF$$

式中:OP——营业净利润;

CF——固定成本。

当营业净利润为零时,边际贡献刚好可以补偿(即等于)固定成本,公司处于不盈不亏的状态,此时的销售量就是损益平衡点,也叫保本点、盈亏平衡点;若边际贡献大于固定成本,则说明公司有盈利;若边际贡献小于固定成本,则说明边际贡献不足以补偿固定成本,公司出现亏损。

二、损益平衡点

若一种产品提供的边际贡献总额正好补偿固定成本,此时的销售量或销售额即达到损益平衡点的销售量或销售额。

损益平衡点能够帮助管理人员正确地把握产品销售量与公司盈利之间的关系,即公司要盈利,其销售量就一定要超过其损益平衡点。超过损益平衡点后的销售量所提供的边际贡献总额即利润,这是因为所有固定成本都已由损益平衡点销售量所提供的边际贡献抵偿,超过损益平衡点的销售量提供的边际贡献无须抵偿任何费用,所以就是利润。

(一) 损益平衡点的计算

就单一产品公司来说,根据损益平衡点的定义,得:

$$P \times QB - vc \times QB - CF = 0$$

那么:

$$QB = \frac{CF}{mc}$$

$$或 = \frac{CF}{P - vc}$$

$$\begin{aligned} RB &= P \times QB \\ &= P \times \frac{CF}{mc} \\ &= \frac{CF}{MCR} \end{aligned}$$

式中:QB——损益平衡点销售量;

RB——损益平衡点销售额。

在例 2-20 中:

损益平衡点销售量(QB)=6 000÷4=1 500(件)

损益平衡点销售额(RB)=1 500×10=15 000(元)

(二) 多品种公司损益平衡分析

在现实生活中,大多数公司生产几种、几十种甚至几百种产品。在公司产销多种产品的情况下，损益平衡点的计算只能用金额表示，其损益平衡分析可以使用以下方法：

1. 加权平均法

加权平均法是指根据加权平均边际贡献率和固定成本计算得出损益平衡销售额的方法。加权平均法适用于固定成本无法在各产品之间进行分配的公司。

首先，计算产品的加权平均边际贡献率，即产品边际贡献总和占产品销售收入总和的比重。

$$MCR = \frac{MC}{R}$$
$$= \sum_{i=1}^{n} MCR_i \cdot W_i$$

式中：MCR——加权平均边际贡献率；

R_i——第 i 种产品的销售收入；

MCR_i——第 i 种产品的边际贡献率；

W_i——第 i 种产品在总收入中所占的比重。

然后，根据固定成本和加权平均边际贡献率计算整个公司的损益平衡点销售额。

$$RB = \frac{CF}{MCR}$$

最后，根据整个公司的损益平衡点销售额及各产品的销售比重计算各产品的损益平衡点销售额与销售量。

$$RB_i = RB \times W_i$$

$$QB_i = \frac{RB_i}{P_i}$$

式中：RB_i——第 i 种产品的损益平衡点销售额；

QB_i——第 i 种产品的损益平衡点销售量；

P_i——第 i 种产品的单价。

例 2-21 某公司生产 A、B、C 三种产品，年固定成本为 252 000 元，销售情况如表 2-4 所示。

表 2-4 某公司产品销售情况

产 品	销售量(件)	单价(元)	单位变动成本(元)	单位边际贡献(元)	边际贡献率(%)
A	10 000	20	14	6	30
B	20 000	20	10	10	50
C	20 000	20	12	8	40

计算步骤如下：

全部产品的销售收入为：

$R = 10\,000 \times 20 + 20\,000 \times 20 + 20\,000 \times 20 = 1\,000\,000$(元)

各种产品在总收入中所占的比重分别为：

$$W_A=\frac{10\,000\times 20}{1\,000\,000}\times 100\%=20\%$$

$$W_B=\frac{20\,000\times 20}{1\,000\,000}\times 100\%=40\%$$

$$W_C=\frac{20\,000\times 20}{1\,000\,000}\times 100\%=40\%$$

产品的加权平均边际贡献率为：

$MCR=20\%\times 30\%+40\%\times 50\%+40\%\times 40\%=42\%$

整个公司的损益平衡点销售额为：

$R_B=252\,000\div 42\%=600\,000$(元)

各产品的损益平衡点销售额及销售量分别为：

A 产品：$R_{BA}=600\,000\times 20\%=120\,000$(元)

$Q_{BA}=120\,000\div 20=6\,000$(件)

B 产品：$R_{BB}=600\,000\times 40\%=240\,000$(元)

$Q_{BB}=240\,000\div 20=12\,000$(件)

C 产品：$R_{BC}=600\,000\times 40\%=240\,000$(元)

$Q_{BC}=240\,000\div 20=12\,000$(件)

应当注意的是，当产品的销售结构发生变化时，加权平均边际贡献率随之变化，损益平衡点销售额也会发生变化。当边际贡献率高的产品销售比重增加时，整个公司的损益平衡点销售额会降低；反之，当边际贡献率低的产品销售比重增加时，整个公司的损益平衡点销售额会升高。

2. 分别计算法

当固定成本能够分配到各产品中去时，可采用分别计算法计算各种产品的损益平衡点销售额及整个公司的损益平衡点销售额。

承例 2-21，假设固定成本能够分配到 A、B、C 三种产品中去，分别为 60 000 元、90 000 元和 102 000 元。此时，A 产品的损益平衡点计算如下：

$R_{BA}=60\,000\div 30\%=200\,000$(元)

$Q_{BA}=60\,000\div 6=10\,000$(件)

同样可以计算 B 产品和 C 产品的损益平衡点。

运用分别计算法时应当注意，当产品销售结构发生变化时，整个公司的损益平衡点销售额及销售量会发生变化。

3. 历史资料法

所谓历史资料法，就是根据若干时期的历史资料，求出每年的销售收入和边际贡献总额，再求出平均边际贡献率，计算损益平衡点销售额。历史资料法主要适用于产品品种很多，但产品销售结构以及各产品边际贡献率相对稳定的公司。如果公司产品的品种结构变化较大，且各种产品的边际贡献率不稳定，则此法计算结果的准确度较差，只能作为辅助参考数据。

三、损益平衡图分析

将成本、产品销售量及利润的关系反映在直角坐标系中，即损益平衡图，又称为本量利图。用图示表现成本、销售量及利润之间的关系，形象直观，易于理解。利用损益平衡图可以清楚地看到有关因素变动对利润的影响，有助于决策者在经营管理中提高预见性和主动性。

根据资料的多少和目的的不同，损益平衡图有多种形式，为说明方便，举例如下：

例 2-22 某公司根据预测，A 产品的单位变动成本为 6 元，市场售价预计可达 10 元，公司的固定成本总额为 8 000 元。

（一）传统式损益平衡图

1. 传统式损益平衡图的绘制步骤

传统式损益平衡图是以本量利的基本关系公式为基础的，其绘制步骤如下：

第一，设定直角坐标系。以横轴表示销售量，纵轴表示销售收入和成本金额。

第二，做出固定成本线。在纵轴上，以固定成本总额为截距，画一条水平线，代表公司的固定成本。

第三，以纵轴上的固定成本点为起点，以单位变动成本为斜率，绘制总成本线。

第四，以坐标原点为起点，以销售单价为斜率，绘制销售收入线。

传统式损益平衡图如图 2-14 所示。

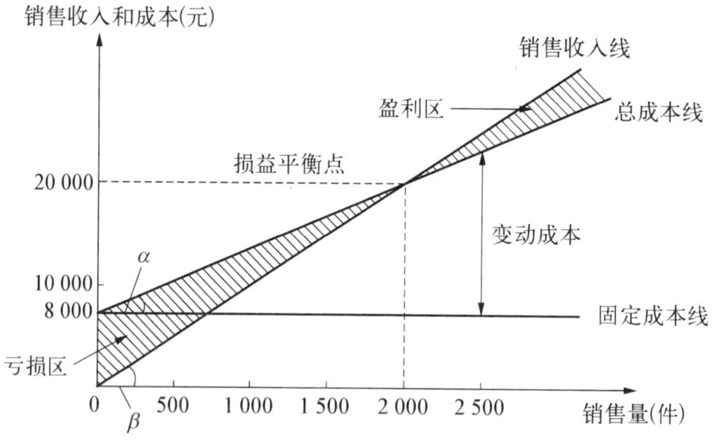

图 2-14 传统式损益平衡图

2. 传统式损益平衡图的分析规律

第一，在损益平衡点不变的情况下，当销售量超过保本点时，每增加 1 单位产品的销售，便可获得在数量上相当于单位边际贡献的利润的增加。公司的销售量越大，公司获利越多，亏损就越小；销售量越小，公司获利越少，亏损就越大。这可分别由图 2-14 右上方和左下方的盈利区和亏损区表示。

第二，在销售量不变的情况下，损益平衡点的位置对于公司利润有决定性的作用。损益平衡点越低，公司的利润三角区越大，亏损三角区越小，从而可以实现的利润越多或将发生的亏损额越小，公司经营的安全程度就越高；反之则相反。

第三，损益平衡点的位置取决于角 α 和角 β（即产品的单位变动成本和售价）及固定成本总额。当这些因素发生变动时，损益平衡点将随之变动，进而造成利润和亏损三角区的变动。

（二）贡献式损益平衡图

贡献式损益平衡图与传统式损益平衡图相比，不同之处在于总成本线的推导方式。贡献式损益平衡图是在变动成本线的基础上加上固定成本总额得到的。在贡献式损益平衡图中，总成本线表现为一条与变动成本线平行的直线，销售收入线与变动成本线之间的垂直距离为产品的边际贡献，边际贡献与固定成本总额即收入与总成本相等的点为保本点。

根据例 2－22 的数据绘制贡献式损益平衡图，如图 2－15 所示。

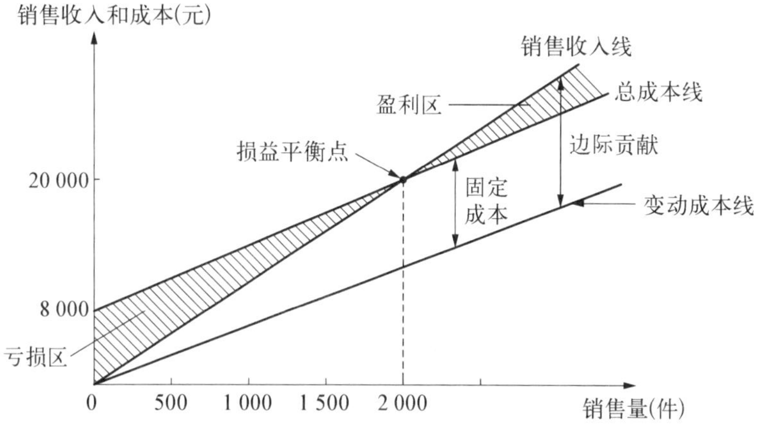

图 2－15　贡献式损益平衡图

在图 2－15 中，业务量在损益平衡点以下，边际贡献先补偿固定成本，当业务量超出保本点后，产品创造的边际贡献再全部形成公司的利润。

传统式损益平衡图和贡献式损益平衡图的横坐标还可以用销售金额来表示，在这种情况下，销售收入线是一条斜率为 1、与横坐标呈 45 度夹角的直线。这两种损益平衡图说明了成本、销售量和利润之间的关系，但并未对利润与销售量之间的关系给予直接的揭示。

（三）利量式损益平衡图

利量式损益平衡图是一种着重分析利润与销售量之间关系的损益平衡图，是上述两种损益平衡图的一种变化形式。利量式损益平衡图以利润线代替了销售收入线和总成本线，简化了的损益平衡图。此图并不反映成本情况。

利量式损益平衡图的绘制步骤为：

第一，设立直角坐标系。以纵轴代表公司的营业净利，横轴代表产品的销售量。横轴将公司的获利情况一分为二：第Ⅰ象限表明存在盈利，第Ⅳ象限表明存在亏损，所以，横轴也是公司的损益两平线。

第二，绘出利润线。在纵轴上的亏损区域确定固定成本总额，此为当销售量为零时公司的亏损额。任意选择一个销售量，确定其利润，决定该点后，将该点与纵轴上代表固定成本的点连接起来，形成一条向右上方倾斜的直线，即利润线。

根据例 2－22 的数据绘制利量式损益平衡图，如图 2－16 所示。

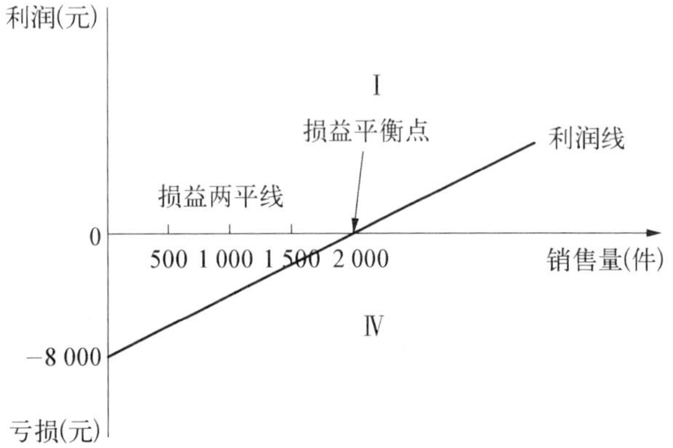

图 2－16　利量式损益平衡图

(四) 多品种情况下的损益平衡图

多品种情况下的损益平衡图与单一品种情况下的利量式损益平衡图大体一致，只是横轴表示销售收入而不是销售量。现以例 2－21 为例说明多品种情况下的损益平衡图，如图 2－17 所示。

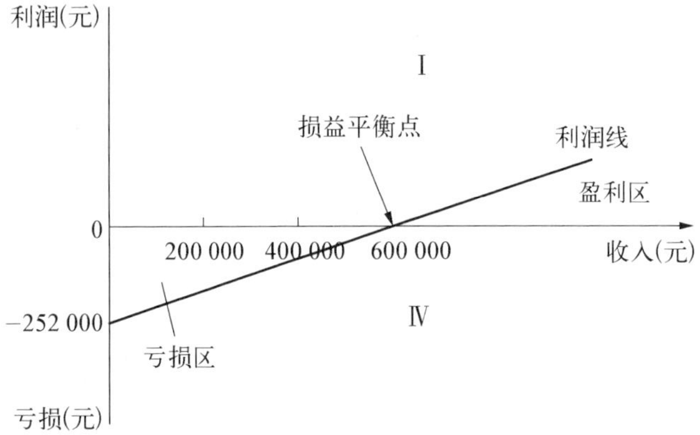

图 2－17　多品种情况下的损益平衡图

以上介绍了不同的损益平衡图。虽然损益平衡图具有直观、简明的优点，但由于它是依靠目测绘制而成，因此不是十分准确，通常应与其他方法结合使用。

四、安全边际和安全边际率

(一) 安全边际和安全边际率的含义

损益平衡点能够帮助管理人员正确地把握产品销售量与公司盈利之间的关系。公司处于不盈不亏的状态意味着当前的贡献毛利全部被固定成本抵消，只有当销售量超过损益平衡点时，其超出部分提供的贡献毛利才会形成公司的利润。实际(预计)销售量与损益平衡点之间的差额即安全边际，它反映了产品盈利的安全幅度，也就是说，安全边际越大，发生亏损的可能性越小，盈利的安全性就越高。安全边际的计算公式如下：

$$QS = Q - QB$$

式中：QS——安全边际；

Q——实际(预计)销售量。

或：

$$RS = R - RB$$

式中：RS——安全边际额；

R——实际(预计)销售额。

安全边际与预计销售量(或金额)之间的比率即安全边际率，它反映了产品盈利的安全程度，也就是说，安全边际率越高，该产品盈利的安全系数就越大。安全边际率的计算公式如下：

$$rs = \frac{QS}{Q}$$

$$或 = \frac{RS}{R}$$

式中：rs——安全边际率。

以例2-20说明安全边际和安全边际率的计算方法，具体如下：

安全边际(QS)＝2 000－1 500＝500(件)

安全边际额(RS)＝20 000－15 000＝5 000(元)

安全边际率(rs)＝500÷2 000×100％＝25％

安全边际和安全边际率的数值越大，公司发生亏损的可能性越小，公司就越安全。安全边际率是相对指标，便于不同公司和行业之间的比较。

由安全边际的定义可知，安全边际部分的销售减去自身变动成本后即公司利润，也就是说，安全边际的边际贡献等于公司利润，计算公式如下：

$$\Pi = RS \times MCR$$

式中：Π——利润。

若将上述等式的两端同时除以销售收入，得：

$$\frac{\Pi}{R} = \frac{RS}{R} \times MCR$$

即：

$$销售利润率 = 安全边际率 \times 边际贡献率$$

利用例2-20的资料，可计算利润如下：

销售利润＝5 000×40％＝2 000(元)

销售利润率＝25％×40％＝10％

验证如下：

$$销售利润率 = \frac{收入-成本}{收入} \times 100\%$$

$$=\frac{2\,000\times10-2\,000\times6-6\,000}{20\,000}\times100\%$$

$$=10\%$$

（二）提高安全边际和安全边际率的方法

明白了安全边际及安全边际率与利润的关系，公司就可以通过安全边际和安全边际率来提高利润。提高利润的方法有两种：提高现有销售水平和降低损益平衡点。提高现有销售水平易于理解，我们着重从降低损益平衡点着手。

降低损益平衡点的方法包括降低固定成本、提高销售单价和降低单位变动成本三个方面。

1. 降低固定成本

假如例 2－20 中，公司因改进生产技术而使固定成本降低为 4000 元，则此时，其安全边际计算如下：

损益平衡点销售量＝4 000÷4＝1 000（件）

安全边际销售量＝2 000－1 000＝1 000（件）

安全边际率＝1 000÷2 000×100%＝50%

可以看出，此时安全边际率大于起初的 25%。

2. 提高销售单价

在销售数量不变时，提高销售单价可以提高公司的销售收入，同时降低损益平衡点，对提高安全边际和安全边际率有双重作用。

如果例 2－20 中的产品较受欢迎，公司将产品单价由 10 元提高到 11 元，但销售量不受影响，此时，其安全边际计算如下：

单位边际贡献＝11－6＝5（元）

损益平衡点销售量＝6 000÷5＝1 200（件）

安全边际销售量＝2 000－1 200＝800（件）

安全边际率＝800÷2 000×100%＝40%

3. 降低单位变动成本

降低单位变动成本的计算方法与提高销售单价的计算方法类似。

本章小结

货币的时间价值是指货币资金经历一段时间的投资和再投资所增加的价值。货币时间价值的计算分为单利计算和复利计算两种。其中，复利计算包括复利终值、复利现值和年金的计算。风险是指投资收益的不确定性。风险报酬是投资者由于冒风险进行投资而获得的额外报酬。风险报酬有两种表示方法：风险报酬额和风险报酬率。单项资产和证券投资组合的风险衡量及风险报酬的计算方法各不相同。资本资产定价模型是目前财务管理学中论述风险与报酬率关系的一个重要模型，其基本公式为 $R_i=R_F+\beta_i(R_M-R_F)$，并涉及资本市场线、证券市场线、证券市场均衡等问题。损益平衡分析主要是对成本、销售量、单价和利润四个因素之间的内在联系进行分析，包括边际贡献与边际贡献率、损益平衡点、损益平衡图、安全边际与安全边际率等分析方法。

复习思考题

1. 在财务决策中，为什么要考虑货币的时间价值？利率或贴现率对终值和现值有何影响？

2. 如何衡量单项资产和证券投资组合的风险报酬？

3. 资本资产定价模型的经济含义是什么？这一模型对于确定金融资产价格有何意义？

4. 什么是β？β衡量的是什么风险？

5. 如何进行损益平衡分析？进行损益平衡分析的必要性如何？

练习题

1. 假设某公司有一项年金收入，前3年无流入，后5年每年年初流入100万元。假设年利率为10%，其现值是多少？

2. 甲公司拟投资开发新项目，投资数额相同，有A、B两个方案可供选择，有关资料如表2-5所示。

表2-5　甲公司拟投资项目方案

投资环境	概　率	预期收益(万元)	
		A	B
良好	0.3	80	120
一般	0.5	60	40
较差	0.2	40	−20

要求：

(1) 对A、B两个方案的风险程度做出判断。

(2) 确定A、B两个方案各实现预期收益在80万元以上的置信概率。

3. 设目前证券市场上无风险收益率$R_F=4\%$，市场平均收益率$R_M=10\%$，对股票A来说，$\beta_A=2$，目前的股价$P_0=30$元，而且预期下一年股利$D_1=2$元，股利增长率$g=5\%$。试推算该种股票的价格走势。

4. 某产品的单价为40元，单位变动成本为25元，固定成本为15 000元，计划产销量为5 000件，欲实现目标利润5 000元，可行的策略有哪些？

5. 某公司持有A、B、C三种股票组成的投资组合，权重分别为20%、30%和50%，三种股票的β系数分别为2.5、1.2和0.5，市场平均报酬率为10%，无风险报酬率为5%。试计算该投资组合的β系数。

第三章　财务分析

学习要点

财务分析是以财务报表等会计资料为基础，对公司的财务状况和经营成果进行分析和评价的过程。

- 在学习本章的过程中，注意对财务分析要有正确的认识，不能将其仅仅理解为对会计报表的分析，其他一些非财务信息也非常重要，如公司管理层的能力、员工素质、公司文化、公司所处行业的信息、发展阶段等。
- 学习本章前，要对主要的会计报表（资产负债表、利润表、现金流量表）有一定程度的了解，特别是三大报表之间的关系和相关沟通的部分要重点掌握。
- 财务分析有偿债能力分析、资产管理能力分析、盈利能力分析、现金流量分析以及上市公司的市场价值分析。应重点掌握各种财务比率指标的特点、变化的结果及对公司财务和经营状况的影响。要求能熟练运用杜邦分析方法，尤其是杜邦等式；熟悉5C评估法和信用评分法。

第一节　财务分析概述

一、财务分析的含义

财务分析并非仅指某种分析指标或分析方法，而是指一种过程。财务分析本身不是目的，而是达到目的的一种手段，其基本概念可以这样概括：财务分析是根据公司的经营和财务等各方面的资料，运用一定的分析方法和技术，有效地寻求公司经营和财务状况变化的原因，正确地解答有关问题的过程。财务分析通常只能发现问题而不能提供解决问题的现成答案，只能做出评价而不能改善公司的状况。例如，某公司的资产收益率低，通过分析可以知道，原因是资产周转率低；进一步分析可以知道，资产周转率低的原因是存货过多；再进一步分析可以知道，存货过多的原因主要是产成品积压。但是，财务分析不能回答如何处理积压产品。财务分析是检查的手段，如同医疗上的检测设备和程序，能够检查一个人的身体状况，但不能治病。财务分析能够检查公司偿债、获利和抵抗风险的能力，分析得越深入，越容易对症治疗。但诊断不能代替治疗，财务分析不能提供最终解决问题的办法而只能指明需要详细调查和研究的项目，这些调查和研究会涉及行业和本公司的其他补充信息。

二、财务分析的目的

财务分析对于公司各方面的利益相关者都具有重要意义，无论是投资者、经营者还是债权人等，都十分关心财务分析的结果。财务分析所依据的资料是客观的，但是不同的人所关心的侧重点不同，从而进行财务分析的目的也各不相同。对于经营者，必须全面了解公司的生产经营状况和财务状况，他们进行财务分析的目的和要求是全面的；投资者的利益与经营成果密切相关，他们更关心资本的盈利能力、生产经营的前景和投资风险；债权人则主要关心公司能否按期还本付息，他们一般侧重于分析公司的偿债能力。综合起来，进行财务分析主要出于以下目的：

（一）评价公司的偿债能力

通过对公司的财务报表等会计资料的分析，可以了解资产的流动性、负债水平以及偿还债务的能力，从而评价公司的财务状况和经营风险，为经营管理者、投资者和债权人提供财务信息。

（二）评价公司的资产管理水平

公司的生产经营过程就是利用资产取得收益的过程。资产是生产经营活动的经济资源，资产的管理水平直接影响公司的收益，体现了公司的整体素质。进行财务分析可以了解资产的保值和增值情况，分析资产的管理水平、资金的周转状况、现金流量的情况等，为评价公司的经营管理水平提供依据。

（三）评价公司的盈利能力

偿债能力和盈利能力是财务评价的两大基本指标。在偿债能力既定的情况下，公司应追求最强的盈利能力，这是公司的重要经营目标。一家公司是否长期具有良好的盈利能力是其综合素质的基本表现。公司要生存和发展，就必须争取获得较高的利润，这样才能在竞争中立于不败之地。投资者、债权人和经营者都十分关心公司的盈利能力。盈利能力强可以提高公司偿还债务的能力，提高公司的信誉。对盈利能力的分析不能仅看获取利润的绝对数，而且应分析其相对指标；不但要看其目前的盈利水平，而且要比较过去和预测未来。

（四）评价公司的发展趋势

无论是公司的经营管理者还是投资者、债权人等，都十分关心公司的发展趋势，这关系到他们的切身利益。通过对公司进行财务分析，可以判断公司的发展趋势，预测公司的经营前景，从而为经营管理者和投资者进行经营决策与投资决策提供重要的依据，避免决策失误给其带来重大的经济损失。

三、财务分析的方法

财务分析的方法是多种多样的，可以采用会计方法、统计方法以及数学方法等。在实际进行分析时，应该根据分析对象的特征以及资料的来源情况采用不同的分析方法。财务分析常用的有以下两种方法：

（一）对比分析法

对比分析法是将同一个经济指标在不同时期（或不同情况）的执行结果进行对比，从而分析差异的一种方法。我们可以用实际与计划进行比较，也可以用当期与上期进行对比，还可以用同行业之间进行对比的方法。经济指标的对比必须注意指标之间的可比性，计算口径、计算基础、计算的时间等都应尽可能保持一致。比较是分析的基本方法，没有比较，分析就无法开始。比较分析的具体方法种类繁多：

1. 按比较对象分类（与谁比）

与本公司历史比，即不同时期的指标相比，也称趋势分析。

与同类公司比，即与行业平均数或竞争对手比较，也称横向比较。

与计划或预算比，即实际执行结果与计划指标比较，也称差异分析。

2. 按比较内容分类（比什么）

（1）比较会计要素的总量

总量是指报表项目的总金额，如总资产、净资产、净利润等。总量比较主要用于时间序列分析，如研究利润的逐年变化趋势，看其增长潜力；有时也用于同业对比，看公司的相对规模和竞争地位；等等。

（2）比较结构百分比

把利润表、资产负债表、现金流量表转换成结构百分比报表，如以收入为100%看利润表各项目的比重。结构百分比报表用于发现有显著问题的项目，揭示进一步分析的方向。

（3）比较财务比率

财务比率是各会计要素之间的相互关系，反映其内在联系。比率的比较是最重要的分析，它们是相对数，排除了规模的影响，使不同比较对象之间建立起可比性。财务比率的计算是比较简单的，但对其加以说明是相当复杂和困难的。

分析的核心在于解释原因，并不断深化。财务分析是一个研究过程，分析得越具体、越深入，则水平越高。如果仅仅是计算出财务比率而不进行分析，那么什么问题也说明不了。

（二）因素分析法

因素分析法是依据分析指标与影响因素之间的关系，从数量上确定各因素对指标的影响程度。公司的活动是一个有机的整体，每个指标的高低都受若干因素的影响。从数量上测定各因素的影响程度，可以帮助人们抓住主要矛盾，或者更有说服力地评价经营状况。

因素分析法具体又分为：（1）差额分析法，如固定资产净值增加的原因分析可分解为原值变化和折旧变化两个部分；（2）指标分解法，如资产利润率可分解为资产周转率和销售利润率的乘积；（3）连环替代法，依次用分析值替代标准值，测定各因素对财务指标的影响，如影响成本降低的因素分析；（4）定基替代法，分别用分析值替代标准值，测定各因素对财务指标的影响，如标准成本的差异分析。在实际分析中，各种方法应结合使用。

第二节　基本财务报表

财务分析是以公司的会计核算资料为基础，通过对会计所提供的核算资料的加工和整理，得出一系列科学的、系统的财务指标，以便进行比较分析和评价。这些会计核算资料包括日常核算资料和财务会计报告。财务分析主要是以财务会计报告为基础，日常核算资料只作为财务分析的一种补充资料。公司的财务会计报告主要包括资产负债表、利润表、现金流量表、其他附表以及财务状况说明书。这些报表及财务状况说明书集中、概括地反映了公司的财务状况、经营成果和现金流量情况等财务信息，对其进行财务分析，可以更加系统地揭示公司的偿债能力、资金营运能力、盈利能力等财务状况。下面主要介绍进行财务分析常用的基本会计报表：资产负债表、利润表和现金流量表。

一、资产负债表

资产负债表是反映公司某一特定日期财务状况的报表。资产负债表是根据"资产＝负债＋所有者权益"这一会计恒等式，按一定的标准和秩序，将资产、负债和所有者权益进行适当排列而编制的。在资产负债表中，资产按流动性由大到小依次排列，顺序为：流动资产、固定资产、无形资产、递延资产和其他资产。负债和所有者权益反映了公司资金的来源，以及用于获得各项资产的资金有多少来源于债权人，有多少来源于所有者。在排列时，负债在前，所有者权益在后；在负债中，短期负债在前，长期负债在后。负债与所有者权益的排列顺序为：流动负债、长期负债和所有者权益。

资产负债表有账户式和报告式两种。账户式资产负债表按会计等式，将公司的资产、负债和所有者权益分左右列示，左方列示各项资产，右方列示各项负债和所有者权益。报告式资产负债表则将资产、负债和所有者权益按顺序上下排列。我国上市公司普遍采用账户式资产负债表。表 3－1 是××公司××××年 12 月 31 日的资产负债表。

表 3－1　资产负债表

编制单位：××公司　　　　××××年 12 月 31 日　　　　单位：(人民币)万元

资　　产	期末数	期初数	负债和所有者权益	期末数	期初数
货币资金	96 192.46	79 533.84	短期借款	—	
交易性金融资产	—		交易性金融负债	—	
衍生金融资产	—		衍生金融负债	—	
应收票据及应收账款：	12 903.11	8 836.85	应付票据及应付账款：	7 859.92	9 346.63
应收票据	15.31	19.42	应付票据	—	
应收账款	12 887.80	8 817.43	应付账款	7 859.92	9 346.63
预付款项	624.89	307.83	预收款项	6 629.65	3 769.75
其他应收款(合计)：	3 195.06	330.39	合同负债		
应收股利	—		应付手续费及佣金		
应收利息	74.85	70.82	应付职工薪酬	2 282.38	1 836.61
其他应收款	3 120.21	259.57	应交税费	1 358.09	1 748.51
买入返售金融资产	—		其他应付款(合计)：	545.86	348.49
存货	34 665.29	26 602.63	应付利息	—	
减：存货跌价准备	595.21	161.75	应付股利	9.48	
存货净额	34 070.08	26 440.88	其他应付款	536.38	348.49

续 表

资　产	期末数	期初数	负债和所有者权益	期末数	期初数
划分为持有待售的资产	—		划分为持有待售的负债	—	
一年内到期的非流动资产	—		一年内到期的非流动负债	—	
待摊费用			预提费用		
其他流动资产	16 990.66	39 183.08			
其他金融类流动资产			应付短期债券		
流动资产合计	163 976.26	154 632.88	其他流动负债	—	
非流动资产：			其他金融类流动负债		
发放贷款及垫款			**流动负债合计**	18 675.90	17 050.00
以公允价值计量且其变动计入其他综合收益的金融资产			**非流动负债：**		
以摊余成本计量的金融资产			长期借款	—	
债权投资			应付债券	—	
其他债权投资			长期应付款（合计）	—	
其他权益工具投资			长期应付职工薪酬	—	
持有至到期投资	—		预计负债	—	
其他非流动金融资产	3 973.25		递延所得税负债	—	
长期应收款	—		递延收益	1 165.75	1 165.75
长期股权投资	19 280.20	20 726.26	其他非流动负债	—	
投资性房地产	—		**非流动负债合计**	1 165.75	1 165.75
固定资产原价	16 786.43	16 296.97	**负债合计**	19 841.65	18 215.75
减：累计折旧	10 798.09	9 532.49	**所有者权益（或股东权益）：**		
固定资产净值	5 988.34	6 764.48	实收资本（或股本）	22 672.00	17 440.00
在建工程	748.92	437.03	其他权益工具	—	
无形资产	4 992.17	5 000.71	资本公积金	82 341.78	87 064.54
开发支出	—		减：库存股	2 577.18	
商誉	—		其他综合收益	—	
长期待摊费用	—		盈余公积金	8 030.78	6 705.31
递延所得税资产	294.76	544.26	未分配利润	68 035.35	58 701.71
其他非流动资产	234.45	21.68	外币报表折算差额		
非流动资产合计	35 512.10	33 494.43	未确认的投资损失		

续　表

资　　产	期末数	期初数	负债和所有者权益	期末数	期初数
			归属于母公司所有者权益合计	178 502.72	169 911.56
			少数股东权益	1 143.99	
			所有者权益合计	179 646.71	169 911.56
资产总计	199 488.36	188 127.31	**负债和所有者权益总计**	199 488.36	188 127.31

二、利润表

利润表又称损益表，是反映公司在一定期间的经营成果及其分配情况的报表。利润表是按照“利润＝收入－成本(费用)”这一公式编制的。表中项目按利润形成和利润分配的各项目分项列示。在实际工作中，利润形成部分每月编制一次，利润分配部分只在年末编制一次。

利润表有单步式和多步式两种格式。单步式利润表将利润总额的计算分成主营业务收入与支出、其他业务收入与支出、投资收益与支出、营业外收入与支出等几个层次，不同层次的收入与费用的配比逐步形成了主营业务利润、营业利润和利润总额。利润表反映了公司的生产经营成果，据此可以分析公司的经济效益和盈利能力，并为预测收益的发展趋势提供重要资料。表 3－2 是××公司××××年的利润表。

表 3－2　利润表

编制单位：××公司　　　　××××年度　　　　单位：(人民币)万元

项　　目	本　期　数	上　期　数
营业总收入	96 413.94	98 112.12
营业收入	96 413.94	98 112.12
营业总成本	84 020.08	83 814.96
营业成本	38 141.66	39 198.44
税金及附加	1 135.06	1 282.26
销售费用	36 706.33	37 152.03
管理费用	5 088.37	7 063.27
研发费用	3 442.22	
财务费用	－1 465.94	－1 210.33
资产减值损失	972.39	329.29
加：其他收益	158.12	222.11
投资净收益	2 463.87	629.06
营业利润	15 015.86	15 148.33
加：营业外收入	508.66	805.96

续　表

项　　目	本期数	上期数
减：营业外支出	89.68	41.15
利润总额	15 434.84	15 913.14
减：所得税	2 611.12	2 108.18
净利润	12 823.71	13 804.95

三、现金流量表

现金流量表是以现金及现金等价物为基础编制的财务状况变动表，是公司对外报送的一张重要的会计报表。现金流量表为会计报表使用者提供公司一定会计期间现金和现金等价物流入与流出的信息，以便报表使用者了解和评价公司获取现金和现金等价物的能力，并据以预测公司未来的现金流量。表3－3是××公司××××年的现金流量表。

表3－3　现金流量表

编制单位：××公司　　　　××××年度　　　　单位：(人民币)万元

项　　目	金　　额
一、经营活动产生的现金流量：	
销售商品、提供劳务收到的现金	102 537.64
收到的税费返还	—
收到其他与经营活动有关的现金	2 290.19
经营活动现金流入(金融类)	
经营活动现金流入小计	104 827.83
购买商品、接受劳务支付的现金	55 602.84
支付给职工以及为职工支付的现金	16 348.58
支付的各项税费	10 972.40
支付其他与经营活动有关的现金	19 485.88
经营活动现金流出(金融类)	
经营活动现金流出小计	102 409.69
经营活动产生的现金流量净额	2 418.14
二、投资活动产生的现金流量：	
收回投资收到的现金	162 148.77
取得投资收益收到的现金	1 886.59
处置固定资产、无形资产和其他长期资产收回的现金净额	—
处置子公司及其他营业单位收到的现金净额	—

续 表

项目	金额
收到其他与投资活动有关的现金	8.07
投资活动现金流入小计	164 043.44
购建固定资产、无形资产和其他长期资产支付的现金	1 284.42
投资支付的现金	140 907.00
取得子公司及其他营业单位支付的现金净额	—
支付其他与投资活动有关的现金	—
投资活动现金流出小计	142 191.42
投资活动产生的现金流量净额差额(合计平衡项目)	
投资活动产生的现金流量净额	21 852.01
三、筹资活动产生的现金流量:	
吸收投资收到的现金	181.00
其中:子公司吸收少数股东投资收到的现金	181.00
取得借款收到的现金	—
收到其他与筹资活动有关的现金	—
发行债券收到的现金	
筹资活动现金流入小计	181.00
偿还债务支付的现金	882.02
偿付利息支付的现金	220.50
分配股利或利润支付的现金	1 194.25
支付其他与筹资活动有关的现金	5 577.18
筹资活动现金流出小计	7 873.95
筹资活动产生的现金流量净额	−7 692.95
四、汇率变动对现金的影响	−0.01
五、现金及现金等价物净增加额	16 577.19
期初现金及现金等价物余额	79 508.67
期末现金及现金等价物余额	96 085.86

第三节 财务比率分析

财务比率是根据财务报表数据计算的反映财务报表各项目之间相互关系的比值。财务比率分析在公司理财中具有十分重要的价值。通过财务比率分析，可以对公司进行偿债能力分析、资产管理能力分析、盈利能力分析和现金流量分析，对上市公司还可以进行市场价值分析。

一、偿债能力分析

偿债能力是指公司偿还各种到期债务的能力。偿债能力分析是财务比率分析的一个重要方面，通过这种分析可以揭示公司的财务风险。公司管理人员、债权人及投资者都十分重视偿债能力分析。偿债能力分析主要分为短期偿债能力分析和长期偿债能力分析。

（一）短期偿债能力分析

短期偿债能力是指公司偿付流动负债的能力。流动负债是在一年内或超过一年的一个营业周期内需要偿付的债务。这部分负债对公司的财务风险影响较大，如果不能及时偿还，就可能使公司面临倒闭的危险。在资产负债表中，流动负债与流动资产形成一种对应关系。一般来说，流动负债需以流动资产来偿付，通常还需要以现金来直接偿还。所以，可以通过分析流动负债与流动资产之间的关系来判断短期偿债能力。通常，评价短期偿债能力的财务比率主要有流动比率、速动比率、现金比率、现金流量比率和到期债务本息偿付比率等。

1. 流动比率

流动比率是公司流动资产与流动负债的比率。其计算公式为：

$$流动比率=\frac{流动资产}{流动负债}$$

根据表 3-1 的数据，××公司××××年年末的流动比率为：

流动比率=流动资产 ÷ 流动负债

=163 976.26 ÷ 18 675.90

=8.78

根据西方经验，一般认为流动比率为 2∶1 比较合适。流动比率越高，说明公司的短期还债能力越强。但是，流动比率不能过高，因为它极易受修饰、商业循环等影响，所以，仅凭流动比率的高低来衡量公司的短期偿债能力会失之偏颇，应结合流动项目的构成和流通状况加以分析。各项流动资产的流动性不一，如存货的流动性不如应收账款，应收账款的流动性不如短期投资。

2. 速动比率

流动资产各项目的变现能力是不同的，其中，存货的变现需要一段时间，而且受价格等多种因素的制约，在公司清算时也最容易贬值，其变现能力较弱。为了更可靠地反映短期偿债能力，就要用到速动比率。速动比率是速动资产与流动负债的比值。速动资产是流动资产与存货的差额，主要包括现金、短期投资、应收票据、应收账款等。速动比率也称酸性测试比率，其计算公式为：

$$速动比率=\frac{流动资产-存货}{流动负债}$$

根据表 3-1 的数据，××公司××××年年末的速动比率为：

$$速动比率=\frac{流动资产-存货}{流动负债}$$

$$=\frac{163\,976.26-34\,070.08}{18\,675.90}$$

$$=6.96$$

根据西方经验，一般认为速动比率为 1∶1 比较合适，××公司的速动比率为 6.96，速动比率比较高。速动比率越高，说明公司的短期还债能力越强。但是，速动比率也不能过高，在实际分析时，应该根据公司性质和其他因素来综合判断，不可一概而论。通常，影响速动比率可信度的是应收账款的变现能力，如果在公司的应收账款中有较大部分不易收回，就可能会成为坏账，那么，速动比率就不能真实地反映公司的偿债能力。

3. 现金比率

现金比率是指公司的现金余额与流动负债的比率。其计算公式为：

$$现金比率=\frac{现金余额}{流动负债}$$

这里所称的现金余额是指公司期末拥有的现金类资产，包括企业的库存现金、随时可用于支付的存款和现金等价物，即现金流量表中反映的现金。公司的现金余额可以通过现金流量表中的"现金及现金等价物的期末余额"项目查得。

现金等价物是指公司持有的期限短、流动性强、易于转换为已知金额现金、价值变动风险很小的短期投资。虽然现金等价物不是现金，但其支付能力与现金的差别不大，所以可以视为现金。

根据表 3-1 的数据，××公司××××年年末的现金比率为：

$$现金比率=现金余额\div流动负债$$

$$=96\,085.86\div18\,675.90$$

$$=5.144\,9$$

现金比率是衡量公司短期偿债能力的一个重要指标。对于债权人来说，现金比率越高越好，这样，公司的短期偿债能力就越强。如果现金比率达到或超过 1，则表示现金余额等于或大于流动负债额，公司无须动用存货、应收账款就可以偿还流动负债。而对于股东和公司管理当局来说，现金比率并不是越高越好，因为现金的盈利能力弱，保持过高的现金比率会降低资产的获利能力。

4. 现金流量比率

现金流量比率是公司经营活动所产生的现金净流量与流动负债的比率。其计算公式为：

$$现金流量比率=\frac{经营活动现金净流量}{流动负债}$$

现金流量比率反映经营活动所产生的现金净流量足以抵偿流动负债的倍数。根据表 3-1 和表 3-3 的数据，××公司××××年年末的现金流量比率为：

$$现金流量比率=经营活动现金净流量\div流动负债$$

$$=2\,418.14\div18\,675.90$$

$$=0.13$$

需要说明的是，由于经营活动所产生的现金流量和流动负债分属于不同的会计期间，因此，这个指标是建立在以过去一年的现金流量来估计未来一年的现金流量的假设基础上的。使用这一财务比率时，需要考虑未来一个会计年度影响经营活动的现金流量变动的因素。

5. 到期债务本息偿付比率

到期债务本息偿付比率是经营活动产生的现金流量净额与本期到期债务本息的比率。其计算公式为：

$$\text{到期债务本息偿付比率}=\frac{\text{经营活动现金净流量}}{\text{本期到期债务本金}+\text{现金利息支出}}$$

到期债务本息偿付比率反映经营活动产生的现金净流量是本期到期债务本息的倍数，主要是衡量本年度内到期的债务本金及相关的利息支出可由经营活动所产生的现金来偿付的程度。如果该指标小于1，就表明公司经营活动产生的现金不足以偿付本期到期的债务本息。根据表3－3的有关数据，××公司××××年的到期债务本息偿付比率为：

$$\begin{aligned}\text{到期债务本息偿付比率}&=\frac{\text{经营活动现金净流量}}{\text{本期到期债务本金}+\text{现金利息支出}}\\&=\frac{2\,418.14}{882.02+220.50}\\&=2.19\end{aligned}$$

计算结果说明，××××年度××公司经营活动产生的现金流量足以支付本年度到期的债务本息。

(二) 长期偿债能力分析

公司的长期债权人和所有者不仅关心短期偿债能力，更关心长期偿债能力。所以，在进行短期偿债能力分析的同时必须分析长期偿债能力，以便全面了解偿债能力及经营风险。反映长期偿债能力的财务指标主要有资产负债比率、股东权益比率、负债与股东权益比率和利息保障倍数等。

1. 资产负债比率

资产负债比率是公司负债总额与资产总额的比率，也称负债比率或举债经营比率，反映公司的资产总额中有多少是通过借债得到的。资产负债比率可以用下列公式表示：

$$\text{资产负债比率}=\frac{\text{负债总额}}{\text{总资产}}\times 100\%$$

根据表3－1的数据，××公司××××年年末的资产负债比率为：

$$\begin{aligned}\text{资产负债比率}&=\frac{\text{负债总额}}{\text{总资产}}\times 100\%\\&=19\,841.65\div 199\,488.36\times 100\%\\&=9.95\%\end{aligned}$$

这表明××公司每9.95元债务有100元资产作为偿还的后盾。

资产负债比率可以反映偿还债务的保障程度，这个比率越高，偿还债务的能力就越弱；反之，偿还债务的能力就越强。

2. 股东权益比率

股东权益比率是股东权益与资产总额的比率，反映公司资产中有多少是所有者投入的。股东权益比率可以用下列公式表示：

$$股东权益比率=\frac{股东权益总额}{资产总额}\times 100\%$$

从以上计算可知，股东权益比率与负债比率之和等于 1。这两个比率是从不同的侧面反映公司的长期财务状况。股东权益比率越大，负债比率就越小，公司的财务风险就越小，偿还长期债务的能力就越强。根据表 3－1 的数据，××公司××××年年末的股东权益比率为：

$$\begin{aligned}股东权益比率&=\frac{股东权益总额}{资产总额}\times 100\%\\&=179\,646.71\div 199\,488.36\times 100\%\\&=90.05\%\end{aligned}$$

3. 负债与股东权益比率

负债与股东权益比率反映债权人所提供的资金与股东所提供的资金的对比关系。该指标可以用下列公式表示：

$$负债与股东权益比率=\frac{负债总额}{股东权益总额}\times 100\%$$

当无形资产金额相当大时，负债与股东权益比率中的分母常用“所有者权益－无形资产”来替代。从公式中可以看出，这个比率实际上是负债比率的另一种表现形式，反映了公司负债与股东权益的比例。该比率越低，说明公司的长期财务状况越好，债权人贷款的安全性越有保障，财务风险就越小。根据表 3－1 的数据，××公司××××年年末的负债与股东权益比率为：

$$\begin{aligned}负债与股东权益比率&=\frac{负债总额}{股东权益总额}\times 100\%\\&=19\,841.65\div 179\,646.71\times 100\%\\&=11.04\%\end{aligned}$$

负债与股东权益比率视公司的性质和现金流的不同而存在差别。例如，电力公司具有相对稳定的现金流，其负债与股东权益比率往往比现金流不太稳定的制造业高。同行业不同公司的负债与股东权益比率的比较可以揭示信用质量和财务风险。

4. 利息保障倍数

利息保障倍数也称利息所得倍数，是税前利润和利息费用之和与利息费用的比率。其计算公式为：

$$利息保障倍数=\frac{税前利润+利息费用}{利息费用}$$

根据表 3－2 的数据，××公司××××年的利息保障倍数为：

$$
\begin{aligned}
利息保障倍数 &= \frac{税前利润+利息费用}{利息费用} \\
&= \frac{15\,434.84+1\,465.94}{1\,465.94} \\
&= 11.53
\end{aligned}
$$

利息保障倍数反映了公司经营所得支付债务利息的能力。如果这个比率太低，就说明公司难以保证用经营所得按时足量支付债务利息。一般来说，公司的利息保障倍数至少要大于1，否则，就难以偿付债务及利息，长此以往，甚至会导致公司破产倒闭。

二、资产管理能力分析

资产管理比率是用来衡量公司在资产管理方面效率的财务比率。常用的资产管理比率有应收账款周转率、购货欠款百分比、存货周转率和总资产周转率等。

（一）应收账款周转率

公司以现金购入原料，经加工制成产品，产品出售转变为应收账款，再予以收回更多现金，如此一个周期为经营周期，公司的资金每周转一次，就有一次获利机会，周转得越快，资源利用效能就越好，体现在应收账款上，即账款的收取是否迅速、账龄如何等。流动资产中这部分的运营效能可通过以下两个指标进行分析：

1. 应收账款周转率

应收账款周转率的计算公式如下：

$$
应收账款周转率=\frac{赊销净额}{平均应收账款}
$$

应收账款周转率越高，表示收取账款的速度越快，收账能力越强，占用在应收账款上的资金运用效能就越高。但需要防止采用过严的信用政策造成的高比率，因为信用政策过于保守会严重制约销售规模，减少盈利机会。

平均应收账款是指年初应收账款和年末应收账款的和除以 2，这是基于全年销售增长较为稳定的情况下。如果公司的销售受季节影响波动较大，如此计算将不能如实反映公司的真实状况，最佳的修正方法是采用月平均数作为分母。

2. 应收账款周转天数

应收账款周转天数的计算公式如下：

$$
应收账款周转天数=\frac{360}{应收账款周转率}
$$

应收账款周转率可以换算成天数。应收账款周转天数比应收账款周转率更直观。应收账款周转天数与同行业其他公司的同类指标相比，可以说明本公司的资产运用效率；与本公司的赊账期相比，可以揭示应收账款的收款速度和质量。如果应收账款周转天数与赊账天数相差悬殊，就可以结合账龄分析寻找原因。

根据表 3－1 和表 3－2 的数据（假设年营业收入是赊销净额），××公司××××年的应收账款周转率为：

$$
\begin{aligned}
应收账款周转率 &= 赊销净额 \div 平均应收账款 \\
&= 96\,413.94 \div \frac{12\,887.80 + 8\,817.43}{2} = 8.88
\end{aligned}
$$

$$
\begin{aligned}
应收账款周转天数 &= 360 \div 应收账款周转率 \\
&= 360 \div 8.88 \\
&= 40.54(天)
\end{aligned}
$$

(二) 购货欠款百分比

债权人十分希望获得客户的应付账款资料，但没有哪个客户愿意提供此类信息，购货欠款百分比可以用于分析公司的欠款情况。购货欠款百分比的计算公式如下：

$$购货欠款百分比 = \frac{平均应付账款}{赊购金额} \times 100\%$$

如果赊购有强劲增长，年末应付账款余额就可能导致购货欠款总数的高估，所以，最好用年初应付账款和年末应付账款的平均数来计算。

(三) 存货周转率

存货周转率是反映存货流动性的一个指标。存货周转率的计算公式如下：

$$存货周转率 = \frac{销售成本}{平均存货}$$

公式中，平均存货为期初存货和期末存货的平均数，销售成本即利润表中的主营业务成本。存货周转率说明存货通过销售转化为应收账款的速度。与其他指标一样，该指标必须联系过去和未来的情况加以判断，并与同类公司的相关指标进行比较。一般来讲，存货周转率越高，存货管理就越有效率，但有时相对较高的存货周转率可能是较低的存货批量所致，较低的存货批量要求公司频繁地进货，这使公司的另一项费用——采购成本上升；反之，较低的存货周转率是公司存货周转缓慢或库存商品过时积压的征兆。积压商品不再具有流动性，必须大比例做减值冲销。所以，存货周转率只是一个粗略的指标，为了深入了解存货管理中的不足，应分类计算存货周转率，一旦发现线索，就应调查问题的成因，以便提高存货管理的效益。

根据表 3－1 和表 3－2 的数据，××公司××××年的存货周转率为：

$$
\begin{aligned}
存货周转率 &= 销售成本 \div 平均存货 \\
&= 38\,141.66 \div \frac{34\,070.08 + 26\,440.88}{2} \\
&= 1.26
\end{aligned}
$$

(四) 总资产周转率

总资产周转率也称总资产利用率，是公司销售收入与资产总额的比率。总资产周转率的计算公式为：

$$总资产周转率 = \frac{销售收入}{资产平均总额}$$

$$资产平均总额 = \frac{期初资产平均总额 + 期末资产平均总额}{2}$$

总资产周转率可以用来分析公司全部资产的使用效率。如果这个比率较低，就说明公司利用其资产进行经营的效率较低，会影响公司的获利能力，公司应该采取措施提高销售收入或处置资产，以提高总资产利用率。公式中，资产平均总额可采用年初资产总额和年末资产总额的平均数，也可采用年末数。

根据表 3－1 和表 3－2 中的数据，计算××公司××××年的总资产周转率为：

$$总资产周转率=销售收入\div资产平均总额$$

$$=96\,413.94\div\frac{199\,488.36+188\,127.31}{2}$$

$$=0.50$$

根据表 3－1 和表 3－2 中的数据，也可计算××公司××××年的流动资产周转率和固定资产周转率如下：

$$流动资产周转率=销售收入\div平均流动资产$$

$$=96\,413.94\div\frac{163\,976.26+154\,632.88}{2}$$

$$=0.61$$

$$固定资产周转率=销售收入\div平均固定资产净值$$

$$=96\,413.94\div\frac{5\,988.34+6\,764.48}{2}$$

$$=15.12$$

三、盈利能力分析

盈利能力并非指净利润的多寡。一家投资额为数百亿元的大公司的净利润与一家小公司的净利润相等，不能说明两家公司的盈利能力相等。所以，分析指标往往将利润与相关项目进行对比，以消除绝对数比较的弊病。

盈利能力指标有两类：一类是将利润与销售收入相比，另一类是将利润与投资额相结合进行分析。

（一）利润与销售收入相比

1. 销售毛利率

$$销售毛利率=\frac{销售毛利}{销售收入}\times100\%$$

$$=\frac{销售收入-销售成本}{销售收入}\times100\%$$

根据表 3－2 的数据，××公司××××年的销售毛利率为：

$$销售毛利率=\frac{销售收入-销售成本}{销售收入}\times100\%$$

$$=\frac{96\,413.94-38\,141.66}{96\,413.94}$$

$$=60.44\%$$

该指标主要反映经营效益和产品定价。

2. 销售净利率

销售净利率的计算公式如下：

$$\text{销售净利率} = \frac{\text{净利润}}{\text{销售收入}} \times 100\%$$

根据表 3－2 的数据，××公司××××年的销售净利率为：

$$\begin{aligned}\text{销售净利率} &= \frac{\text{净利润}}{\text{销售收入}} \times 100\% \\ &= 12\,823.71 \div 96\,413.94 \times 100\% \\ &= 13.30\%\end{aligned}$$

该指标反映 1 元销售收入所能带来的净利润。

销售毛利率与销售净利率相结合分析，可以洞察公司经营上的成本费用控制和定价决策合理与否。如果若干年的销售毛利率相对固定，但销售净利率逐年下降，则可能是因为期间费用失控，也可能是因为投资遭受重大损失，或存在意外支出；此外，如果销售毛利率下降，则可能是因为原料价格上涨或价格竞争所致。

利润和利润表项目比较可以创造许多财务比率，公司可以进行利润构成分析，以进一步探知对利润贡献最大和最小的因素。对收入和费用进行连续几期的趋势分析也是追查利润变化的辅助方法。

（二）利润与投资额相比

1. 投资报酬率

投资报酬率的计算公式如下：

$$\text{投资报酬率} = \frac{\text{投资报酬}}{\text{投资额}} \times 100\%$$

上式中，投资报酬可采用净利润、利润总额或息税前利润等，投资额可采用资产总额或净资产等。所以，上式可以演化出净资产收益率和总资产收益率等指标。

2. 净资产收益率

净资产收益率的计算公式如下：

$$\text{净资产收益率} = \frac{\text{净利润}}{\text{平均所有者权益}} \times 100\%$$

根据表 3－1 和表 3－2 的数据，××公司××××年的净资产收益率为：

$$\begin{aligned}\text{净资产收益率} &= \frac{\text{净利润}}{\text{平均所有者权益}} \times 100\% \\ &= 12\,823.71 \div \frac{179\,646.71 + 169\,911.56}{2} \times 100\% \\ &= 7.34\%\end{aligned}$$

净资产收益率揭示股东账面投资额的盈利能力，常用于同行业不同公司之间的比较。净资产收益率也可以用市场价值来表述，其结果为市盈率的倒数。

3. 总资产收益率

总资产收益率的计算公式如下：

$$总资产收益率=\frac{净利润}{平均总资产}\times 100\%$$

根据表 3－1 和表 3－2 的数据，××公司××××年的总资产收益率为：

$$
\begin{aligned}
总资产收益率&=\frac{净利润}{平均总资产}\times 100\% \\
&=12\,823.71\div\frac{199\,488.36+188\,127.31}{2}\times 100\% \\
&=6.62\%
\end{aligned}
$$

总资产收益率的有效性比净资产收益率差，它在表述盈利能力时有缺陷，即分子采用付息税后净利润，实际上支付给债权人的利息同样是公司获取的盈利，只是以利息方式支出而已；所得税同理，不再赘述。如果财务成本很低，则总资产收益率提供的决策信息是可用的；反之，则可用净资产收益率替代。

总资产收益率是一个综合性较强的财务指标，通过分析影响该指标的因素，并层层分解，研究彼此之间的依存关系，可以揭示公司的获利能力和资产周转速度，即总资产净利率受销售利润率和总资产周转率大小的影响程度。

$$
\begin{aligned}
总资产收益率&=\frac{净利润}{平均总资产} \\
&=\frac{净利润}{销售收入}\times\frac{销售收入}{平均总资产}
\end{aligned}
$$

总资产收益率是销售利润率与总资产周转率的乘积，是公司销售成果和资产运营的综合反映。要提高总资产收益率，就必须增加销售收入，降低资金占用额。销售净利率反映了公司净利润与销售净收入的关系。要提高销售利润率，就必须增加销售收入，降低成本费用，一方面可以提高销售利润率，另一方面可以提高总资产周转率，最终使净资产收益率得到提高。

总资产周转率反映公司资产实现销售收入的综合能力，分析时，必须结合销售收入分析公司资产结构是否合理，即流动资产和长期资产的结构比率关系。当公司充分利用资源生产产品时，每一次经营循环均为公司创造一次盈利机会。一家食品连锁店的资产周转率一定比一家电力公司的资产周转率高。因为各类资产的利用效能不等会影响总资产周转率，所以，还应分析流动资产周转率、存货周转率、应收账款周转率等有关资产使用效率的指标，找出总资产周转率变化的确切原因。

由上可见，公司盈利能力的改善取决于资产周转率的提高和销售净利润的上升。周转率不佳的公司可借助销售净利润的提升来改善盈利状况，盈利能力较弱的公司则可借助资产效能的发挥来改善业绩。例如，A 公司的资产周转率和销售净利率分别为 4%和 3%，B 公司的资产周转率和销售净利率分别为 1.5%和 8%，它们的总资产收益率均为 12%。

测评净资产收益率的另一个方法是净资产收益率，其计算公式如下：

$$净资产收益率 = 总资产收益率 \times \left(1+\frac{总负债}{所有者权益}\right)$$

例如，某公司的总资产为 3 251 480 元，净利润为 201 242 元，总负债为 1 454 859 元，那么：

$$负债与股东权益比率=\frac{1\ 454\ 859}{3\ 251\ 480-1\ 454\ 859}=0.81$$

$$总资产收益率=201\ 242 \div 3\ 251\ 480 \times 100\%=6.19\%$$

$$净资产收益率=6.19\% \times (1+0.81)=11.20\%$$

$$或=\frac{201\ 242}{3\ 251\ 480-1\ 454\ 859}\times 100\%=11.20\%$$

需要注意的是，只有将盈利指标在同行业之间进行比较才有分析价值。反映盈利能力的绝对数能够帮助人们洞悉公司业绩，但相对数更具有信息揭示价值，而且便于不同公司之间的比较。

四、现金流量分析

将现金流量与利润表项目、资产负债表项目做比较，可以进一步洞察公司的经营政策、投资政策和筹资政策，揭示利润表和资产负债表信息的质量。

在现金流量表中，现金流量被分为三类：经营活动现金流量、投资活动现金流量和筹资活动现金流量。经营活动现金流量是公司销售商品、提供劳务，并投入和支付了营业成本后的现金净额。投资活动现金流量表示购售长期资产而收付的现金净额。筹资活动现金流量是公司向所有者和债权人融资而收付的现金净额。

（一）经营活动现金流量净额对流动负债的比率

经营活动现金流量净额对流动负债的比率揭示公司通过营业产生现金来偿付债务的能力。

经营活动现金流量净额对流动负债的比率的计算公式如下：

$$经营活动现金流量净额对流动负债的比率=\frac{经营活动现金流量净额}{流动负债}$$

该比率反映了短期债务的履行是否影响公司经营的灵活性。公司偿还债务的方式有很多，除了利用经营活动产生的现金流量偿付外，还可利用筹资方式偿还债务，但只有经营活动现金流量净额才能确切反映公司自身的偿债能力。该指标与流动比率指标结合，使用效果更好。该比率越高，流动性越好，偿债能力就越强。

根据表 3－1 和表 3－3 的数据，可以计算如下：

经营活动现金流量净额对流动负债的比率＝经营活动现金流量净额 ÷ 流动负债

＝2 418.14 ÷ 18 675.90

＝0.13

（二）经营活动现金流量净额对长期负债的比率

经营活动现金流量净额对长期负债的比率的计算公式如下：

$$\text{经营活动现金流量净额对长期负债的比率} = \frac{\text{经营活动现金流量净额}}{\text{长期负债}}$$

该比率反映了公司承担长期负债及其利息的能力和财务健康程度。该比率越高，说明公司偿还长期负债及其利息的能力越强。

根据表3-1和表3-3的数据，可以计算如下：

经营活动现金流量净额对长期负债的比率＝经营活动现金流量净额÷长期负债

＝2 418.14÷1 165.75

＝2.07

（三）经营活动现金流量净额对股利的比率

经营活动现金流量净额对股利的比率的计算公式如下：

$$\text{经营活动现金流量净额对股利的比率} = \frac{\text{经营活动现金流量净额}}{\text{支付股利}}$$

根据表3-3的数据，可以计算如下：

经营活动现金流量净额对股利的比率＝经营活动现金流量净额÷支付股利

＝2 418.14÷1 194.25

＝2.02

该比率用于分析公司是否利用内部经营产生的现金流量支付股利。如果公司不得不从外部筹集资金以支付股利，则可以预期公司的股利政策难以为继。如果支付股利后的经营活动现金流量净额为正值，则可用于偿还借款或扩大生产规模，公司就有追求长期增长的机会；如果相反，则不得不依靠外部融资来确保增长所需的资金，这种公司追求长期增长的灵活性要弱于那些依靠内部资金增长的公司。而且，在依赖外部资本市场的情况下，管理人员要承担长期风险，如果投资风险太大，则公司在资本市场上融资会相当困难。

（四）现金结构分析比率

在现金结构分析比率中，主要有经营活动现金流量净额÷现金流量净增加（减少）额、投资活动现金流量净额÷现金流量净增加（减少）额、筹资活动现金流量净额÷现金流量净增加（减少）额三种。

上述三种比率用于分析提供现金流量增长的来源及各项活动产生现金流量的能力。如果某类活动对现金流量的影响异常，则可进一步自设比率进行分析。如果公司的现金流量主要来自筹资活动，则需要分析利用哪种外部筹资手段，是股票、短期借款还是长期负债，该融资方式是否适合公司发展策略，对公司整体的经营风险有何影响等。若干年份现金流量的比较可以反映现金流量的稳定性和成长点，这对分析公司的经营情况和财务策略均十分有用。

（五）经营活动现金流量净额对净利润的比率

经营活动现金流量净额对净利润的比率用于衡量公司净利润和流动资金管理的质量。造成净利润和经营活动现金流量之间产生差别的原因有多种，可能是会计政策、经营条件发生变化，也可能是流动资金管理不协调所致。如果两者存在较大差距，就需对应收账款、存货、应付账款做进一步分析，以观察管理流动资金上的优势和弊端。

五、市场价值分析

反映市场价值的指标主要有市价与盈利比、市价与股利比、市价与账面价值比等，它们从不同的角度折射公司价值的市场表现。

(一) 市盈率

市盈率的计算公式如下：

$$市盈率 = \frac{每股市价}{每股收益}$$

市盈率中的每股收益通常使用过去一年的利润，有时也用估计数预测下一年度的市盈率和股价。

假设每股市价为 9 元，每股收益为 0.57 元，则：

市盈率＝每股市价 ÷ 每股收益

＝9 ÷ 0.57

＝15.79

市盈率是衡量公司相对价值的指标，市盈率越高，股价走势越高，对将来盈利的预期也就越高。也就是说，市盈率是公司将来增长的价值化表现。市盈率与一系列因素有关联，如利率、股票走势预期、投资风险等。

(二) 股利回报率

股利回报率是股利与股价的比率，其计算公式如下：

$$股利回报率 = \frac{每股股利}{每股股价}$$

假设每股股价为 9 元，每股股利为 3 元，则：

股利回报率＝每股股利 ÷ 每股股价

＝3 ÷ 9

＝0.33

具有较强增长潜力的公司往往保留很大部分利润而仅做小比例分红，以便在达到鼎盛时产生更高回报，支付更多股利。所以，股利回报率的高低与公司的发展策略、分配政策有关。

(三) 市净率

市净率是市价与净资产的账面价值之比，其计算公式如下：

$$市净率 = \frac{每股市价}{每股净资产}$$

根据表 3－1 及前述假设，可以计算如下：

每股净资产＝所有者权益 ÷ 股本

＝179 646.71 ÷ 22 672

＝7.92

市净率＝每股市价 ÷ 每股净资产

＝9 ÷ 7.92

＝1.14

市净率用于衡量公司净资产价值的增长状况，预计净资产增长越多，该比率就越高。通常，市净率小于1，表明这家公司没有发展前景；反之，市净率大于1，表明投资者对股票的前景乐观。市净率越大，就说明投资者越看好该公司，认为该公司有良好的发展前景。

市净率指标与市盈率指标不同：市盈率指标主要从股票的盈利性角度考虑，市净率指标则主要从股票的账面价值角度考虑。但两者又有一定的相通之处，它们都不是简单的越高越好或越低越好的指标，都代表着投资者对某股票或某公司未来发展潜力的判断。

（四）Q比率

Q比率由著名经济学家吉姆斯·托宾（James Tobin）于1969年首先提出，其计算公式如下：

$$Q\text{比率} = \frac{\text{公司市价}}{\text{资产重置成本}}$$

假设公司市价为280 000万元，资产重置成本为190 000万元，可以计算如下：

Q比率＝公司市价 ÷ 资产重置成本

$$= \frac{\text{债务市场价值} + \text{股票市场价值}}{\text{资产重置成本}}$$

＝280 000 ÷ 190 000

＝1.47

公司市价是所有债务的市场价值与股票市场价值之和。公司的Q比率小于1，常表明该公司处于生死关头；Q比率越大，行业吸引力和竞争强度就越大。

在前面的内容中，我们介绍了主要的财务比率。应该说，某些分析比率的可靠性主要取决于分析师对存在问题的预测力和敏感度，而敏感度又来自主观判断或经验分析。在预测股票的未来价值时，投资人可能较相信投资回报率和各种盈利指标。大多数财务比率的预测能力需要借助分析师的历史经验，基于他们的背景各不相同，其分析结果往往大相径庭。

第四节　杜邦分析体系

单独分析任何一个财务指标都不足以全面地评价公司的财务状况和经营效果。只有对各种财务指标进行系统的分析，才能对公司的财务状况做出合理的判断。所以，必须对公司进行综合的财务分析。

一、杜邦分析法

即使利用财务比率进行综合财务分析可以了解公司各方面的财务状况，也不能反映公司各方面财务状况之间的关系。例如，比率分析法可以分析公司的偿债能力、资金周转状况以及获利能力等财务状况，但不能反映三者之间的关系。实际上，各种财务比率之间都存在一定的关系。所以,在进行财务分析时,应该将公司的财务状况看作一个系统,内部各种因素都是相互依存、相互作用的,财务分析者必须对整个系统进行综合分析,只有这样,才能比较全面地了解公司财务状况的全貌。

这里介绍一种常用的综合分析法——杜邦分析法。杜邦分析法是由美国杜邦公司首先采用的,它是利用几种主要的财务比率之间的关系来综合分析公司的财务状况。

二、杜邦分析图

杜邦分析法是借助杜邦分析图进行的,其中需要用到前面所讲的各种比率。

(一) 股东权益报酬率

股东权益报酬率的计算公式如下:

$$\begin{aligned}\text{股东权益报酬率} &= \frac{\text{净利润}}{\text{股东权益}} \\ &= \frac{\text{净利润}}{\text{资产总额}} \times \frac{\text{资产总额}}{\text{所有者权益}} \\ &= \text{总资产报酬率} \times \text{权益乘数}\end{aligned}$$

(二) 总资产报酬率

总资产报酬率的计算公式如下:

$$\begin{aligned}\text{总资产报酬率} &= \frac{\text{净利润}}{\text{销售收入}} \times \frac{\text{销售收入}}{\text{资产总额}} \\ &= \text{销售利润率} \times \text{总资产周转率}\end{aligned}$$

(三) 销售净利率

销售净利率的计算公式如下:

$$\begin{aligned}\text{销售净利率} &= \frac{\text{税后净利润}}{\text{销售收入}} \\ &= \frac{\text{销售收入} - \text{成本总额}}{\text{销售收入}}\end{aligned}$$

$$\text{成本总额} = \text{全部成本} + \text{税金} + \text{其他支出}$$

$$\text{税金} = \text{销售税金} + \text{所得税}$$

$$\text{全部成本} = \text{主营业务成本} + \text{销售费用} + \text{管理费用} + \text{财务费用}$$

$$\text{其他支出} = \text{营业外收支净额} - \text{投资收益} - \text{其他业务利润}$$

(四) 总资产周转率

总资产周转率的计算公式如下:

$$\begin{aligned}\text{总资产周转率} &= \frac{\text{销售收入}}{\text{总资产}} \\ &= \frac{\text{销售收入}}{\text{流动资产} + \text{长期资产}}\end{aligned}$$

其中，“总资产报酬率＝销售利润率×总资产周转率”这一等式被称为杜邦等式。

以××公司××××年财务报表提供的数据为例，杜邦分析图如图 3－1 所示。

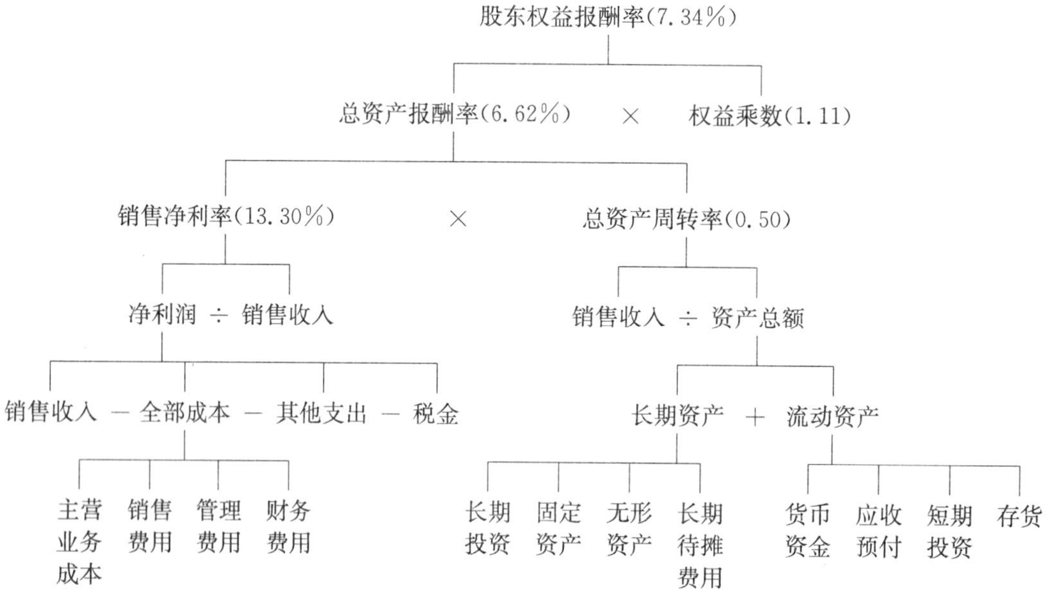

图 3－1　杜邦分析图

三、杜邦分析法的意义

杜邦分析是对公司的财务状况进行的综合分析。它通过几种主要财务指标之间的关系，直观、明了地反映公司的财务状况。从杜邦系统可以了解以下财务信息：

第一，从杜邦分析图中可以看出，所有者权益报酬率是一个综合性极强、极具代表性的财务比率，它是杜邦系统的核心。财务管理的一个重要目标就是使所有者财富最大化，权益报酬率正反映了所有者投入资金的获利能力，所以，这一比率可以反映公司筹资、投资等各种经营活动的效率。权益报酬率主要取决于总资产报酬率和权益乘数。总资产报酬率反映了公司生产经营活动的效率；权益乘数反映了公司的筹资情况，即资金来源的结构。

第二，总资产报酬率是销售利润率与总资产周转率的乘积。所以，可以从销售与资产管理两个方面来分析。销售利润率实际上反映了公司的净利润与销售收入的关系。销售收入增加，净利润也自然增加，但是，如果想提高销售利润率，就必须一方面提高销售收入，另一方面降低各种成本费用。在这里可以看到，提高销售收入具有特别重要的意义，因为它不仅可以使净利润增长，而且会提高总资产周转率，这样自然会使资产报酬率上升。

第三，从杜邦分析图中也可以分析公司成本费用的结构是否合理，这样有利于进行成本费用分析，加强成本控制。尤其应该分析净利润与利息费用，如果所承担的利息费用太多，就应该考虑公司的权益乘数或负债比率是否合理，不合理的筹资结构当然会影响公司所有者的收益。

第四，在资产方面，应该分析流动资产与非流动资产的结构是否合理。资产的流动性体现了公司的偿债能力，也关系到公司的获利能力。如果流动资产中货币资金占的比重过大，就应当分析公司是否有现金闲置现象，现金持有量是否合理，因为过量的现金会影响获利能力；如果流动资产中存货或应收款项过多，就应该分析存货周转率与应收账款周转率的状况。

第五，总的来说，从杜邦分析图中可以看出，公司的获利能力涉及公司经营活动的方方面面。管理人员通过杜邦分析图，在调查研究基础上，可以鉴别和判明公司生产经营中的各种问题，及时采取措施予以改进，提高公司的经济效益。所有者权益报酬率与公司的筹资结构、销售、成本控制、资产管理密切相关，这些因素构成一个系统。只有协调好系统内各个因素之间的关系，才能使权益报酬率达到最大，从而实现公司价值的最大化。

第五节　财务比率分析在信用分析评估中的应用

在一个竞争的经济社会中，信用关系到一家公司的生存和发展，因为产品销售、融通资金、投资和生产经营活动都离不开信用，所以，信用是一家公司的属性，是一种无形资产，也是一家公司以未来承诺换取商品或劳务的力量的象征。在此，我们只准备从财务角度来分析信用评估问题。从这一立场考虑，公司信用关系到其资金的筹措。在以后各章中，我们将介绍筹措资金的多种方式，如发行股票、发行债券、向银行借款、赊购等。在这些方式中，债权人要考虑本金和利息是否能确保收回，而贷款或投资资金量的大小以及利率的高低往往是以信用为依据的。同时，由于财务报表是反映公司信用状况的最直接资料，正确地运用财务报表进行分析能够在一定程度上衡量公司的信用状况，因此，在筹措资金时，公司在法律上有义务向债权人或投资者提供几年的财务报表资料。

信用评估的方法很多，这里介绍两种常用的利用财务比率进行分析的方法：5C 评估法和信用评分法。

一、5C 评估法

5C 评估法是指重点分析影响信用的五个方面的一种方法。因为这五个方面的英文的第一个字母都是 C，故称为 5C 评估法。这五个方面分别是：品格（Character）、能力（Capacity）、资金（Capital）、抵押品（Collateral）和情况（Condition）。

（一）品格

经营者的品格与债权人关系密切，品格可理解为资信。假如公司品格欠佳——没有偿债的意愿，即使公司具有偿债能力，债权人也难以收回债款。所以，品格的考核在信用分析中不可忽视。利用应付账款平均余额和应付账款周转率可以测定公司履行债务的情况。

应付账款平均余额的决定因素有三个：(1) 赊购方式的采纳；(2) 偿债能力；(3) 偿债意愿。我们可以进而查明公司的债权人。假如该公司的债权人稳定不变，就可以说明公司品格可信；反之，债权人经常调换，则应进一步查清原因，因为在公司生产产品或采购对象不变的情况下，经常调换应付账款的债权人并不是一种好的迹象。

（二）能力

从财务立场来说，能力是指偿付债务的能力。一家公司即使有偿债的意愿，但无偿债能力，债权人的权益也是无法保证的。在这个方面，我们可以运用许多财务比率，如流动比率、速动比率、负债比率、净利润对债务比率等。

（三）资金

通过资金可以看出公司的财务状况，所以，分析公司资金结构和资金来源等可以知道公司在营运上是否财务健全。在具体分析时，可以利用利润表、资产负债表及其他财务报表进行技巧性分析。我们可以运用许多财务比率加以考察，如负债比率、产权比率、负债对股东权益比率、资金利用效率等。

（四）抵押品

抵押品是指顾客能否为获取商业信用提供担保资产，如果有担保资产，对顺利收回货款就比较有利。

（五）情况

这是指一般的经济情况对公司的影响，或某地区的一些特殊情况对公司偿债能力的影响。

通过以上五个方面的分析，就可以大体判断公司的信用状况，为最后决定是否向公司提供商业信用做好准备。

二、信用评分法

信用评分法是先对一系列财务比率和信用情况指标进行评分，然后进行加权平均，得出公司的综合信用分数，最后以此进行信用评估的一种方法。进行信用评分的基本公式如下：

$$Y = a_1x_1 + a_2x_2 + a_3x_3 + \cdots + a_nx_n$$
$$= \sum_{i=1}^{n} a_i x_i$$

式中：Y——某公司的信用评分；

a_i——第 i 种财务比率和信用品质的权数 $\left(\sum_{i=1}^{n} a_i = 1\right)$；

x_i——第 i 种财务比率和信用品质的评分。

现以某机械厂为例来说明这种方法，如表 3－4 所示。

表 3－4　某机械厂的信用分析评估（信用评分法）

项　目	财务比率和信用品质 ①	分数（x_i） （0～100） ②	权数（a_i） ③	加权平均数 ④=②×③
流动比率	1.9	90	0.20	18.00
资产负债率（%）	50	85	0.10	8.50
销售净利率（%）	10	85	0.10	8.50
信用评估等级	AA	85	0.25	21.25
付款历史	尚好	75	0.25	18.75
公司未来预计	尚好	75	0.05	3.75
其他因素	好	85	0.05	4.25
合　计			1.00	83.00

一般而言，在采用信用评分法进行信用评估时，分数在80分以上，说明公司信用状况良好；分数在60～80分，说明公司信用状况一般；分数在60分以下，则说明公司信用状况较差。在本例中，某机械厂具有良好的信用状况。

本章小结

财务分析是公司财务管理的一项重要内容，它主要是根据公司的经营和财务等各方面的资料，运用一定的分析方法和技术，对经营业绩、财务状况及发展趋势进行评价或预测，并有效地寻找公司经营和财务状况变化的原因，正确地解答有关问题。财务分析的基础是公司的会计核算资料，其中最重要的是三大基本财务报表：资产负债表、利润表和现金流量表。通过三大报表，我们可以对公司进行偿债能力分析、资产管理能力分析、盈利能力分析和现金流量分析；此外，对上市公司，还可进行市场价值分析。除了对公司的某类财务指标进行分析外，我们还可利用杜邦分析法等对公司进行综合的财务分析。财务比率分析还可以应用于公司的信用评估。

复习思考题

1. 财务报表的使用人有哪些？他们主要关心哪些财务比率？
2. 财务分析的基础有哪些？简述基本会计报表的编制方法。
3. 利用练习题中提供的报表资料，采用杜邦分析法对ABC公司进行综合财务分析。
4. 如何对公司进行信用评估？

练习题

依据ABC公司提供的××××年度的资料，计算下列各项指标：流动比率、速动比率、存货周转率、应收账款周转率、资产负债率、每股收益、净资产收益率、利息保障倍数、总资产收益率、产权比率(计算至小数点后两位)。

ABC公司利润表

编制单位：ABC公司　　××××年度　　单位：(人民币)万元

项　　目	上年数(略)	本年数
营业总收入		1 875 000.00
营业收入		1 875 000.00
营业总成本		1 454 250.00
营业成本		1 125 000.00
税金及附加		0.00
销售费用		105 000.00

续　表

项　　目	上年数(略)	本年数
管理费用		162 000.00
研发费用		
财务费用		62 250.00
资产减值损失		
加：其他收益		
投资净收益		77 250.00
营业利润		498 000.00
加：营业外收入		75 000.00
减：营业外支出		29 550.00
利润总额		543 450.00
减：所得税		154 588.50
净利润		388 861.50

ABC公司资产负债表

编制单位：ABC公司　　××××年12月31日　　单位：(人民币)万元

资　　产	期初数	期末数	负债和所有者权益	期初数	期末数
货币资金	1 109 450	588 901	短期借款	450 000	75 000
交易性金融资产	22 500	36 000	交易性金融负债	—	
衍生金融资产			衍生金融负债	—	
应收票据及应收账款：			应付票据及应付账款：	730 700	58 0 700
应收票据	369 000	69 000	应付票据	300 000	150 000
应收账款	450 000	900 000			
减：坏账准备	1 350	2 700	应付账款	430 700	430 700
应收账款净额	448 650	897 300			
预付款项	150 000	150 000	预收款项		
其他应收款(合计)：	7 500	7 500	合同负债		
应收股利	—		应付手续费及佣金		
应收利息			应付职工薪酬	165 000	270 000
其他应收款	7 500	7 500	应交税费	54 900	393 690
买入返售金融资产	—		其他应付款(合计)：	325 000	325 000
存货	3 870 000	3 826 050	应付利息		
减：存货跌价准备			应付股利		

续 表

资 产	期初数	期末数	负债和所有者权益	期初数	期末数
存货净额			其他应付款	325 000	325 000
划分为持有待售的资产	—		划分为持有待售的负债	—	
一年内到期的非流动资产	—		一年内到期的非流动负债	1 250 000	0
待摊费用	150 000	0	预提费用	1 500	0
其他流动资产					
其他金融类流动资产			应付短期债券		
流动资产合计	6 127 100	5 574 751	其他流动负债	—	
非流动资产：			其他金融类流动负债		
发放贷款及垫款			**流动负债合计**	2 977 100	1 644 390
以公允价值计量且其变动计入其他综合收益的金融资产			**非流动负债：**		
以摊余成本计量的金融资产			长期借款	900 000	1 740 000
债权投资			应付债券	—	
其他债权投资			长期应付款(合计)	—	
其他权益工具投资			长期应付职工薪酬	—	
持有至到期投资	—		预计负债	—	
其他非流动金融资产			递延所得税负债	—	
长期应收款	—		递延收益		
长期股权投资	375 000	375 000	其他非流动负债	—	
投资性房地产	—		**非流动负债合计**	900 000	1 740 000
固定资产原价	2 000 000	1 476 500	**负债合计**	3 877 100	3 384 390
减：累计折旧	600 000	255 000	**所有者权益(或股东权益)：**		
固定资产净值	1 400 000	1 221 500	实收资本(或股本)	7 250 000	7 250 000
在建工程	2 250 000	2 967 000	其他权益工具		
无形资产	1 200 000	1 110 000	资本公积金		
开发支出	—		减：库存股		
商誉	—		其他综合收益		
长期待摊费用	—		盈余公积金	225 000	283 329
递延所得税资产			未分配利润		330 533

续　表

资　　产	期初数	期末数	负债和所有者权益	期初数	期末数
其他非流动资产			外币报表折算差额		
非流动资产合计	5 225 000	5 673 500	未确认的投资损失		
			归属于母公司所有者权益合计		
			少数股东权益		
			所有者权益合计	7 475 000	7 863 862
资产总计	11 352 100	11 248 251	**负债和所有者权益总计**	11 352 100	11 248 251

第四章　财务预测与计划控制

学习要点

现代公司的生产是在一定数量的资产上进行的，要生产就必须通过一定的渠道筹措资金。公司发展所需资金可能来自内部保留盈余，但在销售成长率很高时，外部资金是必需的。所以，有必要正确预测公司融资需求并做好准备，否则就会出现现金流量方面的问题。因此，讨论财务预测与计划控制是非常必要的。

- 熟悉销货的预测方法，重点掌握公司内外部融资需求的预测方法，包括销货百分比法和资金习性分项预测法。
- 财务预算是反映公司计划期内现金收支、财务成果和财务状况的预算。要求能运用有关资料编制销售、生产、各种成本费用及现金预算，尤其是现金预算的编制涉及面广，要重点掌握。
- 了解财务计划和控制的含义，熟悉收支控制方法和现金控制方法。

需要提醒的是，要能区分财务预测与财务计划。

第一节　销 货 预 测

一、销货预测的重要性

销货预测是现金需求预测的起点，几乎所有预测都是在销货预测的基础上编制的。

在现代日趋复杂的市场竞争中，销货预测极为重要。预测不切实际将会产生严重后果。如果市场需求的增长幅度超过了公司预期，则将无法满足客户的要求，可能发生订单堆积、交货延迟，进而使这些客户另选供应商而使本公司的市场占有率下降；相反，预测过于乐观会造成存货积压，各项资产周转率降低，折旧与储存成本增加。可见，上述两种情况都不利于公司获利甚至生存。

二、销货额与投资额的关系

销货额与投资额的关系主要表现在以下两个方面：

（一）因果性

时间上的先后可能使销货与资产投资的关系变得很复杂。固定资产（厂房等）先投资，才有可能产生销货，存货投资也需先于销货，而应收账款落后于销货，但是，最为根本的因果关系是销货扩充的需求致使公司对资产进行扩充。

（二）稳定性

一般来说，公司销货额与资产投资额的关系具有稳定性，否则，预测工作将无法进行。

三、销货的预测

公司对销货的预测主要采用时间序列趋势分析法，它是根据历年的销货资料，按时间的先后顺序予以排列，采用数理统计的方法来推测未来的销货变动趋势。这种方法能对具有明显规律的市场需求迅速、准确地做出预测，只是当市场因素发生变动时，必须予以相应的考虑。

时间序列趋势分析法可根据具体所采用的计算方法的不同，分为简单平均法、简单移动平均法、加权移动平均法和指数平滑法等。

（一）简单平均法

简单平均法是通过计算以往若干时期销货值的简单平均数，作为对未来的销货预测数。其计算公式为：

$$预计销货额=\frac{各期销货额之和}{期数}=\frac{\sum_{i=1}^{n}x}{n}$$

例 4-1 某公司××××年 1 至 6 月的实际销货额如表 4-1 所示，则预计 7 月的销货额如下：

7 月的销货预测数 =2 745 ÷ 6 =457.5（万元）

表 4-1 某公司××××年 1 至 6 月实际销货额 单位：万元

月 份	1	2	3	4	5	6	合 计
实际销货额	420	450	435	465	480	495	2 745

简单平均法在计算上十分简便，但它使历史资料的差异平均化，未考虑变动趋势，因而可能会使预测结果产生较大误差。所以，只有在被预测产品的市场销售比较稳定的情况下，才可以运用简单平均法。

（二）简单移动平均法

简单移动平均法是通过不加权地计算以往若干时期销货额的移动平均数，作为对未来的销货预测数。例如，预测 6 月的销货额，可采用 1、2、3、4、5 五个月的历史数据；预测 7 月的销货额，可采用 2、3、4、5、6 五个月的历史数据；如此等等。其计算公式如下：

$$x_t=\frac{\sum_{i=t-n}^{t-1}x_i}{n}$$

式中：x_t ——第 t 期的移动平均数；

x_i——第 i 期的历史数据；

n——确定的移动平均数。

沿用例 4－1 的资料，假定该公司确定的移动平均数为 3，则 4、5、6、7 月的预计销售额分别如下：

$$x_4=\frac{420+450+435}{3}=435（万元）$$

$$x_5=\frac{450+435+465}{3}=450（万元）$$

$$x_6=\frac{435+465+480}{3}=460（万元）$$

$$x_7=\frac{465+480+495}{3}=480（万元）$$

简单移动平均法在计算上比较简单，但它同样使历史资料的差异平均化。与简单平均法不同的是，它在历史资料的使用上尽量选择接近预测月份的数据，从而使预测数更接近实际。这一方法适用于销货额稍有波动的产品。

（三）加权移动平均法

加权移动平均法是一种在简单移动平均法的基础上，对所用资料分别确定不同的权数进行加权后计算出加权平均数，作为预计销货额的预测方法。加权移动平均法在权数上通常按照这样的原则确定：近期资料的权数大一些，远期资料的权数小一些。这是因为在一般情况下，预测数易受近期实际销货额的影响。其计算公式如下：

$$x_t=\frac{\sum_{i=t-n}^{t-1}x_iw_i}{\sum_{i=t-n}^{t-1}w_i}$$

式中：w_i——各期的权数。

仍然沿用例 4－1 的资料，假定移动期数为 3，权数按资料距预测期的远近分别确定为 1、2、3，则 4、5、6、7 月的预计销售额可计算如下：

$$x_4=\frac{420\times1+450\times2+435\times3}{1+2+3}=437.5（万元）$$

$$x_5=\frac{450\times1+435\times2+465\times3}{1+2+3}=452.5（万元）$$

$$x_6=\frac{435\times1+465\times2+480\times3}{1+2+3}=467.5（万元）$$

$$x_7=\frac{465\times1+480\times2+495\times3}{1+2+3}=485（万元）$$

加权移动平均法既考虑了近期销售的发展趋势，又对其采用不同的权数进行加权，因而消除了差异的平均化，可使预测数与实际情况更接近。

（四）指数平滑法

指数平滑法也称指数修匀法，它是通过导入平滑系数对本期的实际销售数和本期的预计销售数进行加权平均计算后作为下期销售预计数的一种预测方法。其计算公式如下：

$$x_t = \alpha x_{t-1} + (1-\alpha) x_{t-1} \quad (0 \leqslant \alpha \leqslant 1)$$

式中：α——平滑系数，即对本期实际销售额的权数；

$1-\alpha$——对本期预计销售额的权数。

上式中，α 值越小，则下期的预测数就越接近本期的预测数；反之，α 值越大，则下期的预测数就越接近本期的实际数。可见，α 的取值至关重要。在运用时，一般可选用不同的 α 值分别进行试算，然后通过与实际数的比较确定最适当的 α 值，以提高预测精度。一般来讲，α 值在 0.3 与 0.7 之间比较恰当。

采用指数平滑法所需资料不多，计算比较方便，同时，通过导入平滑系数进行加权，可适当消除偶然因素的影响。但是，平滑系数的人为确定使这一方法不免带有较大的主观性，而不同的平滑系数会使预测结果产生较大的差异。所以，确定恰当的平滑系数是指数平滑法在运用时应十分注意的一个问题。

第二节　预测融资需求的方法

公司筹集资金要以需定筹，所以，必须科学、合理地对公司在未来一定时期的资金需要量进行预测，只有这样，才能使筹集的资金既保证生产经营的需要，又不会产生不合理的闲置。预测融资需求的方法主要有定性预测法和定量预测法。

一、定性预测法

定性预测法是指利用有关资料，依靠预测者的个人经验，对公司未来资金的需要量做出预测的方法。这种方法一般在公司缺乏完备、准确的历史资料的情况下使用。先由熟悉生产经营情况和财务情况的专家根据过去积累的经验进行分析和判断，提出预测的初步意见，然后通过召开座谈会或发出征询意见表等形式，对上述预测的初步意见进行补充，最终得出预测结果。

定性预测法在缺乏基本资料的情况下不失为一种有价值的预测方法，但是，它缺乏客观依据，容易受预测人员主观判断的影响，所以预测的准确性较差。

二、定量预测法

定量预测法是指根据两个以上变量之间的关系做出预测的一种方法。在预测融资需求时，主要有销货百分比法和资金习性分项预测法。

（一）销货百分比法

销货百分比法是根据销货与选定的资产负债表和利润表项目之间的比例关系，按照计划期销货额的增长来预测短期资金需要量的方法。运用销货百分比法预测一段时间内的资金需要量，主要有以下两个步骤：

1. 预计公司内部资金来源增加额

根据利润表与销货额之间的关系，编制预计利润表，从而预测留用利润这种内部资金来源的增加额，具体分为以下步骤：

(1) 收集基年实际利润表的资料，计算利润表各项目与销货额的比例。

(2) 取得预测年度销货额的预计数，将这一预计数与基年实际利润表项目和实际销货额的比例相乘，计算预测年度预计利润表各项目的预计数，编制预计利润表。

(3) 根据预测年度税后利润的预计数和预定的留用利润比例，计算留用利润的数额。

例 4－2　某公司××××年实际利润表及有关项目与销货额的比例如表 4－2 所示。已知××××＋1 年该公司的预计销售额为 4 200 万元，公司所得税税率为 25%，税后利润的留用比例为 46.7%，预计××××＋1 年的利润表。

表 4－2　××××年实际(××××＋1 年预计)利润表

项　目	××××年实际数（万元）	占销货额的百分比（%）	××××＋1 年预计数（万元）
销售收入	3 000.00	100.00	4 200.00
减：销售成本	2 100.00	70.00	2 940.00
税金及附加	180.00	6.00	252.00
销售费用	15.00	0.50	21.00
销售利润	705.00	23.50	987.00
减：管理费用	450.00	15.00	630.00
研发费用	150.00	5.00	210.00
财务费用	15.00	0.50	21.00
税前利润	90.00	3.00	126.00
减：所得税	22.50		31.50
税后利润	67.50		94.50

通过编制××××＋1 年的预计利润表，得到预计税后利润为 94.5 万元，所以，预计留用利润为 44.1 万元，这就是公司内部筹资额。

2. 预计预测期总资金需要量

根据资产负债表各项目与销售额之间的关系，编制预计资产负债表，计算预测期总资金需要量。

资产负债表中与销售额存在固定不变比例关系的项目称为敏感项目，分为敏感资产和敏感负债。敏感资产包括库存现金、应收账款、存货、固定资产净额等，敏感负债包括应付账款、应付费用等。其余项目称为不敏感项目。

沿用例 4－2，已知××××年的资产负债表，编制××××＋1 年预计的资产负债表(在同一张表 4－3 中)。

表 4－3　××××年实际(××××＋1 年预计)资产负债表

项　目	××××年实际数（万元）	占销货额的百分比（%）	××××＋1 年预计数（万元）
资产			
库存现金	60.00	2.00	84.00

续 表

项　目	××××年实际数（万元）	占销货额的百分比（%）	××××+1年预计数（万元）
应收票据及应收账款	480.00	16.00	72.00
存货	510.00	17.00	714.00
待摊费用	30.00	—	30.00
固定资产净额	150.00	5.00	210.00
资产总额	1 230.00	40.00	1 710.00
负债及所有者权益			
短期借款	33.00	—	33.00
应付票据及应付账款	600.00	20.00	840.00
应付费用	60.00	2.00	84.00
长期借款	45.00	—	45.00
实收资本	295.20	—	295.20
留存利润	196.80	—	240.90
追加外部筹资额			171.90
负债及所有者权益总额	1 230.00	22.00	1 710.00

在表4-3中，销货额变化1 200万元，所以，预计的资金需要量为216万元[1 200×(40%－22%)]；内部筹资44.1万元，所以，外部筹资额为171.9万元(216－44.1)[表中留存利润240.9万元(196.8＋44.1)]。

在预测公司外部筹资额的过程中，也可以不使用预计资产负债表。用下面的公式可以预测需要从外部筹集的资金数额：

$$\text{需要追加的外部筹资额} = \left(\sum \frac{RA}{S} - \sum \frac{RL}{S}\right) \times \Delta S - \Delta RE$$

式中：$\sum \frac{RA}{S}$——基年敏感资产总额与基年销货额的百分比；

$\sum \frac{RL}{S}$——基年敏感负债总额与基年销货额的百分比；

ΔS——预测期预计销货额的增加额；

ΔRE——预测期留存利润的增加额。

销货百分比法的优点是能够为公司提供短期预计的财务报表，以适应外部筹资的需要。但是，它以预测年度敏感项目与销货额的比例及非敏感项目保持不变为前提，所以，当有关比例发生变化时，就会得到错误的预测值，这是它的主要缺点。

（二）资金习性分项预测法

资金习性是指资金的变动与产品产销数量变动之间的依存关系，主要分为不变资金、变动资金和半变动资金。其中，半变动资金可以通过一定的方法分解为不变资金和变动资金两个部分。资金习性分项预测法是根据各资金占用项目（如现金、存货、应收账款、固定资产等）与销货额之间的关系，先把各项目的资金分成变动资金和不变资金，然后汇总求出公司变动资金总额和不变资金总额，最后预测资金需要量。

资金习性分项预测法的基本模型如下：

$$y = a + bx$$

式中：y——某项资金需要量；

a——某项资金中的不变资金；

b——单位销货额所需要的变动资金；

x——销货额。

例 4－3 某公司×××1 至×××5 年的现金占用与销货额之间的关系如表 4－4 所示。假定×××6 年预计销货额为 5 100 万元，预测×××6 年的资金需要量。

表 4－4 现金占用与销货额的关系

单位：万元

年　度	销 货 额	现 金 占 用
×××1	3 000	165.00
×××2	3 450	180.00
×××3	3 900	187.50
×××4	4 350	210.00
×××5	4 800	255.00

根据表 4－4 的资料，运用高低点法计算出 a、b 的值（也可以采用回归法）：

$$b = \frac{\text{最高现金占用} - \text{最低现金占用}}{\text{最高销货额} - \text{最低销货额}}$$

$$= \frac{255 - 165}{4\,800 - 3\,000}$$

$$= 0.05$$

由 $y = a + bx$，代入×××5 年的数据，得：

$a = 255 - 0.05 \times 4\,800 = 15$（万元）

按照同样的方法，将应收账款、存货、固定资产、流动负债等项目占用的资金分解为变动资金和不变资金，汇总列示在表 4－5 中。

表 4－5 资金占用与销货额的关系

单位：万元

项　目	年度不变资金(a)	单位销货额所需要的变动资金(b)
流动资产		
库存现金	15	0.05

续 表

项　　目	年度不变资金(a)	单位销货额所需要的变动资金(b)
应收票据及应收账款	75	0.15
存货	135	0.24
小计	225	0.44
减：流动负债		
应付票据及应付账款	105	0.14
应付费用	15	0.05
营运资金占用	105	0.25
固定资产	90	
所需资金合计	195	0.25

该公司资金需要量的预测模型为：

$y=195+0.25x$

×××6 年该公司的预测资金需要量为：

$y=195+0.25\times 5\,100=1\,470$(万元)

假设根据例 4－2 的方法计算出的内部筹资额为 345 万元，则外部追加的融资需求为 1 125 万元。

资金习性分项预测法利用资金净需要量与销货额之间的数量关系进行预测，是一种比较科学、合理的预测长期需求的方法。使用资金习性分项预测法时，应当注意以下几个问题：

第一，资金需要量与销货额之间的线性关系的假定符合实际情况。

第二，确定 a、b 的数值应该利用预测年度前连续若干年的历史资料，至少要有 3 年以上的资料。

第三，应当考虑价格等因素的变化情况。

（三）定量财务预测方法的比较

销货额百分比法假定资产负债表的某些项目直接随销货额的变动而等比例变动，它的含义是假定通过原点的线性关系，资产负债表的相应项目随销货额的变化只是斜率不同而已；而资金习性分项预测法是以资金的习性为基础，通过回归方程来描绘资产负债表项目与销货额的关系，它也是一种线性关系，只是并不通过原点。图 4－1 显示了两种方法的不同之处。

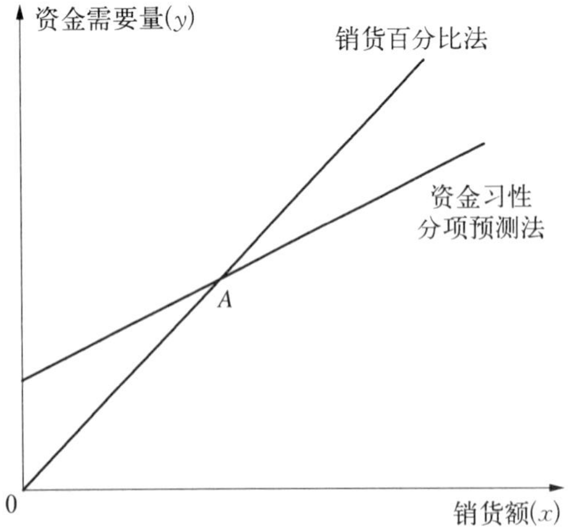

图 4－1　销货百分比法与资金习性分项预测法的比较

在图 4－1 中，在 A 点两边附近，两种方法的预测值较接近；而随着销货额的不断变小或者越来越大，两种方法就会产生明显的差异。一般来讲，预测远期的资金需要量，以资金习性分项预测法为宜。

（四）多元回归法

预测公司资金需要量的更精确的方法是多元回归法。上述资金习性分项预测法其实是一元线性回归法，资金需要量被作为单一变量的函数。在多元回归法下，资金需要量由多个变量决定，如产品的组合、信用政策、价格政策等。

多元回归法的具体运用可参考有关统计书籍。随着电子计算机的推广，将多元回归方程输入电子计算机，使得利用多元回归法变得非常容易。在西方公司中，多元回归法得到了广泛的运用。

第三节　财务预算

财务预算是反映公司计划期内现金收支、财务成果和财务状况的预算，它明确了公司财务工作的目标，是控制公司财务活动的标准和考核财务业绩的依据。

财务预算有狭义和广义之分。狭义的财务预算是指公司在预算期内反映有关货币资金收支和财务状况的预算，主要包括现金预算、预计资产负债表、预计现金流量表等；广义的财务预算是公司经营过程中各个方面资金变动的综合反映，因而还包括销售预算、生产预算、产品成本预算、直接材料预算、直接人工预算、制造费用预算、销售费用预算、管理费用预算及财务费用预算等。

公司应根据长期市场预测和生产能力，编制长期销售预算。以此为基础，确定本年度的销售预算，进而确定资本支出预算。销售预算是年度预算的编制起点，根据“以销定产”的原则确定生产预算。生产预算的编制除了考虑计划销售量外，还要考虑现有存货和年末存货；根据生产预算来确定直接材料预算、直接人工预算和制造费用预算；产品成本预算和现金预算是有关预算的汇总；预计利润表、预计资产负债表和预计现金流量表则是全部预算的综合。

图 4－2 是一个简化的例子，反映了各预算之间的主要关系。本节主要讲述现金预算的编制。

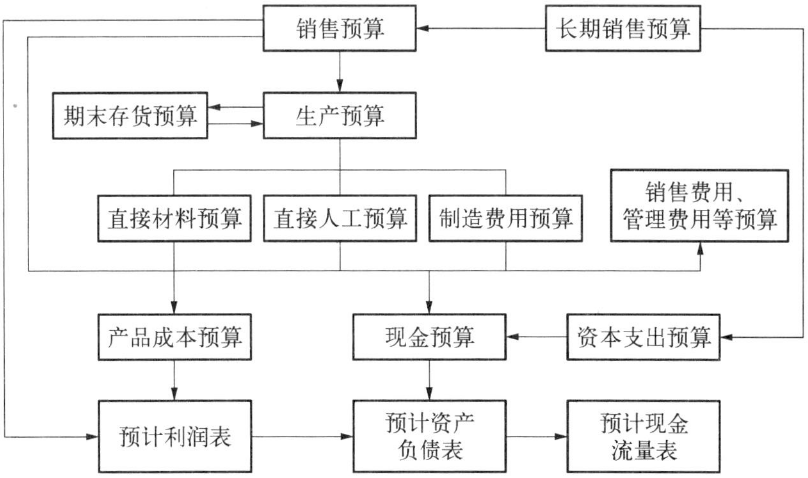

图 4－2　各预算之间的关系

现金预算是反映公司预算期内现金收支、现金余缺、现金筹集和运用情况的预算。现金预算可以帮助财务人员了解公司未来一定期间内现金收支及现金余缺的数额和时间，以便及时做出投资和筹资决策，防止现金积压或短缺，保持正常支付能力，更有效地管理好资金运动。

现金预算的编制要以其他各项业务预算为基础。其他各项业务预算在编制时，要为现金预算做好数据准备。下面介绍如何在其他预算的基础上编制现金预算。

一、销售预算

销售预算是公司整体预算的编制起点。销售预算的主要内容包括销售量、销售单价和销售收入。表 4－6 是 ABC 公司的销售预算。

表 4－6　销售预算

季　度	1	2	3	4	全　年
预计销售量(件)	300	450	600	375	1 725
销售单价(元)	150	150	150	150	150
预计销售收入(元)	45 000	67 500	90 000	56 250	258 750
预计现金收入(元)					
上年应收账款收现	30 000				30 000
第一季度销货收现	18 000	27 000			45 000
第二季度销货收现		27 000	40 500		67 500
第三季度销货收现			36 000	54 000	90 000
第四季度销货收现				22 500	22 500
现金收入合计	48 000	54 000	76 500	76 500	255 000

在本例中，假定在每季度销售收入中，当季收到现金 40%，其余 60%在销货发生后的下一季度收回现金。如果公司的信用政策中包含现金折扣，就应在预计现金收入时予以扣除。

二、生产预算

生产预算是具体安排公司在预算期内的生产活动，确定有关产品的生产数量和分布状况的预算。生产预算是在销售预算的基础上编制的，主要包括销售量、期初和期末产成品存货、生产量。预计生产量可按下式计算：

预计生产量＝预计销售量＋预计期末产成品存货－预计期初产成品存货

存货数量通常按下期销售量的一定百分比确定。某期期末的存货量为下一期期初的存货量。假定 ABC 公司每季度末产成品存货为下季度销售量的 10%，年初存货为 30 件，年末存货为 45 件，则该公司的生产预算如表 4－7 所示。

表 4-7　生产预算　　单位：件

季　度	1	2	3	4	全　年
预计销售量	300.00	450.00	600.00	375.00	1 725.00
加：预计期末存货	45.00	60.00	37.50	45.00	45.00
减：预计期初存货	30.00	45.00	60.00	37.5.00	30.00
预计生产量	315.00	465.00	577.50	382.50	1 740.00

三、直接材料预算

直接材料预算是在生产预算的基础上，考虑了期初和期末材料存货水平而编制的。表 4-8 是 ABC 公司的直接材料预算。

表 4-8　直接材料预算

季　度	1	2	3	4	全　年
预计生产量(件)	315.00	465.00	577.50	382.50	1 740.00
单位产品耗用量(千克)	8.00	8.00	8.00	8.00	8.00
生产需用量(千克)	2 520.00	3 720.00	4 620.00	3 060.00	13 920.00
加：预计期末存量(千克)	744.00	924.00	612.00	600.00	600.00
减：预计期初存量(千克)	675.00	744.00	924.00	612.00	675.00
预计材料采购量(千克)	2 589.00	3 900.00	4 308.00	3 048.00	13 845.00
材料价格(元/千克)	5.00	5.00	5.00	5.00	5.00
预计采购金额(元)	12 945.00	19 500.00	21 540.00	15 240.00	69 225.00
预计现金支出(元)					
上年应付账款	7 500.00				7 500.00
第一季度采购付款	6 472.50	6 472.50			12 945.00
第二季度采购付款		9 750.00	9 750.00		19 500.00
第三季度采购付款			10 770.00	10 770.00	21 540.00
第四季度采购付款				7 620.00	7 620.00
现金支出合计	13 972.50	16 222.50	20 520.00	18 390.00	69 105.00

这里假定期末存量为下季度生产需用量的 20%，年初和年末材料存量为 675 千克和 600 千克，预计材料采购量＝生产需用量＋预计期末存量－预计期初存量；在材料采购付款中，当季支付 50%，下季支付 50%。

四、直接人工预算

直接人工预算也是以生产预算为基础编制的，反映为完成预算期的生产任务而发生的工时耗费和人工成本支出。表 4－9 是 ABC 公司的直接人工预算。

表 4－9　直接人工预算

季　度	1	2	3	4	全　年
预计生产量	315.00	465.00	577.50	382.50	1 740.00
单位产品标准工时(小时/件)	8.00	8.00	8.00	8.00	8.00
人工总工时(小时)	2 520.00	3 720.00	4 620.00	3 060.00	13 920.00
每小时人工成本(元/小时)	4.00	4.00	4.00	4.00	4.00
人工总成本(元)	10 080.00	14 880.00	18 480.00	12 240.00	55 680.00

五、制造费用预算

制造费用是指生产成本中除直接材料、直接人工外的生产费用，分为变动制造费用和固定制造费用。前者以生产预算为基础；后者通常与本期产量无关，需要逐项按实际情况来编制。表 4－10 是 ABC 公司的制造费用预算。

表 4－10　制造费用预算　　单位：元

季　度	1	2	3	4	全　年
变动制造费用：					
间接人工	252	372	462	306	1 392
间接材料	504	744	924	612	2 784
维修费	252	372	462	306	1 392
水电费	252	372	462	306	1 392
小计	1 260	1 860	2 310	1 530	6 960
固定制造费用：					
折旧费	1 950	2 100	2 100	2 100	8 250
维修费	1 860	1 875	1 890	1 875	7 500
管理人员工资	2 025	2 025	2 025	2 025	8 100
保险费	390	390	405	405	1 590
其他	600	600	600	600	2 400
小计	6 825	6 990	7 020	7 005	27 840
合计	8 085	8 850	9 330	8 535	34 800
减：折旧	1 950	2 100	2 100	2 100	8 250
现金支出合计	6 135	6 750	7 230	6 435	26 550

在这里，为了编制产品成本预算，需要计算制造费用工时分配率：

$$\text{变动制造费用分配率}=\frac{\text{变动制造费用}}{\text{人工总工时}}$$
$$=6\,960\div13\,920$$
$$=0.5(\text{元}/\text{小时})$$

$$\text{固定制造费用分配率}=\frac{\text{固定制造费用}}{\text{人工总工时}}$$
$$=27\,840\div13\,920$$
$$=2.0(\text{元}/\text{小时})$$

六、产品成本预算

产品成本预算是生产预算、直接材料预算、直接人工预算和制造费用预算的汇总，主要反映预算期内产品的单位生产成本、存货成本和总销货成本。表 4－11 是 ABC 公司的产品成本预算。

表 4－11　产品成本预算

成 本 项 目	单位产品耗用量	单位价格	单位产品成本(元)
直接材料	8 千克	5 元/千克	40
直接人工	8 小时	4 元/小时	32
变动制造费用	8 小时	0.5 元/小时	4
固定制造费用	8 小时	2.0 元/小时	16
单位产品生产成本			92
生产总成本(生产量 1 740 件)			160 080
年初存货成本(年初存货 30 件)			2 760
年末存货成本(年末存货 45 件)			4 140
销货成本(销售量 1 725 件)			158 700

七、期间费用预算

期间费用是管理费用、销售费用及财务费用的总称。有些期间费用，如折旧费、摊销费等，不需要支付现金或不需要在本季度支付现金。表 4－12 假定现金支出占全部费用的 90%，其余 10%为折旧费用。

表 4－12　期间费用预算

费 用 项 目	金额(元)	费 用 项 目	金额(元)
销售费用：			
销售人员工资	7 500	保险费	1 050

续 表

费 用 项 目	金额(元)	费 用 项 目	金额(元)
包装、运输费	3 600	职工教育费	1 200
广告费	10 500	技术开发费	3 000
办公费	1 200	其他管理费	2 400
其他销售费用	1 650	小计	18 150
小计	24 450	合计	42 600
管理费用：		其中：现金支出(90%)	38 340
管理人员工资	9 000	折旧费	4 260
办公费	1 500	每季度现金支出	9 585

八、现金预算的编制

现金预算是上述各项预算中有关现金收支部分的汇总。根据以上各项预算，ABC公司的现金预算如表4－13所示。

表4－13 现金预算

单位：元

季 度	1	2	3	4	全 年
期初现金余额	15 000.00	8 007.50	8 065.00	13 362.50	15 000.00
加：销货现金收入	48 000.00	54 000.00	76 500.00	76 500.00	255 000.00
其他现金收入			7 500.00		7 500.00
可供使用的现金	63 000.00	62 007.50	92 065.00	89 862.50	277 500.00
减：本期现金支出					
直接材料	13 972.50	16 222.50	20 520.00	18 390.00	69 105.00
直接人工	10 080.00	14 880.00	18 480.00	12 240.00	55 680.00
制造费用	6 135.00	6 750.00	7 230.00	6 435.00	26 550.00
期间费用	9 585.00	9 585.00	9 585.00	9 585.00	38 340.00
销售税金	2 970.00	4 455.00	5 940.00	3 712.50	17 077.50
所得税	3 150.00	3 150.00	3 150.00	3 150.00	12 600.00
购买设备	15 000.00			7 500.00	22 500.00
支付股利		6 000.00		6 000.00	12 000.00
支出合计	60 892.50	61 042.50	64 905.00	67 012.50	253 852.50
现金多于或不足	2 107.50	965.00	27 160.00	22 850.00	23 647.50
向银行借款	5 900.00	7 100.00			13 000.00
偿还银行借款			13 000.00		13 000.00

续　表

季　度	1	2	3	4	全　年
支付借款利息(年 10%)			797.50		797.50
期末现金余额	8 007.50	8 065.00	13 362.50	22 850.00	22 850.00

预算期现金收入由销货现金收入和其他现金收入构成。第一季度的期初现金余额是在编制预算时预计的，销货现金收入的数据来自销售预算，其他现金收入中预计在第三季度取得 7 500 元资产出租收入。

现金支出包括预算期的各项支出，直接材料、直接人工、制造费用、期间费用的数据分别来自前述有关预算，剩下的支出项目则来自另行编制的专门预算。

“现金多于或不足”项目列示现金收入合计与现金支出合计的差额。差额为正，说明收大于支，现金有多余，可用于偿还过去向银行取得的借款，或者用于短期投资；差额为负，说明支大于收，要向银行取得新的借款。在本例中，该公司需要保留的现金余额为 8 000 元，不足此数时需向银行借款，且借款要求是 100 元的倍数。例如，第一季度的借款额为：

借款额＝最低现金余额－现金多于或不足额

＝8 000－2 107.5

＝5 892.5(元)

第三季度现金多余，可用于偿还借款。一般按“每期期初借入，每期期末归还”来预计利息，如果银行利息率为 10%，则第三季度偿还利息为：

$$\text{偿还利息}=5\,900\times10\%\times\frac{9}{12}+7\,100\times10\%\times\frac{6}{12}=797.5(\text{元})$$

还款后，仍需保持最低现金余额；否则，只能部分归还借款。

现金预算的编制以各项营业预算和资本预算为基础，反映各预算期的收入款项和支出款项，并做对比说明，目的在于资金不足时筹措资金，资金多余时及时处理现金余额，并且提供现金收支的控制限额，发挥现金管理的作用。

第四节　财务计划和控制过程

计划是工作或行动前预先的工作或行动的具体内容和步骤。财务计划是通过价值形式确定的未来一定时期公司财务活动的具体内容和步骤，财务控制则是按照财务计划的要求有效地对公司资产进行管理。

一、财务计划的特点

财务计划是公司一切活动所追求的目标与行动指南或行动依据。财务计划作为一种特殊的计划形式，具有以下特点：

(一) 财务计划是一种价值计划

财务计划是以价值形式来说明公司未来一定时期财务活动乃至公司各项活动应达到的目

标，其价值属性主要体现在以下几个方面：

第一，财务计划指标最终都落在价值形式上，即都为价值指标，如利润、销售收入、成本费用等。

第二，财务计划通常可以用预计资产负债表、预计利润表和预计现金流量表来表示。

第三，财务计划可以体现收支流和现金流。收支流是以利润为中心形成的收支计划体系，现金流是以现金净流量为中心形成的现金流入和流出计划体系。两者都是价值流。

（二）财务计划是一种综合计划

财务计划的综合性是相对于公司的其他计划主要是分散的、相对独立的实物性计划而言的，主要表现在以下两个方面：

第一，在商品经济条件下，公司的一切经营业务都可以用价值形式反映，从而通过财务计划的价值属性可以把公司的全部经营活动统一于财务计划中。

第二，价值具有可累加性，通过收支归类和现金流入、流出归类，财务计划最终综合为公司的目标利润和现金净流量。

（三）财务计划是一种系统计划

财务计划是以目标利润为中心来规划公司未来一定时期的财务收支活动的计划。财务计划通过目标利润构成一个系统，主要表现在以下几个方面：

第一，公司的各项经营活动和财务活动计划都必须紧紧围绕目标利润制订，每一个计划中都含有目标利润的因素。

第二，公司各部门、人员和各个层次的活动计划都必须统一在目标利润的要求下，这意味着公司的总目标利润通过财务计划指标的分解，必须落实到各部门、人员和层次，各部门、人员和层次针对自身的业务活动制订计划时，必须确保分解的目标利润得以实现。

第三，财务计划通过目标利润把投资者、经营者和员工三者的利益协同起来：目标利润是投资者对其投资的预期报酬，是经营者的经营责任，目标利润的分解是公司全体员工的行动方向。

二、财务控制

（一）财务控制的含义与分类

财务控制是以财务计划为依据对公司日常财务活动进行指导、督促和约束，确保财务计划全面完成的一种管理活动。

1. 按控制环节分

按控制环节划分，财务控制可以分为制订计划、日常控制和定期考核评价。

制订计划既是为控制提供依据，也是控制的方式之一，因为计划意味着责任和约束，执行者必须努力完成。

日常控制是指制订财务计划后，保证财务计划得以实施的过程，它具有跟踪控制和反馈控制的特征，前者要求各计划执行主体保证财务计划的实施，后者要求通过对计划与执行差异的分析，纠正偏差。

定期考核评价则是根据各计划执行主体完成计划指标的情况，找出差异，实施惩罚，并提出进一步改进和努力的方向。

2. 按控制内容分

按控制内容划分,财务控制可以分为收支控制和现金控制。公司的财务计划过程实际上是收支流动和现金流动的过程。收支流动形成公司的收入和成本费用,从而形成公司的盈利;现金流动形成现金流入和现金流出,从而形成公司的净流量。由于两者的变动必然引起相应的资产、负债和所有者权益总量与结构的变动,因此,对资产、负债和所有者权益的控制主要是通过收支控制和现金控制实现的。

所谓收支控制,是指以收入和成本费用计划为依据,对公司日常经济活动尤其是财务活动所实现的收入和形成的成本费用进行指导、监督和约束,以保证计划目标实现的管理活动。实际的收支控制是按预算进行的,故也称为预算控制。预算控制具有项目上的针对性、时间上的连续性、受控主体的明确性(或责任主体的明确性)等基本特征。

所谓现金控制,是指以现金流量计划为依据,对财务收支过程中发生的现金流入和现金流出进行指导、监督和约束,以保证计划目标实现的管理活动。

不仅如此,公司的收支过程往往与现金流入和流出相联系,特别是成本费用的发生,或者是以现金流出为前提,或者伴随着现金的流出。所以,控制现金流动也就从根本上控制了收支活动或经济活动。

(二) 收支控制方法

对整个公司的收支活动进行控制是通过预算控制进行的,包括建立责任单位、确定责任预算、组织责任预算和进行责任考核。

1. 建立责任单位

收支控制是指控制公司的收入和成本费用,以实现目标利润。收入和成本费用的发生是由各部门、各层次的业务活动所致,控制收支就必须划定各部门、各层次的收支责任,从而确定责任主体。责任主体也称责任单位,是承担一定收支责任、享有相应权益的基本组织单元。

(1) 收支责任单位

收支责任单位是只对销售收入以及其他收入计划的完成承担责任的基本组织单元,如单纯的销售公司或分公司。

(2) 成本责任单位

成本责任单位是只对成本和费用计划的完成承担责任的基本组织单元,如单纯的过境部门、生产车间或职能管理部门。

(3) 利润责任单位

利润责任单位是对收入计划和成本费用计划的完成都承担责任的基本组织单元。这里的收入和成本费用之间应构成对称性关系,如单纯面对市场完成购销过程的分公司、分厂等自然单位,以及在公司内部视同独立完成购销过程的分公司、分厂等人为单位。

2. 确定责任预算

确定责任预算是对财务计划进行分解,落实到各责任单位的过程。只有把投资者的投资报酬率和经营者的责任目标层层分解落实到每个部门、岗位,才能调动公司内部的积极性,使内部行为市场化,使公司的经济活动协同运转,成为一个有机的系统。所以,确定责任预算必须遵循以下原则:(1) 责任预算的内容必须与责任单位所从事业务活动的性质一致;(2) 责任预算的水平必须与责任单位所从事业务活动的规模一致,保证责、权、利对等;(3) 责任预算必须确保财务计划目标的实现，相互之间应能协调一致；(4) 责任预算的确定必须充分发挥责任单位的积极性，考虑责任单位的合理要求。

3. 组织责任核算

责任核算是以责任单位为主体，以责任预算的内容为对象进行的核算，目的是对各责任单位的预算执行情况进行控制和考核，包括日常记录和定期报告两个方面。

(1) 日常记录

不同责任单位的核算内容不同，应根据成本、费用、收入和利润分别设置有关明细账。为了与会计核算方法一致，应使责任核算与会计核算的设账保持一致。

(2) 定期报告

在日常核算的基础上，各责任单位应定期编制责任报告。责任报告的项目与责任预算的内容应保持一致，责任报告分别列示预算、实际、差异等数据，并说明差异的成因，提出改进措施。

4. 进行责任考核

责任考核是以责任预算为依据，与责任报告中的实际完成情况进行比较，借以评价与考核各个责任单位的工作成果，并根据业绩考核结果采用经济等方式进行奖惩，促使各责任单位积极纠正偏差，完成自己所负责任的过程。

在责任考核中，应遵循以下原则：(1) 要坚持考核的动态化，以便把责任预算执行过程中的问题消除在执行过程中；(2) 要坚持预算标准，即使客观环境发生了变化，也要维护预算的严肃性，不得随意调整预算标准；(3) 要坚持奖惩规定，收支控制的最终体现就是严格执行奖惩标准，一旦这一要求难以达到，控制必然失去效力。

(三) 现金控制方法

现金控制涉及集权与分权的管理体制，也就是公司内部各所属分支机构，或者集团公司所属各子公司是否有使用货币资金的决策权和经营权。由于现金控制的目的是防止公司发生支付危机，并通过现金流动有效控制公司的经营活动和财务活动，因此，现金控制的集权和分权程度会影响公司现金流入和流出的平衡，影响公司经营和财务活动的效率。现金控制的方式有以下几种：

1. 统收统支方式

统收统支是指公司的一切现金活动都集中在财务部门，各分支机构或子公司不单独设立财务账号，一切现金收入集中后缴至财务部门，一切现金支出都通过财务部门支付。现金收支的批准权高度集中在经营者或者经营者授权的代表手中。

统收统支的方式有助于实现现金收支的平衡，提高现金的流转效率，减少现金沉淀，控制现金的流出；但是，统收统支方式不利于调动各层次开源节流的积极性，影响各层次经营的灵活性，以致降低公司经营和财务活动的效率。

2. 设立结算中心方式

结算中心是公司内部尤其是集团公司内部设立的，办理内部各成员公司或分公司现金收付和往来结算业务的专门机构。它通常设于财务部门内，是一个独立运行的职能机构。

设立结算中心方式的主要职能包括：(1) 集中管理各成员公司或分公司的现金收入，各成员公司或分公司收到的现金收入都必须转账存入结算中心在银行开立的账户，不得挪用；

(2) 统一拨付各成员公司或分公司因业务所需的货币资金，监控货币资金的使用方向；(3) 统一对外筹资，确保整个公司和集团的资金需要；(4) 办理各成员公司或分公司之间的往来结算；(5) 计算各成员公司或分公司在结算中心的现金流入净额和相应的利息成本或利息收入；(6) 核定各成员公司或分公司日常留用的现金余额。

设立结算中心的方式使各成员公司或分公司有独立的财权，在现金管理上，其经营权和决策权不断扩大，公司或集团公司通过现金支出的审批权限和监控现金按规定范围及标准使用实施现金控制。

3. 设立内部银行方式

内部银行是将社会银行的基本职能与管理方式引入公司内部管理机制而建立起来的一种内部资金管理机构，主要职责是进行公司或集团公司内部日常的往来结算、资金调拨和运筹，具体包括以下几个方面：

(1) 设立内部结算账户

每家成员公司或分公司都在内部银行开设账户，其生产经营活动中一切实物的转让和劳务协作均视为商品交易，通过内部银行办理往来结算。

(2) 发行内部支票和内部货币

内部银行根据有关规定发行其自身的内部支票和内部货币，在各成员公司或分公司之间使用。

(3) 发放内部贷款

内部银行根据公司或集团公司为各自成员公司或分公司核定的资金和费用定额，结合实际需要，对其发放贷款：一是全额有偿专用方式，即不论是定额内或是超定额的内部贷款，都实行有偿专用、计付利息；二是差额有偿专用方式，即对定额以外贷放部分计息或多计息。

(4) 内部银行统一对外筹措资金

各成员公司或分公司无权对外筹资，内部银行根据经营状况统一运筹，合理调度资金。

(5) 制定结算制度

内部银行制定统一的内部结算制度，包括结算方式和结算时间，规范结算行为；同时，对结算业务中资金流向的合理性和合法性进行监督，及时发现不合理的资金流向，纠正资金使用过程中的盲目性和局限性。

(6) 建立信息反馈系统

内部银行定期或不定期地将资金流通状况以报表形式反馈给各成员公司或分公司，报送公司或集团公司，以及时掌握资金使用情况。

(7) 银行化管理

内部银行自身也实行银行化管理，建立贷款责任，强化资产负债风险管理，实行相对独立核算、自负盈亏。

设立内部银行是把一种模拟的银企关系引入公司或集团的内部资金管理中，各成员公司或分公司与公司或集团公司的关系是一种贷款管理关系，内部银行成了结算中心、货币发行中心、贷款中心和监管中心。

4. 设立财务公司方式

财务公司又称财务有限公司，是一种经营部分银行业务的非银行金融机构。财务公司的分工很专业，有的财务公司专门经营抵押放款业务，有的财务公司吸收大额定期存款作为贷款或投资的资金来源，有的财务公司专门经营耐用消费品的租赁或分期付款销售业务。财务公司的经营范围已日益扩大，几乎与投资银行无异，大的财务公司还兼营外汇、联合贷款、包销债券、不动产抵押、财务及投资咨询等。

从财务公司的功能看，集团公司设立财务公司是把一种完全市场化的公司与公司或银企关系引入集团内部的资金管理中。

财务公司具有以下特征：(1) 集团各子公司具有完全独立的财权，可以自行经营自身的现金，对现金的使用行使决策权；(2) 集团对各子公司的现金控制是通过财务公司进行的，财务公司通过对集团各子公司贷款或投入资本，以债权人或所有者的身份进行专家约束，并且这种约束是建立在各自具有独立的经济利益的基础上；(3) 集团公司经营者（或最高决策机构）不再直接对子公司的现金使用进行干预。

以上四种现金控制方法是随着集权逐渐弱化，分权逐渐强化的趋势而变动的。但是不管怎样，集团公司必须从整体上掌握各成员公司或分公司的现金运用状况。

本章小结

财务预测、财务计划和财务控制是现代财务管理的主要职能。

财务预测首先预测公司的销售额。销售额的预测非常重要，通常在市场因素变化不是很大的情况下，时间序列趋势分析法能够比较准确地预测计划年度的销货额。公司用于投资的资金与该年度的销货额在一定程度上存在着因果性和稳定性，公司资金需要量和外部融资需求的方法包括定性预测和定量预测，其中，定量预测主要是指销货百分比法和资金习性分项预测法。

财务预算是关于资金筹措和使用的预算，包括短期的现金收支预算和信贷预算，以及长期的资本支出预算和长期资金筹措预算。现金预算实际上是销货预算、直接材料预算、直接人工预算、制造费用预算、期间费用预算等有关预算的现金收支部分的汇总，以及收支差额平衡措施的具体计划。

财务计划是一种价值计划、综合计划、系统计划。公司的各种财务活动应该在财务计划的指导下进行，通过财务计划有效地控制财务活动的进程。财务控制以财务计划为依据，通过收支控制方法和现金控制方法确保财务计划全面完成。

复习思考题

1. 如何利用时间序列趋势分析法来预测销货需求？
2. 如何利用销货百分比法来预测外部融资需求？
3. 现金预算是如何编制的？
4. 财务计划有何特点？
5. 现金控制方法有哪些？

第五章　资本预算

学习要点

公司的资本预算也可以称为资本支出决策计划，主要是公司固定资产投资计划。本章对资本预算的影响、程序、概况等进行介绍，并着重介绍资本预算中投资方案及其现金流量的计算、投资方案评估的各种方法及其应用，以及相关的风险分析。

- 资本预算是财务管理中最重要的决策之一，要掌握资本预算的程序，熟悉影响现金流量的因素，如沉没成本、机会成本等，掌握项目现金流量的估算方法。
- 重点掌握投资回收期、投资报酬率、净现值、现值指数、内含报酬率等投资项目的财务评价方法，能区分这几种方法的异同和作用，并能处理特殊情况下的资本预算问题。
- 了解资本预算风险来源及分类，掌握风险分析方法。

第一节　资本预算概述

一、资本预算的重要性及影响

（一）资本预算的重要性

资本预算（Capital Budget）可能是财务管理中最重要的决策，因为公司的生产、销售等所有部门几乎直接受资本预算决策的影响。不仅如此，资本预算决策对公司的获利能力、资金结构、偿债能力、长远发展和日常财务管理也有直接影响。所以，所有高级主管都必须了解资本预算的决策过程，不能因为职责不同而有差异。

（二）资本预算的影响

资本预算的影响首先在于资本预算决策会在较长时间内影响公司，这一点意味着决策丧失了灵活性，从而公司对资本预算决策必须小心谨慎，进行认真的可行性研究。例如，购买经济寿命为10年的资产后，必须经过一段很长的时间才能知道这项行动的结果。此外，资产的扩充基本上与预期的销货额有关，所以，购买一项5年经济寿命的资产时，隐含着对未来5年的销货预测。如果不能正确地预测未来的需求，就会导致固定资产投资过度或不足进而可能导致严重后果。

资本预算决策所涉及的实物形态主要是厂房和机器设备等固定资产，这些资产不易改变用途，出售困难，变现能力较弱。所以，资本预算决策一经做出，再想改变固定资产的用途，不是无法实现，就是代价太大。基于此，有人称资本预算决策具有不可逆转性。

资本预算决策一旦做出，在资金占用数量上便保持相对稳定，而不像营运资金决策那样经常变动。这是因为营业量在一定范围内增加往往并不需要立即增加固定资产投资，通过挖掘潜力、提高效率可以完成增加的业务量；而业务量在一定范围内减少，公司为了维持一定的生产能力，不必大量出售固定资产。

二、资本预算的程序

资本预算的上述重要性和影响决定了资本预算决策具有相当大的风险，一旦决策失误，就会严重影响公司的财务状况和现金流量，甚至会使公司面临破产的危险。所以，资本预算决策不能在缺乏调查研究的情况下轻率拍板，而必须按特定的程序，运用科学的方法进行可行性分析，以保证决策正确、有效。资本预算决策的程序一般包括以下几个步骤：

（一）投资项目的提出

产生创意是资本预算过程中第一个也是最重要的部分，从有价值的创意这一原则中可以看出它的重要性。但是，我们无法教会人们如何提出有价值的创意，如果可以的话，我们自己早就成为富翁了。尽管我们无法确保创意的产生，但是强调它的重要性还是很要紧的，这会使我们对自己或别人产生的创意给予足够的重视。

公司的各级管理者都可以提出新的投资项目。一般而言，公司高级管理者（如总经理）提出的投资大多数是大规模的战略性投资，其方案一般由生产、市场、财务等各方面专家组成的专门小组做出。基层或中层管理人员提出的主要是战术性投资项目，其方案由主管部门组织人员拟订。

（二）投资项目的评价

投资项目的评价主要涉及以下几项工作：

第一，对提出的投资项目进行分类，为分析评价做好准备。

第二，计算有关项目的预计收入和成本，预测投资项目的现金流量。

第三，运用各种投资评价指标，把各项投资按可行性顺序排队。

第四，写出评价报告，请上级批准。

（三）投资项目的决策

投资项目评价后，公司管理者要做最后决策。对于投资额较小的项目，有时中层经理就有决策权；投资额较大的项目一般由总经理决策；投资额特别大的项目要由董事会甚至股东大会投票表决。不管由谁最后决策，都可分成以下三种：一是接受这个项目，可以进行投资；二是拒绝这个项目，不能进行投资；三是发还项目的提出部门，重新调查后再做处理。

（四）投资项目的执行

决定对某项目进行投资后，要积极筹措资金，实施投资。资本预算之所以重要，资产扩充通常要耗费大笔资金是原因之一。厂商在动用大笔资金前，必须事先做好计划，因为巨额资金并非唾手可得。正在实施重大资本支出计划的厂商可能在若干年前就安排好了融资事宜，以确实保证资产扩充的需要。

在投资项目的执行过程中，要对工程进度、工程质量、施工成本进行控制，以便使投资按预算的规定保质、如期完成。

（五）投资项目的再评价

在投资项目的执行过程中，应注意原来做出的决策是否合理、正确。一旦出现新的情况，就要根据变化做出新的评价。如果情况发生重大变化，原来的投资决策已经变得不合理，那么就要对投资计划是否停止做出决策，以避免更大损失。

三、资本预算概况

资本预算是经济学中厂商理论的古典命题之一，也就是厂商应该生产到边际收益等于边际成本为止。如果将这个定律应用于资本预算决策，那么，边际收益就是百分比投资报酬率，边际成本则为厂商的边际资金成本。

图 5－1 是这个概念简化后的情况。横轴是某一年度的投资额，纵轴是资金成本与该计划的报酬率，该计划以矩形表示。例如，A 计划需支出 300 万元，报酬率是 26%；B 计划需支出 100 万元，报酬率为 24%；最后一项投资 G 计划是购买利率为 8%的政府债券，可以无限量购买。图 5－2 将这个概念一般化，以显示衡量报酬率的投资机会表（Investment Opportunity Schedule）。*MCC* 曲线表示边际资金成本，也就是每增加 1 元资本支出所需增加的成本。

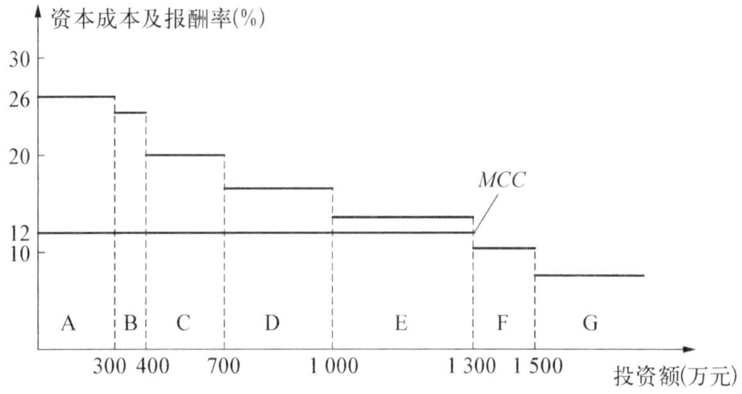

图 5－1　投资计划

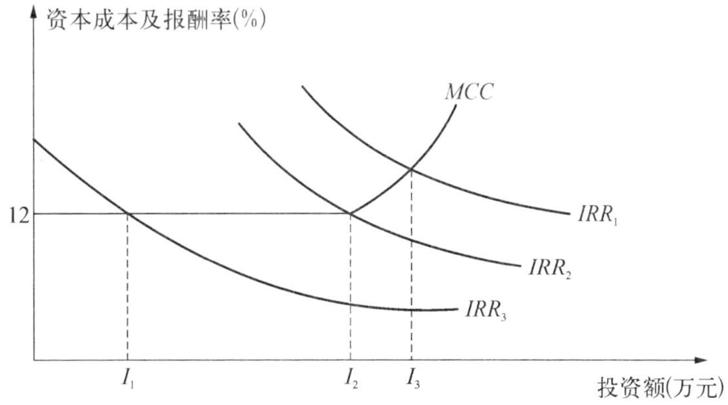

图 5－2　衡量报酬率的投资机会表

在图 5－1 中，边际资金成本维持 12%，直到该公司筹措了 1 300 万元后才开始增加。为了获得最大利润，该公司应采纳 A 到 E 的五个计划，取得并投资 1 300 万元，F 与 G 两个计划则不予采纳。

图 5－2 中共有三个投资机会(IRR)。IRR_1 表示厂商有许多良好的投资机会，IRR_3 表示良好的投资机会很少。这三条曲线可能适用于三家公司，也可能适用于一家公司。在三个不同的时间，只要 IRR 曲线与 MCC 曲线相交于 I_2 的左边，边际成本就维持不变；如果相交于 I_2 的右边，边际成本就提高。

四、资本资产使用的时机

资本预算必须注意的另一个方面是时机上的考虑，因为一旦需要，资本资产就必须及时发挥作用。例如，公司想要随时在接近全部生产能力的状况下营运这一点尤为重要，因为有可能在过去，公司经常面临需求的间歇性大幅度增减，致使其不得不推掉某些订单。需求突然大幅度增加后，如果其生产能力想扩充至接近需求的程度，就要花费一段较长的时间，而资产扩充完成后却经常发现所增加的产量无处销售——可能其他厂商早已扩充完毕，提高了市场占有率，致使本公司的产品需求未能增加。如果本公司能够正确预测需求，并提前扩充生产能力，则仍能维持甚至提高其市场占有率。

有效的资本预算过程可以改善取得资产的时机以及所购资产的品质。事先预计其资本资产需求的公司能够在其销货超过生产能力前购置资产。大部分公司是在销货接近生产能力时才开始订购资本资产。如果销货的增加是源于市场需求的增加，则该产业的所有公司都会在相近的时间订购资本资产，从而使资本资产订单积压，等候时间延长，品质恶化，价格上涨。能够预见这一需求并尽早购置资本资产的公司可以避免这类问题。

第二节　投资方案和现金流量分析

一、投资方案

在资本预算中，需要列出各种投资方案以及评估方案所需的资料。对于某些形态的计划而言，可能值得做深入的分析；对于其他计划而言，成本与效益比较的结果可能显示应该使用比较简单的方法。

公司通常将计划区分为下列类别：(1) 重置——维持营运、替换报废或损坏的设备所需的支出；(2) 重置——降低成本、替换有用但已陈旧的设备所需的支出，目的在于降低人工、材料或其他如电力等成本；(3) 现有产品或市场的扩充，即提高现有产品的产量、扩充现有市场的零售点或配套设施所需的支出；(4) 新产品或市场的扩充，即提高现有产品的产量或扩充到新地区所需的支出；(5) 安全或环境专门计划，为了遵照政府命令、劳工协议或保险契约所需的支出，这种支出通常为强制性投资(Mandatory Investment)或非收益性计划(Non-revenue-producing Project)；(6) 其他，包括办公建筑物、停车场等的支出。

一般重置决策只需要少数资料来做简单计算，尤其是在状况良好的工厂中所做的维持性投资。为了降低成本而重置的决策，以及扩充现有产品线、投资于新产品或新地区等，则需要更详尽的分析。此外，在每个类别中，各计划根据金额来区分，投资额越高，分析越详尽，核准这项支出的人员的职位也越高。超过一定数额或者扩充新产品或新市场所需的支出则可能需要由董事会全体来核准，而且必须有详尽、深入的分析来支持这些决策。

大部分投资方案超出公司能够或愿意融资的数量，有些方案相当不错，有些方案则弊大于利。所以，必须找出办法来区分方案的好坏，通常是将投资方案由好而坏依次排列，并且定出分界点，以决定要排多长。有些方案与其他方案互斥（Mutually Exclusive），必须取消。要在各种方案中予以抉择，就必须有评估方法，并且这个方法必须能够估算出使用该项设备的利益，然后用预估的利益来衡量购买该项设备的利弊得失，最后选出对公司最有利的方案。

二、现金流量

（一）资本项目的现金流量估算

在资本项目中，现金流量是指一个项目引起公司现金流出和现金流入的数量。这里的现金是广义的现金，不仅包括各种货币资金，而且包括项目需要投入的公司拥有的非货币资源的变现价值。例如，一个项目需要使用原有的厂房、设备和材料等，则相关的现金流量就是指它们的变现价值，而不是指它们的账面价值。

资本项目的现金流量一般由以下三个部分构成：一是初始现金流量，是指开始投资时发生的现金流量，一般是现金流出量；二是营业现金流量，是指投资项目投入使用后，在其寿命期内由于生产经营所带来的现金流入和流出的数量；三是终结现金流量，是指资本项目完结时发生的现金流量。

（二）投资项目的现金流量估算

在资本预算中，对项目做投资决策的主要依据是项目的现金流量。而投资决策是事前决策，所有现金流量都发生在将来，所以必须对项目的投资支出、销售量、销售价格、生产成本等进行预测，估算出项目的现金流量。这一预测是资本预算中比较困难而又十分重要的工作。由于公司未来经营的政治环境、经济环境、市场和竞争对手都会不断发生变化，因此，认真调查研究和分析有关资料、把现金流量的估算建立在科学预测的基础上，是做好资本预算首要的一步。

公司做资本预算时，投资项目的现金流量实际上是在项目寿命期内投资该项目与不投资该项目时公司现金流量的差。所以，投资项目的现金流量是增量现金流量，等于公司投资某项目的现金流量减去不投资此项目的现金流量。

1. 投资支出

投资支出主要包括：(1) 公司用于购置设备、建筑厂房和各种生产设施等固定资产的支出；(2) 公司用于购买无形资产，如专利使用权、商标使用权、专有技术、土地使用权等的支出；(3) 项目投资前的筹建费、咨询费、培训费等；(4) 项目投资后需要增加的净营运资本。

新项目投入需要增加库存和应收账款，以便扩大生产和销售，所以流动资产和流动负债都会增加。净营运资本＝流动资产－流动负债，这部分资本需要由长期资本来补充，应计入投资支出。

投资支出作为项目的现金流出，一般发生在项目前期。较大的项目投资分几年支出，对分年投资的现金流出发生的时间也要做出估计。

2. 经营现金流量

经营现金流量是指项目投入使用后，在寿命期内由于生产经营给公司带来的现金流入和现金流出增量。

例 5-1 某项目需投资 100 万元，寿命为 10 年，公司实施此项目和不实施此项目的收入、支出见表 5-1。

表 5-1 经营现金流量估算表

单位：万元

项　目	实　施	不 实 施	差　额
销售净额	320	200	120
经营成本	120	80	40
折旧费	40	20	20
税前收入	160	100	60
所得税(25%)	40	25	15
税后净收入	120	75	45
净经营现金流量 (税后净收入＋折旧费)	160	95	65

从表 5-1 可知，净经营现金流量与税后净收入不同。税后净收入是销售收入扣除所有成本、费用，包括以现金形式支付的和以非现金形式支付的费用。而净经营现金流量只扣除以现金形式支付的成本，称为经营成本。在资本预算中，我们以增量现金流量作为分析和决策的基础，所以，决策时必须估算项目的税后净经营现金流量增量而不是税后净收入增量。税后净经营现金流量的计算公式如下：

$$NOCF_t = (R_t - OC_t - D_t) \times (1 - T) + D_t$$

式中：$NOCF_t$——第 t 年的净经营现金流量；

R_t——第 t 年的销售净额；

OC_t——第 t 年的经营成本，又称付现成本；

D_t——第 t 年的折旧额；

T——所得税税率。

上述公式还可表达为：

$$NOCF_t = (R_t - OC_t) \times (1 - T) + D_t \times T$$

从这个式子中，我们可以清楚地看出折旧和所得税税率对净经营现金流量的影响。

3. 期末净现金流量

期末净现金流量是指项目结束时能够收回的现金流量，主要包括：(1) 固定资产清算变现的税后收入；(2) 回收投入项目的净营运资本；(3) 停止使用的土地的出卖收入。

(三) 折旧和税收对现金流量的影响

折旧是对固定资产在使用过程中损耗的价值补偿。折旧将固定资产的原始价值在规定的使用年限内转化为费用，计入成本。折旧并不是公司实际的资金支出，所以，折旧属于非现金费用，不能作为现金流出从流入的销售额中减去。但是，在应税收入中应减去折旧费，故折旧是免税的。项目折旧费的大小和所得税税率的高低直接影响项目净经营现金流量的大小。

目前,我国大多数公司采用直线法(或称年限平均法)计算年折旧额,在国家规定的折旧年限或折旧率下按一定公式计算。若折旧年限缩短或折旧率提高,则年折旧额增大,项目税前收入减少,上缴所得税也减少。我国于 1993 年实行企业会计准则和企业财务通则后,对折旧制度做了改革,提高了固定资产折旧率或降低了折旧年限。这样,所得税减少,年折旧额增加,投资项目的净现金流量增加。

改革后的折旧制度还允许一些公司试行加速折旧法,即在规定的折旧年限内,前期计提较多折旧费,后期计提较少折旧费,从而相对加快了折旧速度。加速折旧法在发达国家中被普遍采用。

一般情况下,在固定资产使用期的前 1/3 时间里已经提取了占总额一半以上的折旧费,这有利于技术进步和设备更新。加速折旧法提取的折旧总额和直线折旧法一样,但前期折旧费多,使税前收入相应减少,早期所得税减少;而后期折旧费少,又使所得税增加。其效果是推迟了所得税的缴纳,相当于公司从国家财政获得了一笔长期无息贷款。由此可见,加速折旧对公司是极为有利的。

在资本预算中所用的是年现金流量(Annual Cash Flow)而非会计盈余,现金流量与会计盈余可能相差很大,如表 5-2 显示了现金流量与会计盈余的关系。假定该公司从某年年底开始营运,销货额和折旧以外的成本都保持不变,该公司采取加速折旧,折旧费用逐渐递减。

表 5-2 会计盈余与净现金流量 单位:万元

项 目	会计盈余	现金流量
某年+1 年的情况:		
销货	200 000	200 000
折旧以外的成本	100 000	100 000
折旧	60 000	0
营业净利	40 000	100 000
所得税(25%)	10 000	25 000
净利润或净现金流量	30 000	75 000
净现金流量=税后净利+折旧	30 000+60 000=90 000	
某年+7 年的情况:		
销货	200 000	200 000
折旧以外的成本	100 000	100 000
折旧	20 000	0
营业净利	80 000	100 000
所得税(25%)	20 000	25 000
净利润或净现金流量	60 000	75 000
净现金流量=税后净利+折旧	60 000+20 000=80 000	

表 5 - 2 的上半部分是某年后第一年营运后的状况，会计盈余为 30 000 万元，净现金流量为 90 000 万元；下半部分是预计到某年后第七年的情形，账面盈余因为折旧减少而倍增，净现金流量却迅速减少。

会计盈余有其重要性，但在决定公司的价值时，现金流量通常更为重要。对那些会收到从净利中发放的股利的个别投资人而言，账面净利非常重要。表 5 - 2 也可以视为某公司正在考虑的个别方案，这时候，该公司会发生一笔支出，然后获得这项投资的报酬，而所收到的是现金流量而非会计盈余。所以，在资本预算中，我们所注重的是净现金流量，其计算公式为：

$$净现金流量 = 税后净利 + 折旧$$

对于如何衡量资本投资方案的现金流量，必须强调一点：在整个资本预算过程中，对于因资本支出而节省的成本或增加的收益所做的可靠估计，可能是最重要的一步。因扩充计划而增加的产量和销货收入显然是效益，降低成本的效益则包括直接人工的质与量、废品重置时间的成本、能源成本以及维护费用、故障停工时间、安全性、弹性等。变数是众多的，不可能做一定论。然而，这种情况并不能减弱分析资本支出利益的重要性，每一笔资本支出都必须仔细审查，以确定可能增加的成本和可能节省的金额。

(四) 投资收益折现率的估算

投资收益折现率的估算应当参考银行利率和同类投资的加权平均期望收益率；同时，要根据通货膨胀等情况进行调整。例如，如果 5 年期投资的实际收益率低于 5 年期银行存款利率或同类风险投资的加权平均期望收益率，则 5 年期投资的折现率就较高；如果 5 年期投资的实际收益率高于 5 年期银行存款利率或同类风险投资的加权平均期望收益率，则 5 年期投资的折现率就较低。

投资的现金流量预测和收益折现率的估算在投资决策中具有极其重要的意义，对此，必须引起足够的重视。

第三节 投资方案的评估

资本预算的重点在于做出能够使公司价值最大化的决策。资本预算过程的目的在于回答应该选择哪几个互斥的投资方案，并决定是否要将该方案纳入资本预算中。资本预算决策的指标很多，可概括为非贴现现金流量指标和贴现现金流量指标两大类。

一、非贴现的分析评价方法

非贴现的分析评价方法不考虑货币的时间价值，这类方法主要有投资回收期法和平均报酬率法。

(一) 投资回收期法

投资回收期法（Payback Method 或 Payback Period）是通过计算收回原投资额所需时间的长短来决定方案的取舍，是一种使用很久、很广的投资决策指标。

投资回收期的计算因每年的营业净现金流量是否相等而有所不同。

如果原始投资一次支出，每年的营业净现金流量（NCF）相等，则投资回收期可按下式计算：

$$\text{投资回收期}=\frac{\text{原始投资额}}{\text{每年的营业净现金流量}}$$

如果现金流入量每年不等，或原始投资是分几年投入的，则可使下式成立的 n 为投资回收期：

$$\sum_{k=0}^{n} I_k=\sum_{k=0}^{n} O_k$$

式中：I_k——第 k 期产生的现金流入量；

O_k——第 k 期产生的现金流出量；

n——投资回收期。

例 5-2　假定某公司正在考虑 S 和 L 两个方案，这两个方案都必须投资 1 000 万元，并假定风险相等。该公司的边际资金成本率为 10%，两个方案的净现金流量如表 5-3 所示。

表 5-3　S 方案和 L 方案的现金流量　　单位：万元

年　度	净现金流量	
	S 方案	L 方案
1	500	100
2	400	200
3	300	300
4	100	400
5	10	500
6	10	600
合　计	1 320	2 100
原始投资支出	1 000	1 000

根据表 5-3，S 方案收到前两年的净现金流量共为 900 万元，剩下的 100 万元在第三年收回，而第三年共能收回净现金流量 300 万元，根据上面的公式，可以计算出，S 方案的投资回收期是 $2\frac{1}{3}$ 年；同理，L 方案的投资回收期为 4 年。如果该公司以回收期 3 年为取决点，则采纳 S 方案而否决 L 方案。S 方案虽然回收较快，但净现金流量在逐年减少；L 方案虽然回收较慢，但净现金流量在逐年增长。所以，S 是短期方案，从长远来看，L 是长期方案。

由于投资回收期法在计算与应用上简便且成本不高，因此经常被采用，一般用于评估小额资本支出决策，以免采用较复杂的方法所需的成本超过可能的“较佳”选择所能带来的效益。使用投资回收期法的另一个原因是可以用来衡量预期的流动性，也就是投资现金回收的速度。现金短缺的公司必然会对流动性强的方案有较高的评价。此外，投资回收期的长短可以作为各方案相对风险的指标。一般来说，我们对近期事件的预测比对远期事件的预测准确，所以，在其他状况不变时，回收较快的方案的风险通常比长期方案低。根据这一点，由于S方案回收较快，因此，S方案的风险低于L方案。

当然，投资回收期法也存在不利的方面，其最明显的缺点是忽略了投资回收期后的现金流量。因此，虽然L方案在第五、第六年分别有500万元与600万元的现金流量，但是这并不会影响该方案的回收期以及投资回收期对两个方案所排定的优劣次序。忽略了长远未来的现金流量，意味着投资回收期法对长期性的方案不利。投资回收期法的第二个缺点是忽略了货币的时间价值，认为在第三年所收到的1元与第一年所收到的1元价值相同。这两个缺点可能导致资本投资决策错误，所以，它不能成为决策的主要依据。

（二）平均报酬率法

平均报酬率（Average Rate of Return，ARR）是投资项目在寿命周期内平均的年投资报酬率，也称为平均投资报酬率。平均报酬率有多种计算方法，其最常见的计算公式为：

$$\text{平均报酬率}=\frac{\text{平均现金流量}}{\text{初始投资额}}\times 100\%$$

根据例5-2和表5-3的资料，该公司S方案和L方案的平均报酬率为：

$$\text{S方案的平均报酬率}=\frac{(500+400+300+100+10+10)\div 6}{1\,000}\times 100\%=22\%$$

$$\text{L方案的平均报酬率}=\frac{(100+200+300+400+500+600)\div 6}{1\,000}\times 100\%=35\%$$

采用平均报酬率这一指标时，应当事先确定一家公司要求达到的平均报酬率，或称必要报酬率。在决策时，只有高于必要的平均报酬率的方案才能入选。而在有多个方案的互斥选择中，则选用平均报酬率最高的方案。

平均报酬率法的优点是简明、易算、易懂；其主要缺点是没有考虑货币的时间价值，第一年的现金流量与最后一年的现金流量被看作有相同的价值，所以，有时会做出错误的决策。

二、贴现的分析评价方法

贴现的分析评价方法是指考虑了资金时间价值的分析评价方法。这类方法主要有净现值法、现值指数法及内含报酬率法。

（一）净现值法

净现值（Net Present Value，NPV）法是将未来的现金流量以适当的资金成本折成现值，再减去投资成本，通过净现值大小的比较来决定方案的取舍。这种方法是现金流量折现法之一。投资回收期法的缺点逐渐为人所知后，人们开始寻找考虑了货币时间价值的评估方法，促使现金流量折现法（Discounted Cash Flow Technique）的出现。净现值法是现金流量折现法中的一种。采用净现值法时，要将投资的预期净现金流量以边际资金成本折现，再减去原先支出的成本。如果净现值为正值，则应该采纳该方案；如果净现值为负值，则应予以否决；如果两个方案彼此互斥，则应选择净现值较高的方案。

净现值的计算公式如下：

$$NPV = \frac{CF_1}{(1+k)} + \frac{CF_2}{(1+k)^2} + \cdots + \frac{CF_n}{(1+k)^n} - I$$
$$= \sum_{t=1}^{n} \frac{CF_t}{(1+k)^t} - I$$

式中：CF_1，CF_2，…，CF_n——各期的净现金流量；

k——适当的折现率或该方案的资金成本；

I——该方案的原投资成本；

n——该方案的预期寿命。

资金成本 k 取决于该方案的风险、一般利率水准以及若干其他因素，在本章中，我们假定 k 为已知。根据例 5－2 中的数据，可以列表 5－4。

表 5－4　S 方案与 L 方案的净现值　　单位：万元

年度	S 方案			L 方案		
	净现金流量	PVIF(10%)	现金流量现值	净现金流量	PVIF(10%)	现金流量现值
1	500	0.909 1	455	100	0.909 1	91
2	400	0.826 4	331	200	0.826 4	165
3	300	0.751 3	225	300	0.751 3	225
4	10	0.683 0	68	400	0.683 0	273
5	10	0.620 9	6	500	0.620 9	310
6	10	0.546 5	6	600	0.546 5	339
现金流入现值总和			1 091			1 403
减：初始投入			1 000			1 000
净现值			91			403

表 5－4 是 S 方案与 L 方案的净现值。假定两个方案的资金成本都是 10%，则 S 方案的净现值为 91 万元，L 方案的净现值为 403 万元。根据这两个数据，如果两个方案彼此独立，则应该同时采纳；如果彼此互斥，则应该选择 L 方案。

如果成本分散到若干年度，则必须加以考虑。例如，假定某公司在某年买下一块土地，在某年＋1 年建造厂房，在某年＋2 年购买设备，在某年＋3 年开始生产，则我们可以把该某年当作基年，然后比较成本与收益在该年的现值。另外，上述公式也可以写成 $t=0$ 而不是 $t=1$ 的情况，即：

$$NPV = \sum_{t=0}^{n} \frac{CF_t}{(1+k)^t}$$

式中：CF_t——在 t 期与项目有关的现金净流量，可能为负，也可能为正。

当 CF_t 为正时，说明项目在该时期有现金净流入；反之，则说明项目在该时期有现金净流出。CF_0 时的投资额或成本为负值。当投资成本分散在若干年时，这个公式将十分有用。

公司的价值是公司各部分价值的总和，所以，当公司采纳一项净现值为正的方案时，该公司的价值也就按该净现值的金额增加。在例 5－2 中，当该公司采纳 L 方案时，其价值将增加 403 万元；而当其采纳 S 方案时，其价值只增加 91 万元。公司由当年度资本预算所增加的价值是采纳各项方案的净现值总和。基于这个观点，不难看出，能为厂商增加 403 万元的 L 方案优于 S 方案。

（二）现值指数法

这种方法使用现值指数作为评价方案的指标。所谓现值指数，是指未来现金流入现值与现金流出现值的比率，也称为现值比率或获利指数。

现值指数的计算公式如下：

$$\text{现值指数} = \sum_{t=0}^{n} \frac{I_t}{(1+k)^t} \div \sum_{t=0}^{n} \frac{O_t}{(1+k)^t}$$

式中：I_t——第 t 期产生的现金净流入量；

O_t——第 t 期产生的现金净流出量；

n——项目预计寿命周期。

根据表 5－4 的资料，两个方案的现值指数如下：

S 方案的现值指数＝1 091÷1 000＝1.09

L 方案的现值指数＝1 403÷1 000＝1.40

S 方案和 L 方案投资机会的现值指数大于 1，说明其收益超过成本，即投资报酬率超过预定的贴现率。如果投资机会的现值指数小于 1，就说明其投资报酬率没有达到预定的贴现率。如果现值指数为 1，就说明贴现后现金流入等于现金流出，投资报酬率与预定的贴现率相同。

现值指数法的主要优点是可以进行独立投资机会获利能力的比较。在例 5－2 中，S 方案的净现值是 1 091 万元，L 方案的净现值是 1 403 万元。如果这两个方案是互斥的，当然 L 方案较好。如果两者是独立的，哪一个应当优先给予考虑就可以根据现值指数来选择。L 方案的现值指数为 1.40，大于 S 方案的 1.09，所以，L 方案优于 S 方案。现值指数可以看成 1 元原始投资可望获得的现值净收益，所以，其可以作为评价方案的一个指标。现值指数是一个相对数指标，反映投资的效率；而净现值是一个绝对数指标，反映投资的效益。

（三）内含报酬率法

内含报酬率（Internal Rate of Return，IRR）法是通过计算使预期未来现金流量的现值等于原投资成本的折现率，并对不同方案的这一折现率的大小进行比较来决定方案的取舍。内含报酬率法也属于现金流量折现法。

内含报酬率的计算公式如下：

$$\frac{CF_1}{(1+R)} + \frac{CF_2}{(1+R)^2} + \cdots + \frac{CF_n}{(1+R)^n} - I = 0$$

即 $\sum_{t=0}^{n} \frac{CF_t}{(1+R)^t} - I = 0$ 中的 R 值。

其中，我们已知原始投资成本 I，以及 CF_1，CF_2，…，CF_n 的值，但是，R 的值未知，所以，这是有一个未知数的一元方程，我们可以解出 R 的值。某个 R 值会使折现率现金流量的总和等于原投资成本，从而使上述方程式等于零，这个 R 值就是内含报酬率；换言之，上述方程式解出的 R 值就是内含报酬率。

上述公式只不过是以净现值公式求出使净现值等于零的特定折现率，所以，净现值法和内含报酬率法使用的是同一个基本公式，只是净现值法的折现率 k 已知，尔后求出其净现值；内含报酬率法则是将净现值定为零，尔后求出使净现值等于零的 R 值。

确定内含报酬率，视每年现金流量是否相同，可以采取不同的办法。

1. 每年的现金净流量相同

若每年的现金净流量相同，即 $CF_1 = CF_2 = \cdots = CF_n = CF$。

令：

$$\frac{CF}{(1+R)} + \frac{CF}{(1+R)^2} + \cdots + \frac{CF}{(1+R)^n} = I$$

即：

$$CF \times PVIFA_{i,n} = I$$

则：

$$PVIFA_{i,n} = \frac{I}{CF}$$

查年金现值系数表，找出对应年金现值系数 i，即内含报酬率。

例 5-3　假定某投资方案的成本为 10 000 万元，预期每年的现金流量为 1 627.45 万元，持续 10 年。该方案的成本 10 000 万元也就是 10 年期、每期 1 627.45 元年金的现值，所以，利用上述公式，得：

$$\frac{I}{CF} = \frac{10\,000}{1\,627.45} = 6.144\,6 = PVIFA_{i,10}$$

查年金现值系数表，在 10 年期那一列，我们发现这个数字位于 10% 那一栏，则 10% 就是该方案的内含报酬率。

2. 每年的现金净流量不同

若每年的现金净流量不同，即 $CF_1 \neq CF_2 \neq \cdots \neq CF_n$，则采用试误法（逐次测试法）寻找内含报酬率。

内含报酬率可以用试误法求得。任意选择一个折现率，计算投资现金流量的现值。由于大部分公司的资金成本在 10% 与 20% 之间，也就是说，希望各个计划至少有 10% 的报酬率，因此，10% 是一个很好的起点。以 10% 计算出现值后，把它与投资成本相比较。如果现金流量的现值大于投资成本，则必须降低现值，也就是折现率，并重新计算现值；相反，如果现金流量的现值小于投资成本，则必须降低折现率，重新计算。这个过程持续到现金流量的现值大致等于投资成本为止，而使之相等的折现率即内含报酬率。

在这里，我们沿用例 5-2 中 S 方案和 L 方案的数据，可以列表 5-5。

表 5-5　采用试误法求内含报酬率　　单位：万元

年度	现值(10%)			现值(15%)			现值(20%)		
	PVIF	S方案	L方案	*PVIF*	S方案	L方案	*PVIF*	S方案	L方案
1	0.909 1	455	91	0.869 6	435	87	0.833 3	417	83
2	0.836 4	331	165	0.756 1	302	151	0.694 4	278	139
3	0.751 3	225	225	0.657 5	197	197	0.578 7	174	174
4	0.683 0	68	273	0.571 8	57	229	0.482 3	48	193
5	0.620 9	6	310	0.497 2	5	249	0.401 9	4	201
6	0.564 5	6	339	0.432 3	4	259	0.334 9	3	201
现值		1 091	1 403		1 000	1 172		924	991
净现值(−1 000)		91	403		0	172		−76	−9

在表 5-5 中，首先找出 10%的复利现值系数，并乘以对应年度的现金流量。再将所求得的每年现金流量现值置于适当的位置。然后将每年现金流量的现值加总，并将它减去投资成本。由于两项投资的净现值在 10%的折现率下都是正值，因此，把折旧率提高到 15%再试一次，这时，S 方案的净现值为 0，显示其内含报酬率为 15%。继续这一过程，则可计算出 L 方案的内含报酬率大约为 20%。

在只有一个备选方案的采纳与否决策中，如果计算出的内含报酬率大于或等于公司的资本成本或必要报酬率，就采纳；反之，则拒绝。在有多个备选方案的互斥选择决策中，应选用内含报酬率超过资本成本或必要报酬率最多的投资项目。从以上计算两个方案的内含报酬率可以看出，L 方案的内含报酬率较高，故 L 方案比 S 方案的效益好。

内含报酬率法考虑了货币的时间价值，反映了投资项目的真实报酬率，其概念易于理解。但是，这种方法的计算过程比较复杂，特别是每年现金净流量不相等的投资项目，一般要经过多次测算，而且在很多时候，还需用插值法才能求得。

(四) 资本预算决策方法的比较

1. 净现值法与内含报酬率法的基本差异

公司在选择投资计划时，通常会同时注意净现值与内含报酬率。这些评估标准分别从不同的角度来看投资计划，所以可能会产生相互冲突的结果。净现值法着眼于一项计划可以使公司的价值增加多少，其假设预期的现金流量得以实现；内含报酬率法则显示一切正如预期的投资计划所能产生的报酬率。净现值法与内含报酬率法的基本差异如下：

(1) 基本着眼点

净现值法着眼于一项计划能使公司的价值增加多少，内含报酬率法则着眼于一项计划的报酬率。如果公司价值最大化与报酬率最大化有冲突，则应该设法使前者得以实现。例如，100 万元的投资赚到 50%（$IRR=50\%$，$NPV=50$ 万元）远比 0.10 元的投资赚到 200%（$IRR=200\%$，$NPV=0.20$ 元）好，这就可以说明净现值法与内含报酬率法的基本差异。

(2) 独立的计划：没有冲突

对于独立的计划是否应予采纳，这两种方法的结论是一致的，因为当某一计划的净现值为正值时，其内含报酬率会高于资金成本。所以，如果一种方法显示应予采纳，则另一种方法的结论也必然如此。

(3) 互斥的计划：可能有冲突

如果要在互斥的投资计划之间予以抉择，则净现值法与内含报酬率法可能会产生冲突。净现值法显示某计划最佳，而内含报酬率法指出另一个计划最好。

(4) 冲突的原因

只有在两个计划的净现值曲线相交时，两个互斥计划在净现值法与内含报酬率法下的结论才会有冲突，而只有在下列情况中，净现值曲线才会相交：一是两个计划的规模不同，二是两个计划的寿命或期限不同。我们以规模差异举例。

例 5-4　有两个互斥投资项目 X 和 Y，项目 X 是一条手工控制的生产线，项目 Y 则是自动化的生产线。项目 X 与项目 Y 的比较情况如表 5-6 所示。

表 5-6　项目比较　　单位：元

项　目	现金流量		*IRR*	*NPV*(10%)
	第 0 年年末	第 1 年年末		
X	−1 000	1 500	50%	36.36
Y	−5 000	6 250	25%	68.18

这两个项目都是可行的，因为它们在 10%的折现率下都提供了正的净现值。项目 Y 的净现值更高，是一个较好的选择。可是，项目 Y 并没有提供更高的内含报酬率。如果按照内含报酬率标准，则项目 X 投资 1 000 元获得 50%的收益率比投资 5 000 元获得 25%的收益率的项目 Y 可取。

图 5-3 显示了为什么内含报酬率会给出错误的信号。如果折现率高于 18.75%，则项目 X 优于项目 Y；如果折现率低于 18.75%，则项目 Y 优于项目 X，此时，内含报酬率较高的项目 X 并没有占优势。

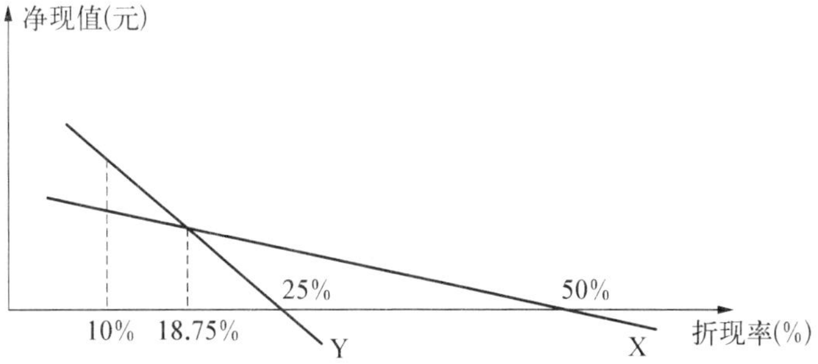

图 5-3　内含报酬率给出错误信号的原因

(5) 再投资的假设

净现值法与内含报酬率法冲突的基本原因与这两个方法所隐含的假设有关。净现值法假设公司能够将现金流量以资金成本再投资，而内含报酬率法假设现金流量能够以内含报酬率投资。在大部分公司中，现金流量可能以接近其资金成本的报酬率再投资，所以，一般来说，净现值法的假设比较合理。这使我们比较偏重于净现值法，并且建议在净现值法与内含报酬率法的结论有冲突时，选择净现值较高的计划。

2. 净现值法与现值指数法的比较

由于净现值和现值指数使用的是相同的信息，因此，在评价投资项目的优劣时，它们常常是一致的。但是，当初始投资不同时，净现值和现值指数会产生差异。

由于净现值是用各期现金流量现值减初始投资，而现值指数是用现金流量现值除以初始投资，因此，评价的结果可能会产生不一致。

最高净现值符合公司的最大利益，也就是说，净现值越高，公司的收益越大；而现值指数只反映投资回收的程度，不反映投资回收的多少。所以，在没有资本限量情况下的互斥选择决策中，应选用净现值较大的投资项目。也就是说，当现值指数与净现值得出不同结论时，应以净现值为准。

总之，在无资本限量的情况下，利用净现值法在所有投资评价中都能做出正确的决策；而利用内含报酬率法和现值指数法在采纳与否决策中也能做出正确的决策，但在互斥选择决策中有时会做出错误的决策。所以，在这几种评价方法中，净现值法是最好的评价方法。

第四节　资本预算计划评估的应用

一、扩充计划

扩充计划是指公司必须投资于新设施，以增加销售收入的计划。

例 5-5　假定某货运公司以 100 000 元买进一辆新货车，该货车采用 ACRS(一种特殊的折旧方法)的使用寿命为 3 年，并适用 6%的投资抵减。因买进这辆新货车而增加的营业额为每年 280 000 元，并持续 3 年，3 年后预期能以 5 000 元出售。营运成本(油料、人工)为每年 200 000 元，该公司适用 40%的税率，假设资金成本率为 10%。表 5-7 列出了 ACRS 的折旧方法，表 5-8 列出了该货车在 3 年内的现金流量。

表 5-7　每年折旧分配　　单位：元

年　度	ACRS(%)	每年的折旧费用
1	25	24 250
2	38	36 860
3	37	35 890
合　计	100	97 000

表 5-8　某货运公司扩充计划分析　　单位：元

项　目	第一年	第二年	第三年
增加的营业额	280 000	280 000	280 000
增加的营运成本	200 000	200 000	200 000

续　表

项　　目	第一年	第二年	第三年
增加的折旧	24 250	36 860	35 890
税前净利润	55 750	43 140	44 110
所得税	22 300	17 260	17 640
税后净利润	33 450	25 880	26 470
净现金流量	57 700	62 740	62 360

折旧基础等于成本减去投资抵减的半数，这里的投资抵减为成本的6%，也就是：

0.06 × 100 000 = 6 000(元)

因此：

折旧基础 = 100 000 − 0.5 × 6 000 = 97 000(元)

该公司确定的原始投资额即 CF_0，所以，其必须签发 100 000 元支票以支付货车的款项，但是，因为有投资抵减，所以，下一期所得税将减少 6 000 元(0.06×100 000)。另外，假定该公司买进这辆货车后净营运资金(存货加应收账款，减应付账款)会增加 30 000 元，到出售时，这笔增加的营运资金才告消失，则当 $t=0$ 时，对于该货车的投资额为：

购买价格	100 000
减：投资抵减	6 000
加：营运资金投资	30 000
$t=0$ 时的净投资成本	124 000

由于 3 年后将该货车出售时可收回 5 000 元，这笔款项相当于折旧费用的回收，因此，照普通所得以 40%课税，从而使其所得为：

税后残值 = 税前残值 − 所得税

= 税前残值 − 税前残值 × 税率

= 税前残值 × $(1-T)$

= 5 000 × 0.6

= 3 000(元)

投资于新货车而产生的每年现金流量等于税后净利加折旧，这些现金流量都已列于表 5-8 中。

可以将这个问题用下列公式计算：

$$NPV=\sum_{t=1}^{n}\frac{CF_t}{(1+k)^t}-I$$

$$=\frac{57\,700}{(1+10\%)}+\frac{62\,740}{(1+10\%)^2}+\frac{95\,360}{(1+10\%)^3}-124\,000$$

$$=51\,950(\text{元})$$

其中，95 360 元(62 360+30 000+3 000)为第三年收到的净现金流量，30 000 元是期末收回的垫付净营运资金，3 000 元是期末税后残值。

我们也可以解下列方程式中的 R 值，求出其内含报酬率：

$$NPV=\frac{57\ 700}{(1+R)}+\frac{62\ 740}{(1+R)^2}+\frac{95\ 360}{(1+R)^3}-124\ 000=0$$

可以利用财务专用的计算程序，求出 $R=IRR=30.5\%$。

由于该货车的净现值为正，而内含报酬率大于10%的资金成本，因此，应采纳该计划。

二、重置计划

重置计划分析中所用的现金流量要比一般情况复杂些，因为我们必须求出增量现金流量(Incremental Cash Flow)。例如，假定该货车公司正在考虑替换一台5年前以10 000元购买而今已陈旧的打包机，该机器预计有10年的使用年限，估计10年后无残值，目前的账面价值为5 000元，以直线法折旧。部门主管的报告指出，能够以12 000元购买新机器，在其5年的使用期限中，每年可将营业额从10 000元扩大到11 500元；此外，还可以降低人工和材料用量，使每年的营运成本由7 000元降为5 000元。新机器适用于ACRS折旧方法，估计5年后的残值为2 000元。旧机器目前的市价为1 000元，该公司的边际税率为40%，资金成本为10%。该货车公司是否应当购买这种新机器？

这项决策需要进行以下分析：(1) 估计新投资的实际现金流出量；(2) 计算增量现金流量；(3) 求出增量现金流量的现值；(4) 将预期残值的现值与增量现金流量的现值加总；(5) 判别净现值的正负。

(一) 估计现金流出

在上题中，期初净现金流出包括支付给新机器制造商的款项、出售旧机器的所得以及所得税的影响。货车公司必须支付12 000元给新机器制造商，出售旧机器产生了1 000元的现金流入；另外，由于出售机器时发生了损失，因此，下一年度的所得税可以减少：

所得税节余＝损失额×税率

＝4 000×0.4

＝1 600(元)

旧机器的账面价值是5 000元，在购买新机器后，其价值立即降低到4 000元(5 000－1 000)。

结果，购买新机器时会立即产生现金流出9 400元，这也是资本预算中的初始投资成本：

新机器的买价	12 000
减：所得税节余	1 600
旧机器价值	1 000
净现金流出(初始投资成本)	9 400

(二) 计算增量现金流量

如果该公司必须以9 400元的净投资额来购置新机器，这项投资就能够带来增量现金流量，也就是额外增加的现金流量。

表5－9显示了原机器与新机器折旧费用的计提。其中，旧机器的成本为10 000元，以10年期直线折旧，每年为1 000元；新机器以ACRS法折旧。

表 5-9　新旧机器的折旧费用　　单位：元

年　度	新机器 ACRS(%)	新机器的折旧费用	旧机器的折旧费用	折旧费用的变化
1	15	1 800	1 000	800
2	22	2 640	1 000	1 640
3	21	2 520	1 000	1 520
4	21	2 520	1 000	1 520
5	21	2 520	1 000	1 520
合　计	100	12 000	5 000	7 000

表 5-10 显示了不购置新机器时，该货车公司在第一年由于购买新机器以替换旧机器而获得的预估收益，也就是用于净现值法及内含报酬率法分析中的 CF_1。

表 5-10　预估购置新机器后第一年的增量净现金流量　　单位：元

项　　目	使用新机器	使用旧机器	两者的变化
营业额(S)	11 500	10 000	1 500
营业成本(OC)	5 000	7 000	−2 000
折旧费用(Dep)	1 800	1 000	800
税前净利润	4 700	2 000	2 700
所得税	1 880	800	1 080
税后净利润	2 820	1 200	1 620
净现金流量	4 620	2 200	2 420

我们可以就该计划年限内的每一年编制一张与表 5-10 相似的表，计算出每一年增加的净现金流量。不过，我们有比较简单的方法可以利用，根据相对变化的因素来计算。

$$CF_1=[(S_{新}-S_{旧})-(OC_{新}-OC_{旧})-(Dep_{新}-Dep_{旧})]\times(1-T)+(Dep_{新}-Dep_{旧})$$

利用表 5-10 的有关资料，使用上述公式，可以得到第一年增加的净现金流量为：

$$CF_1=[(11\,500-10\,000)-(5\,000-7\,000)-(1\,800-1\,000)]\times 0.6+(1\,800-1\,000)$$
$$=2\,420(元)$$

在上述公式中，唯一会逐年变动的数据是 $Dep_{新}$，也就是新机器的折旧费用。表 5-9 显示了新旧机器每年的折旧费用以及折旧费用的变动情况。如果将相应的折旧数据代入公式，即可求出第二年至第五年增加的净现金流量：

$$CF_t=(1\,500+2\,000-\Delta Dep)\times 0.6+\Delta Dep$$
$$=(3\,500-\Delta Dep)\times 0.6+\Delta Dep\quad (t=2,3,4,5)$$

由此，CF_2 至 CF_5 可以计算如下：

$$CF_2=(3\,500-1\,640)\times 0.6+1\,640=2\,756(元)$$

$$CF_3=CF_4=CF_5=(3\,500-1\,520)\times 0.6+1\,520=2\,708(元)$$

（三）求出增量现金流量的现值

在知道了计划的增量现金流量后，就可以计算其现值。上述现金流量以资金成本 10%折现后的现值为：

$$PV=\frac{2\ 420}{1+10\%}+\frac{2\ 750}{(1+10\%)^2}+\frac{2\ 708}{(1+10\%)^3}+\frac{2\ 708}{(1+10\%)^4}+\frac{2\ 708}{(1+10\%)^5}$$
$$=10\ 043(\text{元})$$

（四）计算预期残值的现值

新机器估计的残值为 2 000 元，即货车公司预期可以在使用该机器 5 年后以 2 000 元出售。由于该机器在 5 年内已全部折旧完毕，因此，残值属于课税所得，必须按照普通所得税税率来课税。出售新机器的税后现金流量为：

$$\text{税后残值}=\text{税前残值}\times(1-T)$$
$$=2\ 000\times 0.6$$
$$=1\ 200(\text{元})$$

其 5 年后流入的 1 200 元的现值为：

$$PV=\frac{1\ 200}{(1+10\%)^5}=745(\text{元})$$

（五）计算净现值

重置计划的净现值是现金流入或效益减去现金流出或成本所得金额的现值之和。

流入：每年增加的现金流量现值总和	10 043
新机器残值的现值	745
	10 788
减：净现金流出或成本	9 400
净现值	1 388

由于净现值为正，因此，应采纳该计划。

三、资本配额下计划的选取

通常，公司经营会遇到如图 5－2 所示的情况，即投资到边际收益等于边际成本的地步。对于以这种方式营运的公司，其决策过程如前所述，投资于净现值为正的计划，否决净现值为负的计划，并且在互斥计划中依据其净现值的高低加以抉择。然而，公司对于每年资本预算的规模会加以限制，使其总投资额低于根据净现值法所应投资的金额。这种做法的主要原因是某些公司不愿意进行外部融资（举债式发行股票），这就会出现资本配额的情况，结果将使扩张的步伐慢于“纯理性利润最大化行为”所揭示的速度。

在资本配额的情况下，应当如何选择投资计划？在真正的资本配额下，公司价值无法最大化。如果要求公司价值最大化，则应投资到边际计划的净现值等于零为止，而此时没有资本配额的情况。所以，如果公司采取资本配额的做法，就等于无法使公司价值最大化。

公司可能会想在不超过资本限额的条件下，设法求得价值的最大化。一般而言，受到限制的价值最大化行为所产生的价值会低于没有受到限制的价值最大化行为。但是，某些受到限制的价值最大化行为也能够产生令人满意的结果，线性规划就是应用得极为普遍的有限制的最大化方法之一，可能在资本预算中有所发挥。

如果财务人员面临资本配额的情况，其目标应该是在资本配额的限制下选择计划，使各计划净现值的总和最大。此时，可以采用线性规划的方法，但实际上，并没有任何方法可以使其趋近于最大的价值。依照各计划的内含报酬率高低依次排列，然后依照次序采用到可用资金耗尽为止，这样的方式或许能够得到令人满意的结果。然而，净现值为负或内含报酬率低于资金成本的计划都不应采纳。

例 5－6　表 5－11 所示的各项投资机会中只有 600 万元可投资，这时公司可能会采纳计划 1 至 4 以及计划 6，使资本总额为 590 万元，累计净现值为 324.7 万元；无论如何都不应采纳计划 8、9 或 10，因为这些计划的内含报酬率低于 10%，且净现值为负值。

表 5－11　资本配额下的计划选择表　　单位：元

序号	计划内容	计划成本	累计总成本	内含报酬率	现金流量现值	计划净现值
1	购买租赁用地	2 000 000	2 000 000	23%	3 200 000	1 200 000
2	会计制度机械化	1 200 000	3 200 000	19%	1 740 000	540 000
3	办公室现代化	1 500 000	4 700 000	17%	2 740 000	1 240 000
4	添购动力设施	900 000	5 600 000	16%	1 125 000	225 000
5	购并某机构	3 600 000	9 200 000	13%	4 248 000	648 000
6	购置装卸物	300 000	950 000	12%	342 000	42 000
7	购置油罐车	500 000	10 000 000	11%	540 000	40 000
8	装设输送系统	200 000	10 200 000	9%	186 000	(14 000)
9	建新厂	2 300 000	12 500 000	8%	2 093 000	(207 000)
10	购置高级主管专机	200 000	12 700 000	7%	128 000	(72 000)

四、经济寿命不等的资本预算方案的选取

大部分固定资产投资会涉及两个或两个以上经济寿命不同的资本预算项目的选择问题。由于项目的经济寿命不同，因此，不能对它们的净现值、内含报酬率和获利指数进行直接比较。为了使资本预算项目的各项指标具有可比性，必须设法使两个项目在相同的寿命周期内进行比较。

例 5－7　某公司要在两个投资项目中选取一个。半自动化的 A 项目需要 160 000 元的初始投资，每年产生 80 000 元净现金流量，项目的使用寿命为 3 年，3 年后必须更新且无残值；全自动化的 B 项目需要初始投资 210 000 元，使用寿命为 6 年，每年产生 64 000 元净现金流量，6 年后必须更新且无残值。该公司的资本成本为 16%。应当选用哪一个项目？

两个项目的净现值计算如下：

$$\begin{aligned} NPV(A) &= NCF(A) \times PVIFA_{i,n} - C \\ &= 80\,000 \times PVIFA_{16\%,3} - 160\,000 \\ &= 80\,000 \times 2.246 - 160\,000 \\ &= 19\,680(\text{元}) \end{aligned}$$

$$NPV(B) = 64\,000 \times PVIFA_{16\%,6} - 210\,000$$
$$= 64\,000 \times 3.685 - 210\,000$$
$$= 25\,840(\text{元})$$

项目的净现值表明，B项目优于A项目，应选用B项目。但这种分析是不完全的，因为没有考虑两个项目之间不同的经济寿命。如果采用A项目，在3年后要进行相同的投资才能与B项目的经济寿命相同。为了使指标的对比更加合理，必须考虑对相同年度内的两个项目的净现值进行比较，或者对两个项目的年均净现值进行比较，这便出现了进行合理比较的两种基本方法——最小公倍寿命法和年均净现值法。

（一）最小公倍寿命法

使投资项目的寿命周期相等的方法是最小公倍数法，也就是求出两个项目使用年限的最小公倍数。对于例5-7所举的该公司的A项目和B项目来说，它们的最小公倍寿命为6年。由于B项目的净现值原来就是按6年计算的，因此，无须调整；对于A项目，则必须计算新的、假设项目要在第0年和第三年进行相同投资的净现值，具体情况如表5-12所示。

表5-12　投资项目各年现金流量

单位：元

项　目	第零年	第一年	第二年	第三年	第四年	第五年	第六年
第零年投资的现金流量	−160 000	80 000	80 000	80 000			
第三年投资的现金流量				−160 000	80 000	80 000	80 000
再次投资合并的现金流量	−160 000	80 000	80 000	−80 000	80 000	80 000	80 000

$$\text{项目A的6年期净现值} = \text{第零年投资的净现值} + \frac{\text{第三年投资的净现值} \times 1}{(1+16\%)^3}$$
$$= 19\,680 + \frac{19\,680 \times 1}{(1+16\%)^3}$$
$$= 32\,288(\text{元})$$

这时，我们就可以把两个项目的净现值进行比较，因为A项目的净现值为32 288元，而B项目的净现值为25 840元，所以，该公司应选用半自动化的A项目。

对该公司的这两个项目来说，最小公倍寿命为6年。但在有些情况下，计算两个项目的最小公倍寿命是很麻烦的。例如，一个项目的寿命为8年，另一个项目的寿命为11年，那么最小公倍寿命为88年。在这种情况下，应用最小公倍寿命法来评价这两个项目，工作量就相当大了。

（二）年均净现值法

年均净现值是指把项目总的净现值转化为项目每年的平均净现值。年均净现值的计算公式为：

$$ANPV = \frac{NPV}{PVIFA_{i,n}}$$

式中：$ANPV$——年均净现值；

NPV——净现值；

$\frac{NPV}{PVIFA_{i,n}}$ ——建立在公司资本成本和项目寿命周期基础上的年金现值系数。

对例 5－7 中该公司的两个项目来说，可以用上述公式分别计算年均净现值。

$$ANPV(A)=\frac{19\ 680}{PVIFA_{16\%,3}}=19\ 680\div 2.246=8\ 762.24(\text{元})$$

$$ANPV(B)=\frac{25\ 840}{PVIFA_{16\%,6}}=25\ 840\div 3.685=7\ 012.21(\text{元})$$

从计算结果可以看出，项目 A 的年均净现值比项目 B 高，故该公司应选用项目 A。把这一计算结果与采用最小公倍寿命法计算的结果相比较，两者是一致的。

第五节　资本预算中的风险分析

在市场经济条件下，一切经济因素，包括宏观的、微观的，都在不断地发生变化，风险无处不在。所以，如何合理地分析风险、把握风险是资本预算中的重要内容之一，也是公司财务管理的重要内容之一。

一、风险的来源及其分类

在前面几节中，我们用来做资本预算决策的现金流量是一系列确定的数值。实际上，资本预算是对未来项目可能产生的现金流量做预测，从而估计项目的净现值，而未来的现金流量不可能与预测的完全一致，于是便产生了风险。

(一) 风险的来源

就项目而言，其在将来可能遇到的风险来源于以下几个方面：

1. 国家经济状况发生变化

每个国家都有其经济周期，在经济发展的高涨时期，产品销售顺畅，工厂满负荷生产，利润增加；一旦进入低潮时期，产品就销售不畅，工厂开工不足，但固定成本是不会减少的。销售收入的减少和单位产品成本的上升使公司净收入减少，某些项目对经济周期的变化极为敏感，其净现金流量随经济情况的变化就大。

2. 通货膨胀的影响

若将来实际的通货膨胀率高于预测值，则项目的投资额和成本支出增大，而销售价格往往不能同步增长。当通货膨胀引起的成本增加不能完全通过产品价格的提高转嫁到客户身上时，项目的风险就增加了。

3. 采用高新技术和开发新产品

项目采用高新技术或开发新产品会遇到开发成本增加而生产效率或市场销售不理想的情况，此类项目一般风险较大。

4. 汇率影响

外汇汇率的波动直接影响有外汇投资借款、原材料进口和产品出口的项目，以及海外投资项目。汇率变化受国际和国内形势的影响，其走势不易预测，所以，对项目净现金流量会有较大影响。

此外，国家政治的稳定性及内债、外债总量等因素均会影响项目的风险。

(二) 市场风险和公司风险

在资本预算中，有两种可以衡量的风险：市场风险和公司风险。

市场风险是从实行高度多元化投资组合的公司股东的角度来看的风险。公司风险是从没有多元化投资组合的单一投资者（只投资于某一公司的股票）的角度来看的风险。

单一投资者关心公司长期投资项目所遭遇的风险是否会影响公司的收益。因为项目的失败，大则使公司破产，小则使公司收益减少，所以，一个项目的公司风险可用该项目所造成的公司总收入的变动来衡量。这种风险直接影响公司的财力及负债能力，也称为总风险。

对具有高度多元化投资组合的投资者而言，某公司一个资本预算项目的总风险很大，但是，股东的多元化投资使风险分散，它的市场风险就不一定很大。项目的市场风险可用该项目对公司 β 系数的影响来衡量，故又称为 β 风险。

一个总风险高的项目也可能同时具有高的市场风险。例如，某大学研制的电动汽车若要实现产业化，达到批量生产的目的，就必须投入大量资金，而生产技术的成熟度、产品质量的稳定性和市场的开拓等都存在着较大的不确定性，所以，项目的总风险较大。同时，项目的风险与国民经济的形势有关。经济形势好，买车的顾客多，电动汽车的销路好，项目成功的可能性就大；反之，项目失败的可能性就大。这时，即使是多元化投资者也不能分散此类风险，因为它与社会上大部分资产的经营情况密切相关。其他公司的经营状况差，此项目也差，项目的 β 系数必然高，市场风险就大。在许多情况下，市场风险和公司风险具有同向相关性。

对于上市公司，β 系数影响股东要求的收益率从而直接影响股票价格。所以，项目的市场风险对公司和股东都十分重要。但是，公司风险对于单一投资的股东、公司的管理人员、职工、供应商和债权人更为重要。公司风险增大会减少公司的净收入，严重的甚至会危及公司的生存。公司财务拮据和破产危机直接影响上述人员的利益，使他们的收入减少，甚至失业。所以，关系到公司稳定性的公司风险是我国公司现阶段长期投资决策中首先要考虑的风险。

二、公司风险的分析方法

公司风险是由项目现金流量的不确定性引起的。在销售量、销售价格、变动成本、资本成本和投资额偏离原预测值的情况下，项目的净现金流量发生变化，净现值大小会随之改变。若上述因素与预测值的偏离程度较大，而且概率分布比较分散，则项目净现值的不确定性大，公司风险也大。

(一) 敏感性分析

敏感性分析是通过分析、预测项目主要因素发生变化时对经济评价指标的影响，从中找出敏感因素，并确定其影响程度。

敏感性分析非常重要，它的作用有：(1) 预测不确定因素变化的幅度而不影响投资决策；(2) 找出敏感的不确定因素；(3) 针对敏感的不确定因素提出建议，采取一定的预防措施，提高项目决策的可靠性。

一个项目的不确定因素有产品产量、产品价格、主要原材料或动力价格、变动成本、固定资产投资、建设进度及其外汇牌价等。项目对某种因素的敏感程度可以表示为该因素按一定比例变化时引起评价指标变动的幅度，也可以表示为评价指标达到临界点时允许某个因素变化的最大幅度，即极限度。超过此极限，即认为项目不可行。

例 5－8　假设某公司有一个投资方案，需要投资 3 000 000 元，有效期预计为 5 年，每年的现金流量预计为 1 000 000 元，折现率按 16％计算，凡净现值出现负数的一律不予采用。

该方案的净现值＝1 000 000 × 3.274 － 3 000 000 ＝274 000（元）

净现值大于零，为 274 000 元，说明该方案可以接受。

1. 确定每年净现金流量的下限临界值

这是计算预计每年净现金流量低于 1 000 000 元多少，净现值将出现负数，原方案不可行。

因为每年净现金流量为 1 000 000 元时，有净现值 274 000 元。

设 x 为每年净现金流量的下限临界值。

当净现值为 0 时：

$X \times 3.274 = 3\ 000\ 000$

$X = 3\ 000\ 000 \div 3.274 = 916\ 300$（元）

所以，当每年净现金流量低于 916 300 元时，净现值为负数，原方案不可行。每年净现金流量的变化范围为 83 700 元（1 000 000－916 300）。

2. 确定可回收年限的下限临界点

当该方案的回收期为 5 年时，有净现值 274 000 元。现在要计算低于回收期 5 年多少时，该方案不可行。

年金现值系数＝3 000 000 ÷ 1 000 000 ＝3

查表，在利率为 16％一栏内，5 年的系数是 3.274，4 年的系数是 2.798，运用插入法计算投资回收年限为：

$$投资回收期 = 4\text{ 年} + 12\text{ 个月} \times \frac{3 - 2.798}{3.274 - 2.298} \approx 4\text{ 年 }5\text{ 个月}$$

回收年限的变化如果在 7 个月的范围内，则净现值不会小于零；如果超出这一范围，则原方案不可行。

3. 确定内含报酬率的变动范围

按 16％的折现率计算，有净现值 274 000 元，说明内含报酬率一定大于 16％。现要计算折现率为何值时，净现值为负数。

已知年金现值系数为 3（3 000 000÷1 000 000），查表，在 5 年一栏中，20％利率的年金现值系数为 2.991，接近 3，说明内含报酬率的变化范围是在 16％与 20％之间。如果对报酬率的要求高于 20％，则原方案不可行。

上面用一个简单的例子说明了如何确定不确定因素的变动范围而不影响原来的决策。在实际工作中，投资项目的现金流量是不规则的，每年的净现金流量受产量、价格、成本、投资等诸多因素的影响。所以，最常用的敏感性分析是分析内部收益率指标对以上诸因素的敏感程度，具体做法是：

（1）计算若干不确定因素单独变化或多个因素同时变化后项目的内部收益率，并列出敏感性分析表。为了求得不确定因素变化后的项目内部收益率，必须按照变动后的现金流量表，采用现值法，重新计算内部收益率。其方法与前述相同，在此不再赘述，现将上例计算的结果列表，如表 5－13 所示。

表 5-13 敏感性分析表

方　　案	内部收益率
基本方案	15%
原材料价格提高 20%	12.5%
原材料价格降低 20%	17%
产品售价提高 10%	18%
产品售价降低 10%	11.2%
固定资产投资增加 10%	13.4%
固定资产投资降低 10%	16.4%

（2）以内部收益率为纵坐标，以不确定因素变化率为横坐标，根据敏感性分析表绘制敏感分析图（见图 5-4），标出基准收益率。

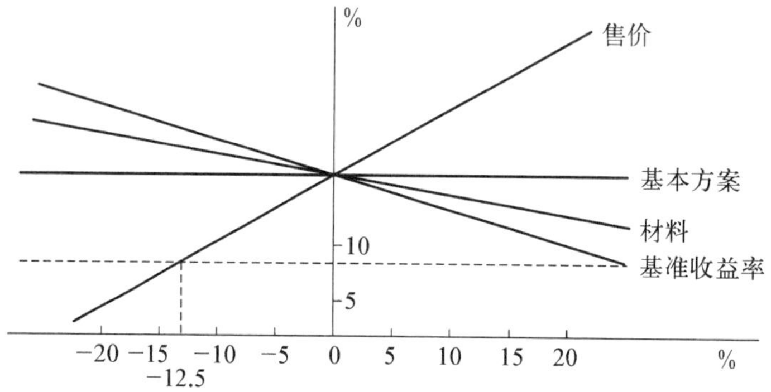

图 5-4 不确定因素变化率

（3）求出内部收益率达到临界点（基准收益率，即公司的资本成本率）时，某种因素允许变化的最大幅度，即极限变化。变化幅度超过此极限，项目在经济上就不可行。

（4）从中找出敏感因素，分析这种极限变化的可能性，并提出相应的建议，供决策者参考。必要时，对若干最为敏感的因素重新预测和估算，进行项目投资风险估计。

从敏感性分析结果看，在所预测的不确定因素的变化范围内，其内部收益率均大于基准收益率 10%，说明本项目能够承受一定的风险。在三种不确定因素中，较为敏感的是产品价格，当产品售价降到 12.5%时，即达到临界点，此时，售价引起的内部收益率变化线与基准收益率线相交。若产品售价再降低，内部收益率下降到基准收益率以下，则项目将由可行转为不可行。该项目售价降到 12.5%是否有可能，这个可能性有多大，应当通过决策树分析才能确定。

（二）决策树分析

重要的决策通常不会是仓促做出的，一般要经历许多阶段。事件的顺序可以表示为树的分枝，从而称为决策树。

例 5-9 一家考虑进入农业化学领域的石油公司可能会采取下列步骤：（1）花费 100 000 元调查农业化学业的供需情况；（2）根据原型厂作业所估计的成本与市场调查所显示

的需求潜力，决定是建一家大工厂还是建一家较小的工厂。最后的决策实际上是由许多阶段的决策构成的，后一阶段的决策取决于前一阶段的结果。

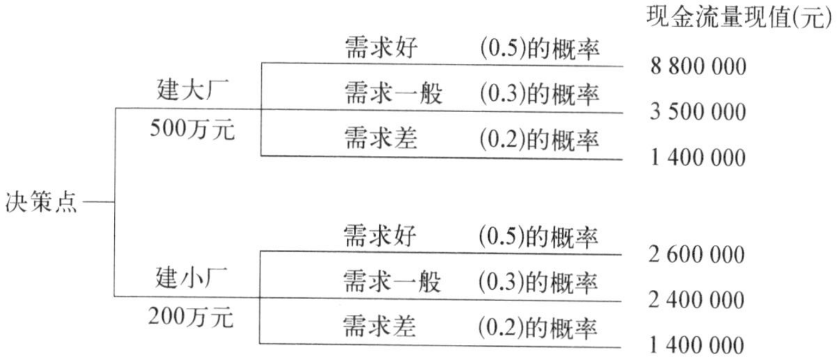

图 5－5　石油公司决策树分析

以图 5－5 为例，假如石油公司已经完成产业调查、需求分析与原型厂研究，并根据这些研究决定建厂，此时，该公司必须决定该厂的规模(见表 5－14)。

表 5－14　决策树实例

单位：元

概　率	现金流量现值	原始投资成本	可能的净现值	大概的净现值
0.5	8 800 000	5 000 000	3 800 000	1 900 000
0.3	3 500 000	5 000 000	－1 500 000	－450 000
0.2	1 400 000	5 000 000	－3 600 000	－720 000
1.0				合计：730 000
0.5	2 600 000	2 000 000	600 000	300 000
0.3	2 400 000	2 000 000	400 000	120 000
0.2	1 400 000	2 000 000	－600 000	－120 000
1.0				合计：300 000

从表 5－14 中可以看到，大厂的预期净现值为 73 万元，小厂的预期净现值为 30 万元。如果建大厂，则可能的结果变动较大，可能的净现值为 380 万元～－360 万元；而建小厂的变动为 60 万元～－60 万元。由于两厂所需的投资不同，因此，必须检查其变异系数。

先计算大厂和小厂净现金流量的均方差：

$$\sigma_{大厂}=\sqrt{(380-73)^2\times 0.5+(-150-73)^2\times 0.3+(-360-73)^2\times 0.2}$$
$$=315.5(万元)$$

$$\sigma_{小厂}=\sqrt{(60-30)^2\times 0.5+(40-30)^2\times 0.3+(-60-30)^2\times 0.2}$$
$$=45.8(万元)$$

它们的变异系数分别为：

$CV_{大厂}=315.5\div 73=4.3$

$CV_{小厂}=45.8\div 30=1.5$

由于大厂的变异系数大于小厂，因此，若决定建大厂，则风险较大。

上述采用决策树分析其概率分布是离散型的，而且分析的不同状态的方案只有3个，若选择的状态方案多一些，则测算结果更可信。

（三）资本资产定价模型和市场风险

项目的市场风险对股本要求收益率的影响用资本资产定价模型（CAPM）表示最清楚。

根据证券市场线，有：

$$\boldsymbol{K_i = K_F + \beta_i(K_m - K_F)}$$

式中：K_i——投资者投资 i 资产（项目）要求的必要收益率；

K_F——无风险资产的收益率；

β_i——资产 i 对于市场风险的反应程度；

K_m——市场资产组合的收益率。

如果知道公司新上投资项目J的 β 值，则项目J的股本要求收益率 K_j 可按上式求得。新上项目的 β_j 反映了项目的市场风险，它对公司总的 β 值有何影响呢？请看下面的例子。

例5-10 某公司上新项目J之前，β 为1.2，无风险收益率 K_F 为8%，市场平均股票要求收益率 K_m 为12%；公司的目标资本结构——50%为负债，50%为股本；债务成本 K_d 为10%。上新项目后，测得新项目的 β_j 为1.8，新项目资本和公司原有资本的比例为0.3∶0.7。公司的所得税税率 T 为25%。试分析项目的市场风险。

1. 公司原有的股本收益率

$K_s = 8\% + 1.2 \times (12\% - 8\%) = 12.8\%$

2. 上新项目后公司的股本收益率

新项目的 $\beta_j = 1.8$

与公司原有资产组合后的 $\beta_j = 0.7 \times 1.2 + 0.3 \times 1.8 = 1.38$

上新项目后：

$K_s = 8\% + 1.38 \times (12\% - 8\%) = 13.52\%$

组合后的 β 值上升，表示公司的风险增加，股本收益率提高。

在进行以上计算时，新项目筹资的资本结构与公司目标资本结构一致。

3. 上新项目前后公司总的加权平均资本成本

$$\begin{aligned} WACC_{原} &= W_d K_d(1-T) + W_s K_s \\ &= 0.5 \times 10\% \times (1-0.25) + 0.5 \times 12.8\% \\ &= 10.15\% \end{aligned}$$

$$\begin{aligned} WACC_{后} &= W_d K_d(1-T) + W_s K_s \\ &= 0.5 \times 10\% \times (1-0.25) + 0.5 \times 13.52\% \\ &= 10.51\% \end{aligned}$$

新项目较高的市场风险使公司总的筹资成本上升。那么，新项目本身的筹资成本应为多少呢？

4. 新项目的加权平均资本成本

根据新项目在公司总资本中所占的比例，可求出公司总的加权平均资本成本为10.51%，新项目J若要成立，则其加权平均资本成本至少为：

$$0.7\times10.15\%+0.3\times WACC_j=10.51\%$$

$$WACC_j=\frac{10.51\%-0.7\times10.15\%}{0.3}=11.35\%$$

采用 $WACC_j$ 作为折现率计算项目J的净现值，可认为在资本预算中考虑了项目的市场风险，对项目的净现值进行了调整。

例5-10说明了项目的市场风险对公司 β 值的影响，以及随之而来的公司股本要求收益率的上升和股票价格的下降。实际上，在投资项目决策中进行市场风险调整时，只要有项目的 β 系数，就可求出考虑了市场风险后的 $WACC_j$。例如，例5-10中新项目的 β_j 为1.8，则项目J的股本收益率 K_{sj} 为15.2%[8%+1.8×(12%-8%)]。由于项目J的债务：股本=0.5：0.5，因此 $WACC_j$ 为11.35%[0.5×10%×(1-25%)+0.5×15.2%]。所以，对项目市场风险的衡量可归结为对项目 β 值的测量。

(四) 项目 β 值的获取

一个项目的 β 系数不同于公司的 β 系数，它不能直接从上市公司的资料中取得。一家公司往往有多个项目，各个项目资产的性质不同，所以，不能用多种经营的公司组合 β 值作为项目 β 值。而且，项目 β 值是对未来 β 系数的预测，要进行正确估算是相当困难的。下面提供两种近似估算项目 β 值的方法。

1. 单一经营法

在项目的同行业中找几个与项目生产同种产品的公司，而且这些公司只生产一种产品。将这些公司近年的 β 值用回归方法求出，再取几个公司点值的平均值，以此作为项目的 β 值。这样做的前提是认为项目的风险与这几家单一经营公司的风险相当。

在采用单一经营法时，还要考虑所借鉴的单一经营公司的资本结构与项目资本结构的差异，以此进行不同资本结构之间的资产 β 系数的转换。

目前，随着公司规模的扩大和市场竞争的日益激烈，许多公司为了分散风险，大多采用多种经营策略。所以，要找到与项目生产同一产品的单一经营公司，而且是股票上市公司，是很困难的，单一经营法的运用受到较大的限制。

2. 会计 β 法

我们把某种股票 i 的实际收益率 K_i 和市场平均股票收益率 K_m 进行回归计算，得到股票 i 的 β 值。计算项目 β 值时，由于无法取得项目的市场数据，因此用资产收益率(Return on Assets, ROA)来代替股票收益率。

$$ROA=\frac{EBIT}{A}=\frac{\text{利息和税前收益}}{\text{总资产}}$$

用本公司或其他公司经营的与项目产品相同的部门或分公司历年的资产收益率，与同期股票市场上计算平均股票参数的公司的资产收益率建立线性回归方程，可求得会计 β 值，以此作为项目 β 值。会计 β 值和按市场股票收益率计算的 β 值有差异，但它们是正相关的，市场 β 值高的公司，其会计 β 值也高，所以可用会计 β 值作为衡量项目市场风险的近似值。

三、投资项目的风险调整

资本预算中的两类风险，即公司风险和市场风险，在项目风险决策时应如何考虑？是按公司风险判断投资项目的风险大小，还是按市场风险判断？

按照财务理论，在证券市场完善、投资者通过多元化投资的组合效应追求财富效用最大化的情况下，应按资本资产定价模型计算市场风险，并据此风险调整项目的资本成本来决定项目的取舍。

但是，在资本市场不完全、多元化投资者不多的情况下，单一投资者、公司经理、职工及与公司命运相关的原料供应者、债权人和社区更关心的是公司的财务实力和稳定性。这样，公司风险就显得更为重要。此外，资本资产定价模型没有考虑公司财务拮据，面临破产威胁的问题，而这正是公司风险考虑的问题。公司测出其项目风险对公司收益的影响及各种财务状况可能发生的概率，这对实现充分多元化投资的股东也是十分重要的。

在实践中，公司各部门或公司根据对现有项目的统计计算一个部门或公司的平均资本成本作为基本的加权平均资本成本，其对应的风险是平均风险。然后，把所有项目分成三类：高于平均风险的高风险类、平均风险类和低于平均风险的低风险类。在资本预算决策时，计算新项目的公司风险（如项目净现值的变异系数 CV）或市场风险（项目 β 值），将它们与公司平均风险相比较，属于高风险的，在基本加权平均资本成本上提高 2～3 个百分点；属于低风险的，降低 1～2 个百分点，以此作为风险调整后的折现率来计算项目的净现值。

本章小结

资本是指用于生产的固定资产，预算则是指未来期间内预计的资金流入与流出的详细计划。资本预算的内容是公司对于固定资产的计划性支出；资本预算工作则是指分析各种回收期在一年以上的投资计划，并决定资本预算中应包括哪些投资计划的整个过程。资本预算对于公司的成败具有决定性的影响；同时，这也是一个复杂的理论问题。资本预算决策有一些常用的评估方法，如回收期法、会计收益率法、净现值法、现值指数法和内含报酬率法。资本预算决策涉及现金流量的预测，而未来的现金流量具有不确定性，因为公司不可能准确地知道投资计划所产生的资金成本或系列收益流量，所以，在资本预算决策中，还必须注意风险及其测量，对投资项目进行风险调整，只有这样才能保证决策的正确性。

复习思考题

有人说："敏感性分析是对风险进行量化的有效方法。"你同意这种看法吗？为什么？

练习题

1. 某公司计划购进一台专用设备，价格为 4 万元。公司又花费 5 000 元对设备进行改装，以满足专门要求。该设备的折旧寿命为 3 年，直线折旧，残值为 0。3 年后，设备售出可得 1.5

万元。使用新设备需要增加净营运成本 3 000 元(用于零件库存)，预计每年可节省税前经营成本 2 万元。公司的所得税税率是 25%。

要求：

(1) 计算期初设备的投资支出。

(2) 计算第一年至第三年的年净经营现金流量。

(3) 计算期末资产回收的非经营现金流量。

(4) 若项目的资本成本是 10%，是否应该购买这台设备？

2. 某公司使用现有生产设备，每年的销售收入为 3 000 万元，每年的付现成本为 2 200 万元 。该公司在对外商贸谈判中，获知公司可以购入一套设备，买价为 50 万美元。如果购得此设备对公司进行技术改造和扩大生产，则每年的销售收入预计增加到 4 000 万元，每年的付现成本预计增加到 2 800 万元。

根据市场趋势调查，公司所生产的产品尚可在市场上销售 8 年，8 年后拟转产，转产时进口设备残值预计可以 23 万元在国内售出。现决定实施此项技术改造方案，现有设备可以 80 万元作价售出。

公司要求的投资报酬率为 10%，现时美元对人民币的汇率为 1∶8.5。

要求：用净现值法分析评价此项技术改造方案是否有利。

3. 某咨询公司正在评价一个投资项目的两个互相排斥的方案——购买一套文字处理系统或购买一个微型计算机系统。两个方案的税后现金流量如表 5－15 所示。

表 5－15　两个方案的税后现金流量

初始投资	文字处理系统		微型计算机系统	
	215 000 元		270 000 元	
运行 5 年，每年的净现金流量(CF)及其发生的概率(P)	P	CF(元)	P	CF(元)
	0.2	70 000	0.2	120 000
	0.6	60 000	0.6	80 000
	0.2	30 000	0.2	20 000

公司采用下列公式估算特定项目的要求收益率：

$$\text{要求收益率} = \text{无风险利率} + 18\%(\text{变异系数}) = 8\% + 18\%(CV)$$

式中，$CV=\dfrac{\sigma(CF)}{E(CF)}$。

要求：

(1) 根据每个方案净现金流量的变异系数，判断两个方案的风险大小。

(2) 按照所计算的要求收益率，公司应该选取哪个方案？

第六章　公司股本

学习要点

长期筹资是公司购置固定资产、从事对外长期投资、取得无形资产和优化资本结构的重要前提。所以，长期筹资是财务管理的重要组成部分。本章和后面三章主要讲述长期筹资问题，主要有股票、债券、认股权证、可转换债券及租赁等筹资方式。

公司股本主要包括普通股股本和优先股股本，是股份有限公司发给股东的一种权益性证明。

- 掌握普通股和优先股的特点，它们有哪些优点和缺点。熟悉股票上市的暂停和终止，重点掌握股票发行和上市的条件、程序及方式，熟悉股票发行价格的确定(类比法、综合法和市盈率法)。
- 知道配股是怎样影响股票市场价格和股东利益的，熟悉配股价格和配股比例的含义并进行相关计算；熟悉增发新股的几种定价方式。

第一节　公司股本的性质与种类

一、公司股本的性质

(一) 公司股本的含义

公司股本主要包括普通股股本和优先股股本。股票是股份有限公司发给股东，以证明其进行投资并拥有对公司的所有者权益的有价证书。股票代表持股人在公司拥有的所有权，股票持有人即公司的股东。公司股东作为出资人，按投入公司的资本额享有所有者的资产收益、公司重大决策和选择管理者的权利，并以其所拥有的股份为限对公司承担有限责任。

(二) 股票的特征

1. 非返还性

投资者一旦购买了股票，就成为公司股东，无权要求公司返还本金。他只能在二级市场上将股票转让给他人以获得资金。

2. 可转让性

股票作为一种有价证券，在资本市场上可以自由转让、买卖和流通，也可以继承、赠送或作为抵押品。尤其是上市公司的股票，具有很强的流动性。

3. 收益性

股票的收益是股息或股利。一般来讲，普通股享受股利，优先股享受股息(优先股的股息通常是固定的)，其收益的多少取决于股份公司的经营状况。公司经营好、盈利多，其股息、股利就多；反之则少。若公司发生亏损或破产，则股票投资者就只能依法分得其相应残值，甚至连本金都无法收回。

4. 风险性

股票投资的风险性来自股票付酬的剩余性和清偿的附属性。公司如果经营不善，或市场上出现意外情况，使公司剩余利润减少，股票的收益便马上下降，一旦公司倒闭，该公司的股票便可能一文不值。所以，股票的价值受公司的经营状况以及相关的政治、经济因素的影响最为直接，其价格波动也最为剧烈。由于股票的非返还性，因此，股东便成为公司风险的主要承担者。概言之，股票风险主要表现于股票价格的波动性、红利的不确定性、破产清算时股东处于剩余财产分配的最后顺序等几个方面。

5. 决策参与性

普通股票的持有人有权作为公司的股东参加公司的股东大会，选举公司董事会，在不同程度上参与公司的经营管理与决策。

二、公司股本的种类

股份有限公司根据有关法规的规定以及筹资和投资者的需要，可以发行不同种类的股票。通行的股票分类一般有以下几种：

(一) 普通股和优先股

股票的种类很多，最重要的类别是普通股票与优先股票，其划分依据是股票所代表的股东权益。

1. 普通股票

普通股票是指每一股份对公司财产都拥有平等权益但股利不固定的股票，是最基本、最标准的股票。一般情况下，股份有限公司只发行普通股，它的股利随公司生产经营状况和管理当局股利分配政策的变化而变化。

2. 优先股票

优先股票是指公司分派股利和分派剩余资产过程中顺序优先于普通股票的股票。优先股股东不享有经营管理权，不可以行使股东表决权。优先股票的收益往往是固定的，不随公司盈利的变化而变化。所以，优先股票在股利分配上具有长期债券的性质。

(二) 记名股票和不记名股票

按照股票票面上有无记名，可以把股票分为记名股票和不记名股票。

1. 记名股票

记名股票是指股票票面上记载股东的姓名或名称，并将其记入股东名册的一种股票。这种股票除了股票上记载的股东外，其他人不得行使其权利。《公司法》规定，向发起人、国家授权投资机构、法人发行的股票应为记名股票。向社会公众发行的股票可以是记名股票，也可以是不记名股票。记名股票的转让、继承需办理过户手续。

2. 不记名股票

不记名股票是在票面上不记载股东姓名的股票，股票名称或姓名也不记入公司的股东名册。不记名股票的转让、继承无须办理过户手续，由持有人认购即实现了股权转移。不记名股票属于向社会公众发行的股票，按照我国《股票发行与交易管理暂行条例》的规定，其发行数不得少于发行股本总数的25%。

（三）面值股票和无面值股票

按照票面上是否标明金额，可以把股票分为面值股票和无面值股票。

1. 面值股票

面值股票是公司发行的票面上标有一定金额的股票。持有这种股票的股东以持有股票票面金额之和占公司发行在外股票总面值的比例确定其对公司享有权利和承担义务的大小。

2. 无面值股票

无面值股票是指票面上不记载每股金额，仅注明每股金额占公司股本总额的比例或股份数的股票。无面值股票的价值随公司财产的增减而变动，股东对公司享有的权利和承担的义务的大小直接依据股票标明的比例确定。目前，《公司法》不承认无面值股票，规定股票应记载面额，并且发行价格不得低于票面金额。

（四）国家股、法人股和个人股

按照投资主体的不同，可以把股票分为国家股、法人股和个人股。

1. 国家股

国家股是有权代表国家投资部门或机构以国有资产向公司投资而形成的股份。

2. 法人股

法人股是公司法人依法以其可支配的财产向公司投资而形成的股份，或具有法人资格的事业单位和社会团体以国家允许用于经营的资产向公司投资而形成的股份。

3. 个人股

个人股是社会个人或公司内部职工以个人合法财产投入公司而形成的股份。

第二节　普通股筹资

一、普通股股东的权利和义务

股东权可以依据不同的标准进行分类。以股东权行使的目的是为全体股东共同利益还是为股东个人利益为标准，可以将股东权分为共益权和自益权，这是对股东权最主要的分类。

共益权是股东依法参加公司事务的决策和经营管理的权利，它是股东基于公司利益同时兼为自己的利益而行使的权利，包括股东大会参加权、提案权、质询权，在股东大会上的表决权、累积投票权，股东大会召集请求权和自行召集权，了解公司事务、查阅公司账簿和其他文件的知情权，提起诉讼权等。

自益权是股东仅以个人利益为目的行使的权利，即依法从公司取得利益、财产或处分自己股权的权利，主要为股利分配请求权、剩余财产分配权、新股认购优先权、股份质押权和股份转让权等。

二、首次公开发行股票及上市

股票发行是指公司依照法定程序利用股票筹集资金的行为。股份有限公司在设立时发行股票，可以利用证券市场有效地从社会上募集长期资金；公司还可以通过发行股票增加公司股本，达到降低负债率、改善资本结构的目的；此外，公司为了发放股票股利和配股、股票分割等，也需要发行股票。公开发行股票必须依照《公司法》规定的条件，报经国务院证券监督管理机构批准。股份有限公司还必须提交《公司法》规定的申请文件和国务院证券监督管理机构规定的有关文件。

(一) 申请股票上市的目的

1. 资本大众化以分散风险

股票上市后，公司将部分股份转售给投资者，可以套现部分投资，以便作其他用途。这样，就使公司的经营风险得以分散。

2. 提高公司的知名度

股票上市被认为经营优良，会给公司带来良好的声誉，吸引更多顾客，从而扩大销售量，为公司发展提供资金保证。

3. 提高股票的流动性

发行上市可以提高股票的流动性和变现力，便于投资者认购和交易。

4. 便于筹措新资金

股票上市必须经有关机构的审查、批准，并接受相应的管理，执行各种信息披露和股票上市的规定。这就大大增强了社会公众对公司的信赖，使之乐于购买公司的股票。一般人认为，上市公司实力雄厚，这就便于公司采用其他方式筹措资金。

5. 便于确定公司的价值

股票上市后，股份有市价可循，便于确定公司价值，有利于促进公司价值最大化。

但是，股票上市也有对公司不利的一面，主要包括：公司将负担较高的信息披露成本；各种信息的公开可能会暴露公司的商业秘密；股价有时会歪曲公司的实际状况，影响公司形象；分散了公司的控制权，造成管理上的困难。所以，有些公司即使符合上市条件，也宁可选择不上市。

(二) 首次公开发行股票并上市的条件

根据《证券法》第十二条的规定，公司首次公开发行股票，作为拟上市公司，应当符合如下条件：(1) 具备健全且运行良好的组织机构；(2) 具有持续经营能力；(3) 最近 3 年的财务会计报告被出具无保留意见审计报告；(4) 发行人及其控股股东、实际控制人最近 3 年不存在贪污、贿赂、侵占财产、挪用财产或者破坏社会主义市场经济秩序的刑事犯罪；(5) 经国务院批准的国务院证券监督管理机构规定的其他条件；(6) 申请证券上市交易，应当符合证券交易所上市规则规定的上市条件。

证券交易所上市规则规定的上市条件应当对发行人的经营年限、财务状况、最低公开发行比例、公司治理和诚信记录等提出要求。

(三) 首次公开发行股票及上市的程序

第一，发行人董事会应当依法就本次股票发行的具体方案、本次募集资金使用的可行性及其他必须明确的事项做出决议，并提请股东大会批准。

第二，发行人应当按照中国证监会的有关规定制作申请文件，由保荐人保荐并向中国证监会申报。特定行业的发行人应当提供管理部门的相关意见。

第三，应当报送募股申请和公司营业执照、公司章程、股东大会决议、招股说明书或者其他公开发行的募集文件、财务会计报告、代收股款银行的名称及地址。

依照《证券法》的规定聘请保荐人的，应当报送保荐人出具的发行保荐书。

依照《证券法》规定实行承销的，应当报送承销机构名称及有关协议。

发行人申请首次公开发行股票的，在提交申请文件后，应当按照国务院证券监督管理机构的规定预先披露有关申请文件。

国务院证券监督管理机构或者国务院授权的部门依照法定条件负责证券发行申请的注册。证券公开发行注册的具体办法由国务院规定。按照国务院的规定，证券交易所等可以审核公开发行证券的申请，判断发行人是否符合发行条件和信息披露要求，督促发行人完善信息披露内容。

第四，国务院证券监督管理机构或者国务院授权的部门应当自受理证券发行申请文件之日起3个月内依照法定条件和法定程序做出予以注册或者不予注册的决定，发行人根据要求补充、修改发行申请文件的时间不计算在内。不予注册的，应当说明理由。

第五，证券发行申请经注册后，发行人应当依照法律、行政法规的规定，在证券公开发行前公告公开发行募集文件，并将该文件置备于指定场所供公众查阅。

发行证券的信息依法公开前，任何知情人都不得公开或者泄露该信息。

发行人不得在公告公开发行募集文件前发行证券。

第六，国务院证券监督管理机构或者国务院授权部门对已做出的证券发行注册的决定，发现不符合法定条件或者法定程序，尚未发行证券的，应当予以撤销，停止发行。已经发行但尚未上市的，撤销发行注册决定，发行人应当按照发行价并加算银行同期存款利息返还证券持有人；发行人的控股股东、实际控制人以及保荐人应当与发行人承担连带责任，能够证明自己没有过错的除外。

第七，申请证券上市交易，应当向证券交易所提出申请，由证券交易所依法审核同意，并由双方签订上市协议。

（四）股票的发行方式

股票的发行承销方式对公司是否能够及时、有效地筹集和募足资金具有重要的作用，对那些知名度不高、社会公众不甚了解的公司更是如此。所以，发行公司应当根据自身、证券市场和投资者诸方面的实际情况，正确选择适宜的股票发行方式。

1. 按照股票的筹资对象不同，分为公募发行与私募发行

（1）公募发行

采用公募方式发行股票，意味着公司股票可以被社会上的任何人认购，并且进行交易。股票公募发行要求发行公司对其财务状况、重大事项等信息有较高的公开程度。我国股票的公募发行可以分为认购证发行，上网竞价发行，储蓄存单发行以及全额预缴、比例配售发行四种方式。

认购证发行是指通过向投资者公开发行股票认购申请表（即认购证），并根据公开抽签情况发行股票。

上网竞价发行是指主承销商利用证券交易所的交易系统，由主承销商作为唯一的“卖方”，投资者在指定的时间内按现行委托买入股票的方式进行股票申购。

储蓄存单发行是指通过发行储蓄存单，抽签决定认股者的股票发行方式。

全额预缴、比例配售发行方式是指投资者在规定的申购时间内，将全额申购款存入主承销商在收款银行设立的专户，申购结束后全部冻结，在对到账资金进行验资和确定有效申购后，根据股票发行量和申购总量计算配售比例，进行股票配售。

（2）私募发行

采用私募方式发行股票，是指发行新股时，只向少数特定投资者直接发行，不需中介机构承销。这些投资者往往是一些较大的投资机构，每笔筹资金额较大。私募的股票不可以上市交易，或只可以在十分有限的范围内交易。我国目前不允许私募发行的股票在二级市场上交易，政府对发行公司信息披露的要求比较宽松，发行成本也较公募低。我国股份有限公司采用发起设立方式和不向社会公开募集的方式发行股票，即属于股票的不公开直接发行。

对公司来说，私募发行的优点是信息公开化程度低，可以缩短时间，并且节省承销费用；同时，股票不可以流通或流通性较弱，在一定程度上降低了被兼并的危险程度，使得股权相对集中。其缺点是发行范围有限，资金来源有限。这种发行方式适用于没有信誉记录的公司。

2. 按照有无中介机构参与，分为直接发行与间接发行

（1）直接发行

直接发行是指发行公司不通过投资银行或证券公司等中介机构，自己办理发行事宜，自己承担发行风险的股票发行方式。在这种情况下，发行公司直接控制发行过程，实现发行意图，并节约发行费用，风险由发行公司自行承担。直接发行方式一般由知名度高、实力强的公司在推销发行风险较小、手续较为简单、数额不多的股票时采用。

（2）间接发行

间接发行是指发行公司将股票销售业务委托给专门从事证券买卖业务的金融中介机构承销，公开向社会大众发行股票的发行方式。我国股份有限公司采用募集设立方式向社会公开发行新股时，必须由证券经营机构承销的做法，就属于股票的间接发行。

这种发行方式发行范围广、发行对象多，易于足额募集资本；股票的变现性强，流通性好；有助于提高发行公司的知名度，扩大其影响力。其缺点是手续繁杂，发行成本高。

根据《证券法》第二十六条的规定，发行人向不特定对象发行的证券，法律、行政法规规定应当由证券公司承销的，发行人应当与证券公司签订承销协议。证券承销业务采取代销或者包销方式。

证券代销是指证券公司代发行人发售证券，在承销期结束时，将未售出的证券全部退还给发行人的承销方式。证券公司由此获取一定的佣金，但不承担股款未筹足的风险。

证券包销是指证券公司将发行人的证券按照协议全部购入或者在承销期结束时将售后剩余证券全部自行购入的承销方式。对发行公司而言，包销方式可以及时筹足资本，免予承担发行风险（股款未筹足的风险由承销商承担）；其不足之处是发行公司必须将股票以略低的价格销售给承销商，并且实际付出的发行费用较高。

证券的代销、包销期限最长不得超过 90 日。

证券公司在代销、包销期内，对所代销、包销的证券应当保证先行出售给认购人，证券公司不得为本公司预留所代销的证券和预先购入并留存所包销的证券。

股票发行采用代销方式，代销期限届满，向投资者出售的股票数量未达到拟公开发行股票

数量的70%的，为发行失败。发行人应当按照发行价并加算银行同期存款利息返还股票认购人。

公开发行股票，代销、包销期限届满，发行人应当在规定的期限内将股票发行情况报国务院证券监督管理机构备案。

公司在具体选择采用何种方式发行股票时，还需要综合考虑发行时间、发行费用、发行面额和发行金额等因素。

（五）股票的发行价格

股票的发行价格是指公司在初级证券市场上发行股票时，将股票出售给投资者所用的价格。股票本身并无价值，它仅仅是用来证明股东具有公司财产所有权的法律凭证。但是，由于股票能给持有人带来股息和红利，因此，股票就有了价格。股票发行价格的确定对发行人是至关重要的。若发行价格定得太高，虽然公司的发行收入高、发行成本低，但会使投资人望而生畏，导致发行失败；若发行价格定得过低，就无法满足发行人的资金需求，并损害原有股东的利益。所以，确定合理的发行价格是保证发行成功的关键。

股票的发行价格通常由发行公司根据股票面额、公司盈利状况及增长潜力、股市行情等因素决定。一般来说，以募集设立方式设立的公司首次发行股票的价格由发起人决定，公司增资发行股票的价格由股东大会做出决议。

1. 股票发行价格常用的确定方法

(1) 类比法

类比法的计算公式为：

$$P = P_0\left(\frac{A}{a}+\frac{B}{b}\right)$$

式中：P——发行价格；

P_0——同类公司的股票价格；

A——发行公司股票的每股收益；

a——同类公司股票的每股收益；

B——发行公司股票的每股净资产；

b——同类公司股票的每股净资产。

(2) 综合法

新股发行价格是根据影响新股价格的因素加权平均得出的。

综合法的计算公式为：

$$P = A\times 40\% + B\times 20\% + C\times 20\% + D\times 20\%$$

式中：A——A 发行公司最近3年的每股平均收益×同类公司最近3年的平均市盈率；

B——B 发行公司最近3年的每股平均收益÷同类公司最近3年的平均股息率；

C——C 发行公司上年每股净资产；

D——D 发行公司当年预测每股收益÷一年期储蓄存款利率。

(3) 市盈率法

市盈率法的计算公式为：

$$P = \text{每股净利} \times \text{发行市盈率}$$

$$\text{每股净利} = \frac{\text{发行当年预测利润}}{\text{发行前股本} + \text{本次公开发行股本} \times \frac{12 - \text{发行月份}}{12}}$$

发行市盈率是根据与发行公司同类型、同行业的上市公司当前的市盈率确定的。市盈率是股票市场价格与每股盈利的比值，其计算公式如下：

$$\text{市盈率} = \frac{\text{股票市场价格}}{\text{每股盈利}}$$

在上述三种方法中，类比法关注同类公司在某一时期的市场价格，注重同行业公司股价的可比性。综合法在我国台湾地区被广泛运用。我国台湾地区的证券监管部门规定，新股发行价的计算过程和采用的数据应于股票上市前在业绩公告中报告，并需由会计师、证券分析师等分别发表意见。市盈率法经常为我国内地公司所采用。

在计算股票发行价格时，实践中通常采用市盈率法，即用计算得出的公司每股盈利乘以发行市盈率，得出发行价格。其中，每股净利的测算是确定发行价格的关键。在发行市盈率确定的情况下，每股盈利高，发行价格就高。每股净利的计算一般采用发行前 3 至 5 年的平均每股盈利作为依据，参考发行后的盈利增长潜力修正后得出。

例 6－1　某公司希望通过增发新股募集资金，当前股票市场价格为每股 12 元，每股净利为 1 元。该行业的市盈率为 15。经计算可知，该公司股票的发行价格为 15 元。

新股发行体制改革的步伐不断加快。我国强调新股定价方式市场化，以拟发行上市公司股票的本身价值为基础，由市场的供需关系来决定股票的发行价格。由此可见，例 6－1 中计算出的发行价格还不是最终使用的发行价格。

2. 股票发行价格最后确定的方式

(1) 竞价

竞价是我国目前使用的一种股票发行价格确定方式。按照竞价方式，投资者在指定时间内通过交易柜台或交易网络，以不低于发行底价的价格提出申购，申购数量一般有所限制。申购期满，有关交易所按照申报价格优先、同价位申报按时间优先的原则，将申报委托由高价位向低价位排队，并累计认购量。发行价格确定在累计数量达到或超过发行量对应的价位上。如果在发行底价上的申报量依然不能满足发行量，则发行底价为发行价。

(2) 协商

股票发行一般是通过承销商运作的。承销商根据发行人的经营业绩、盈利潜力、股票二级市场状况、市盈率、投资人需求情况等，确定一个认为合适的价格与发行人商量。承销商与发行人协商后，确定双方满意的发行价格。

股份有限公司在不同时期、不同状态下，可以采用不同的方法制定股票的发行价格。总的说来，股票的发行价格有以下三种：

① 等价(Issuance of Stock at Par)，即股票的发行价格与其面额相等，又称平价发行或面额发行。在设立公司首次发行股票或给老股东配发股票时，等价发行可确保及时、足额地筹措资金。

② 时价(Issuance of Stock at Market Price)，也称市价，即以本公司股票在流通市场上买卖的实际价格为基础确定增发新股的发行价格。

③ 中间价(Issuance of Stock at Mean Price)，即以股票市场价格与面额的中间值作为股票的发行价格。

选择时价或中间价发行股票，可能属于溢价发行，也可能属于折价发行。溢价发行是指按超过股票面额的价格发行股票，折价发行是指按低于股票面额的价格发行股票。从理论上说，股票发行价格可以是票面金额(等价)，也可以是超过原票面金额或低于原票面金额。《公司法》规定，股票发行价格可以等于票面金额(等价)，也可以超过票面金额(溢价)，但不得低于票面金额。如果属溢价发行，则发行公司获得的创业利润，即发行价格超过股票面额的溢价款项，列入资本公积金。

例 6-2 某公司拟发行普通股 200 万股，每股面值为 1 元，按每股 8 元的价格发行。公司获得的创业利润为：

$200\times8-200\times1=1\,400$(万元)

此时，该公司获得的这 1 400 万元的创业利润应该全额列入公司的资本公积金。公司可以把这笔公积金用来转赠股份，增加公司股本。

(六) 股票的发行成本

股票的发行成本通常是指与股票发行相关的费用。股票的发行成本主要包括股票承销费用、印刷费用和其他中介费用等。

承销费用是股票发行中的主要成本开支。承销费用是向帮助办理股票发行的金融中介机构支付的费用。承销费用的多少取决于发行规模、发行人信誉和发行方式等。由于承销商在承销过程中的通信、交通、人员工资等成本是相对固定的，因此，发行规模越小，费用率就越高；发行人的信誉决定了承销商推销股票的难易程度，发行人的信誉越好，股票发行越容易，费用就越低。由于承销商在承销中采用包销方式比采用代销方式承担更大风险，因此，承销费要高一点。

其他中介费用是指发行人在股票发行准备过程中必须聘请的律师、会计师和资产评估师所支付的费用。

此外，股票印刷的费用、股票发行的宣传广告费用等也构成发行成本。

三、普通股筹资的优缺点

与其他筹资方式一样，普通股筹资在存在优点的同时，也必定存在缺点。

(一) 普通股筹资的优点

第一，发行普通股筹措资本具有刚性，普通股没有固定的到期日，无须偿还，是公司的永久性资本来源。这对保证公司对资金的最低需求，促进公司长期、持续、稳定经营具有重要意义。

第二，筹资风险小。发行普通股筹资没有固定的股利负担，股利的支付与否和支付多少视公司有无盈利和经营需要而定。这样就可以使公司的现金收支有很大的灵活性，不会因为筹资原因而影响公司的正常生产和销售活动。所以，公司利用普通股筹措资金的风险较小。

第三，可以提高公司信誉，增强公司举债能力。发行普通股筹集的资本是公司最基本的资金来源，反映了公司的实力，可以作为其他筹资方式的基础，尤其可为债权人提供保障，增强公司的举债能力。

此外，由于普通股的预期收益较高，并且可以一定程度地抵消通货膨胀的影响（通常，在通货膨胀期间，不动产升值时，普通股也随之升值），因此普通股筹资容易吸收资金。尤其在向社会公众发行小面额股票时，筹资速度快，取得的资金数额大，可以为公司筹措到更多自有资本金。

（二）普通股筹资的缺点

第一，筹资成本高。一方面，由于普通股的投资风险高，因此，投资者要求的投资报酬率相应较高。另一方面，普通股股利从税后利润中支付，不像债券利息那样具有抵税作用。此外，普通股的发行成本高于其他证券。

第二，利用普通股筹资会增加新股东，从而稀释原股东对公司的控制权，导致股权分散，为其他对公司有兴趣的人提供了收购、兼并的市场环境；同时，新股东对公司未发行新股前累积的盈余具有分享权，会降低普通股的每股净收益，从而可能导致普通股市价下跌。

第三，股票上市要求公司必须对社会公布详尽的内部信息，这种信息公开化往往为竞争对手提供了便利。

第三节　优先股筹资

许多国家的公司法规定，可以在公司设立时发行优先股，也可以在公司增资发行新股时发行优先股；而有些国家只允许在特定条件下发行优先股。以下以西方公司的实务为依据进行介绍。

一、优先股股东的权利

（一）优先分配固定股利

优先股股东通常先于普通股股东获得股利，而且股利固定，这一点类似于债券，只不过债券利息在所得税前支付，而优先股股利在所得税后支付。

（二）优先分配公司剩余资产

在公司破产和清算时，如果偿还全部债务和付清各种清算费用后还有剩余资产，优先股股东就先于普通股股东分配剩余资产。如果剩余资产的市价较高，优先股股东往往可以获得面值和股利，有时甚至会加一些酬金。如此看来，普通股股东才是公司风险的主要承担者。

（三）优先股股东通常没有表决权

公司不违约，正常支付固定股利，优先股股东一般无表决权。有些优先股股东根据规定具有表决权。这些优先股股东像普通股股东一样具有“一票一权”，但这类股东的人数往往很少，一般不会对表决结果产生较大影响。有些优先股股东根据规定在某些特定情况下具有表决权。例如，在优先股股息未能按时发放，或公司违反了保护性条款时，这类优先股股东具有表决权，这种表决权称为临时表决权。某些优先股具有分类表决权，这类股东可以投票选举规定数额的董事来保护自己的利益，但仍不能控制公司。

二、优先股的特征

优先股是一种兼具普通股和债券特点的混合性有价证券。一方面，它在某些方面比普通股享有优先权利，被普通股股东视为一项负债；另一方面，发行优先股获得了自有资金，被债权人视为权益资本。

（一）优先股作为权益资本的表现

优先股相对普通股来说，优先权主要表现在两个方面：一是股利分配的顺序优于普通股。普通股股东必须在优先股股利支付后才可能获得普通股股利。二是对剩余财产的求偿顺序优于普通股。若公司破产或歇业清算，在清偿所有债务后，剩余财产应先偿还优先股股本，如有剩余，才按股份比例对普通股进行分配。

（二）优先股作为债务资本的表现

优先股通常有面值和固定利率，使普通股股东享有财务杠杆效应。优先股没有投票权，即没有选举权、被选举权和对公司的控制权。

三、优先股的种类

优先股有许多分类标准，下面是最常见的几种分类方法：

（一）累积优先股和非累积优先股

1. 累积优先股

累积优先股是指当年未支付的股利可累积到以后年度支付的优先股。公司只有在付清历年拖欠的优先股股利后，才能支付普通股股利。这种股利积累是对优先股股东形成的一种利益上的保护，防止公司管理当局有意回避支付优先股股利而将大部分盈余留归普通股股东。

2. 非累积优先股

非累积优先股是指仅按当年利润分配股利而不予累计补付的优先股。如果本年度盈利不足以支付优先股股利，对所欠部分，股份公司不予累计，优先股股东也不能要求公司在以后年度予以补发。显然，这种股票对投资者极为不利，所以认购者少，发行量也少。

（二）可转换优先股和不可转换优先股

1. 可转换优先股

可转换优先股是指按照发行契约的规定，可以在一定时期内按一定比例转换成普通股的优先股。转换比例是按普通股和优先股的现行价格确定的，到时是否转换，完全取决于投资者的意愿及当时普通股、优先股价格变化的程度。例如，每股可转换优先股的价格为 100 元，每股普通股的价格为 20 元，这时，可能规定在今后一定时期（如 3 年）内，以 1 股优先股转换成 5 股普通股。只有在 3 年内普通股价格超过 20 元、优先股价格超过 100 元，才有利于优先股股东，其既可以选择转换为普通股股东，也可以选择保留优先股股东的地位和权利。对于发行公司而言，既可以较低的利率筹资，节省普通股的发行费用，又可以在适当时候增加普通股股本，为增加负债奠定基础。

2. 不可转换优先股

不可转换优先股是指不能转换成普通股的优先股。不可转换优先股只能获得固定股利报酬，不能获得转换收益。

（三）参与优先股与不参与优先股

1. 参与优先股

参与优先股是指不仅能取得固定股利，而且有权与普通股一同参加利润分配的优先股。

按照参与优先股在参与利润分配过程中参与程度的不同，可分为部分参与优先股和全部参与优先股。在普通股股东和优先股股东按相同股利率取得其相应份额的股利后，优先股股东有权与普通股股东一起分享剩余利润。优先股参与分享以一定额度为限的，为部分参与优先股；优先股与普通股以共同份额分享的，为全部参与优先股。

2. 不参与优先股

不参与优先股是指优先股股东对股份公司的税后利润，只有权分得固定股利，对取得固定股利后的剩余利润无权参与分配。

(四) 可赎回优先股与不可赎回优先股

1. 可赎回优先股

可赎回优先股是指股份公司可以按一定价格收回的优先股股票。在订有回收条款的情况下，优先股可用现金收回，其回收价格高于票面值或原发行价格，并随时间的推移而递减。若没有订立回收条款，则须以高于股市价格的回收价格收回。至于是否收回、在什么时候收回，则由发行股票的公司决定。

2. 不可赎回优先股

不可赎回优先股是指不能收回的优先股股票。由于优先股都有固定股利，因此，不可赎回优先股的发行成为一次永久性财务负担。在这种情况下，公司很少发行不可赎回优先股。

四、我国关于优先股的规定

2013 年 12 月 9 日，中国证监会第十六次主席办公会会议审议通过了《优先股试点管理办法》并于 2014 年 3 月 21 日公布，自公布之日起施行。该办法所称“优先股”是指依照《公司法》，在一般规定的普通种类股份外另行规定的其他种类股份，其股份持有人优先于普通股股东分配公司利润和剩余财产，但参与公司决策管理等权利受到限制。试点期间不允许发行在股息分配和剩余财产分配上具有不同优先顺序的优先股，但允许发行在其他条款上具有不同设置的优先股。

同一家公司既发行强制分红优先股，又发行不含强制分红条款优先股的，不属于发行在股息分配上具有不同优先顺序的优先股。相同条款的优先股应当具有同等权利。同次发行的相同条款优先股，每股发行的条件、价格和票面股息率应当相同；任何单位或者个人认购的股份，每股应当支付相同金额。

(一) 关于优先股股东权利的行使

(1) 发行优先股的公司除按《国务院关于开展优先股试点的指导意见》制定章程的有关条款外，还应当按本办法在章程中明确优先股股东的有关权利和义务。

(2) 优先股股东按照约定的股息率分配股息后，有权与普通股股东一起参与剩余利润分配的，公司章程应明确优先股股东参与剩余利润分配的比例、条件等事项。

(3) 出现以下情况之一的，公司召开股东大会会议应通知优先股股东，并遵循《公司法》及公司章程通知普通股股东的规定程序。优先股股东有权出席股东大会会议，并就以下事项与普通股股东分类表决，其所持每一优先股有一表决权，但公司持有的本公司优先股没有表决权：① 修改公司章程中与优先股相关的内容；② 一次或累计减少公司注册资本超过 10%；③ 公司合并、分立、解散或变更公司形式；④ 发行优先股；⑤ 公司章程规定的其他情形。

上述事项的决议，除须经出席会议的普通股股东（含表决权恢复的优先股股东）所持表决权的2/3以上通过外，还须经出席会议的优先股股东（不含表决权恢复的优先股股东）所持表决权的2/3以上通过。

(4) 公司股东大会可授权公司董事会按公司章程的约定向优先股股东支付股息。公司累计3个会计年度或连续2个会计年度未按约定支付优先股股息的，自股东大会批准当年不按约定分配利润的方案的次日起，优先股股东有权出席股东大会与普通股股东共同表决，每股优先股享有公司章程规定的一定比例表决权。

对于股息可累积到下一会计年度的优先股，表决权恢复至公司全额支付所欠股息。对于股息不可累积的优先股，表决权恢复至公司全额支付当年股息。公司章程可规定优先股表决权恢复的其他情形。

(5) 优先股股东有权查阅公司章程、股东名册、公司债券存根、股东大会会议记录、董事会会议决议、监事会会议决议和公司财务会计报告。

(6) 发行人回购优先股包括发行人要求赎回优先股和投资者要求回售优先股两种情况，并应在公司章程和招股文件中规定其具体条件。发行人要求赎回优先股的，必须完全支付所欠股息，但商业银行发行优先股补充资本的除外。优先股回购后相应减记发行在外的优先股股份总数。

(7) 公司董事、监事、高级管理人员应当向公司申报所持有的本公司优先股及其变动情况，在任职期间每年转让的股份不得超过其所持本公司优先股股份总数的25%。公司章程可以对公司董事、监事、高级管理人员转让其所持有的本公司优先股股份做出其他限制性规定。

(8) 除《国务院关于开展优先股试点的指导意见》规定的事项外，计算股东人数和持股比例时应分别计算普通股和优先股。

(9) 公司章程中规定优先股采用固定股息率的，可以在优先股存续期间采取相同的固定股息率，或明确每年的固定股息率，各年度的股息率可以不同；公司章程中规定优先股采用浮动股息率的，应当明确优先股存续期内票面股息率的计算方法。

(二) 关于上市公司发行优先股的规定

1. 一般规定

(1) 上市公司应当与其控股股东或实际控制人的人员、资产、财务分开，机构、业务独立。

(2) 上市公司内部控制制度健全，能够有效保证公司的运行效率、合法合规和财务会计报告的可靠性，内部控制的有效性应当不存在重大缺陷。

(3) 上市公司发行优先股，最近3个会计年度实现的年均可分配利润应当不少于优先股1年的股息。

(4) 上市公司最近3年现金分红的情况应当符合公司章程及中国证监会的有关监管规定。

(5) 上市公司报告期不存在重大会计违规事项。公开发行优先股，最近3年的财务报表被注册会计师出具的审计报告应当为标准审计报告或带强调事项段的无保留意见的审计报告；非公开发行优先股，最近1年的财务报表被注册会计师出具的审计报告为非标准审计报告的，所涉及事项对公司无重大不利影响或者在发行前重大不利影响已经消除。

(6) 上市公司发行优先股募集资金应有明确用途，与公司的业务范围、经营规模相匹配，募集资金的用途符合国家产业政策和有关环境保护、土地管理等法律和行政法规的规定。

除金融类公司外，本次募集资金的使用项目不得为持有交易性金融资产和可供出售的金融资产、借予他人等财务性投资，不得直接或间接投资于以买卖有价证券为主要业务的公司。

(7) 上市公司已发行的优先股不得超过公司普通股股份总数的 50%，且筹资金额不得超过发行前净资产的 50%，已回购、转换的优先股不纳入计算。

(8) 上市公司同一次发行的优先股，条款应当相同。每次优先股发行完毕前，不得再次发行优先股。

(9) 上市公司存在下列情形之一的，不得发行优先股：① 本次发行申请文件有虚假记载、误导性陈述或重大遗漏；② 最近 12 个月内受到过中国证监会的行政处罚；③ 因涉嫌犯罪正被司法机关立案侦查或涉嫌违法违规正被中国证监会立案调查；④ 上市公司的权益被控股股东或实际控制人严重损害且尚未消除；⑤ 上市公司及其附属公司违规对外提供担保且尚未解除；⑥ 存在可能严重影响公司持续经营的担保、诉讼、仲裁、市场重大质疑或其他重大事项；⑦ 其董事和高级管理人员不符合法律、行政法规和规章规定的任职资格；⑧ 严重损害投资者合法权益和社会公共利益的其他情形。

2. 公开发行的特别规定

(1) 上市公司公开发行优先股，应当符合以下情形之一：① 其普通股为上证 50 指数成分股；② 以公开发行优先股作为支付手段收购或吸收合并其他上市公司；③ 以减少注册资本为目的回购普通股的，可以公开发行优先股作为支付手段，或者在回购方案实施完毕后，可公开发行不超过回购减资总额的优先股。

中国证监会核准公开发行优先股后不再符合上述第①项情形的，上市公司仍可实施本次发行。

(2) 上市公司最近 3 个会计年度应当连续盈利。扣除非经常性损益后的净利润与扣除前的净利润相比，以低者作为计算依据。

(3) 上市公司公开发行优先股应当在公司章程中规定以下事项：① 采取固定股息率；② 在有可分配税后利润的情况下，必须向优先股股东分配股息；③ 未向优先股股东足额派发股息的差额部分应当累积到下一个会计年度；④ 优先股股东按照约定的股息率分配股息后，不再与普通股股东一起参加剩余利润的分配；⑤ 上市公司公开发行优先股的，可以向原股东优先配售；⑥ 除一般规定中的(9)外，上市公司最近 36 个月内因违反工商、税收、土地、环保、海关法律、行政法规或规章，受到行政处罚且情节严重的，不得公开发行优先股；⑦ 上市公司公开发行优先股，公司及其控股股东或实际控制人最近 12 个月内应当不存在违反向投资者做出公开承诺的行为。

商业银行发行优先股补充资本的，可就第②项和第③项另行约定。

3. 其他规定

(1) 优先股每股票面金额为 100 元。

优先股的发行价格和票面股息率应当公允、合理，不得损害股东或其他利益相关方的合法利益，发行价格不得低于优先股票面金额。

公开发行优先股的价格或票面股息率以市场询价或中国证监会认可的其他公开方式确定。非公开发行优先股的票面股息率不得高于最近 2 个会计年度的年均加权平均净资产收益率。

(2) 上市公司不得发行可转换为普通股的优先股。但商业银行可根据商业银行资本监管的规定，非公开发行触发事件发生时强制转换为普通股的优先股，并遵守有关规定。

(3) 上市公司非公开发行优先股仅向本办法规定的合格投资者发行，每次发行对象不得超过 200 人，且相同条款优先股的发行对象累计不得超过 200 人。

发行对象为境外战略投资者的，还应当符合国务院相关部门的规定。

(三) 关于发行程序的规定

(1) 上市公司申请发行优先股，董事会应当按照中国证监会有关信息披露的规定，公开披露本次优先股发行预案，并依法就以下事项做出决议，提请股东大会批准：

① 本次优先股的发行方案。

② 非公开发行优先股且发行对象确定的，上市公司与相应发行对象签订的附条件生效的优先股认购合同。认购合同应当载明发行对象拟认购优先股的数量、认购价格或定价原则、票面股息率或其确定原则，以及其他必要条款。认购合同应当约定发行对象不得以竞价方式参与认购，且本次发行一经上市公司董事会、股东大会批准并经中国证监会核准，该合同即生效。

③ 非公开发行优先股且发行对象尚未确定的，决议应包括发行对象的范围和资格、定价原则、发行数量或数量区间。

上市公司的控股股东、实际控制人或其控制的关联人参与认购本次非公开发行优先股的，按照前款第②项执行。

(2) 上市公司独立董事应当就上市公司本次发行对公司各类股东权益的影响发表专项意见，并与董事会决议一同披露。

(3) 上市公司股东大会就发行优先股进行审议，应当就下列事项逐项进行表决：① 本次发行优先股的种类和数量；② 发行方式、发行对象及向原股东配售的安排；③ 票面金额、发行价格或其确定原则；④ 优先股股东参与分配利润的方式，包括票面股息率或其确定原则、股息发放的条件、股息支付方式、股息是否累积、可否参与剩余利润的分配等；⑤ 回购条款，包括回购的条件、期间、价格及其确定原则、回购选择权的行使主体等(如有)；⑥ 募集资金的用途；⑦ 公司与发行对象签订的附条件生效的优先股认购合同(如有)；⑧ 决议的有效期；⑨ 公司章程关于优先股股东和普通股股东利润分配、剩余财产分配、优先股表决权恢复等相关政策条款的修订方案；⑩ 对董事会办理本次发行具体事宜的授权；⑪ 其他事项。

上述决议须经出席会议的普通股股东(含表决权恢复的优先股股东)所持表决权的 2/3 以上通过。已发行优先股的，还须经出席会议的优先股股东(不含表决权恢复的优先股股东)所持表决权的 2/3 以上通过。上市公司向公司特定股东及其关联人发行优先股的，股东大会就发行方案进行表决时，关联股东应当回避。

(4) 上市公司就发行优先股事项召开股东大会，应当提供网络投票，还可以通过中国证监会认可的其他方式为股东参加股东大会提供便利。

(5) 上市公司申请发行优先股，应当由保荐人保荐并向中国证监会申报，其申请、审核、批准、发行等相关程序参照《上市公司证券发行管理办法》和《证券发行与承销管理办法》的规定。发行审核委员会会议按照《中国证券监督管理委员会发行审核委员会办法》规定的特别程序审核发行申请。

(6) 上市公司发行优先股，可以申请一次核准，分次发行，不同次发行的优先股除票面股息率外，其他条款应当相同。自中国证监会核准发行之日起，公司应在6个月内实施首次发行，剩余数量应当在24个月内发行完毕。超过核准文件时限的，须申请中国证监会重新核准。首次发行数量应当不少于总发行数量的50%，剩余各次发行数量由公司自行确定，每次发行完毕后5个工作日内报中国证监会备案。

(四) 非上市公众公司非公开发行优先股应符合的条件

非上市公众公司非公开发行优先股应符合的条件包括合法规范经营、公司治理机制健全、依法履行信息披露义务。

五、优先股筹资的优缺点

(一) 优先股筹资的优点

1. 无须偿还本金

优先股没有固定的到期日，不用偿还本金，实质上等于使用的是一笔无期限的贷款，使公司获得稳定的资金，减少财务风险；同时，有许多优先股附有收回条件，使得使用这种资金更有弹性。在财务状况较弱时发行，在财务状况较强时收回，有利于结合资金需求，控制公司的资本结构，降低负债比率，夯实举债基础。

2. 股利支付具有弹性

优先股股利的支付既固定，又有一定的弹性。一般而言，优先股采用固定股利，但固定股利支付并不构成公司的法定义务。如果财务状况不佳，则可暂时不支付优先股股利，优先股股东不能像债权人一样迫使公司破产。

3. 保持普通股股东的控制权

由于优先股股东没有投票权，因此，当公司既想向外界筹集权益资金，又不想丧失原有股东的控制权时，利用优先股筹资尤为恰当。

4. 具有财务杠杆作用

优先股筹资具有财务杠杆作用，有利于增加普通股东的收益。例如，一家收益颇高的公司急需扩充，若采用发行普通股筹资，则原有股东必须与新增股东分享公司成长的利益，而发行优先股筹资能够充分发挥其财务杠杆作用，使原有股东获得更高的报酬。

(二) 优先股筹资的缺点

1. 筹资成本高

优先股所支付的股利要从税后盈余中支付，不同于债务利息可在税前扣除。由于投资于优先股的风险较债券大，因此，优先股股利高于债券利息，这使得优先股筹资的成本很高。

2. 筹资限制多

发行优先股通常有许多限制条件，如对普通股股利支付上的限制、对公司借债的限制等。

鉴于优先股筹资存在以上优缺点，公司应当选取适当时机发行适当种类的优先股，以达到良好的筹资效果。一般而言，当公司的盈利水平高于优先股利率，负债比率较高，普通股市价低且不愿使公司控制权分散时，优先股是一种理想的筹资方式。至于发行何种优先股，则要视当时的经济发展状况以及投资者对风险的态度和对收益率、公司支配权的要求而定。

第四节　增发新股和配股

增发新股和配股是股份有限公司增加外部股权融资的两种主要方式。由于一般认为国内上市公司进行外部股权融资的成本低于债务融资，因此，上市公司再融资的方式必然倾向于增发新股和向老股东配股。1998 年前，配股是上市公司外部股权融资的唯一方式。近年来，选择增发新股方式进行外部股权融资的上市公司越来越多。

一、上市公司增发股票

《证券法》《公司法》和中国证监会于 2006 年 5 月 7 日公布并于次日实施的《上市公司证券发行管理办法》对上市公司增发股票做了相应规定。

（一）上市公司增发股票的条件

1. 一般条件

上市公司增发股票的一般条件是指上市公司采用不同增发股票方式都应当具备的条件，具体包括：

（1）组织机构健全，运行良好。现任董事、监事和高级管理人员具备任职资格，能够忠实、勤勉地履行职务，最近 36 个月内未受到过中国证监会的行政处罚、最近 12 个月内未受到过证券交易所的公开谴责；上市公司与其控股股东或实际控制人的人员、资产、财务分开，机构、业务独立，能够自主经营管理；最近 12 个月内不存在违规对外提供担保的行为。

（2）盈利能力应具有可持续性。上市公司最近 3 个会计年度连续盈利。最近 12 个月内未发生重大不利变化；公司重要资产、核心技术或其他重大权益的取得合法，能够持续使用，不存在现实或可预见的重大不利变化；不存在可能严重影响公司持续经营的担保、诉讼、仲裁或其他重大事项；最近 24 个月内曾公开发行证券的，不存在发行当年营业利润比上年下降 50%以上的情形。

（3）财务状况良好。最近 3 年的财务报表未被注册会计师出具保留意见、否定意见或无法表示意见的审计报告；营业收入和成本费用的确认严格遵循企业会计准则的相关规定，最近 3 年资产减值准备计提充分、合理，不存在操纵经营业绩的情形；最近 3 年以现金或股票方式累计分配的利润不少于最近 3 年实现的年均可分配利润的 20%。

（4）财务会计文件无虚假记载。

（5）募集资金的数额和使用符合规定。

（6）上市公司不存在下列行为：① 本次发行申请文件有虚假记载、误导性陈述或重大遗漏；② 擅自改变前次公开发行证券募集资金的用途而未做纠正；③ 上市公司最近 12 个月内受到过证券交易所的公开谴责；④ 上市公司及其控股股东或实际控制人最近 12 个月内存在未履行向投资者做出的公开承诺的行为；⑤ 上市公司或其现任董事、高级管理人员因涉嫌犯罪被司法机关立案侦查或涉嫌违法违规被中国证监会立案调查；⑥ 严重损害投资者的合法权益和社会公共利益的其他情形。

2. 向不特定对象公开募集股份（简称增发）的条件

增发除了符合前述一般条件外，还应当符合下列条件：

(1) 最近3个会计年度的加权平均净资产收益率平均不低于6%。扣除非经常性损益后的净利润与扣除前的净利润相比,以低者作为加权平均净资产收益率的计算依据。

(2) 除金融类企业外,最近一期期末不存在持有金额较大的交易性金融资产和可供出售的金融资产、借予他人款项、委托理财等财务性投资的情形。

(3) 发行价格应不低于公告招股意向书前20个交易日公司股票均价或前一个交易日的均价。

在上市公司向特定对象增发股票的情况下,其发行价格应不低于定价基准日前20个交易日公司股票均价的90%。定价基准日可以是董事会决议公告日,也可以是股东大会决议公告日或发行期的首日。

(二) 上市公司增发股票的程序

1. 由董事会做出决议

董事会就上市公司申请发行证券做出的决议应当包括下列事项:(1) 本次增发股票的发行方案;(2) 本次募集资金使用的可行性报告;(3) 前次募集资金使用的报告;(4) 其他必须明确的事项。

2. 提请股东大会批准

股东大会就发行股票做出的决定至少应当包括下列事项:(1) 本次发行证券的种类和数量;(2) 发行方式、发行对象及向原股东配售的安排;(3) 定价方式或价格区间,募集资金的用途;(4) 决议的有效期;(5) 对董事会办理本次发行具体事宜的授权;(6) 其他必须明确的事项。

股东大会就发行事项做出决议,必须经出席会议的股东所持表决权的2/3以上通过。

3. 由保荐人保荐并向中国证监会申报

保荐人应当按照中国证监会的有关规定编制和报送发行申请文件。

4. 证监会审核

中国证监会依照有关程序审核,并决定核准或不核准增发股票的申请。中国证监会审核发行证券的申请的程序为:收到申请文件后5个工作日内决定是否受理→受理后对申请文件进行初审→由发行审核委员会审核申请文件→做出核准或者不予核准的决定。

5. 上市公司发行股票

自中国证监会核准发行之日起,上市公司应在6个月内发行股票;超过6个月未发行的,核准文件失效,须重新经中国证监会核准后方可发行。证券发行申请未获核准的上市公司,自中国证监会做出不予核准的决定之日起6个月后可再次提出证券发行申请。

6. 销售

上市公司发行股票,应当由证券公司承销,承销的有关规定参照前述首次发行股票并上市部分所述内容;非公开发行股票,发行对象均属于原前10名股东的,可以由上市公司自行销售。

(三) 增发新股筹资的优缺点

1. 增发新股筹资的优点

增发新股可以说是现行制度下上市公司有效的筹资手段之一,不但筹资门槛比配股低,而且增发的数量没有配股不超过10∶3的限制,有的甚至一次增发比初次发行股票筹集到的资金多，从而格外受股份有限公司的青睐。中国证监会颁发《关于上市公司增发新股有关条件的通知》后，增发条件比以前严格，保证了要求增发新股的上市公司必须是业绩良好的公司。增发对符合增发规定、能够增发的上市公司来说是一种肯定，在某种程度上成为反映上市公司质量的一面“镜子”。

2. 增发新股筹资的缺点

对原有股东来说，增发必定会使他们的利益受损，使得原有股东抵制增发新股。在现行制度下，增发价格如果高于股票的市价，一般情况下新股是发不出去的，所以，增发价格往往低于市价。由于增发大部分是向非原持股者发售，势必无法除权，因此，增发的新股上市后，新老股票价格的差距就会趋向折中，原股票价格的下跌必定会使原持股者遭受损失。

（四）增发新股的定价方式

1. 市盈率定价法或净资产倍率法

这种方法采取“增发新股价格＝每股收益×预计市盈率”或“增发新股价格＝每股净资产值×溢价倍率”公式确定发行价格。这种方法一般作为增发新股定价的首选方法。

（1）基本模型

市盈率（P/E）是股票的每股当日收盘价与每股税后利润之比。市盈率定价法作为相对估价法中的一种，目前在国内外证券市场上应用得最为广泛。采用市盈率定价法确定增发新股的价格，需要根据可比公司的平均市盈率估算出发行人的发行市盈率，再将其乘以每股预期收益，就可得出初步的增发新股定价。

市盈率定价法的定价公式为：

$$\text{增发新股定价} = \text{发行市盈率} \times \text{每股预期收益}$$

（2）模型评价

市盈率定价法运用较广，原因主要在于这一方法将每股价格与当期收益直接联系起来，简便易算。它是企业一系列特征的代表，如公司的风险、增长状况、资产盈利水平等，都得到了一定程度的反映。

随着网络、电信等新兴产业的兴起，传统市盈率定价法已不适用。二级市场的周期性波动和发行公司每股收益的变动会造成市场平均市盈率在不同时期的巨大变动，在剧烈波动的新兴市场上，运用传统的市盈率定价法并不能准确地反映增发新股公司的内在价值。

2. 贴现现金流模型（资本化定价）

贴现现金模型是现代财务理论和资本市场理论相结合的产物，通过“新股发行价格＝∑未来现金流折现”来确定新股发行的价格。这种方法从投资角度反映了公司的真正价值，具有较强的科学性和前瞻性。

3. 财务杠杆法

财务杠杆法是根据边际资金成本确定合理的筹资结构、筹资规模和筹资来源，从而确定公司的发行价格。这种方法纯粹从财务管理学角度预测资金的需求和发行价格。在公司会计报表中，净利润和净资产值受公司税率、利息费用和折旧等因素的影响，直接使用市盈率进行比较会造成最终定价存在一定程度的失真。所以，息税前利润（EBIT）倍数成为国际资本市场上对公司进行估值的另一个重要指标。

（1）基本模型

EBIT 倍数的计算公式为：

$$EBIT\text{ 倍数} = \frac{\text{企业价值}}{EBIT}$$

$$\text{企业价值} = \text{公司股票总市值} + \text{净债务(即债务} - \text{现金)}$$

$$EBIT = \text{净利润} + \text{所得税} + \text{利息费用}$$

（2）方法评价

EBIT 倍数定价模型同样具有简便可行的特点，所用的财务会计数据易获得、易理解。与市盈率定价法相比，EBIT 倍数法考虑了更多因素，特别是公司适用的所得税税率发生变动后，采用该模型对公司价值进行评判更准确。

二、配股

配股是指上市公司获得有关证券管理部门的批准后，向现有股东配售股票的行为。在我国，配股和增发新股均应当由发行推荐人和主承销商向中国证监会推荐，股票发行审核委员会依法审核上市公司的新股发行申请，中国证监会根据发行审核委员会的意见依法做出核准或不予核准的决定。

（一）配股的条件

配股，除了应当符合前述一般条件外，还应当符合以下条件：

第一，拟配售股份数量不超过本次配售股份前股本总额的 30%。

第二，控股股东应当在股东大会召开前公开承诺认配股份的数量。

第三，采用《证券法》规定的代销方式发行。控股股东不履行认配股份的承诺，或者代销期限届满，原股东认购股票的数量未达到拟配售数量的 70%的，发行人应当按照发行价并加算银行同期存款利息返还已经认购的股东。

（二）配股价格

如果没有其他法律规定，配股价格的确定方法与公司上市时股价的确定方法一致，即采用市盈率方法测定配股的理论价格，同时参考股票市场的状况。

我国证监会对配股价格有一些限制性规定，即配股价格不得低于公司最近一次每股净资产；配股后，公司预测净资产收益率应达到银行定期存款利率水平。所以，配股价格不能太高，否则会使配股后的预期净资产收益率小于银行定期存款利率。

在实际操作中，为了保证配股价格对原股东有一定的吸引力，并为了给承销商一定的盈利空间，公司确定的配股价格一般低于股票的市场价格。

（三）配股比例

我国上市公司的配股比例受证监会《关于上市公司增发新股有关条件的通知》的限定，即配股比例最多为 10 股配 3 股。如果公司在配股前送过红股，则配股的基数扩大。所以，一些公司为了扩大配股数量，往往在配股前实施送红股的派息方案。

如果没有法律限制，则配股数量和配股比例取决于希望通过配股募集的资金总额和配股价格。

$$配股数量=\frac{计划配股筹集资金总额}{配股价格}$$

$$配股比例=\frac{原有股数}{配股数}$$

例 6－3 某公司希望通过配股募集资金 200 万元，配股价格确定为每股 10 元。原有普通股股数为 100 万股，那么，其配股比例为每 5 股配 1 股。

配股数量＝200÷10＝20（万股）

配股比例＝100÷20＝5

即购买 1 股新股票需要 5 股旧股票。

（四）配股对股票市场价格的影响

配股时，公司流通的股票数量增加，每股盈利被摊薄了，股票的市场价格也随之下降。配股时，股票的市场价格称为除权除息价（除权除息是指公司实行派息的行为，包括派发红利、送股、配股）。

如果没有其他分红派息方案，配股的除权除息价为：

$$P_{ar}=\frac{P_{br}+P_r\times r}{1+r} \qquad ①$$

式中：P_{ar}——除权除息价；

P_{br}——除权除息前的股票市场价格；

P_r——配股价格；

r——配股股数除以原有普通股股数。

例 6－4 某公司决定配股价格为每股 10 元，按每 10 股配 3 股的比例配股。配股前，该公司股票的市场价格为 20 元，则每股除权除息价格为：

$$P_{ar}=\frac{20+10\times 0.3}{1+0.3}=17.69（元）$$

如果考虑到公司送股和派发现金红利的利润分配方案，则配股的除权除息价格计算公式需要做一定的调整。当公司派发现金红利并且配股时，公式①需调整为：

$$P_{ar}=\frac{P_{br}+P_r\times r-c}{1+r} \qquad ②$$

式中：r——每股派发现金股息额；

c——派发的现金红利。

在例 6－4 中，如果公司决定除配股外每股送现金 0.5 元，则除权除息价格为：

$$P_{ar}=\frac{20+10\times 0.3-0.5}{1+0.3}=17.31（元）$$

派发现金股息后，股价下降的原因是每股净资产减少了。

当公司实行先送股，再配股，并且派发现金股息的分配方案时，配股的除权除息价格为：

$$P_{ar}=\frac{P_{br}+P_r\times r(1+H)-C}{1+r(1+H)+H} \qquad ③$$

式中：H——送股总股数除以原普通股股数。

公式③说明，当公司实行“先送后配”的方案时，公司的普通股总量增加，这会使股票价格进一步降低。

仍沿用例 6－3，假定送股比例为每 2 股原有股票送 1 股，其他不变，则配股的除权除息价格为：

$$P_{ar}=\frac{20+10\times 0.3(1+0.5)-0.5}{1+0.3(1+0.5)+0.5}=12.31(\text{元})$$

配股后，公司股票价格会落到除权除息价位上，但这个价位只是一个理论价位。如果公司业绩很好，其股票配股后的价格就很可能迅速上升，并达到配股前的价格水平。配股或送股而使股票除权除息价格低于原市场价格的部分一般称为填权空间。除权后股票价格上升，并达到除权前价格的状况称为填权。配股后的股票价格是否有填权发生以及填权的程度取决于投资者对发行公司价值的承认程度。

(五) 配股对股东利益的影响

配股权是有价值的，配股权的价值相当于配股前的股票价格与配股除权除息价格的差额。

配股权的价值 ＝ 配股前股票价格 － 除权除息价格

按照例 6－4，在没有其他分红派息方案的情况下，配股权的价值为 2.31 元(20—17.69)。

例 6－5　假定在例 6－4 中，公司某股东在配股前持有 20 股，从而有 20 个配股权。如果他打算配股，那么，他需要花费 60 元买 6 个配股。配股后，他拥有该公司的股票的价值为：

$17.69\times 26=460(\text{元})$

如果他放弃配股并且将配股权转让，则他的股票市值加上转让配股权的收入为：

$17.69\times 20+2.31\times 20=400(\text{元})$

由上述两种方式的比较可以看出，该股东不会因为行使配股权或者转让配股权而形成收益或损失。但是，如果他放弃且不转让配股权，情形就不一样了。按照例 6－5，若该股东放弃且不转让配股权，则他在该公司拥有股份的价值就只有 353.8 元，比配股前的 400 元下降了 11.55%。可见，在放弃且不转让配股权的情况下，股东的财产价值会遭受损失。

(六) 配股筹资的优缺点

已上市公司运用配股筹集资金，无论是在成本上还是在操作时间上都优于股票初次发行。所以，配股是上市公司经常使用的筹资手段。

配股的主要益处在于它可以保护现存股东免受公开发行导致的财产的潜在损失。对于那些对市场并无太大吸引力并且持股较为集中的公司来说，配股可能会比公开发行更有利，因为这使销售集中于那些已持公司股份、对公司非常熟悉的股东。此外，配股中发行的普通股可以保证金的形式购入，公开发行的普通股则不能。

配股有两个基本缺点：一是通常它的发行过程需要较长时间，二是它会失去向那些现在不持有公司股票的机构投资者出售大量股票可能产生的交易成本的节约。

配股的基本想法在于当公司发行新的普通股时，给予原股东保留其所持股票占所有者权益比例的选择权。但是，由于所有权和实际控制权相互分离，因此，这种做法可能只会使大股东受益。

本章小结

公司股本是公司权益资本的重要组成部分，公司股本的筹集对公司生产经营活动的正常进行起着至关重要的作用。本章系统地阐述了公司股本筹集的两种基本方式：普通股筹资和优先股筹资。普通股是股份有限公司依法发行的具有管理权且股利不确定的股票，是公司的基本股份。在计算股票发行价格时，通常采用市盈率法。总的来说，股票的发行价格有三种形式：等价、时价和中间价。优先股是指在公司分派股利和分派剩余资产的过程中顺序优先于普通股的股票，是一种兼具普通股和债券特点的混合性有价证券。由于一般认为国内上市公司外部股权融资的成本低于债务融资，因此，上市公司再融资的方式倾向于向原股东配股和增发新股。通过配股与增发新股等方式，公司可以达到增加公司股本的目的。每一种筹资方式均有各自的优缺点，股份有限公司应该根据自身的需要和生产经营情况选择适合的筹资方式。

复习思考题

1. 哪些因素能够影响股票的发行价格？股票的发行价格一般有几种？

2. 公司上市有什么优缺点？为什么在许多公司争取上市资格的同时，还有符合条件的公司不愿意上市？

3. 优先股作为一种混合性有价证券，其特点体现在何处？你是如何认识的？

4. 配股筹资有什么优点和缺点？

练习题

1. 某公司原为国有公司，拟在明年初改制成独立发起的股份有限公司。现有净资产经评估，价值为 5 000 万元，全部投入新公司，折股比例为 1。按其计划经营规模，需要总资产 2 亿元，合理的资产负债率为 40%。预计明年的税后利润为 3 000 万元。

请回答下列问题：

(1) 通过发行股票，应当筹集多少股权资本？

(2) 若不考虑资本结构要求，按照《公司法》的规定，至少要发行多少社会公众股？

2. 某公司于××××年年底发行可转换优先股 10 000 股，每股价格为 100 元，规定在 2 年内以 1 股优先股换成 4 股普通股。若××××+2 年公司普通股的市价为 28 元，优先股股东会做出怎样的选择？优先股股东的选择会对公司造成什么影响？

3. 某公司决定配股价格为每股 15 元，按每 2 股配 1 股的比例配股。配股前，该公司股票的市场价格为 20 元。试求每股除权除息价格。

第七章 公司债券

学习要点

公司债券是指公司依照法定程序发行、约定在一定期限内还本付息的有价证券，是表明债权债务关系的书面凭证。尽管金融市场不断完善，但股票的筹资成本较高，这使得债券筹资成为公司筹集资金的一种较好选择。

- 掌握相关概念——票面价值、票面利息率、到期日、发行价格和久期等，掌握债券的特征。
- 熟悉公司债券的分类及各自的特点，重点掌握债券发行资格和条件。了解公司债券的评级，熟悉两大证券评级公司的债券评级标准。
- 债券有两种偿还方式：到期一次偿还和分期偿还。掌握换债的概念，会进行与换债相关的财务决策分析。

第一节 公司债券概述

一、债券的概念

债券是经济主体为筹集资金而发行、用于记载和反映债权债务关系、承诺向债权人定期支付利息和偿还本金的一种有价证券。

(一) 票面价值

债券的票面价值包含两个方面：一是币种，即票面价值所采用的计量单位。一般来说，如果发行对象是国外投资者，就选择债券发行地国家或国际通用的货币作为债券票面价值的计量单位；如果发行对象是国内投资者，则选择本国货币作为债券票面价值的计量单位。二是债券的票面金额。

债券的票面价值是债券发行人在债券到期时应偿还债券持有人的本金数额，也是按期支付利息的计算依据。

(二) 票面利率

票面利率是债券持有人定期获取的利息与债券票面价值的比率。票面利率的高低由债券发行者决定，但必须考虑市场利率、债券的偿还期限、自身资信状况以及资本市场资金供求关系等因素的影响。

(三) 到期日

债券一般有固定的偿还期限，即自发行日起至全部本金清偿完毕的一段时间。一般来说，偿还期在 1 年以内的称为短期债券，偿还期在 1 年以上、10 年以下的称为中期债券，偿还期在 10 年以上的称为长期债券。

（四）发行价格

债券的发行价格是由债券的面值、期限、票面利率、市场利率以及信用级别等决定的。根据债券发行价格与债券面值的关系，债券的发行可分为溢价发行、平价发行和折价发行。当债券的发行价格高于债券面值时，为溢价发行；当债券的发行价格等于债券面值时，为平价发行；当债券的发行价格低于债券面值时，为折价发行。债券的发行价格是否溢价、平价或折价，主要取决于债券的票面利率与市场利率的关系。当市场利率低于、等于或高于债券的票面利率时，债券分别为溢价发行、平价发行和折价发行。

（五）久期

到期一次还本债券的利息收入由于时间延后，在市场利率较高的情况下，会造成折现金额的减少。这可以用债券的久期（Duration）指标来反映，表明债券的加权平均现金回流时间。

$$\text{久期}=\frac{1}{P}\sum_{t=1}^{n}\frac{t\times CF_t}{(1+r)^t}$$

式中：P——债券价格，$P=\sum_{t=1}^{n}\frac{CF_t}{(1+r)^t}$；

n——债券期限；

r——市场利率或投资者要求的报酬率；

CF_t——债券投资者第 t 期因投资债券而获得的现金流量。

久期又称为债券的持续期，反映了债券的实际偿还期。

例 7-1 债券的期限为 4 年，面值为 1 000 元，票面利率为 12%，每年期末付息，市场利率为 10%，则该债券的实际偿还期为：

$D=3\ 637.813\div 1\ 063.398=3.42$（年）

具体计算见表 7-1。

表 7-1 债券久期计算表

单位：元

期间 ①	现金流量 ②	按 10% 折现的现值 ③	④=①×③
1	120	109.091	109.091
2	120	99.174	198.348
3	120	90.158	270.474
4	1 120	764.975	3 059.900
合　计		1 063.398	3 637.813

二、债券的基本特征

（一）流动性

一般来说，债券具有规定的偿还期限。债券作为金融资产，可以在证券市场上自由交易。

投资者在需要时可以售出，以获得现金；或者以此为抵押向外部资金提供者申请，以获得紧缺资金。

（二）收益性

债券投资者可以按规定的利息率定期获得利息收益。这是一种固定的、稳定的收入，除非公司经营发生困难，一般投资者都能获得；并且，当市场利率下降时，会因为票面利率的事先固定而获得超额收益。

（三）风险性

风险是指收益的不确定性。尽管债券的利率一般是固定的，但是债券投资有风险，主要包括违约风险、利率风险和购买力风险。

1. 违约风险

违约风险是指债券发行人无法按时支付债券利息和偿还本金的风险。一般来说，政府发行的国库券因为有政府担保而没有违约风险，但其他债券或多或少有违约风险。

2. 利率风险

利率风险是指由于市场利率上升，引起债券价格（价值）下降，从而使投资者遭受损失的风险。由于债券价格会随利率变动，因此，即使没有违约风险的国库券，也存在利率风险。一般来说，债券的到期时间越长，利率风险就越大。

3. 购买力风险

购买力风险是指由于通货膨胀而使货币购买力下降的风险。因为债券的利率已经固定，未来的利息和本金不会发生变化，所以，在通货膨胀期间，购买力会下降。购买力风险对债券持有人是比较重要的。

（四）返还性

返还性是指债券到期时，除了某些特殊情况（如重组、破产等）外，必须归还本金。

债券的上述特征是相互联系、相互制约的。流动性与收益性成反比，收益性与风险性成正比：若风险性小、流动性强，则收益性就较差；若风险性大、流动性弱，则收益性就较好。

三、公司债券的发行

《公司法》规定，公司发行公司债券应该符合《证券法》规定的发行条件与程序。

（一）发行公司债券的条件

《证券法》规定，公开发行公司债券应当符合下列条件：(1) 具备健全且运行良好的组织机构；(2) 最近3年平均可分配利润足以支付公司债券1年的利息；(3) 国务院规定的其他条件。

公开发行公司债券筹集的资金必须按照公司债券募集办法所列资金用途使用；改变资金用途，必须经债券持有人会议做出决议。公开发行公司债券筹集的资金不得用于弥补亏损和非生产性支出。

《证券法》规定，有下列情形之一的，不得再次公开发行公司债券：(1) 对已公开发行的公司债券或者其他债务有违约或者延迟支付本息的事实，仍处于继续状态；(2) 违反本法规定，改变公开发行公司债券所募资金的用途。

（二）发行公司债券的程序

公司债券的发行必须按照下列程序进行：

1. 由股东会或股东大会做出决议

申请发行公司债券，应当由公司董事会制订方案，由股东会或股东大会对下列事项做出决议：(1) 发行债券的数量；(2) 向公司股东配售的安排；(3) 债券期限；(4) 募集资金的用途；(5) 决议的有效期；(6) 对董事会的授权事项；(7) 其他需要明确的事项。

发行公司债券募集的资金必须符合股东会或股东大会核准的用途，且符合国家产业政策。

2. 保荐人保荐

发行公司债券，应当由保荐人保荐，并向中国证监会申报。

3. 制作申请文件

保荐人应当按照中国证监会的有关规定编制和报送募集说明书和发行申请文件。

公司全体董事、监事、高级管理人员应当在债券募集说明书上签字，保证不存在虚假记载、误导性陈述或者重大遗漏，并声明承担个别和连带的法律责任。

保荐人应当对债券募集说明书的内容进行尽职调查，并由相关责任人签字，确认不存在虚假记载、误导性陈述或者重大遗漏，并声明承担相应的法律责任。

为债券发行出具专项文件的注册会计师、资产评估人员、资信评级人员、律师及其所在机构，应当按照依法制定的业务规则、行业公认的业务标准和道德规范出具文件，并声明对所出具文件的真实性、准确性和完整性承担责任。

债券募集说明书所引用的审计报告、资产评估报告、资信评级报告，应当由有资格的证券服务机构出具，并由至少两名有从业资格的人员签署。

债券募集说明书所引用的法律意见书，应当由律师事务所出具，并由至少两名经办律师签署。

债券募集说明书自最后签署之日起 6 个月内有效。

债券募集说明书不得使用超过有效期的资产评估报告或者资信评级报告。

4. 核准和发行

中国证监会依照下列程序审核发行公司债券的申请：(1) 收到申请文件后 5 个工作日内决定是否受理；(2) 中国证监会受理后，对申请文件进行初审；(3) 发行审核委员会按照《中国证券监督管理委员会发行审核委员会办法》规定的特别程序审核申请文件；(4) 中国证监会做出核准或者不予核准的决定。

发行公司债券的申请经国务院授权部门核准后，应该公告公司债券募集办法。公司债券募集办法中应该载明下列主要事项：(1) 公司名称；(2) 募集资金的用途；(3) 债券总额和债券的票面金额；(4) 债券利率的确定方式；(5) 还本付息的期限和方式；(6) 债券担保情况；(7) 债券的发行价格、发行的起止日期；(8) 公司净资产额；(9) 已发行的尚未到期的公司债券总额；(10) 公司债券的承销机构。

发行公司债券，可以申请一次核准，分期发行。自中国证监会核准发行之日起，公司应在 6 个月内首期发行，剩余数量应当在 24 个月内发行完毕。超过核准文件限定的时效未发行的，须重新经中国证监会核准后方可发行。

首期发行数量应当不少于总发行数量的 50%，剩余各期发行数量由公司自行确定，每期发行完毕后 5 个工作日内报中国证监会备案。

公司应当在发行公司债券前的 2～5 个工作日内将经中国证监会核准的债券募集说明书

摘要刊登在至少一种中国证监会指定的报刊，同时将其全文刊登在中国证监会指定的网站。

与发行股票一样，债券也有私募发行和公募发行两种方式。

债券私募发行是相对于债券公募发行而言的，是向特定的少数投资者发行债券的方式。这里所指的“特定的少数投资者”大致有两类：一类是个人投资者；另一类是机构投资者，如大的金融机构或与发行人有密切业务关系的企业等。

债券公募发行又称公开发行，是由发行公司与承销机构签订承销合同，向社会上广泛的不特定投资者发行公司债券。承销机构一般是证券经营机构或者投资银行。承销有代销和包销两种方式。代销即由承销机构代为销售公司债券，在约定期限内未售出的公司债券退还发行公司，承销机构不承担发行风险。包销是由承销机构购入发行公司拟发行的全部债券，然后出售给社会上的认购者。如果承销机构在约定期限内未能将债券全部售出，则未售出债券由承销机构负责认购，承销机构承担发行风险。

公募发行是世界各国通常采用的公司债券发行方式，我国法律规定发行公司债券必须采取公募发行方式。

采取公募发行方式时，公司债券认购人直接向承销机构付款认购，承销机构代理收取债券款，交付债券。事后，承销机构与发行公司办理债券款的结算。

公司以实物券方式发行公司债券的，必须在债券上载明公司名称、债券票面金额、利率、偿还期限等事项，并由法定代表人签名、公司盖章。

根据《公司法》的规定，公司发行公司债券应当置备公司债券存根簿。

公司可以发行记名公司债券和无记名公司债券。发行记名公司债券的，应当在公司债券存根簿上载明下列事项：(1) 债券持有人的姓名或者名称及住所；(2) 债券持有人取得债券的日期及债券的编号；(3) 债券总额、票面金额、利率、还本付息的期限和方式；(4) 债券的发行日期。记名公司债券的登记结算机构应当建立债券登记、存管、付息、兑付等相关制度。发行无记名公司债券的，应当在公司债券存根簿上载明债券总额、利率、偿还期限和方式、发行日期及债券的编号。

上市公司经股东大会决议可以发行可转换为股票的公司债券，并在公司债券募集办法中规定具体的转换办法。上市公司发行可转换为股票的公司债券，应当报国务院证券监督管理机构核准。发行可转换为股票的公司债券，应当在债券上标明“可转换公司债券”字样，并在公司债券存根簿上载明可转换公司债券的数额。

四、公司债券的交易和转让

(一) 公司债券的交易

公司申请公司债券上市交易，应当符合下列条件：(1) 公司债券的期限为 1 年以上；(2) 公司债券的实际发行额不少于人民币 5 000 万元；(3) 公司申请债券上市时仍符合法定的公司债券发行条件。

申请公司债券上市交易，应当向证券交易所报送下列材料：(1) 上市报告书；(2) 申请公司债券上市的董事会决议；(3) 公司章程；(4) 公司营业执照；(5) 公司债券募集办法；(6) 公司债券的实际发行数额；(7) 证券交易所上市规则规定的其他材料。申请可转换公司债券的上市交易，还应当报送保荐人出具的上市保荐书。

公司债券上市交易申请经证券交易所审核同意后，签订上市协议的公司应当在规定的期限内公告公司债券上市文件及有关文件，并将其申请文件置备于指定场所供公众查阅。

公司债券上市交易后，公司有下列情形之一的，由证券交易所决定暂停其公司债券上市交易：(1) 公司有重大违法行为；(2) 公司情况发生重大变化，不再符合公司债券上市条件；(3) 公司债券所募集的资金不按照核准的用途使用；(4) 未按照公司债券募集办法履行义务；(5) 公司最近 2 年连续亏损。公司有上述(1)、(4)所列情形之一，经查实后果严重的，或者有(2)、(3)、(5)所列情形之一，在限期内未能消除的，由证券交易所决定终止其公司债券上市交易。

公司解散或者宣告破产的，由证券交易所终止其公司债券上市交易。

（二）公司债券的转让

公司债券可以转让，转让价格由转让人和受让人约定。公司债券在证券交易所上市交易的，按照证券交易所的交易规则转让。

根据公司债券种类的不同，公司债券的转让方式有两种。记名公司债券由债券持有人以背书方式或者法律、行政法规规定的其他方式转让；转让后由公司将受让人的姓名或者名称及其住所记载于公司债券存根簿。无记名公司债券的转让由债券持有人将该债券交付受让人后即发生转让的效力，受让人一经持有该债券，即成为公司的债权人。

发行可转换公司债券的，公司应当按照其转换办法向债券持有人换发股票，债券持有人对转换股票或者不转换股票有选择权。

第二节　公司债券的种类

公司为了扩大规模、提高市场占有率等目的而发行债券、筹集债务资金，需要了解债券的种类。不同种类的公司债券对公司的发展会产生不同的影响。

一、记名债券和无记名债券

根据是否记有债券持有人的姓名或名称，债券可分为记名债券和无记名债券。

（一）记名债券

记名债券是指在公司债券上记载债券持有人的姓名或名称，在公司债权人名册上登记的债券。当债券持有人转让债券时，除交付债券外，还要在债券上背书和在公司债权人名册上更换姓名或名称。这种债券的优点是比较安全，缺点是转让手续复杂。

（二）无记名债券

无记名债券与记名债券相对应，是指债券票面上未注明债权人姓名或名称，也不用在债权人名册上登记的债券。该种债券转让时无须背书，转让即生效，比较方便。

二、可转换债券和不可转换债券

根据能否转换为公司股票，债券可分为可转换债券和不可转换债券。

（一）可转换债券

可转换债券是指由发行公司发行的、可以按一定条件转化为一定数量公司普通股股票的债券。可转换债券在本书中另有详细说明,这里不再赘述。

(二) 不可转换债券

与可转换债券相对应,不可转换债券是指在任何条件下都不能转换为公司股票的债券,即我们平时所说的一般债券。不可转换债券的利率通常比可转换债券高。

以上两种分类是《公司法》的规定。除此之外,按照国际实务的通用做法,公司债券还有其他一些分类。

三、抵押债券和信用债券

根据有无特定的财产担保,债券可分为抵押债券和信用债券。

(一) 抵押债券

抵押债券是指筹资者以土地、房屋、设备或存货等资产作为还本付息的抵押担保物发行的债券。当债务人到期无力还本付息时,债权人有权处理抵押品作为抵偿。当某一抵押物的价值大于所担保债权的价值时,其余额部分可以再次作为发行新债券的抵押品,从而产生顺位抵押债券,即把具有同一抵押物的公司债券根据要求清偿的顺序分为第一顺位抵押债券、第二顺位抵押债券……当抵押物处理后,所得价款按抵押顺位分配,抵押顺位在前者具有优先分配权。

(二) 信用债券

信用债券是一种没有载明具体资产抵押作为担保,仅凭公司信誉发行的公司债券,又称无担保债券。由于信用债券发行时没有以具体的资产作为担保,发行人仅凭公司的盈利能力为其保证,因此,一旦公司清算,信用债券持有人就只能成为公司的一般债权人。在这种情况下,到期还本付息的风险较大。基于此,债券持有人在购买债券时会签订具有限制性的保护条款,特别是限制抵押条款,以防止将公司的资产抵押给其他债权人来筹资,增加财务风险。由此可见,信用债券是以公司的盈利能力足以偿还本金和支付利息为保证的,只有信誉好的公司才有可能发行信用债券。

四、浮动利率债券和固定利率债券

根据票面上的利率是否固定,债券可分为浮动利率债券和固定利率债券。固定利率债券的利率在整个债券期限内是固定的,大多数债券属于固定利率债券。浮动利率债券的利率在整个债券期限内是随着市场利率的变化而变化的。浮动利率债券在发行时,应事先规定好一定的期限和相对于某一具有代表性的利率(如 LIBOR——伦敦银行间同业拆借利率)的利率差,债券发行人实际支付的利息将随着标准利率水平的变化而变化。

在利率变动频繁时,不论是债券的发行者还是购买者,都对利率的长期趋势感到难以把握,担心因债券利率固定、市场利率变化而蒙受损失。解决这一问题的方法之一是利用短期债券,但是,如果发行人需要长期使用资金,就面临着要不断进行短期债券展期的问题,在一定程度上增大了筹资风险。浮动利率债券是解决上述问题的一个有效途径。债券利率随着市场利率的变化而变化,从而使债券发行者避免了因市场利率下降而带来的风险。

五、可收回债券和不可收回债券

根据是否可收回,债券可分为可收回债券和不可收回债券。

可收回债券是发行公司可以按照发行时规定的条款，依据一定的条件和价格，在恰当的时间收回的债券。一般来讲，债券的赎回价格高于面值，高出的部分称为赎回溢价。关于赎回溢价的计算，可以采用不同的方法，下面介绍的是一种比较简单的方法。

$$p = I - t\frac{I}{N}$$

式中：p——赎回溢价；

I——债券年利息；

t——债券发行至赎回的时间间隔；

N——债券期限。

例 7-2 某公司于××××年年初发行可收回债券，票面价值为 1 000 元，票面利率为 8%，债券期限为 8 年，××××+3 年年初赎回。那么，该债券的赎回溢价为：

$p = 80 - 3 \times 80 \div 8 = 50$(元)

可收回债券关于提前赎回债券的规定是对债券发行公司有利的规定，但有可能损害债权人的利益。例如，若公司发行后市场利率降低，公司就可能利用债券的可收回性，采用换债(赎回旧债，发行新债)的方法提前赎回利息较高的债券，代之以利息较低的债券；而如果市场利率在债券发行后进一步上升，发行公司便不赎回债券，继续享受利息的好处。这样，市场利率变动风险就完全由债权人承担。

不可收回债券，顾名思义，是指发行公司发行后不可收回的债券。

六、其他类型

(一) 附认股权债券

附认股权债券是指在发行一般债券的同时附一份认股权证。认股权证是一种允许债券持有人按照某一特定的价格购买一定数量普通股股票的长期选择权。认股权证通常被用来作为给予债券持有人的一种优惠而随债券发行，以吸引潜在购买者。关于这种债券，本书后面另有详细说明。

(二) 零息债券

零息债券是指折价发行、债券期限内票面利息率为零的公司债券。零息债券的特点是债券发行人以低于债券面值的价格发行债券，在债券期限内不支付利息，但到期时以面值本金偿还。例如，某公司于××××年 1 月 1 日以 420 元发行 8 年期的零息债券，票面价值为 500 元，那么，债券持有人可于××××+8 年 1 月 1 日按债券面值从发行公司领取 500 元本金。

可见，对于发行公司来讲，其不必在整个债券期限内为这批零息债券准备现金，使公司可以从长期考虑资金的使用；但是，弊总是随着利而来，到期时，公司必须为还债而准备大量资金，其数量远远大于公司筹资时的数量，公司会有很大的压力。

(三) 收益债券

收益债券是指只有在公司盈利时才向债券持有人支付利息的一种债券。这种债券不会给发行公司带来固定的利息支付，对投资者而言，收益高，风险也大。收益债券具有累积性，即某一年度的未付利息可以积累起来。如果公司确实盈利，那么，它必须在盈利许可的范围内先支付累积利息，不过也有一个期限，一般以 3 年为准。像其他债券一样，收益债券的求偿权处于普通股和优先股之前。收益债券的利息除了可以抵税外，还可以与优先股股利和普通股股利一样，当公司盈利时才予以支付。

第三节　公司债券的评级

债券评级是由债券信用评级机构根据债券发行者的要求及提供的有关资料，通过调查、预测、比较、分析等手段，对拟发行债券的风险，即债券发行者按期、按量偿还债券本息的清偿能力和清偿愿望做出独立判断，并赋予相应的等级标志。所以，债券的等级反映了该债券的风险大小，影响该债券的定价。

债券的信用评级最早源于美国。目前，世界上最著名的两家证券评级公司——穆迪公司(Moody's)和标准普尔公司(Standard&Poor's)均为美国公司。我国的债券评级工作起步较晚，20 世纪 80 年代末期才开始组建专业化的信用评级机构。据不完全统计，目前国内有八十多家信用评级机构，但是规模大、信誉好的只有数家，如中诚信国际、大公国际、上海远东和深圳鹏元，其中，中诚信国际占据了大部分市场份额。根据我国有关规定，在交易所上市的公司的债券必须申请信用评级，且其信用等级应不低于 A 级。虽然国外的信用评级公司起步早、经验比较丰富、理论比较成熟，但是它们的有些理论、数据模型并不符合中国的国情。国内信用评级公司在努力吸收国外先进经验的同时，也在努力建立自己的评级体系。现将穆迪公司、标准普尔公司和中诚信国际的债券评级工作介绍如下：

一、债券的等级标准

国外通常根据债券的风险状况，由 A 至 D 分成不同的等级标准。表 7-2 给出了穆迪公司、标准普尔公司和中诚信国际关于债券等级标准的划分及各自的定义。

表 7-2　债券评级表

穆迪公司		标准普尔公司		中诚信国际	
级别	说　明	级别	说　明	级别	说　明
Aaa	信用质量最高，信用风险最低	AAA	偿还债务能力极强，为标准普尔公司给予的最高评级	AAA	受评对象偿还债务的能力极强，基本不受不利经济环境的影响，违约风险极低
Aa	信用质量很高，只有极低的信用风险	AA	偿还债务能力很强，与最高评级差别很小	AA	受评对象偿还债务的能力很强，受不利经济环境的影响较小，违约风险很小
A	中上等级，有低信用风险	A	偿还债务能力较强，但相对于较高评级的发债人，其偿债能力较易受外在环境及经济状况变动的不利因素的影响	A	受评对象偿还债务的能力较强，较易受不利经济环境的影响，违约风险较小

续 表

穆迪公司		标准普尔公司		中诚信国际	
级别	说　明	级别	说　明	级别	说　明
Baa	中等信用风险，有某些投机特征	BBB	目前有足够偿债能力，但若在恶劣的经济条件或外在环境下，其偿债能力可能较弱	BBB	受评对象偿还债务的能力一般，受不利经济环境影响较大，违约风险一般
Ba	有投机成分，信用风险较高	BB	相对于其他投机级评级，违约的可能性最低，但持续的重大不稳定情况或恶劣的商业、金融、经济条件可能令发债人没有足够能力偿还债务	BB	受评对象偿还债务的能力较弱，受不利经济环境影响很大，有较大违约风险
B	投机性债务，信用风险高	B	违约可能性较 BB 级大，发债人目前仍有能力偿还债务，但恶劣的商业、金融或经济情况可能削弱发债人偿还债务的能力和意愿	B	受评对象偿还债务的能力较大地依赖良好的经济环境，违约风险很大
Caa	信用状况很差，信用风险极高	CCC	目前有可能违约，发债人须依赖良好的商业、金融或经济条件才有能力偿还债务。如果商业、金融、经济条件恶化，发债人可能会违约	CCC	受评对象偿还债务的能力极度依赖良好的经济环境，违约风险极大
Ca	投机性很强，可能或极有可能违约，只有些许收回本金及利息的希望	CC	目前违约的可能性较大	CC	受评对象在破产或重组时可获得的保护较弱，基本不能保证偿还债务
C	最低债券等级，通常违约，收回本金及利息的机会微乎其微	SD/D	当债务到期而发债人未能按期偿还债务时，纵使宽限期未满，标准普尔公司也会给予“D”评级，除非标准普尔公司相信债款可于宽限期内清还。此外，正在申请破产或已做出类似行动以致债务的偿付受阻时，标准普尔公司也会给予“D”评级。当发债人有选择地对某些或某类债务违约时，标准普尔公司会给予“SD”评级（选择性违约）	C	受评对象不能偿还债务

在上述级别中，三家公司的前四个级别是投资级别的债券，安全性高，风险小，收益也很低；后四个级别为投机级别的债券。各级别评级可能加上加号或减号，表示评级在各主要评级分类中的相对强度。

二、评级分析

债券评级是定性分析和定量分析相结合的结果，一般由评级委员会的成员依靠自己的经验、学识和判断力，就评级对象的产业特点、经营状况和财务状况等进行深入分析，以确定债券的信用级别。下面以穆迪公司的工业债券评级为例加以说明。

(一) 行业前景分析

(1) 公司收益受国内外和行业经济周期影响的大小及其抗经济周期干扰的能力，如主要产品的供给与需求、主要生产要素受经济周期的影响等，都会影响产品的价格和成本，从而影响公司的收益。

(2) 经济全球化对商品价格的影响。

(3) 国内和国际竞争的影响，如国内的政府补贴或国际竞争者的成本优势等，都会影响公司的发展前景和收益能力。

(4) 进入障碍，分析现有和潜在的进入障碍。

(5) 成本因素。

(6) 受技术进步的影响。

(二) 国家的政治环境和商业管制环境

(1) 发行债券的公司所在国家的商业经营实践。

(2) 管制和放松管制的趋势。

(3) 政府对公司保护和支持的程度。

(4) 货币政策和汇率政策。

(三) 公司管理层的能力和对待风险的态度

对公司管理层的能力的判断是比较困难的，但这是决定公司信用水平的一个十分重要的因素。穆迪公司的分析人员主要从以下几个方面进行分析：

(1) 公司的战略导向，如公司追求的投资报酬率水平、行业和地区组合、对发展机会的选择等。

(2) 公司的财务政策，考虑公司整体财务政策的谨慎程度、公司是否热衷于借债扩张。

(3) 公司的历史记录，过去 5 年或 10 年内公司的重要事件，如是否有过财务危机、是否有过重大诉讼、是否经历过重大的竞争挑战等。

(4) 母子公司(如果有)关系，如管理战略和组织结构。

(5) 公司管理的连续性，分析公司目前管理层的集体管理状况，以及是否存在关于新管理层接班(如果发生)后的管理规划。

(6) 公司的内部控制系统，如内部审计系统和财务控制系统等。

(四) 公司的经营状况和竞争地位

公司的经营状况和竞争地位直接决定着其创造收益的能力以及收益的稳定性，分析内容包括：

(1) 公司的相对市场份额。

(2) 公司的经营品种和收益来源的分散程度。

(3) 公司的成本结构，着重分析与主要竞争对手相比，对各种经营设备和场所利用效率的高低，特别要考察保持目前的经营效率和进一步提高经营效率的能力。

(五) 公司财务状况和资金来源

公司财务状况和资金来源分析包括对公司财务报表的分析，这一分析主要考察如下内容：

(1) 公司资产的流动性，主要使其保持足够的偿还能力，如分析流动比率和速动比率、现金收益与到期支付需求的比例等。

(2) 动员后备资源保持流动性的能力，即考察公司动员内部和外部融资能力以保证迅速偿还在短期内到期债务的能力，主要分析通过经营活动创造现金收益的能力、公司可供使用的借贷能力和公司出售证券资产筹资的能力。

(3) 公司需要动用后备资源以保持流动性的可能性，如短期负债的规模与性质、长期负债的结构、公司与银行及其他短期筹资对象的关系等。

(4) 公司保持流动性后备资源的质量。

(5) 公司筹措资金所需的时间。

(6) 公司可交易的证券资产。

（六）公司结构

在这个方面，主要考察公司的投资者结构及各类投资者在要求偿还方面的优先次序。

(1) 发行债券的公司在其权益投资者的投资整体中的重要性。如果是一家控股公司的子公司，那么，其在控股母公司的投资整体中的地位越重要，母公司对其提供的支持就越多。这是一把“双刃剑”，控股母公司也会从子公司抽取资金，削弱子公司的偿债能力。

(2) 相对的财务状况。如果发行债券的公司是子公司，则母公司财务状况虚弱会影响子公司的偿债能力；相反，如果发行债券的公司是母公司，则其子公司财务不佳也会影响母公司的偿债能力。

(3) 公司面临的法律环境。

(4) 合资伙伴与合资协议。对合资公司来说，合资双方是否精诚合作对公司的偿债能力非常重要。

(5) 债务合同及各类债务在接受清偿时的优先次序。债务合同是确定债权人与债务人之间权利义务关系的重要法律文件，也是决定债券级别的重要因素。合同中对债券发行者的限制性条款和债券接受偿还的优先次序的规定直接影响债券的级别。当债券发行者不能正常履行偿债义务时，公司债券的债权优先次序根据债券合同规定条款的不同而不同。

（七）母公司对债务合同的承诺

在这个方面，主要分析母公司对发行债券的子公司的担保承诺。如果母公司对子公司所发行的债券进行不可撤销和无条件的担保，则承诺程度最高；但是，母公司更多是有条件的担保，那么，就要具体分析母公司履行担保的条件。

（八）特殊事件的风险

在这个方面，主要是考虑债券发行者的信用状况因某些突发事件而迅速恶化，包括重大并购、管理层的突然变更等。

三、债券评级的作用

穆迪公司认为，债券评级的作用是“通过一个简单的符号系统，向投资者提供一个关于债券信用风险的客观、独立的观点，这一观点可作为投资者进行债券风险研究的参考，但并不是投资者风险研究的替代”。债券评级衡量的是债券持续期间发生损失的预期，包括债券发行者违约的可能性和违约后投资者损失的大小。

(一) 对投资者的作用

对投资者而言，债券评级的作用主要表现在以下几个方面：

第一，减少投资的不确定性，提高市场的有效性。由于市场的不完善，债券评级可以帮助投资者了解债券风险的大小，加快信息的传递，减少投资的不确定性。

第二，拓宽投资者的眼界。即便是专业的投资者，也不可能对所有潜在的投资机会都了如指掌。专业评级公司可以帮助一般的投资者对特定债券的性质有更广泛和更深入的了解。

第三，作为投资者选择投资对象的标准。对许多投资者来说，其投资对象往往有一定的限制。例如，某些投资者(如养老金)只能投资于某一级别以上的债券，所以，债券级别就成为投资者选择投资对象的重要依据。

第四，作为投资者确定风险的依据。债券级别反映了债券违约的可能性，投资者可以据此判断债券风险的大小，进而确定自己所要求风险报酬率的高低。

(二) 对筹资者的作用

对于发行公司债券的筹资者来说，债券评级有以下作用：

第一，更广泛地进入金融市场。由于债券级别是一个为广大投资者所了解并认同的关于债券信用风险的指标，因此，通过债券评级，可以使许多对发行公司不了解的投资者敢于购买相关债券，扩大了债券投资者的范围，为发行公司再次在金融市场中筹资打下扎实的基础。

第二，增强了发行公司的灵活性。债券评级使得债券发行变得相对容易，发行成本也大为降低，这些都使得债券发行更经济、更频繁。

第四节　债券的偿还和换债

公司作为债务人，在债务到期前可以有多种选择，如偿还、换债、被公司赎回或者转换为公司股票。后两者在本书中另有介绍，本节主要阐述前两者。

一、债券的偿还

债券的偿还有到期一次性偿还和分期偿还两种方式。

(一) 到期一次性偿还

到期一次性偿还是指除按期支付利息外，债券的本金在债券到期时一次性付清。这种偿还方式一方面会使公司在偿还债券本金时承担巨额资金支出的压力，另一方面不利于债权人对债务人的监督。

(二) 分期偿还

分期偿还是指在债券的有效期内，分期偿还本金的偿还方式。这种方式可以减轻发行公司在期末偿还债券本金的巨大压力。

分期偿还一般采用建立偿债基金的办法进行。偿债基金是指债券发行公司在债券到期前，定期按债券发行面值总额的一定比例在每年的公司收益中提取资金，交信托人保管，作为分期偿还本金之用。

例 7－3 某公司在××××年年初发行一笔面值为 100 万元、期限为 10 年、票面利率为 10%、每年付息一次的长期债券，规定从××××＋6 年 1 月起每年偿还本金的 10%，余下的本金在到期时一次付清。按照这一偿债计划，10 年间该公司偿还利息及本金情况如表 7－3 所示。

表 7－3　某公司偿还债务时间表

时　间	期　限	利息偿还额（万元）	本金偿还额（万元）	利息与本金合计（万元）
××××＋1 年 1 月	1	10	0	10
××××＋2 年 1 月	2	10	0	10
××××＋3 年 1 月	3	10	0	10
××××＋4 年 1 月	4	10	0	10
××××＋5 年 1 月	5	10	0	10
××××＋6 年 1 月	6	10	10	20
××××＋7 年 1 月	7	9	10	19
××××＋8 年 1 月	8	8	10	18
××××＋9 年 1 月	9	7	10	17
××××＋10 年 1 月	10	6	60	66
总　计		90	100	190

从表 7－3 中可以看出，债权人可以较早地收回部分本金，降低债权人因债务人后期经营不善而无力偿债所造成的损失，而且对于债务人来讲，减少了到期还本的巨大压力。

在美国，用偿债基金偿还债券主要有以下两种形式：一是发行公司先向信托人支付现金，让其管理，再由信托人按偿债基金赎回债券；二是发行公司直接在公开市场上购回债券，再把一定数量的债券交付信托人。

只要市场价格低于偿债基金赎回价，发行公司就会在公开市场上赎回债券；而当市场价格超过赎回价时，发行公司则会向信托人支付现金，以赎回债券。从这个角度看，偿债基金实质上是公司的一种交付期权，发行公司可以通过向信托人支付现金或在市场上购回债券来获取差价收益，根据哪个价格更低来选择是按照偿债基金赎回价还是按照市场价格来偿还债券。特别是当市场利率提高或公司信用状况恶化时，债券的市场价格相对于偿债基金赎回价会下滑，这个时候，这种交付期权对发行公司就有很大的价值。

然而，偿债基金也可能使债权人受益。通过以低于赎回价的价格赎回债券，发行公司就可以节约资金，减小公司违约的可能性。同时，由于偿债基金赎回债券是有秩序的，因此，投资者会觉得其违约风险要小于无偿债基金的条款。

二、换债

换债是指原发行公司用新发行的公司债券取代尚未到期的旧债券的行为。公司换债是为了用限制条件较宽松的新债券取代条件较为苛刻的旧债券，以降低公司的筹资成本。还债的前提是旧债券有可赎回条款。一般来说,旧债券尚未到期时市场利率下降,公司会购回旧债,发行新债,以减少利息支出。换债还可以使公司无须面对旧债券合同中的某些限制性条款,这些限制性条款可能已成为公司运营的障碍。此外,公司还可以将多个发行在外、尚未清偿的旧债券购回,发行新债券以简化管理,或者借此推迟债务到期日,改善现金流状况。

(一) 资本预算的分析

换债可以视为一种资本预算的形式:有一个初始现金支出,未来会有利息节约的现金流入。这些节约是旧债券要求的现金流出与新债券要求的现金流出之差。

例7-4　某公司目前有总额为20 000 000元、票面利率为12%、面值为100元的可赎回债券,还有20年到期。由于现在的市场利率大大低于发行时的水平,因此,该公司现在可以发行总额为20 000 000元、票面利率为10%的20年新债券,在扣除给承销机构的承销费后,实际得到19 600 000元。

假定旧债券是折扣发行,那么,旧债券的未摊销发行费用、赎回溢价、未摊销折扣可以在发行新债券时作为费用在税前扣除。在本例中,未摊销折扣部分为200 000元,旧债券发行时的律师费及其他发行费用的未摊销额为100 000元。另外,旧债券的赎回价是109元,新债券的发行费用为150 000元,所得税税率为25%,重叠期为30日(重叠期是从新债券发行到旧债券赎回的时滞,这是因为大多数公司希望在赎回旧债券前手中有用新债券募集来的资金,否则,旧债券赎回就有一定的风险,而且在发行新债券时,公司不得不受债券市场的控制;在重叠期间,公司对新旧债券都要支付利息)。

根据以上条件,我们可以计算出初始现金支出和未来现金流出,见表7-4。

表7-4　现金流量分析表　　单位:元

项　　目	金　　额
赎回旧债券的成本(赎回价为109元)	21 800 000
发行新债券的净额	19 600 000
差额	2 200 000
费用:	
新债券的发行费用	150 000
重叠期间旧债券的利息费用	200 000
费用小计	350 000
现金流出总计	2 550 000
减:节税	
重叠期间旧债券的利息费用	200 000
赎回溢价	1 800 000
旧债券的未摊销折扣	200 000
旧债券未摊销的发行费用	100 000
小计	2 300 000

续 表

项　　目	金　　额
节税(小计×25%)	575 000
净现金流出	1 975 000

为了简便起见，我们不计算在重叠期间公司利用发行新债券募集资金的投资所得，同时假定每年只在期末支付一次利息，那么，年净现金流入由旧债券要求的净现金流出与新债券要求的净现金流出之差来确定，计算情况如表 7－5 和表 7－6 所示。

表 7－5　旧债券的年净现金流出　　单位：元

项　　目	金　　额
利息费用(12%)	2 400 000
减：节税	
利息费用	2 400 000
债券折扣的摊销(200 000÷20)	10 000
发行成本的摊销(100 000÷20)	5 000
小计	2 415 000
节税(小计×25%)	603 750
旧债券的年净现金流出	1 796 250

表 7－6　新债券的年净现金流出　　单位：元

项　　目	金　　额
利息费用(10%)	2 000 000
减：节税	
利息费用	2 000 000
债券折扣的摊销(400 000÷20)	20 000
发行成本的摊销(150 000÷20)	7 500
小计	2 027 500
节税(小计×25%)	506 875
新债券的年净现金流出	1 493 125

可见，对于换债的公司来讲，可以节约 303 125 元(1 796 250－1 493 125)；或者说，通过换债，以后每年的现金净流入为 303 125 元。

(二) 折现

从上面的计算中，我们得到公司的初始现金支出为 1 975 000 元，年净现金流入为 303 125 元，现在确定折现率。因为从公司的角度看，换债基本上是一个无风险的投资方案，一旦发行了新债券,未来的净现金流入就被确知,所以,可以把税后资金成本 7.5%[10%×(1−25%)]作为折现率,那么,得到的净现值为 1 115 204.78 元。由此看来,换债对于公司来说是有利可图的。

上面的例子假定新债券的到期日与旧债券的到期日相同,倘若不同,则需要做一些修正,即考虑旧债券到期前的净现金流入。另一个假设是到期前本金数额不变,倘若是偿债基金债券,那么,新债券会按期赎回,本金不断减少,利息也不断减少,我们就必须调整未来的现金流入。

可见,公司换债实际上是一种投资决策,换债公司需要比较新旧债券的成本,以新债券的确能够节约债务成本作为决定是否换债的出发点。其计算公式如下:

$$NPV = \sum_{t=1}^{n} \frac{\Delta CFAT_t}{(1+k_t)^t} - \Delta CFAT_0$$

式中:$\Delta CFAT_t$——第 t 期因换债而增加的税后现金流;

k_t——第 t 期新债券的税后成本;

$\Delta CFAT_0$——期初因换债而发生的税后支出。

三、债券筹资的优点和缺点

发行公司债券来筹资,有优点,也有缺点。发行债券的突出优点在于筹资对象广、市场大。但是,筹资成本高、风险大、限制条件多是债券筹资的不利面。

(一)债券筹资的优点

第一,相对于股权筹资,债券的资本成本较低。债券利息可在税前列支,能为公司带来“税盾”的好处,而股权筹资向股东支付的股利属于税后支出,对公司没有节税的好处。由于债权人不参加公司利润的分配,因此债券资金的成本有明确的限制。

第二,债券筹资不会分散股东的控制权。债权人不参与公司经营管理,一般情况下不分享公司股东的控制权,债权人通过合同中的契约性条款对公司加以约束。

第三,有助于调整公司资本结构。债券种类丰富,公司可以通过发行不同的债券改善资本结构,并且债券的可赎回条款可以使公司在需要时及时调整资本结构。

第四,债券筹资有财务杠杆收益。发行公司债券筹资,公司按照事先确定的利率定期向债权人支付利息,可能使公司所有者(股东)获得财务杠杆收益。

(二)债券筹资的缺点

第一,与长期借款等其他负债筹资方式相比,发行公司债券筹资的成本较高。

第二,债券必须按时还本付息,若公司因一时资金周转不畅而不能按时还本付息,则会陷入财务危机,甚至导致公司破产。

第三,债券筹资有财务杠杆风险,它要求公司为其所有者(股东)提供更高的投资报酬率,从而加大了公司经营者的工作难度。

第四,长期债券的偿还期很长,未来的种种不确定性使公司面临较大的偿还风险。市场、价格、利率、汇率(如果公司发行以外币计价的债券)等多种因素都可能影响公司的正常还债。

第五,严格的债券合同将在一定程度上限制公司的经营决策。债权人为保障其债券的安全,一般会在债券合同中订立保护性条款,对发行债券的公司来说就是限制性条款,可能会影响公司财务的灵活性，对公司的经营决策产生不利影响。

第五节　国内外债券融资的发展状况

在发达市场经济国家，债券融资是非金融机构外部融资的主要方式之一，债券市场是资本市场的主要构成部分。与发达国家相比，我国的债券市场显得十分稚嫩。我国于1997年开始设立债券市场，并且一直以企业债来命名企业发行的债券。由于行政管制和额度的严格控制，我国的债券市场发展缓慢。我国债券市场的品种单一，只有国债、金融债、企业债，并且只有现货，没有衍生品。

我国还存在企业债券与公司债券并存的现状。在国外，只有“公司债券”，并没有“企业债券”的概念。在我国，已经发行的企业债券基本上可以视同政府债券。因为目前我国发行企业债券的企业的主要特征是：基本为国有企业，发债规模巨大，发债资金几乎全部投入政府部门批准的投资项目，审批部门非债券市场监管机关，已发行的企业债券几乎全部依赖政府信用支持，所以，我国的企业债券在性质上基本属于政府债券范畴。但是企业债券的发债主体有限，发行额度有限，资金用途有限，远远不能满足各类公司尤其是中小企业的融资需要。大力发展公司债券将有助于解决受企业债券规则限制的各类公司尤其是中小企业的融资问题。大力发展公司债券市场对降低间接金融比重、降低金融风险、促进金融改革和创新、保障国民经济持续发展有深远的意义。

我国企业债券与公司债券的区别如表7-7所示。

表7-7　我国企业债券与公司债券的区别

比较项目	公司债券	企业债券
发行主体	股份有限公司或有限责任公司	中央政府部门所属机构、国有独资企业或国有控股企业
发债资金用途	主要包括固定资产投资、技术更新改造、改善公司资本结构、调整公司资产结构、降低公司财务成本、支持公司并购和资产重组等	主要限制在固定资产投资和技术更新改造方面，并与政府部门的审批项目直接相关
信用来源	主要是发债公司的资产质量、经营状况、盈利水平和持续盈利能力等	不仅通过“国有”（即国有企业和国有控股企业）机制保证政府信用，而且通过行政强制落实担保机制
发债额度	发行后累计不超过最近一期期末净资产总额的40%	发债数额不低于10亿元
管制程度	证券监管机构要求严格债券的信用评级和发债主体的信息披露，特别重视发债后的市场监管工作	发债由国家发改委和国务院审批，要求银行予以担保；一旦债券发行，审批部门就不再对发债主体的信息披露和市场行为进行监管
市场功能	是各类公司取得中长期债务性资金的一个主要方式	受到行政机制的严格控制，每年的发行额远低于国债、央行票据和金融债券，也明显低于股票的融资额

本章小结

除了权益性资本外，发行公司债券也是公司筹集资金的一个重要渠道。本章阐述了公司债券的特征、种类、相应的发行条件与发行程序，特别引入了国外债券评级机构对债券的评级；介绍了公司债券到期时发行公司还债或者转债的方法，为顺利发行公司债券提供了方便。通过本章的学习，我们可以认识到发行公司债券筹资具有许多优点，尽管这种筹资方式会增加财务风险，但仍然受到许多公司的青睐。

复习思考题

1. 什么是公司债券？债券的基本特征是什么？
2. 公司发行债券有什么条件？
3. 对债券进行信用评级有何作用？
4. 什么叫零息债券？什么叫收益债券？
5. 公司为什么会考虑换债？满足什么条件换债才对公司有利？

练习题

1. A、B、C 三种债券的面值均为 1 000 元，期限均为 5 年，但还本付息方式不同。A 债券为每年等额还本付息；B 债券为每年付息，期末一次还本；C 债券则在期末一次还本付息。三种债券都保证按照面值提供 12%的利率(复利)，其还本付息现金流如表 7－8 所示。

表 7－8　A、B、C 三种债券的还本付息现金流　　单位：元

年　度	A 债券	B 债券	C 债券
1	277.41	120	0.00
2	277.41	120	0.00
3	277.41	120	0.00
4	277.41	120	0.00
5	277.41	120	1 762.34

要求：试求当市场利率分别为 10%、12%、15%时，A、B、C 三种债券的久期。

2. M公司于××××年发行了 20 年期的公司债券 4 000 万元，利息率为 10%，可按 106 元的价格回购。公司采取折价发行，扣除发行成本后，公司实际得到 3 700 万元，折价及发行成本采用直线法在 20 年内摊销。到了××××＋7 年，利息率下降，公司欲以 13 年期、利息率为 6%的 4 000 万元债券取而代之。扣除发行成本，公司此次发行可募得 3 860 万元。在发行成本中，有 130 万元按直线法在 13 年内摊销，另有 10 万元在当年作为费用化处理，两种债券的重叠期为 1 个月。

要求：如果不考虑重叠期间在此发行债券所筹资金的利息，公司所得税税率为 25%，试问这一方案是否可行？

第八章　认股权证和可转换债券

学习要点

19世纪中叶，出现了商品期权，但是，期权交易的真正发展是在20世纪70年代。1973年，布莱克(Black)和斯科尔斯(Scholes)提出了著名的期权定价理论，为期权的理论和应用做出了重大贡献。期权定价理论在财务管理中的应用现在已经覆盖公司投资、筹资等各个方面，并将财务决策与财务战略有机联系起来。本章介绍的认股权证和可转换债券仅仅是公司筹资时为防范风险而采用的期权衍生工具的一个方面。

- 认股权证和可转换债券具有期权性质，要求掌握认股权证和可转换债券的概念、特征及优缺点，能把它们与期权区分开。
- 熟悉可转换债券要素的含义，有标的股票、转换价格、转换期、赎回条款、回售条款等，掌握转换价值和直接价值的含义。
- 重点掌握认股权证的价值确认(分内在价值和时间价值)和稀释效应。掌握可转换债券的保护性条款(赎回与回售条款、其他限制性条款)价值分析，注意转换价值和转换价格的区别及确定。

第一节　认股权证

认股权证是期权的一种表现形式。期权赋予投资者在某一特定时期买入或卖出公司普通股的权利，根据期权合约，投资者可能拥有买入普通股的看涨期权。显然，股票当前价格越高，执行价格越低，期权的价值就越大。认股权证实际上是一个纯粹的看涨期权。

一、认股权证的概念及特征

(一) 认股权证的概念

认股权证(Warrants)是公司发行的一种长期股票买入选择权。认股权证本身不是股票，既不享受股利收益，也没有投票权，只是其持有人可以在规定的时间内按照事先确定的价格购买一定数量的公司股票。认股权证可以随公司其他证券一起发行，也可以单独发行。

1. 附于其他证券发行

股份公司可以在发行债券、普通股及优先股等证券时附带发行认股权证。其中最普通的发行方式是附于债券发行，即发行附认股权证债券。一般情况下，附认股权证债券的发行价格不会因为附认股权证而受到影响，但该债券的利息低于普通债券。附认股权证债券的发行方式具体可分为两种：一种是发行后的债券与认股权证不可分割，不能作为两种独立的证券分开在市场上流通，这种附认股权证债券实际上就是可转换债券；另一种是发行后的债券与认股权证可分割，可作为两种独立的证券分开在证券市场上流通，发行后的债券仍是普通债券，认股权证则作为一种独立的证券流通。

2. 无偿配送

股份公司发行新股时，原普通股东有优先认购权。这种优先认购权如果采用证券的形式，就是认股权证。采用这种方式时，股份公司在公布配股方案后，于配股除权日将认股权证按比例无偿配送给原股东。

（二）认股权证的特征

第一，认股权证是一种股票买权。发行认股权证的主要目的是吸引广大投资者购买发行公司的债券和优先股票。投资者不仅能够获取债券或优先股票的固定利息收入，而且能根据认股权证规定的价格在适当的时候购买发行公司的股票。

第二，每份认股权证所能购买的股票股数是固定的，记载于认股权证上。

第三，认股权证上规定的认购股票的价格可以固定，也可以按普通股票的市场价格进行调整，即认股权证的执行价格随发行公司发放股票股利或拆股而调整。例如，某公司规定认股权证的执行价格为每股 20 元，那么，当公司以 1∶2 进行拆股时，原认股权证规定的股票认购价格降低为每股 10 元。

第四，认股权证上必须载明有效期限，超过有效期限，认股权证即失效。

二、认股权证的价值

由于认股权证实质上是一种股票买权，因此，其价值由确定股票买权的方法来决定。只是在执行普通股票买权时，买权的出售方向执行方交付的是已经在市场上流通的股票，而不是新发行的股票，不存在股票价格稀释效应。认股权证的持有人在行使其权利时，公司交付的是新发行的股票，这将增加公司流通在外的股票的数量。同时，由于认股权证的执行价格一般低于股票的市场价格，因此，认股权证权利的行使必然会对股票的市场价格产生稀释作用，反过来又对认股权证的价值产生影响。

（一）认股权证的内在价值

认股权证的价值分为内在价值和时间价值两个部分。内在价值又称底价，在不考虑稀释效应的情况下，认股权证的底价可表示如下：

$$V_W = q \times (P_0 - K)$$

式中：V_W——认股权证的内在价值；

q——每个认股权证可以认购的普通股票数量；

P_0——普通股票当前的市场价格；

K——认股权证认购公司股票时的认购价格（执行价格）。

如果认股权证的市场价格低于其内在价值，那就会出现无风险套利机会。

例 8-1　某公司股票的市场价格为 50 元，认股权证规定的执行价格为 40 元，每个认股权证可以购买的普通股票为 0.5 股，则该认股权证的内在价值为：

$$
\begin{aligned}
V_W &= q \times (P_0 - K) \\
&= 0.5 \times (50 - 40) \\
&= 5(\text{元})
\end{aligned}
$$

如果这个认股权证的市场价格 V_m 为 4 元，那么，投资者就可以从市场上购入两个认股权证，然后行使认股权，以 40 元的执行价格买入一只股票，总支出为 48 元。接着，在市场上以 50 元的价格出售，净收入为 2 元，这样就不会存在风险。如果每个投资者都按此进行投资，那么，随着时间的推移，认股权证的价格就会上升，而股票的市场价格就会下降。这种无风险套利机会在市场上不可能长期存在，所以，认股权证的市场价格不会低于 V_W。

与一般股票期权一样，认股权证的市场价格要高于其内在价值（底价），两者之差即认股权证的时间价值。从理论上看，认股权证的时间价值主要受期限的长短和标的物（股票）市场价格变动性的影响。距到期日的时间越长，股票价格的变动性越大，在认股权证有效期内标的股票的市场价格越高，投资者获利的机会越大，认股权证的时间价值也就越高；反之，认股权证的时间价值就越低。

（二）稀释效应

假设投资者在执行认股权前，公司普通股股票的总数为 N，股东权益总价值为 V_0，每个认股权证可购买 q 股股票，执行价格为 K；执行认股权后，公司需要按照认购价格 K 增发股票 Mq 股，取得收入 MqK。所以，认股权证施权后，公司股东权益总额为 V_0+MqK，股票总数为 $N+Mq$，每股股票的价值为：

$$
\boldsymbol{P_1 = \frac{V_0 + MqK}{N + Mq}}
$$

式中：M——认股权证的数量。

例 8-2 某公司发行在外的普通股股数为 1 000 万股，发行在外的认股权证为 200 万股，每个认股权证可购买 0.5 股股票，执行价格为 40 元，公司股东权益总额为 50 000 万元，投资者在股票价格为 50 元时行使认股权。行使认股权后，公司发行新股 100 万股（200×0.5），取得的收入为 4 000 万元，股票价格变为：

$$
\begin{aligned}
P_1 &= \frac{V_0 + MqK}{N + Mq} \\
&= \frac{50\,000 + 4\,000}{1\,000 + 100} \\
&= 49.1(\text{元})
\end{aligned}
$$

可见，认股权被执行后，股票价格下降了 0.9 元（50—49.1）。因此，在考虑了稀释效应后，认股权证的实际理论价值为：

$$
\begin{aligned}
V_W &= q \times (P_1 - K) \\
&= q \times \left(\frac{V_0 + MqK}{N + Mq} - K\right) \\
&= \frac{Nq}{N + Mq} \times \left(\frac{V_0}{N} - K\right)
\end{aligned}
$$

$=0.5\times(49.1-40)$

$=4.55$(元)

显然，与一般股票买权(5 元)相比，其价值被稀释成 91%(4.55÷5)，稀释因子为 $\frac{N}{N+Mq}$。

在例 8-2 中，$N=1\ 000$，$M=200$，$q=0.5$，所以：

$$\frac{1\ 000}{1\ 000+200\times0.5}=0.91=91\%$$

(三) 债券附认股权发行

债券附认股权的初始价值 = 附认股权证债券的发行价格 − 纯负债价值

与认股权的初始价值相对应的是其真实市场价值，后者可能高于前者，也可能比前者低。

例 8-3　某公司发行某普通债券，票面利率为 12%，单独发行利率为 1%，当认股权证伴随债券发行时，利率仅为 10%，如果公司以面值 1 000 元为初始价格销售其期限为 20 年并附 50 张认股权证的债券，假定市场利率为 12%并作为折现率，那么 50 张认股权证的价值就可以通过下列步骤求得：

确定纯负债价值：

$$\sum_{t=1}^{20}\frac{100}{(1+12\%)^t}+\frac{1\ 000}{(1+12\%)^{20}}=850.61(\text{元})$$

公司以面值 1 000 元为初始价格出售其债券，则认股权证的价值应为：

$1\ 000-850.61=149.39$(元)

每份认股权证的理论价值为：

$149.39\div50=2.99$(元)

三、认股权证筹资的利弊

认股权证给了投资者在未来以较低的价格买入具有较高价值公司股票的权利，同时，发行公司因为附有认股权证的债券或优先股的较低的利息或股利而降低了资本成本，所以，认股权证是一种投资者和筹资者都喜欢的期权衍生工具。目前，这一筹资方式已经得到西方国家许多公司的认同。

(一) 认股权证筹资的优点

1. 吸引投资者

这是发行认股权证的主要优点。认股权证为投资者提供了一个以小搏大的投资理财工具，可有效地刺激投资者的投资欲，使公司容易筹到所需资金。

2. 低资金成本和宽松的筹资条款

公司利用认股权证筹资的最大好处在于降低筹资成本。对于快速成长的公司来说，利用债券和优先股很可能被要求很高的报酬率，因为潜在的投资者只有在高利率水平上才能接受此类高风险证券，所以筹资成本很高；但是，如果将此类债券附上认股权证，由于收益潜质的预期，公司就可以降低证券必要报酬率。如果公司得以繁荣，股票价格就会大幅上涨，投资者能够获得股票市价与认股权证买价之间的差额收益，投资者会因此愿意接受较低的债券利率和较少的限制性契约条款。

3. 扩大了潜在的资金来源

当认股权证的认股权被行使时，不但增加了公司的权益资金，更重要的是，投资者对公司未来看好，会在一定程度上拉动股价。

4. 增加筹资的灵活性

股份公司发行认股权证后，如果公司发展顺利，一方面公司股价会随之上升，促使认股权证的行使；另一方面公司对资金的需求会增加，认股权证的行使正好为公司及时注入大量资金。反之，如果公司发展不景气，公司就不会有新的筹资需求，低股价也会使认股权证持有人放弃认股权。

5. 保护原股东的利益

股份公司在利用认股权证对原股东配售新股时，一些没有认购能力或不打算认购新股的股东有机会将认股权证转让并从中获利，从而有效地保护了原股东的利益；同时，新股认购率会提高，能保证公司新股的顺利发行。

（二）认股权证筹资的弊端

1. 不能确定投资者将在何时行使认股权

这一点往往使公司陷于被动。认股权证为公司提供的筹资数额需要得到投资者的认可，即投资者认为值得执行。至于投资者何时认为可执行认股权，公司不能控制，在公司急需资金时，这笔潜在资金不能满足需要，又由于公司不便于利用其他方式再筹资，因此，这种不确定性使公司处于筹资困境。

2. 高资金成本风险

假如上述筹资困境产生，公司就只能通过提高普通股股利（促使股票的市场价格上升）来刺激认股权证持有人行使认股权，从而导致资金成本上升。

3. 稀释普通股

当认股权被执行时，普通股股份增加，每股收益减少；同时，稀释了原有股东的控制权。

认股权证融资能否取得成功，在很大程度上取决于其认购价格的合理性。认购价格定得太高，一旦股价跌破认购价格，股东必然放弃认股权而导致新股发行失败；认购价格定得太低，虽然能保证新股的顺利发行，但会大大稀释原股票的价值。

第二节 可转换债券

从 1843 年第一张可转换债券发行至今已有一百六十多年的历史。直到 20 世纪 70 年代，美国经济的极度通货膨胀使得债券投资者开始寻找新的投资工具，可转换债券才进入人们的视野，并于此后 30 年在全球迅速发展起来。

一、可转换债券的概念和性质

（一）可转换债券的概念

可转换债券是可转换证券中的一种。从广义上讲，可转换证券是一种证券，其持有人有权在到期日前将其转换成另一种不同性质的证券，如期权、认股权证等；但是，从狭义上看，可转换证券只包括可转换债券和可转换优先股。可转换债券是一种公司债券，它赋予持有人在发行债券的一定时间内依据本人的自由意志选择是否根据约定的条件将持有的债券转换为发行公司的股票或者另一家公司的股票的权利。换言之，可转换债券持有人可以选择持有至到期日要求公司还本付息，也可以选择在约定的时间内转换成股票，享受股利分配或资本增值。

(二) 可转换债券的性质

从可转换债券的概念中，我们可以看出，普通可转换债券具有债权和股票期权的双重基本属性。

1. 债权性质

可转换债券是一种公司债券，是一种固定收益证券，具有确定的债券期限和定期利息，具有明显的债权性质。这意味着，可转换债券的持有人不是公司的所有者，不能参与公司决策，在公司的资产负债表上属于“或有负债”，在投资者把它转换为股票前，它仍然属于公司的负债资产。

2. 股票期权性质

可转换债券为投资者提供了转换成股票的权利，而这种权利具有选择权的含义：投资者既可以行使转换权，将其转换为公司股票，也可以放弃转换权，持有债券到期。也就是说，可转换债券包含了股票买入期权的特征，投资者通过持有可转换债券可以获得股票上涨的收益。

二、可转换债券的要素

可转换债券的要素是指构成可转换债券基本特征的必要因素，表明可转换债券与不可转换债券(普通债券)之间的区别。

(一) 标的股票

可转换债券作为期权的衍生产品，与期权一样，也有标的物。可转换债券的标的物一般是发行公司自己的普通股股票，也有其他公司(如发行债券公司的上市子公司)的股票。由于可转换债券的价值中包含了买入标的股票的权利，因此，可转换债券的价格必然依赖标的股票的价格变动，与之同向变动。

(二) 转换价格

转换价格是指可转换债券转换为每股股票时发行公司所支付的价格。例如，某公司发行期限为 15 年的可转换债券，面值为 1 000 元，规定可以在 15 年内按照每股 50 元的价格转换为该公司的股票，这里的 50 元即转换价格。

转换价格并不是固定不变的，某些可转换债券的转换价格在一段时间内是递增的。如上例，公司可以规定前 5 年的转换价格为每股 50 元，后 5 年的转换价格为每股 80 元，再后 5 年的转换价格为每股 100 元。因为转换价格越来越高，所以债券能够转换成股票的数量就越来越少。逐期提高转换价格的目的在于促使投资者尽早转换。如果在发行可转换债券后，公司发放了股票股利或实施了股票分割，那么，转换价格也要调整。这种反稀释条款主要是为了保护投资者的利益。例如，股票分割比例为 1∶2，那么，转换价格减半。

与转换价格紧密联系的两个概念是转换比率和转换溢价率。转换比率是指一单位债券转换成股票的数量。转换比率的计算公式如下：

$$K=\frac{M}{P_C}$$

式中：K——转换比率；

M——可转换债券的面值；

P_C——可转换债券的转换价格。

转换溢价是指转换价格超过可转换债券的转换价值（可转换债券按标的股票时价转换的价值）的部分。转换溢价率是指转换溢价与转换价值的比率，即：

$$r=\frac{P_C-P}{P}$$

式中：r——转换溢价率；

P——标的股票的市场价格。

转换比率和转换价格是转换能否成功的核心要素，直接涉及投资者和公司现有股东之间的利益关系。转换价格过高会降低可转换债券的投资价值，使其失去对投资者的吸引力，增大发行风险；转换价格过低，会稀释公司股权及盈利，损害公司原有股东的利益。

为保护投资者利益，可转换债券可包含转换调整条件。转换调整条件也称向下修正条款，是指当标的股票价格下降时，可以在预定的期限内将转换价格向下修正，直至修正到原来转换价格的80%。转换调整条件是可转换债券设计中比较重要的保护投资者利益的条款。

（三）转换期

转换期是指可转换债券的持有人行使转换权的有效期限。可转换债券的转换期可以与债券的期限相同，也可以短于债券的期限。例如，某种可转换债券规定只能在其发行一段时间后（如发行若干年后）才能行使转换权，这种转换期称为递延转换期，其短于债券期限。还有的可转换债券规定只能在一段时间内（如发行日后的若干年内）行使转换权，超过这段时间则转换权失效，因而转换期也短于债券期限，这种转换期称为有限转换期。超过转换期后的可转换债券不再具有转换权，自动成为不可转换债券（普通债券）。

按照我国有关规定，可转换债券自发行日起6个月后方可转换为公司股票。可转换债券的具体转换期由发行公司根据债券的存续期及公司的财务情况确定。

（四）赎回条款

赎回是指在一定条件下公司按事先约定的价格买回未转换为股票的可转换债券。发行公司设立赎回条款的主要目的是降低发行公司的发行成本，避免因市场利率下降而给自己造成利率损失，也出于加速转股过程、减轻财务压力的考虑。赎回实质上是一种买权，是赋予发行公司的一种权利，发行公司可以根据市场的变化选择是否行使这种权利。在同样的条件下，附加此种条款，发行公司通常要在提高票面利率或降低转换价格等方面向投资者适当让利，这也是发行公司向投资者转移风险的一种方式。

赎回条款一般包括以下几个要素：

1. 不可赎回期

不可赎回期是指可转换债券从发行日开始，不能被发行公司赎回的那段时间。例如，某可转换债券的有关条款规定，该债券自发行日起2年内不能由发行公司赎回，则债券发行日后的前 2 年就是不可赎回期。设立不可赎回期的目的在于保护债券持有人的利益，防止发行公司滥用赎回权，强制债券持有人过早转换债券。不过，并不是每种可转换债券都设有不可赎回期。

2. 赎回期

赎回期是指可转换债券的发行公司可以赎回债券的期间。赎回期安排在不可赎回期后，不可赎回期结束后即进入可转换债券的赎回期。按照赎回时间的不同，赎回方式可以分为定时赎回和不定时赎回。定时赎回是指公司按事先约定的时间和价格买回未转股的可转换债券；不定时赎回是指公司根据标的股票的走势，按事先约定，以一定价格买回未转股的可转换债券。

3. 赎回条件

赎回条件是对可转换债券发行公司赎回债券的情况要求，即在什么样的情况下才能赎回债券，一般是指标的股票的价格发生了某种变化。这是赎回条款中最重要的要素。按照赎回条件的不同，赎回可分为无条件赎回（硬赎回）和有条件赎回（软赎回）。无条件赎回是指在赎回期内发行公司可随时按照赎回价格赎回债券。有条件赎回对赎回债券有一些条件限制，只有在满足这些条件后，才能由发行公司赎回债券，通常的做法是，基准股票价格达到或超过转换价格的一定幅度并持续一段时间后，发行人可以行使赎回权。国外通常把股票价格达到或超过转换价格的 100%～150%作为涨幅界限，同时在该价格水平上维持 30 个交易日作为赎回条件。

4. 赎回价格

赎回价格是事先规定的发行公司赎回债券的出价，一般为债券面值的 103%～106%，两者之差为赎回溢价，并随着债券到期日的临近而减少。例如，一种××××年 1 月 1 日发行、面值为 1 000 元、期限为 10 年、不可赎回期为 7 年、赎回期为 3 年的可转换债券，规定到期前 2 年（××××+10－2 年）的赎回价格为 1 030 元，到期前 1 年（××××+10－1 年）的赎回价格为 1 020 元，到期年度（××××+10 年）的赎回价格为 1 010 元等。

一旦公司发出赎回通知，可转换债券持有人就必须立即在转股或卖出可转换债券之间做出选择。在正常情况下，可转换债券持有人会选择转股。可见，赎回条款最主要的功能是强制可转换债券持有人行使转股权，从而加速转换，因而又称为加速条款；同时，其能使发行公司避免在市场利率下降后继续向债券持有人支付较高债券票面利息而蒙受损失。

（五）回售条款

回售条款是在可转换债券的标的股票市场价格达到某种恶劣程度时，债券持有人有权按照事先约定的价格将可转换债券卖给发行公司的有关规定。当可转换债券的转换价值远远低于债券面值时，持有人必定不会行使转股权，此时，持有人可以依据一定的条件要求发行公司以面额加计利息补偿金的价格收回可转换债券。可见，回售条款实质上是投资者享有的一种卖权，投资者可以根据市场的变化选择是否行使这种权利。发行公司设置回售条款是为了保护投资者的利益，使他们避免遭受过大的投资损失，降低投资风险，从而吸引更多投资者。含有前期回售条款的可转换债券使投资者得到了一份额外的保护，所以其票面利率往往低于不含回售条款的可转换债券的票面利率。

回售条款一般包括以下几个要素：

1. 回售条件

回售分为无条件回售和有条件回售。无条件回售是指无特别指定原因设定回售；有条件回售是指公司股票价格（标的股票）在一段时间内连续低于转股价格并达到某一幅度时，可转换债券持有人可将其按照事先约定的价格卖给发行人。

2. 回售时间

回售时间根据回售条件分为两种：一种是固定回售时间，通常针对无条件回售，一般定在可转换债券偿还期的1/3或1/2后；对于10年期以上的可转换债券，回售时间大多定在5年后。另一种是不固定回售时间，针对有条件回售，是指股票价格满足回售条件的时刻。

3. 回售价格

回售价格是事先约定的，一般比市场利率稍低，但远高于可转换债券的票面利率，使得可转换债券持有人的利益受到有效保护，降低了投资风险。因此，附有回售条款的可转换债券通常更受投资者的欢迎。

（六）强制性转股

强制性转股是指可转换债券到期时，发行公司强制尚未转股的可转换债券持有人按照事先制定的转股价格（到期时通常已被调整过）进行转股，而不顾及可转换债券持有人的自身意愿，达到扩大权益筹资的目的。该条款虽然可以保证可转换债券到期时完全转股，发行公司无须到期还本付息，但是，由于转股限定在同一时间，有可能会对标的股票价格造成相当大的影响，因此，发行公司通常不希望在到期时集中转股。

（七）还款保障及违约责任

在国际市场上，可转换债券募集说明书的很大篇幅是阐述为了将来还款的承诺而设定了种种还款保障，对公司负债以及融资租赁等涉及未来清偿债务的行为有很大限制，而且对出现破产和无法偿还债务的情形也规定了责任人的责任以及起诉程序。国际上比较通行的做法是采用受托人制度。受托人制度是为了解决人数众多的可转换债券持有人难以集中行使权利的问题而设立的，即由发行公司与信托公司签订协议，受托人接受发行人的资产抵押，如果可转换债券到期时出现还本付息问题，则债券持有人将权利委托给信托公司，让其统一行使抵押权，以使投资者获得本金，从而解决分散的投资者监督不力的问题，保障债权人的合法权益。我国目前的可转换债券市场在这个方面还有很大的差距。

例8-4　××××年2月25日，某上市公司发行可转换公司债券，其基本要素如下：

面值：100元

发行规模：13.5亿元

期限：5年（××××年2月25日至××××+5年2月24日）

票面利率：0.8%

利息支付方式：每年支付一次

还本方式：到期一次还本付息

转股价格：10元（以发行可转换公司债券前1个月股票的平均价格为基础，上浮2.77%），初始转股比率为10

转股价格除权调整：

(1) 送股或转增股本：

$$P=\frac{P_0}{1+n}$$

(2) 增发新股或配股：

$$P=\frac{P_0+Ak}{1+k}$$

(3) 两项同时进行：

$$P=\frac{P_0+Ak}{1+n+k}$$

式中：P——调整后的转股价格；

P_0——调整前的转股价格；

n——送股率；

k——增发新股或配股率；

A——新股价或配股价。

转换期：(××××年 8 月 25 日至××××+5 年 2 月 24 日)

赎回保护日期：××××年 8 月 25 日

赎回条件：股票在赎回保护日期后的任何连续 40 个交易日中有至少 30 个交易日的收盘价不低于该 30 个交易日内生效转股价格的 130%

赎回价格：面值加上赎回当日的应计利息

回售日：××××+4 年 8 月 25 日

回售价格：面值的 107.18%

三、可转换债券的价值分析

目前，关于可转换债券的定价有很多方法，这里主要介绍传统的分析方法和目前常用的理论定价方法。

(一) 传统分析法

传统分析法是一种较简单的分析方法，即最小价值理论。为了研究方便，我们仅对没有赎回条款、回售条款和强制性转股的可转换债券进行分析，从两条途径进行评估：一是将可转换债券以当前标的股票价格转换时所能得到的价值，称为转换价值或平价；二是将可转换债券视为普通债券，不考虑转股，这时，可转换债券的价值就是各期现金流量的贴现值之和，称为直接价值或投资价值。

1. 转换价值

可转换债券的转换价值就是直接转换成股票的价值。其计算公式为：

转换价值 = 股票时价 × 转换比率

当转股价格或转换比率未做调整时，转换价值只与标的股票的市场价格有关，因此，转换价值变化趋势的分析与标的股票的价格分析相同。

例 8-5　例 8-4 提及的可转换债券(面值为 100 元)发行时规定的转股价格为 10 元，转换比率为10。那么，当股票价格为11元时，其转换价值是110元；当股票价格为9元时，其转换价值是90元。

一般来说，可转换债券的价格不低于其转换价值，因为，一旦可转换债券的价格低于其转换价值，就会出现无风险套利的机会。

2. 直接价值

不管可转换债券的市场价格如何变动，到期还本及每年付息都是固定的，于是，可转换债券就存在一个相对固定的直接价值，即作为普通债券的价值。当股票价格远远低于转股价格时，可转换债券转换成股票的可能性就小，在这种情形下，可转换债券的价格相对于标的股票价格波动的反应就小。当股价跌到一定水平时，转股价格会保持在一定水平上，不再下跌，这个水平就由可转换债券的直接价值决定，通常被称为可转换债券的债券底价。

例8-6 例8-4中的可转换债券的标的股票价格从××××+1年4月份的11元左右起一直下跌，到10月份下跌到8元，下跌幅度为27%，而可转换债券的价格只从107元下跌到最低98元，下跌幅度只有8%，这个98元在某种程度上就是所说的债券的底价。

3. 最小价值理论

对于投资者来说，他总是把可转换债券的直接价值与转换价值中较高的一个作为可转换债券价值的下限，这是因为，按照相对价值评估原则，可转换债券的价值应该低于等量普通债券和等量标的股票的价值，否则就会存在套利机会。

例8-7 仍以例8-4中的可转换债券为例，当股票价格为8元时，其转换价值为80元，但债券的直接价值为98元，那么，市场上可转换债券的交易价格不会是80元，而是以债券的直接价值98元作为交易价格的基础；同样，当股票价格上升到12元的时候，其转换价值为120元，此时就不可能以98元的交易价格进行交易，转换价值120元才是交易基准。

（二）理论定价分析

目前，关于可转换债券的定价有很多方法，如以布莱克-斯科尔斯公式为基础，在种种假定条件下计算可转换债券价格的近似解析解；将所有因素都考虑进去的多因素模型，比较常见的有二叉树法、有限积分法、蒙特卡罗法等。这些方法能够处理可转换债券价格依赖于状态变量（如股价、无风险利率、市场利率）的历史路径，但比较复杂，并且计算量大、应用各有差别。对于普通投资者来说，在计算结果的准确性和计算过程的简便性两者的取舍之间，布莱克-斯科尔斯期权定价公式不失为较好的选择。

1. 可转换债券的理论价值构成

可转换债券是一种混合型的金融产品。从形式上看，可转换债券近似普通公司债券与认股权证的组合体。从价值构成来看，可转换债券可以被视为普通公司债券与股票买权的组合体。期权（Option）又称选择权，分为买权（Call Option）和卖权（Put Option）。其中，买权的持有人有权在一定时期以某一确定的价格（执行价格）购买标的资产（如股票），而卖权的持有人有权在某一确定的时间内以某一确定的价格（执行价格）出售标的资产。期权按照行使的方式，可以分为欧式期权和美式期权。美式期权可以在期权到期日前的任何一天行使，而欧式期权只能在到期日行使。

可转换债券的价值用公式表示为：

$$CB = B + Kc$$

式中：CB——可转换债券的理论价值；

B——普通债券的价值；

K——转股比率；

c——单位欧式期权价值。

2. 可转换债券的债券部分的价值确定

我国的可转换公司债券基本上是付息债券，在这里，需要引入连续支付的复利率概念，主要是为了与下文的期权定价公式相一致。所谓"连续支付的复利率"，是指复利间隔趋于0时相应的利率。连续支付的复利率 r 与年实际复利率 R 的关系如下：

$$R = e^r - 1$$

即：

$$r = \ln(1+R)$$

假定发行公司按时付息，且没有破产风险，到期还本，那么，可转换债券中债券部分的价值应等于债券部分未来的现金流量折现值。

$$B = \sum_{i=1}^{n} D_i e^{-rt_i}$$

式中：D_i——第 i 时刻的未来现金流量；

r——普通债券票面利率连续支付的复利率，即折现率；

t_i——第 i 时刻至期初的折现时间；

n——可转换债券产生现金流量的期数。

3. 可转换债券的期权部分定价

假定不考虑可转换公司债券方案中的赎回条款，且相对应的股票不支付红利，不会提前转股，那么，可转换债券中普通债券部分的价值为常数，可转换债券的定价取决于买权的定价。根据布莱克-斯科尔斯公式，单位欧式买权的价值为：

$$c = S \times N(d_1) - Xe^{-r(T-t)} N(d_2)$$

式中：c——单位欧式买权的价值；

S——股票的现在价格；

$N(x)$——标准正态分布函数，即变量小于 x 的概率；

X——买权的执行价格；

r——以无风险利率计算的连续支付复利率；

T——期权的到期时间；

t——现在的时间；

d_1——$\dfrac{\ln\dfrac{S}{X} + \left(r + \dfrac{\sigma^2}{2}\right)}{\sigma\sqrt{T-t}}$；

d_2——$\dfrac{\ln\dfrac{S}{X} + \left(r - \dfrac{\sigma^2}{2}\right)}{\sigma\sqrt{T-t}}$。

其中，σ 为可转换债券标的股票的价格波动率，计算方法如下：

$$\sigma = \sqrt{\frac{1}{m}\sum_{i=1}^{m}(u_i - \bar{u})^2} \times \sqrt{M}$$

式中：u_i——$\ln\left(\frac{S_i}{S_{I-1}}\right)$，$i=1, 2, 3, \cdots, m$；

$\bar{u}$——u_i 的平均值；

m——股票连续被观察的交易日数；

M——年实际交易日数。

4. 可转换债券定价实例分析

在这里，我们以例 8-4、例 8-5、例 8-6、例 8-7 中的可转换债券为例，用布莱克-斯科尔斯模型对××××+1 年 2 月 23 日的可转换公司债券的价值进行估算。

（1）可转换债券的价值构成

在上述可转换债券的基本要素中，暂且忽略提前赎回条款和回售条款，这主要是为了讨论方便，因此，上述可转换债券的价值为债券直接价值与欧式买权价值之和。

（2）债券的直接价值

例 8-8 对于上述可转换债券，从上面的基本要素中可知，每年付息 0.8%，4 年后到期。以当时 4 年期的公司债券复利 4.2%作为连续复利支付率，即：

$r=\ln(1+0.042)=0.041$

那么，该可转换债券的直接价值为：

$$B = 0.8 + 0.8 \times e^{-1\times 0.041} + 0.8 \times e^{-2\times 0.041} + 0.8 \times e^{-3\times 0.041} + 100.8 \times e^{-4\times 0.041}$$
$$= 88.57(\text{元})$$

在上式中，每年的利息为 0.8 元，期末加上面值共有 100.8 元。可见，作为普通债券，其价值为 88.57 元。

（3）单位欧式买权的价值

在计算该可转换债券欧式买权的时候，先确定参数。根据该可转换债券的基本要素和当时的市场情况，确定参数如下：

① ××××+1 年 2 月 23 日该标的股票平均价格 S 为 10.071 元。

② 10 年期国债利率(无风险利率)为 3.05%，连续支付复利率 r 为 $\ln(1+3.05\%)=0.03$。

③ 债券存续期 $(T-t)$ 为 4 年。

④ 转股价格即执行价格 X 为 10 元。

⑤ 标的股票价格波动率 σ 为 0.16。在这里，我们选用××××+1 年 2 月 23 日前 90 个交易日标的股票的收盘价来估算。

把上述参数代入布莱克-斯科尔斯公式，得到单位欧式期权的价值 c 为 1.898 4。因此，该可转换债券的理论价值为：

$$CB = B + Kc$$
$$= 88.57 + 100 \div 10 \times 1.8984$$
$$= 107.55(\text{元})$$

四、可转换债券的发行条件

根据我国《上市公司证券发行管理办法》，上市公司发行可转换债券，除了满足公开发行证券的一般条件外，还要满足以下规定：(1) 最近 3 个汇集年度的加权平均净资产收益率平均不低于 6%，扣除经常性损益后的净利润与扣除前的净利润相比，以低者作为加权平均净资产收益率的计算依据；(2) 本次发行后累计公司债券余额不超过最近一期期末净资产的 40%；(3) 最近 3 个会计年度实现的年均可分配利润不少于公司债券一年的利息。

上市公司可以公开发行认股权和债券分离交易的可转换公司债券(简称分离交易的可转换公司债券)。发行分离交易的可转换公司债券，除符合公开增发股票的一般条件外，还应当符合下列条件：(1) 公司最近一期期末未经审计的净资产不低于人民币 15 亿元；(2) 最近 3 个会计年度实现的年均可分配利润不少于公司债券一年的利息；(3) 最近 3 个会计年度经营活动产生的现金流量净额平均不少于公司债券一年的利息，但最近 3 个会计年度的加权平均净资产收益率平均不低于 6%(扣除非经常性损益后的净利润与扣除前的净利润相比，以低者作为加权平均净资产收益率的计算依据)的除外；(4) 本次发行后累计公司债券余额不超过最近一期期末净资产额的 40%，预计所附认股权全部行权后募集的资产总量不超过拟发行公司债券金额。

五、可转换债券筹资的优缺点

根据不同发行条款，可转换债券既是债券，又具有股票的特点；既可以是优先债券，又可以是次级债券；既可以不赎回，又可以到期还本付息；另外，当利率过低或股价高涨时，发行公司可以赎回可转换债券再融资。可转换债券为发行公司提供了灵活的融资工具。

(一) 可转换债券筹资的优点

1. 筹资成本较低

可转换债券给予了债券持有人以优惠的价格转换为公司股票的权利，故而其利率低于同一条件下不可转换债券的利率，降低了公司的筹资成本；此外，在可转换债券转换为普通股时，公司无须另外支付筹资费用，节约了股票的筹资成本。

2. 便于筹集资金

可转换债券一方面可以使投资者获得固定利息，另一方面向投资者提供了进行债权投资或股权投资的选择权，对投资者具有一定的吸引力，有利于债券的发行，便于资金的筹集。

3. 有利于稳定股票价格和减少对每股收益的稀释

由于可转换债券规定的转换价格一般高于其发行时的公司股票价格，因此，在发行新股票或配股时机不佳时，可以先发行可转换债券，然后通过转换实现较高价位的股权筹资。事实上，一些公司正是认为当前股票价格太低，为了避免直接发行新股而遭受损失，才通过发行可转换债券变相发行普通股的。这样，一方面不至于因为直接发行新股而进一步降低公司股票的市价；另一方面因为可转换债券的转换期长，即使在将来转换股票时，对公司股价的影响也比较温和，从而有利于稳定公司股价。

当可转换债券的转换价格高于其发行时的股票价格时，转换成的股票股数会较少，相对而言就降低了因增发股票对公司每股收益的稀释度。

4. 减少筹资中的利益冲突

由于日后会有相当一部分投资者将其持有的可转换债券转换为普通股，发行可转换债券不会过多地增加公司的偿债压力，因此，其他债权人对此的反对较弱，受其他债务的限制性约束较少。同时，可转换债券持有人是公司的潜在股东，与公司有利益趋同性，冲突较少。

（二）可转换债券筹资的缺点

1. 股价上扬风险

虽然可转换债券的转换价格高于其发行时的股票价格，但是，如果转换时股票价格大幅度上扬，公司就只能以较低的固定价格换出，从而降低公司的股权筹资额。

2. 财务风险

发行可转换债券后，如果公司业绩不佳，股价长期低迷，或虽然公司业绩尚可，但股价随大盘下跌，持有人没有如期将可转换债券转换为普通股，则会增加公司偿还债务的压力，加大公司的财务风险。特别是在订有回售条款的情况下，公司短期内集中偿还债务的压力会更加明显。

3. 丧失低息优势

可转换债券转换成普通股后，其原有的低息优势不复存在，公司将承担较高的普通股成本，从而导致公司的综合资本上升。

4. 稀释股权

由于可转换债券可能转换为普通股，转换后会增加流通的普通股，因此普通股每股收益会下降。根据会计准则的规定，在转换未发生时，公司财务报表规定公布“充分稀释”之后的每股收益。所谓“充分稀释”，就是假定可转换债券全部转换后普通股的每股收益。

六、可转换债券与认股权证的差异

可转换债券与认股权证有许多相似之处，如它们都代表了一种股票期权，都是附着于债券或优先股发行的等。但是，它们也有一些明显的差异，主要表现在以下几个方面：

第一，认股权证虽然多数是与公司债券或优先股捆绑发行的，但是，一旦发行，认股权证就可以脱离公司债券或优先股单独交易，而可转换债券不具备这一能力。

第二，认股权证在执行时是用现金购买股票，而可转换债券在转股时是用债券交换公司普通股票，并不需要向公司投入额外现金。认股权证行权增加了公司股权资本而不改变负债，而可转换债券行权将公司的负债转为权益资本。前者会使公司总资产发生变化，而后者不会改变公司资产总额。因此，认股权证的执行和可转换债券的转换对公司现金流量和资本结构产生的影响有所不同。

第三，认股权证可以单独发行。比如，一些公司给予其高级管理人员的认股权，虽然名为股票期权或其他名称，但实际上是认股权证，显然是脱离了公司债券或优先股发行的。

第四，认股权证行权后，债券继续流通在外；可转换债券转换后，债券被公司收回，公司不再拥有低资金成本的优势。

第五，认股权证一般是不可赎回的，可转换债券一般是可赎回的。

另外，认股权证与可转换债券的发行和转换在税收等方面的困难也有差别。

本章小结

认股权证和可转换债券都是期权，持有者凭此可以获得公司的普通股。本章首先介绍了认股权证的概念和特征、认股权证的价值分析和认股权证筹资的利弊，着重阐述了可转换债券。通过详细阐述可转换债券的转换价格、转换期、赎回条款和回售条款等基本要素，说明可转换债券同样能够吸引广大投资者。本章最后介绍了可转换债券筹资的优缺点，说明了它与认股权证筹资的差异。

复习思考题

1. 什么是认股权证?
2. 如何理解认股权证的价值?
3. 什么叫可转换债券? 它有哪些基本特征?
4. 如何理解可转换债券的回售条款和赎回条款?
5. 可转换债券筹资与认股权证筹资有何区别?

练习题

1. 可转换债券的面值为 1 000 元，票面利率为 8%。该债券的转换价格为 100 元，标的股票目前的市场价格为 85 元。如果标的股票的市场价格以每年 7%的速度上涨，那么，5 年后可转换债券的转换价值是多少?

2. 某公司发行了期限为 10 年、面值为 1 000 元、票面利率为 10%、转换价格为 20 元、总额为 1 000 万元的可转换债券。可转换债券发行后，该公司普通股(标的股票)的市场价格为 18 元。已知同样的不可转换公司债券的市场收益率为 15%，该可转换债券的市场价格为 980 元。

要求：

(1) 计算该可转换债券的转换比率。

(2) 计算该可转换债券目前的转换价值。

(3) 计算该可转换债券作为普通债券的价值。

第九章　租赁融资

学习要点

公司在筹集资金时，除了用权益和负债融资外，还有许多其他融资方式，租赁就是目前公司运用较多的一种融资方式。特别是融资租赁，作为公司筹集中期资金的一条主要渠道，已为越来越多的公司所接受。本章首先对租赁进行概述，然后阐述了租赁的种类及其特点、租赁对税收和资产负债表的影响，最后讨论了租赁融资的财务决策。

- 了解租赁的分类及各自的特点，尤其是经营租赁和融资租赁的区别与联系，熟悉融资租赁的各种形式。
- 熟悉租金的构成(设备成本、利息和相关费用)和计算方法。
- 熟悉融资租赁中的杠杆租赁，租赁和借款购买决策分析。

第一节　租 赁 概 述

一、租赁的发展

租赁是指出租人以收取租金为条件，在契约或合同规定的期限内，将其所有的资产租借给承租人使用的一种经济行为。租赁活动的产生由来已久，如在封建社会早期，农民便开始租用地主的土地，并向地主缴纳地租。只是这种早期的租赁活动规模甚小，范围狭窄，没有成为独立的商业性经营。在资本主义早期，即在以利润为目的的商业资本时期，租赁有了新的发展。在当时的国际贸易中，商船是最主要的交通工具；然而，商人对拥有船只并不感兴趣，他们感兴趣的是怎样做生意，于是便产生了以船舶为租赁物的租船契约。这种早期的船舶租赁不论是在规模上还是对以后的影响，都标志着租赁业务进入了一个新的历史阶段。到了 19 世纪，以产业资本为主体的资本主义经济体制得以确立，租赁业务的标的物开始转向制造用设备，并带有浓厚的推销色彩。19 世纪 30 年代，伦敦的第一条铁路租给东南铁路公司；1887 年，著名的美国贝尔电话公司开始经营电话机的租赁业务；19 世纪末，美国联合制鞋公司将制鞋机租赁给制鞋商；等等。这一切表明，租赁业务已经开始向制造业的各个领域拓展。但是，此时租赁的目的仍在获取资产使用权上。第二次世界大战后，西方国家为了适应战后经济恢复的需要，拥有强大实力的银行介入租赁领域，促使租赁业务的范围极大拓展。1956 年，美国金融贴现公司(美国租赁公司的前身)在旧金山成立。这是世界上第一家严格遵守法律、税制和会计制度建立起来的租赁公司，标志着现代租赁体制的确立。从此，真正以公司形式从事规模经营的现代租赁业务获得了高速发展。当前，租赁业务比较发达的国家和地区有美国、澳大利亚、英国、法国、德国、日本、巴西、韩国和中国香港特区等。美国在1984年技术设备的租赁额就达到八百多亿美元，从事租赁业务的公司有三千多家。我国租赁业务起步较晚，20世纪80年代初期才有一些企业开始采用租赁方式筹集资金。但是我国的租赁业务发展比较快，目前租赁已经成为我国公司的一种重要的融资方式。

二、租赁的概念

租赁是财产所有人(出租人)将其财产定期出租给需要这种财产的人(承租人)使用，并由后者向前者按期支付一定数额租金作为报酬的经济行为。

与银行信贷一样，租赁是一种信用活动。通过租赁，出租人与承租人之间形成了一种债权债务关系。但是，租赁是一种不同于银行信贷的特殊的信用活动。银行信贷是一种纯粹的货币借贷活动，仅仅能够起到"融资"的作用。租赁则是以"融物"的形式达到"融资"的目的，"融资"与"融物"浑然一体，成为"融资"与"融物"相结合的一种信用活动。租赁，对于出租人来讲，财产所占有的资金不能马上收回，等于向承租人发放了一笔贷款，再通过收取租金的形式收回贷款的本息，从而完成一笔放款业务；而对于承租的公司来讲，扩大再生产的设备可以购买，也可以租赁。通过租赁，租用公司相当于筹集了资金，购买了设备，分期支付的租金相当于分期偿还借款的本息。从这一点讲，租赁是资金不充足而又急需某种设备的公司筹集资金的一种特殊方式，是一条有效的融资渠道。

三、租赁融资的基本特征

租赁作为公司筹集资金的一条特殊渠道，在促进公司的生产经营方面发挥了重要作用。公司的租赁融资与其他融资渠道不同，它具有以下几个基本特征：

(一) 使用权与所有权分离

租赁作为一种信用形式，体现了财产所有权与使用权的分离。租赁公司作为出租人，以收取租金为条件，把机器、设备租给承租人(公司)使用，双方通过物的关系构成租赁信用。在整个租赁期内，出租人拥有出租物的所有权，承租人拥有出租物的使用权。租赁期满后，承租人根据租赁合同，可以有留购、续租、重订租约和退回租赁物等多种选择。在这一点上，租赁信用与分期付款的商业信用有本质的区别，在后者中，所有权发生了转移，只是货款延期交付而已。

(二) 以"融物"代替"融资"，"融物"与"融资"相结合

租赁融资的这一特征使得出租人也就是各种租赁公司具有银行和贸易公司的双重职能，使商品买卖、提供劳务和融通资金得以同时进行，减少了环节，提高了效率。

(三) 以分期偿还租金的形式偿还本息

租赁以分期偿还租金的形式偿还本息，对承租公司有很多好处：

第一，承租公司可以保证资金的流动性，以较少的投资取得较大的经济效益。

第二，使用价值超前获得——只付出部分价值就能取得全部设备的使用价值，并可以用新创造的价值偿还租金。

第三，采取分期回流的资金运动方式，承租公司的资金支付滞后，可以充分利用这个时间差使资金发挥较大的时间价值。

（四）租赁融资具有价值大、合同期内双方不可解除性

在现代租赁业中，租赁的固定资产（设备）往往价值巨大（如飞机的租赁），并且在一些租赁合同中，往往有不可撤销条款，具有不可解除性。

第二节　租赁的种类和特点

现代租赁的种类很多，通常按租赁的性质或目的，可分为经营租赁和融资租赁两大类。

一、经营租赁

（一）经营租赁的含义

经营租赁是指出租人为承租人提供租赁设备，同时承担租赁设备的维修保养、原料配件供应和培训技术人员等服务的一种租赁，故又称为服务租赁。经营租赁的目的主要不在于融通资金，而在于提供或获取租赁资产的使用权以及出租人的专门技术服务，通常是一种短期租赁。

（二）经营租赁的特点

1. 租期短

经营租赁的租期通常较短，出租者无法靠一次租赁活动获得的租金收入完全收回对租赁物的投资，并赚取合理的利润。也就是说，租赁物的一次出租期限要短于租赁物本身的经济寿命，出租者要靠租赁物的多次出租才能收回成本并赚取利润。

2. 出租方负责对租赁物的维修和保养

在经营租赁中，出租方负责对租赁物的维修和保养，所需费用可在租金中计算，也可分次单独计算。

3. 租赁合同中通常包括取消条款

承租方可以在合同到期前提前结束与出租方的租赁关系，将租赁物退还给出租方，这样可以使承租方在租赁物技术性能落后或自己已不再需要时及时退还租赁物，避免更多租金的浪费。这一选择权对承租方是非常重要的。

（三）承租人的便利

1. 不必承担所有权上的风险

这类风险包括由于生产能力的闲置或工艺技术的陈旧所造成的损失。由于承租人只是获取了租赁资产的使用权而没有取得该项资产的所有权，因此可以避免这种风险。出租人由于承担了资产所有权风险，因此通过提高租金，将风险分散到所有承租人身上。

2. 可获得周到的服务

由于出租人专营此道，因此，其能向承租人提供维修和咨询等各种服务，既经济，又迅速。

3. 可短期试用

通过经营租赁，承租人可在一个较短时期内获得使用某项资产的全部权利，这就给承租人提供了一个了解设备各种技术性能的相当好的机会。如果设备性能好，承租人就可买下设备，甚至购买更多同类设备；如果设备性能不好，则可放弃购买，终止租赁合同。

二、融资租赁

融资租赁是指出租人按照承租人的要求融资购买设备，并在契约或合同规定的较长期限内提供给承租人使用的一种信用性租赁业务。这种租赁的目的是融通资金，即以获取资产的使用价值为手段而达到融资的目的，即以“融物”来“融资”。融资租赁是现代租赁的主要类型，也是承租公司筹集中长期借入资金的一种方式。

(一) 融资租赁的特点

融资租赁通常为中长期租赁，可满足承租公司对设备较长期的需要，故也称为资本租赁或财务租赁。

融资租赁具有如下特点：

第一，租赁期限长。通常，出租方通过一次租赁就可以收回全部投资，并赚取相应的利润(出租方按照租赁物的全部市场价格安排其租金收入)。所以，融资租赁有时又称为完全转让租赁。

第二，在租赁期内，出租方通常不提供维修和保养服务。

第三，租赁合同是不可撤销合同，除特殊情况外，租赁双方一般不得提出解除租赁合同。这样，既可以保证承租方长期、稳定地使用租赁物，也可以保证出租方的租金收入。

第四，租赁期满后，承租方可以续签租赁合同，可以将租赁物退还给出租方，也可以作价将租赁物买下，而且此价格往往远低于市价。

(二) 融资租赁与经营租赁的划分标准

判断一项租赁是属于融资租赁还是经营租赁，关键不在于租约的形式，而在于租赁的实质。两者之间的划分标准通常有以下四个方面：

第一，租赁契约中规定与资产所有权有关的全部风险和报酬实质上已经转移给承租人。

第二，租赁期满，承租人可按低于市价的价格购买租赁资产。

第三，租约持续时间大于资产寿命的75%。

第四，各期租金的现值达到资产价值的90%以上。

凡满足上述四个标准中任何一个的租赁，就属于融资租赁；否则，只能属于经营租赁。

(三) 融资租赁的形式

融资租赁的形式可按其业务的不同特点具体划分为以下五种：

1. 直接租赁

直接租赁是指承租人直接向出租人承租他所需的资产，并向出租人交付租金。直接租赁的出租人可以是制造商、租赁公司或金融公司等。除制造商外，其他出租人都是向制造商或供应商购买租赁资产后再出租给承租人。

2. 售后租回

售后租回是指承租人根据协议将其资产卖给出租人，再将原设备租回使用，并按期向出租人支付租金的一种租赁形式。在这种形式下，承租人可以获得出售资产的资金，同时获得资产的使用权。售后租回实际上是一种紧急融资的方式。销售只是形式，租赁标的设备未做任何转移。承租人通过售后租回，既保留了设备的使用权，又将固定资产占用的资金流动化，加强了资金的灵活性。

3. 杠杆租赁

杠杆租赁是国际上比较流行的一种融资租赁形式。杠杆租赁一般涉及承租人、出租人和贷款人三方当事人。从承租人的角度看，杠杆租赁与其他融资租赁形式并无区别，同样是按租赁契约的规定，在租赁期内获取资产的使用权，按期支付租金。但出租人却不同，出租人只需拿出购买资产的部分资金（一般为20%～40%）作为自己的投资，其余资金（一般为60%～80%）则是以该租赁资产为担保向贷款人借入。他既是出租人，又是借资人；他既要收取租金，又要负担债务。由于其租金收入一般大于借款成本支出，从而可获得财务杠杆利益，因此这种租赁被称为杠杆租赁（也称为借款租赁）。这种租赁一般适用于价值大、租赁期长的资本密集型设备的融资需要，如飞机、输油管道、卫星系统等。杠杆租赁是一种相当复杂的融资类型。

4. 转租赁

转租赁是指出租人先从其他出租人处租赁资产，再将该资产转租给承租人，从中获取租金差价的租赁形式。

5. 委托租赁

委托租赁是出租人接受委托人的资金或者租赁标的物，根据委托人的书面委托，向委托人指定的承租人办理的融资租赁业务。在委托租赁活动中，出租人只收取手续费，不承担租赁活动的风险，实质上是租赁资产的托管机构。

（四）融资租赁的程序

不同的租赁业务具有不同的程序。融资租赁的程序较为复杂，通常有以下几个步骤：

1. 选择租赁公司

公司决定采取租赁方式获取某项设备时，首先应了解各租赁公司的经营范围、业务能力、资信情况、融资条件和租赁费率等，进行分析比较，择优选取。

2. 办理租赁委托

公司选定租赁公司后，便可向其提出申请，办理租赁委托，提出对租赁资产的具体要求；同时，向租赁公司提供公司的相关资料。

3. 签订租赁协议

不同融资租赁形式下有关的租赁协议也不一样，通常应包括以下两项协议：(1) 承租人与出租人之间的租赁协议；(2) 出租人按照承租人的要求，与制造商签订的购货协议。

4. 签订租赁合同

租赁合同是由承租人与出租人签订的、具有法律效力的重要文件，其内容可分为一般条款和特殊条款两个部分。

一般条款通常包括：(1) 合同说明，主要明确合同的性质、当事人的身份、合同签订的日期等；(2) 名词释义，解释合同中所使用的重要名词，以避免产生歧义；(3) 租赁设备条款，详细列明设备的名称、规格型号、数量、技术性能、交货地点及使用地点等，这些内容也可附表详列；(4) 租赁设备交货、验收和税务、使用条款；(5) 租赁期限及起租日期条款；(6) 租金支付条款，规定租金的构成、支付方式和货币名称，通常以附表形式列为合同附件。

特殊条款通常包括：(1) 租赁协议、购货协议与租赁合同的关系；(2) 租赁设备的产权归属；(3) 租期内不得退租；(4) 对出租人和承租人的保障；(5) 承租人违约及对出租人的补偿；(6) 设备的使用及保管、维修、保障责任和保险条款；(7) 租赁保证金和担保条款；(8) 租赁期满时对设备的处理条款;等等。

5. 办理验货与保险

在签订购货协议租赁合同的基础上,出租人筹集资金向厂商支付定金,购买租赁设备。厂商向承租人发货,承租人收到租赁设备时,要按购货协议验收。验收合格后,签发交货及验收证书,并提交出租人,出租人据以向供货商或制造商支付设备价款。同时,承租人应向保险公司办理保险事宜。

6. 支付租金

承租人在租期内应按合同规定的租金数额、支付方式等向出租人如期支付租金。

7. 合同期满处理设备

融资租赁合同期满时,承租人根据合同可对租赁设备进行续租、退租或留购。

第三节　租赁对税收和会计处理的影响

一、租赁对税收的影响

无论是经营租赁还是融资租赁,都能享受税收优惠。经营租赁的租金在报缴所得税时可以列为营业费用扣除,这能够减少公司所得税。融资租赁的租金扣除与经营租赁不同,它要求公司租赁必须满足相关条件之一(详见本章第二节)才能通过资产折旧的形式在税前扣除。

但是,如果在相当短的时间内所支付的租金接近该资产的价格加上合理的利息与搬运费用,并且承租人可以微不足道的租金续约,在全部使用年限中继续持有并使用,税务机关就会认为这一租赁实际上是销货。因为如果没有这类限制,公司就可在其所谓的租赁交易中尽速支付租金,而这些租金和折旧一样是可扣除的费用,就会导致该项设备的实际折旧年限短于税务机关规定的折旧年限,所以,税务机关对融资租赁有严格的定义。

二、租赁对会计处理的影响

《企业会计准则第 21 号——租赁》要求承租人在资产负债表中确认经营租赁的相关权利与义务。

对于承租人,会计准则取消了融资租赁与经营租赁的分类,要求承租人对除短期租赁和低价值资产租赁外的所有租赁确认使用权资产和租赁负债,并分别确认折旧和利息费用,采用融资租赁单一会计处理方法,也就是类似会计准则执行以前的融资租赁会计处理方法。

对于短期租赁和低价值资产租赁,承租人可以选择不确认使用权资产和租赁负债。做出该选择的,应当将短期租赁和低价值资产租赁的租赁付款额在租赁期内各个期间按照直线法计入相关资产成本或当期损益。

对于出租人,在租赁开始日根据交易的实质而非合同的形式将租赁分为融资租赁与经营租赁。会计准则保留了融资租赁与经营租赁的双重会计处理方法。如果一项租赁实质上转移了与租赁资产所有权有关的几乎全部风险与报酬,出租人就应当将该项租赁分类为融资租赁,应将除融资租赁外的其他租赁分类为经营租赁。

第四节　租赁融资的财务决策

公司租赁融资的财务决策就是计算租赁筹资的成本。租赁筹资的成本主要包括两个部分：一是公司向租赁公司支付的租金；二是公司为办理租赁所支付的其他费用，如由承租公司支付的运费、保险费，以及公司经办人员的差旅费、工资等。这里主要分析租金的构成及其计算，因为其占租赁筹资成本的绝大部分。

一、租金的构成要素

租金的构成要素取决于租赁方式，不同种类的租赁，其租金的构成要素是不尽相同的。一般来说，租金包括租赁财产的购置成本（包括运费、保险费），租赁期间的利息费，引进设备的手续费，税收及租赁财产的陈旧风险费、管理费、维修费、保险费、营业费等。目前，我国融资租赁的租金主要由以下几项构成：

（一）设备的购置成本

设备的购置成本是指出租人向设备制造厂家或经销商购买设备支付的全部费用，包括设备价款、合同公证费、关税、途中保险费和运杂费。设备价款一般根据市场行情，由承租人和出租人经讨价还价后确定。为了防止出租人在价上加码，承租人也可以直接与供货商谈判并商定购价后，再与出租人谈判。

如果设备是从国外进口的，则设备的购置成本就是设备的到岸价格（CIF）；如果合同用的是购买价（FOB），即离岸价格，则在货价上加上运费和途中保险费作为购置成本；如果进口合同用的是离岸价加运费价格（C&F），则在货价上另加途中保险费作为购置成本。

上述设备购置成本中如果有些费用是由承租人直接支付的，就应扣除，以免重复。

（二）利息费用

租赁期间的利息费用包括出租人为购买租赁财产所筹集资金的利息、税收和适当的风险利差。因为一般租赁业务在签订合同后的几个月或更长时间才由出租人对外支付租赁财产的货款，而在租赁双方签订合同的同时，租赁的年利率就固定下来了，所以，出租人要承担几个月后市场利率上升的风险，签约日与付款日的间隔时间越长，风险就越大。为了保障出租人的利益，应在其融资成本上加一定的风险利差。如果双方同意，也可以在付款日根据出租人的实际融资成本来确定租赁利率，这样，就由承租人承担利率风险。

（三）手续费

在办理租赁业务的过程中，因出租人购进设备而付出一定劳务所收取的费用，称为手续费。手续费包括办公费、差旅费、邮电费、银行费用、工资和税金以及必要的盈利。手续费与购进设备的成本之比称为手续费率。对于手续费的收取，目前国内和国际没有统一的标准。我国当前各租赁公司收取手续费的标准一般为1%～3%。收取手续费的方式有两种：一是在签订合同时，承租人一次支付；二是把手续费计入租金总额中，随租金的收回而收回。如果是前者，则手续费不成为租金的构成要素。

(四) 影响租金数额的其他因素

1. 租金支付方式

租金支付方式有很多种，不同方式所计算出来的利息额不同。租金可以先付，也可以后付；可以定期支付，也可以不定期支付；可以等额支付，也可以不等额支付；等等。租金支付方式不同，承租人的利息负担也就不同。

2. 租赁期

租赁期的长短影响租金总额。租赁期越长，公司负担的利息越多；租赁期越短，偿还期越短，利息负担越轻。但是，租赁期短，租金必然提高，承租人不一定能接受。所以，租赁期究竟是长一些好还是短一些好，应当综合分析。

二、租金的计算方法

租金的计算方法有很多种，如平均分摊法、等额年金法、附加率法、浮动利率法等。目前，在融资租赁实务中，大多采用平均分摊法和等额年金法。

(一) 平均分摊法

平均分摊法是指承租人将应付的租金(包括设备购置成本、利息费用和手续费用)在租赁期内平均计算的一种方式。这种方法的计算较简单，但没有充分考虑时间价值因素。其计算公式如下：

$$\boldsymbol{A=\frac{(P-S)+I+F}{N}}$$

式中：A——每次支付的租金；

P——租赁设备的购置成本；

S——租赁设备预计残值；

I——租赁期间的利息费用；

F——租赁期间的手续费用；

N——租赁期限。

例 9－1　某公司于××××年 1 月 1 日从租赁公司租入一套设备，价值为 100 万元，租赁期为 5 年，预计租赁期满，设备的残值为 20 万元，归租赁公司所有，年利率为 10%，租赁手续费为设备价值的 5%。租金每年年末支付一次。该设备每年应支付的租金为：

$$A=\frac{(100-20)+[100\times(1+10\%)^5-100]+100\times5\%}{5}=29.2102(\text{万元})$$

(二) 等额年金法

等额年金法是指运用年金现值的计算原理计算每期应付租金的方法。在后付等额租金的情况下，每期租金的计算公式为：

$$\boldsymbol{P=\sum_{t=1}^{n}\frac{A}{(1+r+f)^t}+\frac{S}{(1+r)^n}}$$

式中：P——租赁设备的现值；

A——每期应付的租金；

r——年利息率；

f——租赁手续费率；

S——租赁设备预计残值；

n——支付租金期数。

例 9－2 仍沿用例 9－1 的资料，假定设备残值归承租公司所有，则承租公司每年年末支付的租金为：

$$100=\sum_{t=1}^{5}\frac{A}{(1+10\%+5\%)^t}=A\times 3.352$$

$$A=\frac{100}{3.352}=29.8329$$

如果设备残值归租赁公司所有，则承租公司每年年末支付的租金为：

$$100=\sum_{t=1}^{5}\frac{A}{(1+10\%+5\%)^t}+\frac{20}{(1+10\%)^5}=A\times 3.352+12.42$$

$$A=\frac{100-12.42}{3.352}=26.1277(\text{万元})$$

三、租赁与借款购买决策

租赁的承租方通过签订租赁合同，在租赁期内按期支付租金，获得资产的使用权，从现金流量的表现形式上看，这与承租方事先借入一笔资金购买资产，然后逐步归还借款本息的做法是完全一致的。显然，承租方需要在借款购买和租赁之间做出比较和决策（见图 9－1）。

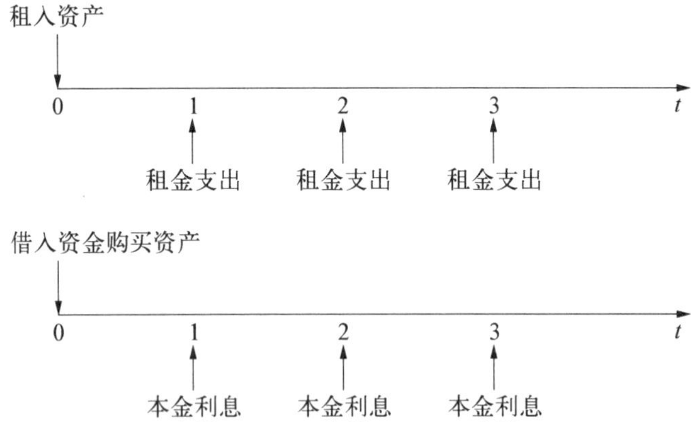

图 9－1 租赁与借款购买决策

租赁与借款购买决策就是要比较两种筹资方式的成本高低，其基本步骤是：(1) 计算借款购买的成本现值；(2) 计算租赁的成本现值；(3) 比较两种筹资方式的成本现值，选择现值较低者。

例 9－3 某公司准备添置一台自动化加工设备，设备价值为 100 万元，预计使用 4 年，税法折旧年限为 5 年，折旧期满预计净残值率为 5%。直线法计提折旧。4 年后该设备的变现价值为 34 万元。设备维护费用预计每年年末支付 1 万元，该公司的债务利息为 10%（税前)，所得税税率为 25%。根据以上数据，该公司借款购买的现金流量分析如表 9-1 所示。

表 9-1 借款购买现金流量分析表 单位：万元

项目＼年	0	1	2	3	4
购置设备	−100				
折旧		19	19	19	19
折旧抵税		4.75	4.75	4.75	4.75
维护费用		−1	−1	−1	−1
维护费用抵税		0.25	0.25	0.25	0.25
税后维护费用		−0.75	−0.75	−0.75	−0.75
期末资产变现流入					34
期末资产账面价值					24
期末资产变现损益					10
资产变现利得缴税					−2.5
各年现金流量	−100	4	4	4	35.5
折现系数(7.5%)		0.930 23	0.865 33	0.804 96	0.748 80
各年现金流量现值		3.720 92	3.461 32	3.219 84	26.582 4
借款购买现金流量总现值	−63.015 52				

表 9-1 考虑到该公司的所得税税率为 25%，故其税后债务成本率为 7.5%[10%×(1−0.25)]。借款购买的现金流出现值为 36.984 48 万元(3.720 92+3.461 32+3.219 84+26.582 4)。

借款购买的现金流量净现值=−100+36.984 48=−63.015 52(万元)

若该公司准备以租赁的方式获得这一设备的使用权，租期为 4 年，则需在每年年初支付 20 万元租金(先付租金)，租赁公司负责设备的维护，不另收取费用。租赁期内不得撤租，租赁期届满，租赁资产的所有权不转让。其现金流量分析如表 9-2 所示。

表 9-2 租赁现金流量分析 单位：万元

项目＼年	0	1	2	3	4
租金支付	−20	−20	−20	−20	
计税基础	80				
折旧		15.2	15.2	15.2	15.2
折旧抵税		3.8	3.8	3.8	3.8
期末资产变现流入					0
期末资产账面价值					19.2

续 表

项目＼年	0	1	2	3	4
期末资产变现损益					−19.2
期末资产变现损失减税					4.8
各年现金流量	−20	−16.2	−16.2	−16.2	8.6
折现系数(7.5%)	1	0.930 23	0.865 33	0.804 96	0.748 80
各年现金流量现值	−20	−15.069 726	−15.069 726	−15.069 726	6.439 68
租赁现金流量总现值	−58.769 498				

根据表 9－2 的数据，可计算出租赁的现金流量总现值为−58.769 498 万元。

比较借款购买与租赁的现金流量总现值，具体如下：

$PV_{GM}-PV_{ZL}=-63.015\ 52-(-58.769\ 498)=-4.246\ 022$(万元)

由于借款购买的现金流出高于租赁的现金流出，因此该公司应采用租赁方式获得该设备。

本章小结

租赁活动由来已久。它以种类多样、方式灵活、集融资与融物于一身、税收上的好处等多种优点，以及在降低公司风险方面的独特作用，区别于权益和负债融资，已经成为公司筹集资金的一条特殊渠道，在促进公司的生产经营方面发挥了重要作用。由于租赁的现金流与负债相似，因此，公司通常需要将其与负债筹资方式的现金流量净现值进行比较，以做出租赁或者借款购买的决策。

复习思考题

1. 什么是租赁？它有哪些类别？分别有什么特点？
2. 如何区分经营租赁和融资租赁？
3. 融资租赁有何利弊？

练习题

公司借款购买一台设备，价格为 3 万元，全部由银行贷款，期限为 5 年，年利率为 10%。设备折旧寿命为 5 年，残值为零，采用直线折旧法，公司所得税税率为 25%。若租赁同样的设备，则 5 年中每年的租赁费为 7 000 元。购买与租赁设备的年维修费相同。试问该公司应该租赁还是借款购买此设备？

第十章　短期融资

学习要点

短期融资是指融通时间在1年以内或者超过1年的一个营业周期内的资金。公司通常以短期资金融通来满足暂时增加流动资产的需要。短期融资方式多种多样，主要包括银行信用和商业信用。短期融资及其管理是营运资金管理的一个基本组成部分，它对公司的流动性及营运能力起着重要的作用。

● 了解短期融资管理的三种基本政策及怎样选择这些政策，熟悉短期融资有哪些筹资渠道，以及它们的特点和异同。

● 商业信用、商业票据、短期借款及短期融资券在资金成本、融资范围和灵活性等方面各有所长，也各有所短，可以组合运用。公司应根据具体的财务状况和运营目的选择有效的组合筹资方式。在具体学习过程中，学生要把握各种筹资渠道的优缺点，尤其是对于筹资成本的核算要重点掌握。只有这样，才能使公司的风险和收益在综合效益的基础上达到最理想的状态。

● 在短期融资担保方面，外国金融机构已有一套成熟的程序，而我国在这方面尚处于起步阶段。本章后面提到的短期借款抵押，学生需了解。

第一节　短期融资概述

一、短期融资的政策

(一) 短期融资政策的含义

许多行业的业务呈现季节性的变化，导致对流动资产的需求也呈现季节性的变化。在经营旺季，公司会增加对流动资产的需求；而在经营淡季，公司则会减少对流动资产的需求。但是，流动资产不可能降至零，总存在一个长期性的正常经营所需的最低限度的流动资产需求量，我们把这种流动资产称为永久性流动资产；对受季节性变化影响的流动资产需求量，我们称之为临时季节性流动资产或波动性流动资产。不同性质流动资产的融资方式是不同的，公司在融通短期资金时，既要保证一部分稳定的资金来源，又要合理安排短期资金来源。这种永久性流动资产与波动性流动资产融资方式的安排与组合即短期融资政策。

(二) 短期融资政策的选择方法

第一种方法是一种适中的方法(如图10－1所示)。这种方法力求使流动资产的安排与到期的短期资金安排衔接，即波动性流动资产用相应的短期资金（如短期借款）来融通，而永久性流动资产及固定资产则用长期负债或股东权益来融通。

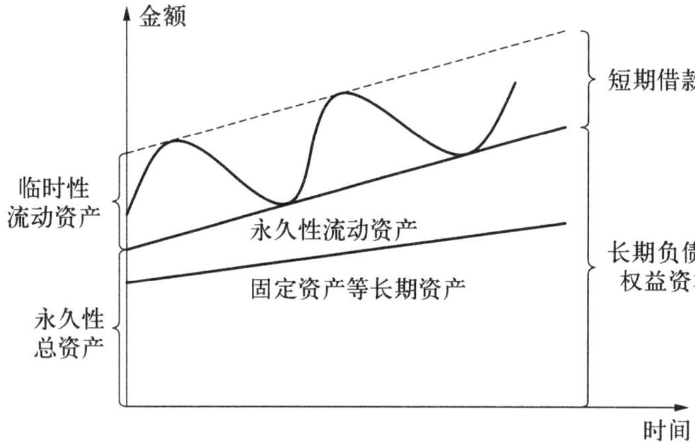

图 10－1 短期筹资的适中型模式

第二种方法是一种激进的方法（如图 10－2 所示）。在这种方法下，以长期资金融通固定资产的需要，以短期资金融通部分永久性流动资产的需要，有些公司甚至激进到在以短期资金支付全部流动资产的需要外，还用于部分固定资产的需要，这样可达到降低资本成本的目的。

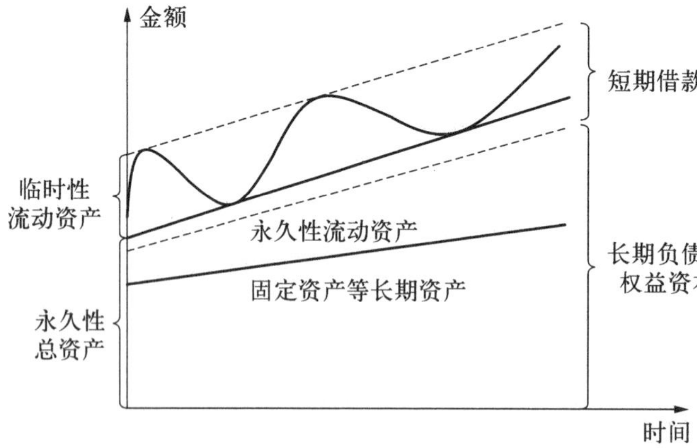

图 10－2 短期筹资的激进型模式

第三种方法是一种保守的方法（如图 10－3 所示）。在这种方法下，长期资金（如长期负债和股东权益）用于资助所有长期资产和部分或全部波动性流动资产的需要，公司只用少量短期资金应付高峰期的需要，是一种比较安全、风险较小的融资政策。

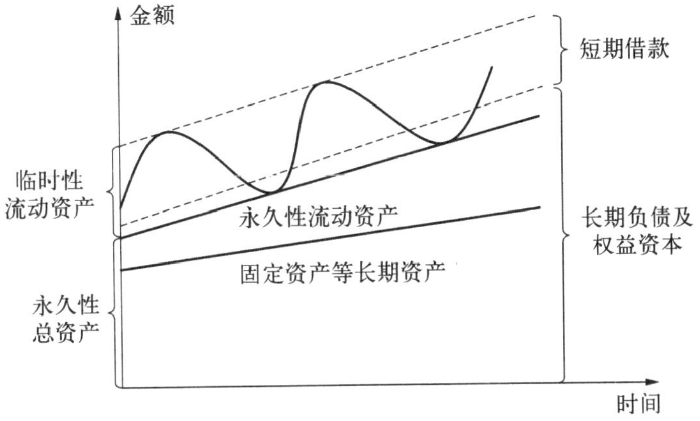

图 10－3　短期筹资的保守型模式

上述三种不同的融资政策所导致的成本及风险是各不相同的，在实践中，应权衡利弊加以应用。

二、短期资金的融通方式

短期资金的融通方式主要有银行信用和商业信用两种。银行信用是从银行或货币市场及其他金融机构获得的短期借款；而商业信用是一种自然融通行为，是通过公司之间的业务往来形成商业信用而筹措短期资金。

短期资金的融通方式可用图 10－4 表示。

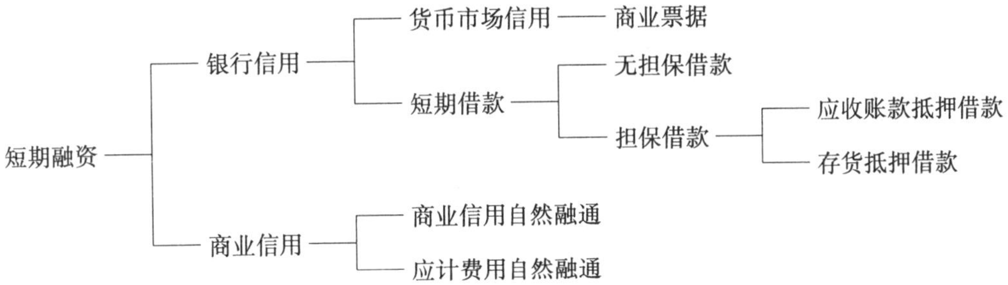

图 10－4　短期融资方式

三、短期融资的分类

短期融资按其形成的途径不同，可分为自然性融通和非自然性融通两大类。

(一) 自然性融通

所谓自然性融通，是指在公司的正常生产经营过程中获得的短期债务，并且主要用于取得经营中所使用的实物和劳务。它们的数额通常取决于公司经营活动的水平，并随着经营活动的开展自然发生、自然增减。尽管如此，公司对自然性融通数额的多少仍有一定程度的选择权。这类融通方式主要包括商业信用与应计费用。一般而言，自然性融通的成本很低，几乎没有直接成本。

（二）非自然性融通

所谓非自然性融通，是指直接从银行或者其他金融机构获得资金，并用于公司的经营。上述银行信用属于非自然性融通。一般而言，非自然性融通的成本高，并且是直接成本，主要包括应付利息等。

四、短期融资的特点

与长期负债相比，短期融资具有以下特点：

（一）融通及时、速度快

获得短期资金要比获得长期负债资金花费的时间短。贷方不需要经过详细的分析、论证以及烦琐的审批手续，能够充分显示针对短期资金需要的及时性。

（二）融通具有弹性

通过短期融资进行的资金融通具有很大的弹性：一方面表现在公司可以根据需要，方便、灵活地取得和使用资金，并且在短期内随时归还，融通的数量和期限可以随公司业务量的增减而变化，没有过多的限制性条款。另一方面表现在短期融资在利率波动上升时，可以提供融资的权宜之计；而在利率波动下降时可以实现短期资金向长期资金的转化，从而具有利率弹性。

（三）融资成本低

由于短期融资的时间较短，短期利率一般低于长期利率，因此，短期融资在融通成本的支付上要比长期负债低。

（四）融通风险大

与长期负债相比，短期融资具有更大的风险性：一方面表现在短期利率波动大，不如长期利率稳定，借款人始终面临利率变化的风险；另一方面表现在短期借款频繁发生，当其过多时，容易产生无法及时筹措和无力偿还的风险。

在上述特点中，选择短期融资应考虑的最重要的特点是融资成本低，其他特点，如风险性和灵活性等也是应该适当加以考虑的。

第二节　商 业 信 用

商业信用几乎是所有公司拥有的短期融资方式，实际上也是公司最主要的短期资金来源。

商业信用俗称商品赊购，是指在商品交易过程中由于延期付款而形成的借贷关系，是公司之间的直接信用。商业信用是由于商品交换中货与钱在时间上和空间上的分离造成的，一般属于自然性融通方式。由于商业信用是公司之间相互提供的，因此，在大多数情况下，商业信用属于“免费”使用的资金。

一、商业信用的类型

商业信用的类型主要包括应付账款、应付票据和预收账款。

（一）应付账款

应付账款是由赊购商品形成的以记账方法表达的商业信用。利用应付账款融通的方法称为记账法。在这种情况下，卖方于货物运交买方时即附上一纸发票，发票上注明运交货物的价格、到期支付的总金额以及销售条件等，这样便于买方在“应付账款”账户上记账（与此同时，卖方则在“应收账款”账户上记账）。账款的支付主要依赖买方的信用。

（二）应付票据

应付票据同样由赊购商品形成。根据购销合约，买方被要求签发一张表示向卖方借款的票据，又称期票。利用应付票据融通的方法称为票据法。凭此票据，卖方可以要求对方在规定的日期履行偿债义务，也可以在到期前经背书转让给第三者。这种方式往往存在于卖方希望买方正式承认其债务的情形下，也适用于不了解对方资信或资信较差的公司。

应付票据根据承兑人的不同，可分为商业承兑汇票和银行承兑汇票两种。

商业承兑汇票是由卖方签发的票据。该汇票必须经买方承认兑付（签字认可）后，卖方才会将货物脱手。这时，买方可指定其开户银行，并由该银行代其在票据到期时付清债权人规定的款项。商业承兑汇票亦可流通与转让。

无论是期票还是汇票，应付票据的付款期限都为 1 至 6 个月，最长不超过 9 个月。另外，应付票据可分为带息票据和不带息票据两种。带息票据要加计利息，不属于“免费”信用；不带息票据则不收利息，从而与应付账款一样，属于“免费”信用。

（三）预收账款

预收账款是卖方正式交付货物前向买方预先收取部分或全部货款的信用形式。预收账款相当于卖方用货物抵偿，向买方预借现金，是一种短期资金来源。

在上述商业信用的三种方式中，以应付账款最为常见，是最主要的商业信用，所以，商业信用的讨论通常以应付账款为主。

二、商业信用的条件

卖方根据其信用政策，在发票上往往注明其销售条件，某些销售条件又称商业信用条件。该条件通常包括还款的方式、付款的期限以及付款的条件等。这些条件通常是买方运用商业信用融资的依据。主要的销售条件可参见表 10－1。

表 10－1　商业信用条件

条　件	定　义
COD	货到付款
CBD	交货前付款
net 30 或 $n/30$	货款必须在 30 日内支付
$2/10,n/30$	发票开出 10 日内付清款项，可享受货物总额 2％的现金折扣优惠；否则，30 日内以货物的完全价格付清
$2/10,n/30$	按月付款，即本月末发运的货物下月一次付清，在下月前 10 日内付清的可享受 2％的现金折扣

从表 10－1 中我们可以看出，商业信用是否发生主要基于卖方提供的销售条件。例如，在 COD 和 CBD 两种条件下，无商业信用可言。能够形成商业信用条件的销售条件往往也有两

种形式：一是直接载明付款期限，如表 10－1 中的条件三（net 30 或 $n/30$）；二是在赊账的基础上提前付款，同时给予一定的现金折扣，如表 10－1 中的条件四（2/10，$n/30$）。这两种形式的商业信用条件较普遍。

三、商业信用融资的成本

卖方提出了如前所述的商业信用条件，对公司来讲，不外乎以下几种选择：一是到期付款（在付款期限中付款），二是是否取得现金折扣（在折扣期限中付款），三是展延期限（在付款期限后付款）。一般而言，在不同的条件下，商业信用融资的成本不同，则公司的选择也不同。

（一）到期付款

如果卖方无信用条件，公司就应尽可能长时间地利用该种商业信用。如果卖方的信用条件是要求公司在购货后一定时间内付款，则公司应当选择到期付清款项。因为在无信用条件或仅有付款期限的信用条件的情况下，公司可以长时间或在规定的时间内免费使用对方提供的资金，使用商业信用的成本为零。

（二）是否取得现金折扣

假设某公司平均每天购买 10 000 元货物，卖方提供的商业信用条件为（2/10，$n/30$）。在这里，10 000 元为信用额度，$n/30$ 为信用期限 30 日，10 为折扣期限，2 为现金折扣率 2%。该公司应做出怎样的选择？

（1）如果该公司欲取得这笔现金折扣，则必须在折扣期限内付款，这时，商业信用的成本仍然为零。有关计算如下：

每天净购买数 $=10\,000-10\,000\times 2\%=9\,800$（元）

信用期限（使用期限）$=10$（日）

10 日的平均应付账款 $=10\times 9\,800=98\,000$（元）

商业信用的融资成本 $=0$

（2）如果该公司放弃这笔现金折扣，并选择在到期日的最后一天付款，这样，公司可以将这笔款项多使用 20 日，但如此所增货款是以该公司放弃每天应得的 2%的现金折扣为代价的，对这种放弃现金折扣的成本，我们称为商业信用融资的机会成本，这种成本的发生是间接的。有关计算如下：

每天净购买数 $=10\,000$（元）

信用期限 $=30$（日）

平均应付账款 $=30\times 10\,000=300\,000$（元）

$$\text{放弃现金折扣的成本}=2\%\times\frac{10\,000}{10\,000-2\%\times 10\,000}\times 100\%=2.04\%$$

换算为年成本 $=2.04\%\times 360\div 20=36.7\%$

由此可见，当卖方提供现金折扣的优惠而公司放弃时，商业信用的融资成本就很高。一般而言，商业信用融资的机会成本可通过下列公式计算：

$$\text{放弃现金折扣的机会成本}=\frac{\text{现金折扣率}}{1-\text{现金折扣率}}\times\frac{360}{\text{付款期限}-\text{折扣期限}}\times 100\%$$

从上述公式中我们发现，在现金折扣率一定的条件下，付款期限较折扣期限越长，商业信用的机会成本就越小。

例 10-1　有两种商业信用条件供选择：一是(2/10，n/30)，二是(2/10，n/60)。依据公式：

$$信用条件一的百分比=\frac{2\%}{(1-2\%)}\times\frac{360}{(30-10)}\times 100\%=36.7\%$$

$$信用条件二的百分比=\frac{2\%}{(1-2\%)}\times\frac{360}{(60-10)}\times 100\%=14.7\%$$

公司是取得还是放弃现金折扣，其衡量的标准是利率，即将放弃现金折扣的成本率与一般银行贷款利率相比较，如果机会成本率大于贷款利率，则公司不应该放弃现金折扣，理由是取得2%的现金折扣相当于取得了一次年利率为36.7%的放款，放弃如此高的利率是任何一家公司都不愿意的。

续例10-1，假定银行利率为20%，则：

信用条件一的成本率=36.7%>20%

所以，不应当放弃折扣，哪怕是申请贷款也应争取在前10日付清款项。

信用条件二的成本率=14.7%<20%

所以，应当放弃折扣，到第六十天付款，用多占用的资金参加公司的资金周转。

(三) 展延期限

无论在哪种信用条件下，公司为了多占用商业信用，都可以选择展延期限。这种展延是公司尽量将货款推迟到过了规定的支付期限后支付，能拖则拖。这种情形对公司的好处在于可以在一段较长的时间内使用卖方的资金，但由于拖欠，公司的信誉会受影响。这种坏声誉会招致机会成本的增加，该成本的增加往往难以用公式和金钱来计量。这种成本是潜在的，往往比丧失现金折扣的机会成本高。鉴于此，公司应当审慎决策。

总之，商业信用融资按其成本高低，可分为无偿商业信用和有偿商业信用两种。无偿商业信用应加以充分利用，有偿商业信用只有在确定其机会成本相对较低时才能使用。

四、应计费用

应计费用是指由于法律或结算制度使一部分费用的形成时间早于支付时间，从而使一部分款项为公司所占用，主要包括应付工资、应交税金、应付利息等。这些项目受益在先，支付在后，因此，应计费用更能代表自然形成的资金来源，属于自然性融通的范畴，也就不存在直接成本了。公司应当尽可能利用这一短期融资方式。但是，由于应计费用的支付大多具有时间性和其他限制，使财务人员在控制应计费用的水平上自由度较小，因此，应计费用的使用是极其有限的。

第三节　商业票据

在公开的货币市场上，公司往往通过发行商业票据或者其他能在货币市场上流通的票据进行短期资金的融通。这里所说的商业票据，是指能在货币市场上出售的、可以转让的、无担保的短期票据。该票据是由出票人向受票人签出，并承诺在一定时期内向受款人无条件支付款项的书面证明，是一种期票。由于该期票没有担保，而且可以在货币市场上流通，因此，只有信誉卓著的公司才能用此短期融资方式。

一、商业票据市场

商业票据市场包括两个部分，即通过经纪人交易的市场和直接销售的市场，通过这样的市场，将商业票据销售给其他公司、银行或各种基金会。一般而言，非金融公司（即使是最大的公司）和中型公司都是通过经纪人出售商业票据的，经纪人从中索取佣金，一般占票据面值的0.125%。通过经纪人出售的商业票据的偿还期为1至6个月不等，票面金额大小也不等，可以满足公司季节性或周期性融资需要。所以，很多财力可靠的大的非金融公司经常通过这种商业票据市场来融通短期资金，以达到降低发行成本和信息成本的目的。而许多大的公司则是将自身签发的期票直接卖给投资者，这样反而开支少，因为大的金融公司往往将商业票据融通作为长期资金来源，通过直接销售，可以按投资者的需要决定期票的支付期和金额。这类市场销售的期票的支付期短至几日，长至几个月不等。这种直接销售票据的市场发展得很快，据统计，直接销售的票据大约占货币市场流通商业票据总额的60%～80%。

二、商业票据的有利条件

第一，商业票据能够直接进入市场，而不是依靠商业银行等金融中介，而且，利用商业票据能够获得比银行借款更低的利率。一般商业票据的利率往往比银行最优惠的借款利率还要低1%以上，两者之间的差距在银根放松时扩大，在银根紧缩时缩小。这样，利用商业票据融通资金，对公司而言，可以节约利息费用。

第二，商业票据可以直接销售，不必向证券交易委员会登记，这样就减少了商业票据销售的准备时间及开支。

第三，商业银行由于受法律的限制，其借款金额往往不能满足大公司的财务需求，因此，这些公司不得不采用其他方式进行融资。这样，向投资者销售商业票据就被广泛运用了。

三、商业票据的成本

利用商业票据时，其融资成本首先是利息成本，除此以外，还有三种主要的非利息成本，即信贷备用额度、经纪人的手续费和等级评定服务手续费。

（一）信贷备用额度

银行不能通过降低贷款利率与商业票据市场相抗衡。为了保证银行在市场竞争中的份额，银行往往采取一些进取活动，设法提供服务，以支持客户发行商业票据，并维持银行与客户之间的关系：一是充当发行证券的代理人，二是提供信贷备用额度。在第二种服务下，由于商业票据的平均偿还期比较短，发行人可能无法及时偿还或者需要延长票据偿还期，因此，为了减少这种风险，发行人可以利用银行信贷备用额度作为针对财务困难或银根吃紧期间的保证。这种备用额度可以采用补偿性余额的形式实现，也可以采用直接支付费用的形式实现。无论采用何种形式，信贷备用额度的存在成了商业票据的潜在成本。

（二）经纪人的手续费

发行商业票据的另一种成本是支付给经纪人的手续费，这些经纪人（有时是商业银行）为票据发行人充当发行代理和支付代理，在处理所有相关工作时，公司都要为此付出手续费。

（三）等级评定服务手续费

由于商业票据一般由较大的有可靠信用的公司所控制，那些未评级或评级低于某些级别的商业票据就不易销售，因此，公司每年须为评级服务支付手续费。

四、商业票据的运用

如前所述，商业票据的利率要低于银行借款的利率，这是其有利的一面。但是，商业票据的利率不太稳定，在很大程度上随市场状况的变动而波动。所以，在评价商业票据这种融资方式的可用性时，应当把商业票据的成本与其他融资方式的成本加权平均进行比较。从理论上讲，如果公司能够在市场利率差距扩大时利用商业票据来筹措大量资金，而在利率差距缩小时取得较多借款，就能使平均成本降低，这是最理想的降低成本、增加融资弹性的策略。然而，银行不会乐意公司只在银根紧缩时要求借款，而在银根宽松时发行商业票据。所以，尽管商业票据与银行借款之间的转换很容易实现，但公司仍要注意正确运用商业票据融资，以免破坏与银行的关系。公司要是得不到银行借款的支持，就只能听任市场摆布了。因此，公司为了使自身在货币市场状况逆转时有所依靠，就必须在银行中保持一定的信贷限额和信贷备用限额。那些暂时处于财务困难中的公司几乎不能从商业票据的发行中得到任何帮助，只有依赖银行借款，所以，商业票据仅仅是补充银行借款的一种可取手段和方式。

第四节　短 期 借 款

一、短期借款的种类与特点

短期借款是指公司向商业银行借入的期限在 1 年以内的借款，也是公司短期融资的一种重要方式。短期借款按照有无担保品作抵押，可分为无担保借款和担保借款两种，又称信用借款和抵押借款。大多数短期借款是无担保的，而有资格以无担保借款方式借款的公司，均能以较低的利率从商业银行获得借款。因此，无担保借款一般只与商业银行相关，又称银行短期借款。

短期借款一般是具有自行清偿性的借款，因为公司以这笔借款购置的资产在 1 年内能提供足够的现金流量用来偿债。这种借款在对应收账款和存货的季节性增加投资上应用广泛。

二、短期借款的限制条件

由于无担保短期借款不提供抵押品，因此，按照国际惯例，在发放短期借款时，往往带有一定的约束条件，主要包括信用额度、周转信贷协议和补偿性余额等。

（一）信用额度

信用额度是银行与公司议定的无担保借款的最高限额，往往是一种非正式协议。公司在信用限额内向银行申请借款，在必要时，公司可申请全部的信用额度；一旦公司资金有多余，就必须及时偿还借款余额，以充分显示该借款真正具有季节性。信用额度的大小一般依赖银行对公司信誉的评估以及公司对信贷的需求。信用额度的有效期限通常为1年，也可根据情况展期1年。虽然信用限额对公司有许多好处，但是银行并不承担最高借款限额保证的法律义务，即当公司的信誉下降时，银行有可能不愿意提供信贷而无须承担法律责任。

（二）周转信贷协议

周转信贷协议是指银行具有法律义务地承诺提供不超过某一最高限额的信贷协议，在协议的有效期内，只要借款公司的借款总额不超过最高限额，在任何时候，公司想要借款，银行都要予以满足。协议的有限期限为2至3年，是一种正式的协议。周转信贷协议与信用额度的主要差别在于：公司对银行在信用限额内给予借款有法定的约束力。正因为如此，公司必须为享用该约束权付出一定的代价，这个代价就是公司必须按信贷限额未使用部分的一定比率支付承诺费。

例10-2 某周转信贷协议的额度为100万元，在该年度内，公司的平均借款余额为70万元。假定承诺费率为0.3%，求公司应支付的承诺费。

借款余额＝100－70＝30(万元)

承诺费＝30×0.3%＝0.09(万元)＝900(元)

（三）补偿性余额

商业银行往往要求借款公司在银行中保持最低的存款余额，这个余额就叫补偿性余额，它与借款总额成正比。补偿性余额的多少因银行与公司的不同情况而异，通常必须保持相当于信贷额度10%～20%的存款余额。从银行的角度看，要求客户保持补偿性余额将会增加公司的现金比率，并可以在必要时以存款余额抵偿部分贷款，以减少银行的经营风险。而从公司的角度看，补偿性余额意味着名义借款额与实际使用额之间存在一定的差额，实际上是提高了借款利率。该实际利率的计算可依下列公式进行：

$$\text{实际利率}=\frac{\text{实际支付利息}}{\text{实际可动用资金}}\times 100\%$$

例10-3 某公司按上年利率8%向银行申请短期借款100万元，银行要求公司保持15%的补偿性余额。求该笔借款的实际利率；如果该公司在银行已存有5 000元存款，求该笔借款的实际利率。

在第一种情况下：

$$\text{实际利率}=\frac{1\,000\,000\times 8\%}{1\,000\,000\times(1-15\%)}\times 100\%=9.41\%$$

在第二种情况下：

$$\text{实际利率}=\frac{1\,000\,000\times 8\%}{1\,000\,000\times(1-15\%)+5\,000}\times 100\%=8.89\%$$

三、短期借款的成本

短期借款的成本是指取得短期借款所支付的利息，其大小取决于利率的高低及利息的支付方式。一般而言，短期借款利率的确定带有很强的主观性。银行通常对财力雄厚、信誉良好的大公司贷款时收取最低利率，我们称之为基本利率（基本利率不是一成不变的）。在基本利率确定的情况下，银行根据市场行情的不同以及银行与公司经济利益关系的协调程度不同而实行浮动利率。浮动利率与基本利率之间的差距最终由借贷双方协商决定。通常，信誉好、协调能力强的公司利率较低，差距较小；反之，则利率较高，差距较大。

借款利息可以到期支付，也可以预先支付，不同的支付方式会产生不同的实际利率。依据支付方式的不同，利率及利息的计算可以概括为一次付清法、贴现法和加息法三种。

(一) 一次付清法

一次付清法是指根据借款本身的本息偿付方式，在借款到期日一次性支付利息的方法。

例 10-4　某公司从银行取得 10 000 元借款，期限为 1 年，年利率为 8%，到期一次还本付息。求该借款实际支付的利息及实际利率。

$$实际支付利息=10\,000\times 8\%\times 1=800(元)$$

$$实际利率=\frac{800}{10\,000}\times 100\%=8\%$$

(二) 贴现法

贴现法是指利息需要从原借款额中预先支付，即公司在年内少用了资金，但必须在到期时按借款总额偿还，其实际利率高于名义利率。

例 10-5　承例 10-4，假定其他条件不变，按贴现法计算借款的实际支付利息及实际利率。

$$实际支付利息=10\,000\times 8\%\times 1=800(元)$$

$$实际利率=\frac{800}{10\,000-800}\times 100\%=8.7\%$$

(三) 加息法

银行在发放分期偿还本息的贷款时，仍然按借款总额及名义利率计息。由于借款已经逐步偿还，因此，公司在整个借款期限内实际上平均只使用了所借资金的 1/2，即实际利率提高 1 倍。我们将这种利息支付法称为加息法。

例 10-6　承例 10-4，假定其他条件不变，该借款每月等额偿还一次，按加息法计算该借款实际支付的利息及实际利率。

$$实际支付利息=10\,000\times 8\%\times 1=800(元)$$

$$实际支付总额=10\,000+800=10\,800(元)$$

$$每月还款额=10\,800\div 12=900(元)$$

$$实际利率=\frac{800}{10\,000\times \frac{1}{2}}\times 100\%=16\%$$

四、短期借款抵押

除了无担保借款外，提供担保的抵押性融通也为公司提供短期资金。这种融通方式通常是在公司无力证明其信誉优良或银行认定公司无力偿债时提供，这样，银行就可以在公司违约时从担保品的价值中获得抵偿。所以，银行减少蒙受损失的可能性是有限的，最终使抵押性借款成了公司短期融资的重要来源。

担保品的形式是多种多样的，如有价证券、不动产、机器设备、应收账款、存货以及其他资产等。有价证券是一种很有价值的抵押品，但是，一般公司很少用有价证券作为抵押(一是证券少，二是证券本身变现能力强)。土地、建筑物等不动产和机器设备也是较好的抵押品，但常常用于长期借款的抵押。所以，大多数短期资金是用应收账款或存货进行担保的。

(一) 应收账款的抵押融通

应收账款是公司变现性较强的资产之一，也是一种较好的担保品。利用应收账款作为抵押品融通的方式包括应收账款抵押和应收账款代理两种。

1. 应收账款抵押

应收账款抵押是公司以应收账款作为担保资产向银行申请借款。在这种情形下，银行不仅拥有应收账款的债权，而且拥有向借款人追索的权利。但是，这对银行来说仍有一定的风险。所以，银行首先要对公司应收账款的品质进行审查，对信用不佳的客户予以剔除，只有那些品质较好的应收账款才能作为抵押获得相应的额度；其次，银行要对每一笔应收账款的额度进行检查，对于客户多但每笔金额相对不大而采用以应收账款总额整体抵押的公司，银行会减少其借款额度。所以，在应收账款抵押这种融资方式下，银行按相当于应收账款面值30%～75%的比例提供信贷限额，具体比例视实际情况而定。在信用额度确定后，公司与银行即可按照法定程序建立双方的业务关系，一旦关系建立，应收账款抵押的借款方式就成为一种连续且相对稳定的融通方式。

2. 应收账款代理

应收账款代理又称应收账款让售，是指持有应收账款的公司将其应收账款出售给无追索权的代理人(银行或其他金融机构)，该代理人在购进应收账款后，不仅要贷放款项，而且必须承担坏账的信贷风险。所以，代理人在代理过程中应对公司每一应收账款对象的信用及偿债能力进行调查，接受风险较小的账款，拒绝风险较大的账款。由此可见，在应收账款让售的过程中，代理人兼任了信用审查、贷放款项及承担风险三种职能，从而使公司既获得了资金，又减少了对客户的调查费用及应承担的坏账损失。但是，公司必须为此付出代理成本(一般占让售应收账款面值的1%～3%)和提前使用资金的利息成本。所以，应收账款代理是一种弹性很强的融资方式。

(二) 存货的抵押融通

存货也是一种流动性较强的资产，同样适宜充当短期借款的抵押品。与应收账款相同，存货的品质也是影响借款数额的因素之一，其他如存货的变现性、经久性、市价的稳定性以及出售存货的难易程度等因素也会影响借款数额。只有当存货品质较高、规格标准、在市场上易于销售并且其价值足以抵偿借款时，银行才愿意接受担保，并按存货价值的一定百分比发放贷款。一般说来，最高贷款额可能高达存货价值的90%。银行可以采用不同的方法取得被抵押的存货，作为其债权的保证，主要包括：

1. 存货总留置权法

在采用该方法时，公司可以用其存货总额充当借款的抵押品，银行则对公司的全部存货拥有留置权。但是，总留置权的概念过于笼统，公司仍有存货的所有权，可以随时将存货提取并使用，使银行难以严密控制这些抵押品。所以，总留置权往往是决定存货抵押借款的一个补充保证。

2. 动产抵押法

在采用该方法时，存货按具体的种类顺序编号，由银行检点验明后，作为借款的抵押品。公司对存货仍拥有所有权，银行对指定存货仍拥有留置权，但是，公司未经银行同意，不得出售指定存货。因此，动产抵押法要比总留置权法易于控制和掌握。但是，该方法不太适用于那些周转快、数量大且不易鉴别的存货。

3. 信托收据法

在该方法下，公司保留存货的所有权，并以出售存货的所得为担保取得借款。其具体做法是，公司根据借款数额向银行签发信托收据，获取抵押借款。该信托收据表明用作抵押的存货是公司的信托物，此信托物由银行控制，而存货的摆放地点不限，可留在原公司仓库中，也可搬至指定的公共仓库。公司应在征得银行同意后提取该存货并出售，以出售信托物所获得的货款偿债。借款本息偿还完毕后，信托收据即注销。另外，必须注意的是，信托存货与设定留置权的存货应有明显的区别，银行应定期检查，以防公司随意销售信托物而不及时还款。

4. 仓库收据法

在该方法下，公司以存放在公共仓库中的特定存货为担保取得借款。其具体做法是，每一批产品完工后，公司将存货送入银行指定的公共仓库，并取得仓库收据，以收据证明存在该仓库中的存货确属公司所有，同时，凭这张仓库收据向银行取得借款。该收据给予银行货物权益的保证，并使银行拥有对此抵押品严格的控制权。公司在产品销售前，必须征得银行同意才能到仓库提货，并将销货款用来偿还借款本息。存货售完时就是借款还清时。

第五节　短期融资券

2005 年 5 月，中国人民银行推出了短期融资券，这是一种由具有法人资格的非金融企业在银行间债券市场发行并约定在一定期限内还本付息的有价证券，本质上是一种融资性的无担保商业本票，与国外的商业票据(Commercial Paper)性质相同。

一、美国短期融资券的发展过程和特点

(一) 美国短期融资券的发展过程

短期融资券起源于商业票据。有些大公司根据商业票据可以提前贴现、收取货币资金的特点，凭借自己的信誉，开始脱离商品交易过程来签发商业票据，筹措短期资金。20 世纪 20 年代，美国汽车制造业及其他高档耐用商品兴盛，公司为了增加销售量，一般采用赊销、分期付款等方式对外销售，这样，在应收账款上进行了大量投资，从而感到资金不足。在银行借款受到多种限制的情况下，这些公司开始大量发行商业票据以筹集短期资金。商业票据与商品、劳务的交易相分离，演变成一种在货币市场上融资的票据，发行人与投资者形成单纯的债务债权关系。商业票据上只需列明付款人，成为单名票据。为了与传统商业票据相区别，人们通常把这种专门用于融资的票据叫作短期融资券。

(二) 美国短期融资券的特点

在美国，商业票据市场是货币市场的重要组成部分，为筹资者提供了最具成本优势的筹资

渠道，甚至可以使某些发行者完全依赖商业票据来获得流动资金。

美国短期融资券的特点如下：

1. 定价市场化

短期融资券以美联储的“综合比率（指数）”为定价基础，综合市场供求状况、面值、期限、信用等级以及交易费用等进行定价。短期融资券的利率一般低于银行贷款利率，融资成本低。

2. 有健全的信用体系

若企业要发行信用等级较高的短期融资券，就必须经穆迪和标准普尔两家信用评级公司同时给予最高评价，否则只能作为二级票据，必须向投资者支付较高的利率。此外，信用等级偏低的公司若想通过短期融资券市场融资，就必须获得信用等级较高的公司的信用支持，或者以高品质资产为抵押，获得信用增级后才能发行短期融资券。

3. 有完备的信息披露制度

美国短期融资券的利率和未清偿余额等信息由美联储通过其网页每天对外公布，美联储还定期出版有关统计资料。

4. 有外国发行者和机构投资者的积极参与

在美国的短期融资券市场上，外国企业在美国发行的短期融资券占据了一定的比例并且在稳步增长。外国机构投资者可以在美国的短期融资券市场上进行投资。

5. 有退出机制

当短期融资券发行者的信用等级下降时，便难以继续发行新的短期融资券，只能退出短期融资券市场，形成“有序退出”的市场退出机制。

二、我国短期融资券市场的现状

自 2005 年 5 月 26 日国家开发投资公司发行首期企业短期融资券以来，我国短期融资券市场发展迅速。

根据《短期融资券管理办法》的规定，我国企业申请发行短期融资券必须具备以下条件：(1) 是在中华人民共和国境内依法设立的企业法人；(2) 具有稳定的偿债资金来源，最近一个会计年度盈利；(3) 流动性良好，具有较强的到期偿债能力；(4) 发行融资券募集的资金用于本企业生产经营；(5) 近 3 年没有违法和重大违规行为；(6) 近 3 年发行的融资券没有延迟支付本息的情形；(7) 具有健全的内部管理体系和募集资金的使用偿付管理制度；(8) 中国人民银行规定的其他条件。

根据规定，我国企业不得自行销售短期融资券，必须由承销商代理发行，可以采用代销、余额包销或者全额包销等发行方式。我国已经发行的短期融资券的主承销商基本上是商业银行。

我国短期融资券在银行间债券市场进行交易，投资主体包括商业银行、货币市场基金、保险公司、证券公司等。目前，个人投资者还不能直接投资短期融资券，但是可以通过商业银行的个人理财计划或者货币市场基金进行间接投资。

三、短期融资券的利率

短期融资券具有期限短、利率低的特点。短期融资券的期限一般为 2 至 9 个月，利率随期限长短和发行公司资信程度的不同而有较大的差异，但一般低于银行短期借款利率。与银行短期借款相比，短期融资券没有补偿性余额问题，这进一步降低了实际利率。但是，短期融资券筹资需要发生发行费用，通过承销商的销售，发行者要向承销商支付承销费，这将会提高其实际利率。

短期融资券的利率一般会大幅度超过短期国库券的利率，这种差异主要是由信用风险、流动性和纳税影响三个因素造成的。商业票据的信用风险显然大于短期国库券，所以，要求有较高的风险贴水。不同公司发行的短期融资券的利率各有不同。一般来说，信用良好、经营有效的大公司发行商业票据的利率低于小公司发行的商业票据的利率。美国大多数商业票据的信用等级由标准普尔公司评估，根据信用等级的不同而利率各异。另外，由于商业票据没有确定的二级市场，而短期国库券有优越的二级市场，因此，相比之下，商业票据的流通性比较弱，这些差别要求在利率上体现出来。从税收政策方面考虑，由于短期国库券收益只在联邦一级纳税，而商业票据收益要向各级政府纳税，因此，在名义利率相同的条件下，购买短期国库券的税后收益必然大于商业票据，投资者没有理由去购买商业票据。这一因素要求提高商业票据的利率，只有这样，才有可能吸引投资者。

另外，短期融资券的利率与银行贷款利率有关。信誉卓著的大公司可以优惠利率向银行借款，也可以发行商业票据来筹集资金，所以，它们必然考虑银行优惠利率与商业票据利率之间的关系（优惠利率是商业银行向信用品级较高的企业贷款的利率）。如果商业票据利率低于优惠利率，那么，借款人将以商业票据作为资金来源代替短期银行借款；反之，如果短期融资券的利率高于优惠利率，则借款人将以银行借款代替商业票据。上述两种情况将使优惠利率和商业票据利率相互作用，在长期内达到平衡。但这两者之间的差异总是存在，因为商业票据利率如同货币市场利率，决定于竞争市场上供应和需求的相互作用。而优惠利率是由商业银行管理部门制定的一种可支配利率，银行优惠利率习惯性被视为基本利率，它是银行贷款利率的基础，以优惠利率为基础来确定其他贷款利率。

四、短期融资券的融资评价

（一）短期融资券的优点

1. 筹资成本低

在西方国家，短期融资券利率加上发行成本通常低于银行的同期贷款利率。这是因为在采用短期融资券筹资时，资金的需求者与供应者直接接触，节省了一笔应付给银行的筹资费用。但是，目前我国短期融资券的利率一般比银行借款利率高，这是因为，一方面我国银行利率尚未完全市场化，银行利率水平并不能真正反映资金的真实成本；另一方面我国短期融资券市场刚刚建立，投资者对于短期融资券缺乏了解。随着短期融资券市场的不断完善，短期融资券利率将逐渐接近银行贷款利率，但会略低于银行贷款利率。

2. 短期融资券筹资数额较大

银行一般不会向公司贷放巨额的流动资金借款。例如，商业银行贷给个别公司的最大额度不会超过该公司资本的10%，对于需要巨额资金的公司，只能通过短期融资券来解决资金需求。

3. 短期融资券筹资能够提高公司的信誉

人们习惯上认为，短期融资券的发行者是那些信誉卓著的热门公司，所以，随着公司票据的发行和日益流通，发行公司的信誉自然而然地得到了提高，并且从短期融资券发行至完全兑付，对公司有定期披露财务信息的要求，市场也会对公司进行持续的信用评级，市场约束力强。公司可以在资本市场上树立良好的信用形象，为持续融资打下信用基础。

（二）短期融资券的缺点

1. 短期融资券较难进入一级市场

公司的可用资金只限于往来公司某一特定期间的多余资金，因为商业票据面额较大，小额投资者无力购买，从而使商业票据失去了广阔的投资市场。由于商业票据不存在确定的二级市场，虽然其期限较短，但人们认为任何一种缺乏二级市场的有价证券的流动性都不高，因此，商业票据的流动性受到一些人的怀疑。短期融资券进入一级市场是困难的。

2. 发行短期融资券的弹性较小

只有当公司的资金需求很大时，才能使用短期融资券；如果需求量较小，则不宜采用短期融资券方式。另外，短期融资券一般不能提前偿还，所以，即使公司资金比较宽裕，也要到期才能还款。

3. 发行短期融资券的条件比较严格

并不是任何公司都能发行短期融资券，必须是信誉好、实力强、效益高的公司才行，一些小公司和信誉不太好的公司则不能利用短期融资券来筹集资金。

4. 短期融资券不能展期

一些商业票据的发行者在票据到期而不能再筹资时，会面临相当严重的现金短缺压力，一般借款者可以通过债务展期摆脱财务困难，而短期融资券这种债务是不能展期的。

5. 短期融资券不能提前还款

短期融资券不能提前还款，即使是资金比较宽裕的公司，也要到期才能偿还，会形成一定的成本占用。

本章小结

在考察了短期融资的各种方式后，我们可以发现，理财人员在实际工作中面临着多种短期融资的选择。公司的短期融资水平以及短期融资各方式之间组合的比例取决于多种因素，如成本因素、时间因素、资金的可获得性等。在多种因素中，成本一般是关键因素。各种融通方式的成本从小到大依次为应计费用、商业信用、商业票据、担保借款、无担保借款等。这些以成本为中心的因素会对短期融资的管理起一定的影响作用，所以，在对短期融资进行管理时，必须从上述因素出发，注意充分估计所需的资金总额及相关成本，在保证需要的同时力求降低成本；对各种短期融资的来源进行探索，使融通组合更具有弹性；合理安排偿债的来源及计划；等等。

复习思考题

1. 短期融资有什么特点？
2. 短期融资的渠道与方式主要有哪些？

3. 应付账款与应付票据有何差别?

4. 商业信用的条件有哪些?

5. 商业信用的融通成本应如何计算?

6. 试比较说明短期借款融资的优缺点。

7. 短期借款的实际利率和名义利率有什么差别? 是什么原因造成的?

8. 短期借款有何限制条件?

9. 什么是应收账款抵押融资?

10. 什么是存货抵押融资?

练习题

1. 某公司购买一批商品,货款总额为 500 000 元,供应方提供的现金折扣条件为 2/10、1/30、n/60。银行贷款利率为 12%。试计算不同信用条件下商业信用的融通成本。

2. 如果一家公司正面对两家提供不同信用条件的卖方,A 的信用条件为 3/10、n/30,B 的信用条件为 2/10、n/30。请回答下面两个问题,并说明理由:

(1) 如果该公司在 10 至 30 日有一个投资机会,回报率为 60%,公司是否应在 10 日内归还 A 的应付账款以取得 3%的折扣?

(2) 当该公司只能在 20 至 30 日内付款时,应该选择哪家供应商?

3. 某公司向银行借款 50 万元,借款的年利率为 8%,借款期限为 9 个月,试计算并比较公司采用收款法、贴现法和加息法这三种付息方式的实际利率(加息法分 9 个月等额偿还本息)。

第十一章　资本成本、杠杆价值与资本结构

学习要点

资本成本是公司筹集和使用资本付出的代价，是公司筹资管理的主要依据，也是投资管理的重要标准。资本结构是公司各种资本的构成及其比例关系。资本结构决策是公司筹资决策的核心。公司在进行筹资决策前，应当根据理财目标确定一个最佳资本结构，即资本成本最低，同时使公司总价值最大的资本结构。

- 重点掌握各种个别资本成本、加权平均资本成本及边际资本成本的计算方法，计算时注意税收的影响。
- 熟悉影响资本结构决策的因素，重点学会运用 EPS－EBIT 分析法来进行最优资本结构的决策。
- 对杠杆价值的利用成功与否是一家公司经营好坏的关键所在。掌握有关名词概念——财务风险、杠杆及系数，经营风险、杠杆及系数，总风险、杠杆及系数，并能熟练进行相关计算。重点把握财务杠杆与债务利息、经营杠杆与固定经营成本的关系。熟悉不同资本结构对财务风险的影响，掌握财务风险是如何测定的，注意 EBIT 不确定时的资本结构决策。
- 本章最后一节介绍了目前存在的资本结构理论，有净收益说、净营运收益说、传统说及 MM 理论等，重点了解 MM 理论及在此基础上发展的权衡模型。权衡模型说明公司存在最优的资本结构。

第一节　资 本 成 本

一、资本成本的概念和分类

(一) 资本成本的概念

资本成本是指资本的价格。从筹资角度看，它是公司为获取和使用资本所付出的代价；从投资者角度看，它是投资者提供资本时要求补偿的资本报酬率。本章仅指筹集和使用长期资本（包括自有资本和借入资本）的成本。

资本成本主要包括资本筹集费用和资本占用费用两个部分。资本筹集费用是指在资本筹集过程中支付的各项费用，如银行借款的手续费，发行股票、债券所发生的各项代理发行费等。资本筹集费用通常是一次性费用，在计算资本成本时可作为筹资金额的一项扣除。资本占用费用是指使用资本支付的费用，如股息、利息等。资本占用费用一般与筹集资本数额的大小以

及所筹集资本使用时间的长短有关，往往具有经常性、定期性支付的特征。资本占用费用构成了资本成本的主要内容。

资本成本是公司财务管理中的主要概念。对于公司筹资来讲，资本成本是选择筹资方式的重要依据，公司要选择资本成本最低的筹资方式；对于公司投资来讲，资本成本是评价投资项目是否可行的一个重要尺度，投资项目只有在其投资收益率高于资本成本率时才是可接受的，否则无利可图。资本成本也是衡量公司经营成果的尺度，即要求经营利润高于资金成本；否则表明经营不利，业绩欠佳。

为了便于分析，资本成本常用相对数资本成本率表示。资本成本率是公司资本占用费用与实际筹集资本的比率，用公式表示如下：

$$K=\frac{D}{P-F}$$

$$或=\frac{D}{P(1-f)}$$

式中：K——资本成本率；

D——资本占用费用；

P——筹资金额；

F——资本筹集费用；

f——筹资费率，即资本筹集费用占筹资金额的比例。

（二）资本成本的分类

公司的资本来源由债务和权益两个部分组成。债务包括长期借款和公司发行的长期债券，权益包括优先股、普通股和留存收益。每一种资本来源的筹集都有着特定的成本，所以，公司的资本成本也分为债务成本和权益成本。在计算公司资本成本时，应当分别确定不同类型资本的成本，然后将这些个别成本按一定权数加权后，得到真正的资本成本。

二、资本成本的计算

（一）个别资本成本的计算

1. 债务资本成本

债务资本成本的基本内容是利息费用。由于利息费用是税前抵扣项目，因此，在实践中，债务资本成本存在两种计算方法。当公司有盈余时，由于利息是税前成本费用，可起到抵减所得税的作用，因此，公司实际支付的债务利息是税后债务成本，即税后债务成本＝税前成本×（1－所得税税率）；当公司没有利润时，由于事实上得不到减税的好处，因此，债务资本成本就是实际发生的利息费用。

（1）长期借款资本成本

长期借款的成本由借款利息和银行手续费两部分组成，其计算公式如下：

$$K_l=\frac{I_l(1-T)}{L(1-f_l)}$$

式中：K_l——长期借款资本成本；

I_l——长期借款年利息；

T——所得税税率；

L——长期借款筹资额(借款本金)；

f_l——长期借款筹资费用率。

上述公式可以改为如下形式：

$$K_l = \frac{R_l(1-T)}{(1-f_l)}$$

式中：R_l——长期借款的利率。

例 11-1 某公司取得3年期长期借款300万元，年利率为10%，每年付息一次，到期一次还本，筹资费用率为0.5%，公司所得税税率为25%。该项长期借款的资本成本为：

$$K_l = \frac{300 \times 10\% \times (1-25\%)}{300 \times (1-0.5\%)} = 7.54\%$$

$$或 = \frac{10\% \times (1-25\%)}{1-0.5\%} = 7.54\%$$

(2) 债券资本成本

发行债券的成本主要是指债券利息和筹资费用。债券利息的处理与长期借款利息的处理相同，但是，利息支付的方式有一次付息和分次付息，所以，两者的资本成本是不同的。债券的筹资费用一般比长期借款高，通常包括发行债券的手续费、注册费、印刷费和上市推销费等。

债券采用按年付息、一次还本方式发行的，即一次还本、分次付息债券，可用下列公式计算债券的资本成本：

$$K_b = \frac{I_b(1-T)}{B(1-f_b)}$$

式中：K_b——债券资本成本；

I_b——债券的年利息；

T——所得税税率；

B——债券筹资额；

f_b——债券筹资费用率。

例 11-2 某公司发行总面额为1 000万元的5年期债券，票面利率为11%，发行费用率为6%，每年支付一次利息。公司的所得税税率为25%。该债券的资本成本率为：

$$K_b = \frac{1\,000 \times 11\% \times (1-25\%)}{1\,000 \times (1-6\%)} = 8.78\%$$

我国目前绝大部分公司债券是采用一次还本付息方式。在这种方式下，每年利息的计算与上面分次付息的计算方式基本相同，唯一的区别在于各年全部利息均在债券到期时一次支付，所以，其资本成本的计算不一样。

仍沿用例 11-2，若条件改为一次还本付息，可采用两个步骤来计算资本成本。

第一步，计算各年总的资本成本，其计算公式为：

$$K_b = \frac{I_b n(1-T)}{B(1-f_b)}$$

式中：n——年限。

所以，资本总成本为：

$$K_b=\frac{1\,000\times 11\%\times 5\times(1-25\%)}{1\,000\times(1-6\%)}=43.88\%$$

第二步，计算每年的资本成本率（只需将以上总的资本成本率除以年限即可）。

资本成本率 $=43.88\%\div 5=8.78\%$

值得注意的问题有以下两个：一是债券不是平价发行，而是溢价或折价发行。为了更精确地计算资本成本，应以实际发行价格作为债券筹资额。二是从上面的计算中可以看出，不管是分次付息还是一次付息，都可采用相同的公式计算其资本成本。但是，这一方式最大的局限性是没有考虑货币的时间价值因素。

2. 权益资本成本

权益资本成本是由权益资本报酬即股利和筹资费用组成的。权益资本报酬与债券利息不同，它是以税后利润支付的，所以不会减少公司上缴的所得税。另外，由于权益资本报酬的不确定性（除优先股外），因此，资本成本也具有较大的不确定性。由此，权益资本成本的计算有其各自的特点。

(1) 优先股资本成本

优先股资本成本由两部分组成，即筹资费用和预计股利，其计算公式如下：

$$K_p=\frac{D_p}{P_p(1-f_p)}$$

式中：K_p——优先股的资本成本；

D_p——优先股预计年股利；

P_p——优先股筹资额；

f_p——优先股筹资费用率。

例 11-3　某公司发行优先股，股价为每股 50 元，筹资费用率为 2%，优先股股利为 6 元。该公司的优先股资本成本为：

$$K_p=\frac{6}{50\times(1-2\%)}=12.24\%$$

(2) 普通股资本成本

由于普通股的股利不固定，因此，应在计算时考虑股利变动的影响。按照简化了的评价方法，普通股资本成本的计算公式一般为：

$$K_c=\frac{D_c}{P_c(1-f_c)}+G$$

式中：K_c——普通股资本成本；

D_c——普通股预期年股利；

P_c——普通股筹资额；

f_c——普通股筹资费用率；

G——普通股股利年增长率。

例 11-4 某公司发行普通股共计 800 万元，预计第一年的股利率为 14%，以后每年增长 1%，筹资费用率为 3%。该公司的普通股资本成本为：

$$K_c = \frac{800 \times 14\%}{800 \times (1-3\%)} + 1\% = 15.43\%$$

(3) 保留盈余资本成本

保留盈余是所得税后形成的，其所有权属于股东，实质上相当于股东对公司的追加投资。保留盈余资本成本的计算与普通股资本成本的计算基本相同，只是不考虑筹资费用，其计算公式如下：

$$K_r = \frac{D_c}{P_c} + G$$

式中：K_r——保留盈余资本成本。

(二) 加权平均资本成本的计算

公司在一般情况下不止使用一种资本，所以在计算资本成本时，要计算其加权平均资本成本。加权平均资本成本是公司各类资本成本与该资本在公司全部资本中所占比重的乘积之和，其计算公式为：

$$K = \sum_{j=1}^{n} K_j W_j$$

式中：K——加权平均资本成本；

K_j——第 j 种个别资本成本；

W_j——第 j 种个别资本占全部资本的比重，即权数；

n——不同资本的数量。

其中：

$$\sum_{j=1}^{n} W_j = 1$$

例 11-5 某公司的资本结构及相应的资本成本如表 11-1 所示，计算该公司的加权平均资本成本。

表 11-1 某公司的资本结构及相应的资本成本

资本类别	资本成本(税后)	权数	权数成本
公司债券	8.05%	30%	2.42%
优先股	11.94%	10%	1.19%
普通股	13.00%	60%	7.80%

该公司的加权平均资本成本为：

$K = 30\% \times 8.05\% + 10\% \times 11.94\% + 60\% \times 13.00\% = 11.41\%$

(三) 边际资本成本的计算

随着公司筹资规模的扩大，其个别资本成本和加权平均资本成本会随之变化，边际资本成本就是讨论资本成本随筹资规模变化而变化这一问题的。下面,我们用一个例子来说明边际资本成本的概念与计算。

例 11-6　某公司的资金来源于公司债券、优先股和普通股。其中,公司债券的税前成本如下:发行量在 1 500 万元以内,为 10%;发行量在 1 500 万～2 000 万元,为 12%;发行量在 2 000 万元以上,为 15%。优先股的成本始终为 12%。普通股中留存收益的成本为 15%;若发行新股,则发行费用为发行量的 8%。公司目前的资本总额为 4 000 万元,公司债券、优先股和普通股的比例为 30∶5∶65,即公司债券为 1 200 万元,优先股为 200 万元,股东权益为 2 600 万元。公司的所得税税率为 25%。该公司在下一年度准备筹措新资,已知该公司预计可新增留存收益 400 万元。计算该公司不同筹资额内的加权平均资本成本。

计算公司筹措新资的加权平均资本成本可按下列步骤进行:

1. 确定目标资本结构

目标资本结构是公司认为较理想的资本来源构成比例,其确定原则和确定方法将在后文讨论,此处假设公司以目前的资本结构为目标资本结构。

2. 计算个别资本成本

例 11-6 中,个别资本成本的具体计算情况见表 11-2。

表 11-2　个别资本成本的计算

资本类型	筹资额	筹资成本
公司债券	0～1 500 万元	K_D=10%×(1−0.25)=7.5%
	1 500 万～2 000 万元	K_D=12%×(1−0.25)=9%
	2 000 万元以上	K_D=15%×(1−0.25)=11.25%
优先股	任意	K_D=12%
股东权益	0～400 万元(使用留存收益)	K_E=15%
	400 万元以上(发行新股)	K_E=15%÷(1−0.08)=16.3%

3. 计算筹资总额的分界点

筹资总额的分界点由下列公式决定:

$$筹资总额=\frac{某类资本在一定资本下的筹资额}{该类资本在资本总额中所占的比例}$$

例 11-7　公司债券在保持成本为 6.7%的条件下最多可筹措 1 500 万元资金,则对应的筹资总额最多为:

筹资总额=1 500÷0.3=5 000(万元)

如果筹资总额在 5 000 万元以下,则按照目标资本结构的要求,公司债券总额可保持在 1 500 万元以下;如果筹资总额超过 5 000 万元,则按照理想资本结构的要求,公司债券数量要超过 1 500 万元,从而导致其成本超出 6.7%,将达到 8.04%或更高。根据题意,公司目前已经发行 1 200 万元公司债券,如果按照 6.7%的成本,其最多可再发行 300 万元公司债券。下面,我们将按照新增资本额讨论该公司筹资总额的分界点(见表 11-3)。

表 11－3　该公司筹资总额的分界点

资本类型	个别资本成本	筹资总额的分界点	筹资总额的范围
公司债券			
0～300 万元	6.7%	300÷0.3=1 000(万元)	0～1 000 万元
300 万～800 万元	8.04%	800÷0.3=2 667(万元)	1 000 万～2 667 万元
800 万元以上	10.05%		2 667 万元以上
优先股	12.0%		
普通股			
0～400 万元	15.0%	400÷0.65=615(万元)	0～615 万元
400 万元以上	16.3%	400÷0.65=615(万元)	615 万元以上

4. 划分筹资范围，计算边际资本成本

根据上述筹资总额分界点的计算，可以划分出四个具有不同资本成本的资本总额筹资范围：0～615 万元，615 万～1 000 万元，1 000 万～2 667 万元，2 667 万元以上。各范围内的加权平均资本成本的计算如表 11－4 所示。

表 11－4　加权平均资本成本的计算

筹资总额的范围	个别资本成本	权数	加权平均资本成本
0～615 万元	公司债券　6.7%	0.30	6.7%×0.30=2.01%
	优先股　12.0%	0.05	12.00%×0.05=0.60%
	普通股　15.0%	0.65	15.00%×0.65=9.75%
	WACC		12.36%
615 万～1 000 万元	公司债券　6.7%	0.30	6.7%×0.30=2.01%
	优先股　12.0%	0.05	12.00%×0.05=0.60%
	普通股　16.3%	0.65	16.30%×0.65=10.60%
	WACC		13.21%
1 000 万～2 667 万元	公司债券　8.04%	0.30	8.04%×0.30=2.41%
	优先股　12.0%	0.05	12.00%×0.05=0.60%
	普通股　16.3%	0.65	16.3%×0.65=10.6%
	WACC		13.61%
2 667 万元以上	公司债券　10.05%	0.30	10.05%×0.30=3.02%
	优先股　12.0%	0.05	12.00%×0.05=0.60%
	普通股　16.30%	0.65	16.30%×0.65=10.6%
	WACC		14.22%

由此可知，如果公司的筹资总额在 615 万元以下，则其加权平均资本成本为 12.36%；如果公司的筹资总额超过 615 万元，但小于 1 000 万元，则其加权平均资本成本将变为 13.21%；以此类推。加权平均资本成本随筹资总额变化而变化的情况可用图 11－1 表示。

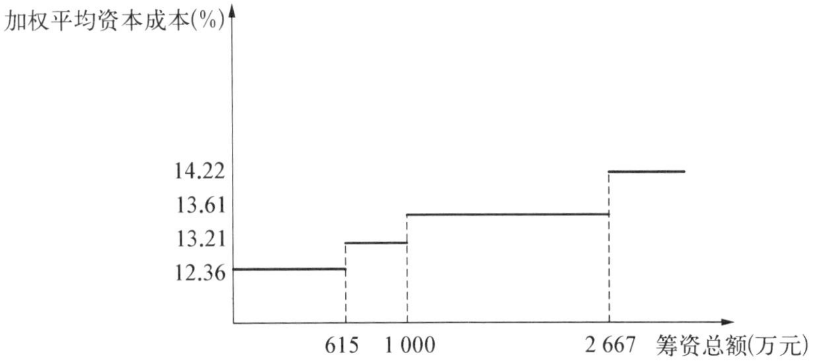

图 11－1 加权平均资本成本随筹资总额变化而变化的情况

由以上分析可知，边际资本成本也是加权平均资本成本，但它所反映的是公司每增加一单位资本所发生的加权平均资本成本。

三、影响资本成本的因素

影响公司资本成本的因素很多，主要有如下几种：

(一) 货币的时间价值

货币的时间价值是资本成本的基本组成部分。货币的时间价值是货币随时间发生的自然增值，是投资者提供资金的机会成本之一，投资者至少要获得能补偿货币时间价值的投资报酬率。货币的时间价值构成了公司资本成本的一部分。

在实际工作中，投资者最终是按照所获得的投资报酬的现值大小来确定投资方向的，这就决定了市场利率越高，资金的时间价值越大，资金的成本就越大。同时，使用时期不同的资金，其资金成本也不相同，使用时间长的资金的成本大于使用时间短的资金的成本。除此以外，资金时间价值的高低主要受市场上供求关系和国家有关经济政策等因素的影响，所以，这些因素也将影响资金成本的高低。

(二) 风险溢价

投资者必须获得与投资风险相对应的投资收益，公司投资项目风险水平的高低决定了必须支付给投资者的风险补偿水平。项目风险水平越高，公司支付的风险溢价越高，资本成本就越高。

(三) 购买力风险

购买力风险是指因通货膨胀导致投资者未来收回的资金购买力下降的风险。投资者投入资金时，会考虑通货膨胀因素。预期通货膨胀率越高，利率越高，企业的资本成本就越高。

(四) 市场利率水平

市场利率水平反映了市场上资金的供求状况，为资金使用者和投资者决定具体投资项目的资本成本和投资报酬率提供参考标准，是影响企业资本成本的重要因素之一。

第二节　资本结构

一、资本结构概述

资本结构是指公司资本的组合，最优的资本结构也就是公司最佳的资本组合形式。严格来讲，资本结构与财务结构是不同的。财务结构是指公司全部资产是如何取得的，也就是公司全部资产的对应项目，即资产负债表右边的全部项目的构成，以及它们之间的比例关系等。与公司财务结构密切相关的是资本结构，是指公司长久性筹资的各有关项目，主要有普通股权益、优先股股本、长期借款和长期债券等筹资项目，但不包括短期筹资项目，即资产负债表右方除去短期负债后的全部项目的构成及其比例关系。可见，资本结构是财务结构的重要组成部分。

可供公司选择的筹资方式有很多，各种不同的筹资方式又有各自的特点，对公司财务管理的影响也各不相同。公司在一定时期内运用何种筹资方式筹集资本、各种方式所筹的资本占公司资本总额的比重是多少、各项资本来源之间的比例关系如何、各种筹资方式的资本成本及其平均成本、公司总体价值等一系列问题都要在公司财务管理中妥善处理和安排，以求得公司财务管理的最佳效益。这些问题无不在公司资本结构决策中体现出来。

用于衡量公司资本结构是否合理的标准主要有：(1) 综合的资本成本最低，公司为筹资所花费的代价最少；(2) 筹集到手、能供公司使用的资本最充分，能够确保公司长短期经营和发展的需要；(3) 股票市价上升，股东财富最大，公司总体价值最大；(4) 公司财务风险最小。

然而，在一定情况下，要使公司筹资所形成的资本结构完全满足上述标准，往往十分困难。由于各种不同资本的筹资成本是高低不同的，因此，对于资本总成本的影响也不一样。单项资本成本的高低变化并不意味着全部资本成本有同样的变化。同样，单项资本成本高并不一定不好，而单项资本成本低也不一定好，因为在不同的资本结构中，某项资本筹资成本的变化会相应引起其他资本筹资成本的变化。

另外，资本结构的决策往往要考虑如何在风险和报酬之间进行权衡。使用过多负债筹资会增加公司的风险，使公司的股价下跌，影响公司的总体价值。但是，使用较多负债筹资却体现了公司权益资本的杠杆效应，会大大提高公司的预期报酬率，又可能使公司的股价上升，从而提高公司的总体价值。所以，从理论上讲，最合理的资本结构只有在公司风险和报酬得以平衡的基础上才能求得，这个资本结构当然要使公司股价最高，同时使公司的资本成本最小。这是公司资本结构决策所追求的理想目标。

二、影响资本结构决策的因素

如前所述，公司的最佳资本结构是无法通过理论分析做出准确判断的。在实际工作中，绝大多数公司和财务管理人员所关心的并不是最佳资本结构的具体数值，而是公司资本结构的范围。一般来说，公司难以确定某一个具体数值作为最佳资本结构，而是将资本结构控制在一个相对合理的范围内，不使负债/权益比率太高或太低。如果这一比率太高，就会给公司带来过高的财务风险；如果这一比率太低，则公司未能充分利用它的负债能力和负债带来的税收屏蔽的好处。一般来讲，确定公司的资本结构通常要考虑以下因素：

(一) 公司筹资的灵活性

公司筹资的灵活性是指公司在需要资金时从不同筹资渠道进行筹措的能力。由于公司每一个筹资渠道的筹资数量都是有限的，而且是相互影响的，因此，现行筹资决策及现行资本结构的确定必然会对未来的筹资方式和筹资渠道产生影响。例如，公司今年以负债方式筹措资金，使其负债/权益比率上升、偿债能力减弱，可能会使公司在今后一段时间内无法利用债务筹资，或只能以较高的债务成本进行债务筹资。所以，公司在确定资本结构和选择筹资渠道时，不仅需要考虑"目前采用哪种方式筹资"的问题，而且要考虑"什么时候用什么方式筹资"的问题。

与发行新股这一权益筹资渠道相比，债务筹资的速度快、手续简便。因此，希望保持较高筹资灵活性的公司的负债/权益比率通常会低一些，以保留一定的债务筹资能力在需要时使用。

(二) 公司的风险状况

增加负债将增大公司的财务风险，进而增大公司的总风险，影响公司的稳定性。在决定公司的资本结构时，必须考虑公司的风险承受能力和由此带来的财务危机成本与代理成本的高低。一般来讲，息税前收益稳定、营业风险低的公司在总风险不变的情况下可以承担较高的财务风险，从而有较高的负债/权益比率；息税前收益不稳定、营业风险较高的公司的负债/权益比率则较低。

(三) 公司的控制权

对公司的老股东来说，发行新股会减少他们在公司中的持股比例，进而减少他们对公司的控制能力，借债筹资对其控制权的影响则相对较小。所以，如果股东不愿意减弱他们对公司的控制权，又没有足够的财力(或不愿意)投入新的权益资金，则这类公司的负债/权益比率较高。

(四) 公司的信用等级与债权人的态度

公司能否以借债的方式筹资和能够筹措到多少资金，不仅取决于公司管理人员和股东的态度，而且取决于公司的信用等级和债权人的态度。如果公司的信用等级不高，债权人将不愿意借款给公司，从而使公司无法达到它所希望达到的负债水平。

(五) 其他因素

除了上述因素外，还有其他一些因素影响公司的资本结构。

1. 销货的稳定性

销货稳定的公司可以比销货不稳定的公司使用更多负债，并负担更高的固定费用。例如，公用事业的需求稳定，这些行业的公司可以比一般公司运用更多负债融资。

2. 资产的结构

资产比较适用于贷款担保的公司通常可以用较多负债。例如，不动产公司的财务杠杆很高，而从事科技研究的公司负债很少。

3. 营运杠杆

在其他条件相同的情况下，营运杠杆较低的公司可以运用较多财务杠杆。

4. 成长率

在其他条件相同的情况下，成长率较高的公司必定依赖较多外部资金，但因发行股票所需的发行成本通常高于发行债券的成本，所以，成长率高的公司通常比成长率低的公司运用更多负债融资。

5. 获利能力

一般来说，投资报酬率高的公司所用的负债很少，虽然在理论上还无法证明，但在实际生活中经常可以看到这一事实。这也许是因为利润率很高的公司可以用保留盈余来满足自己的资金需求而不需要借债。

6. 所得税

如前所述，利息是税前可扣除的项目，股利却不能，所以，一般来说，公司适用的税率越高，使用负债融资的好处就越显著。

7. 管理阶层的态度

保守或激进的管理人员对负债的态度有差别。

8. 市场状况

股票与债券市场的长期或短期变化都可能对公司的最优资本结构产生影响，因为市场变化会影响融资方式。

三、资本结构决策的 EPS－EBIT 分析法

资本结构是否合理，可以通过分析每股盈余的变化来衡量。一般说来，凡是能够提高每股盈余的资本结构就是合理的，反之则不够合理。从上面的分析可知，每股盈余的变化不仅受资本结构的影响，而且受销售水平的影响，要处理三者之间的关系，必须运用 EPS（Earnings per Share，每股税后盈余）－EBIT（Earnings before Interest and Taxes，支付债务利息前的税前收益）分析法进行分析。EPS－EBIT 分析法又叫每股利润分析法，是利用每股利润无差别点进行资本结构决策的方法。每股利润无差别点是指每股盈余不受融资方式影响的销售水平。根据每股盈余无差别点，判断在什么样的销售水平下适宜采用何种融资方式来安排和调整资本结构。

EPS－EBIT 分析法的计算程序是：

首先，计算每股盈余（EPS）。

$$EPS=\frac{(S-VC-F-I)(1-T)}{N}$$
$$=\frac{(EBIT-I)(1-T)}{N}$$

式中：N——流通在外的普通股股数；

S——每股盈余无差别点的销售额；

VC——变动总成本；

F——固定总成本；

I——利息费用；

$EBIT$——每股盈余无差别点的息税前盈余。

然后，确定每股盈余无差别点的销售水平或息税前盈余。这应通过不同筹资方案的 EPS 之间的方程求得，其公式如下：

$$\frac{(S-VC-F-I_1)(1-T)}{N_1}=\frac{(S-VC-F-I_2)(1-T)}{N_2}$$

或

$$\frac{(EBIT-I_1)(1-T)}{N_1}=\frac{(EBIT-I_2)(1-T)}{N_2}$$

式中：N_1、N_2——两种筹资方式下的普通股股数；

I_1、I_2——两种筹资方式下的利息费用。

无差别点的每股盈余可用公式表示如下：

$$EPS=\frac{(S-VC-F-I_1)(1-T)}{N_0}$$

$$\text{或}=\frac{(EBIT-I_1)(1-T)}{N_0}$$

式中：N_0——原普通股股数。

例 11-8　某公司由于扩大业务，追加筹资 100 万元，公司财务人员提供了两种筹资方案：第一种方案是全部发行普通股，增发 2 万股，每股面值为 50 元。第二种方案是全部发行公司债，债务利率为 10%。公司原资本结构：资本总额为 600 万元，其中，债务为 200 万元、普通股资本为 400 万元，债务利息率为 10%，所得税税率为 25%。公司希望追加筹资后销售额达到 600 万元，这时，总变动成本为 330 万元，固定成本为 180 万元。

根据上述资料，计算 S 或 $EBIT$ 如下：

$$\frac{(S-330-180-20)(1-25\%)}{4+2}=\frac{(S-330-180-30)(1-25\%)}{4}$$

$S=560$(万元)

此时的每股盈余为：

$$EPS=\frac{(560-330-180-20)(1-25\%)}{4+2}=3.75(\text{元})$$

上述每股盈余无差别分析可绘图表示，如图 11-2 所示。

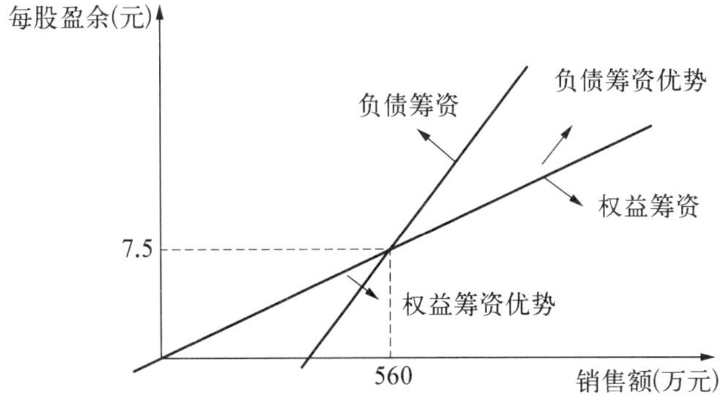

图 11-2　每股盈余无差别分析

从图 11-2 可以看出，当销售额高于 560 万元（每股盈余无差别点的销售额）时，运用负债筹资可以获得较高的每股盈余；当销售额低于 560 万元时，运用权益筹资可以获得较高的每股盈余。公司预计的销售额为 600 万元，高于 560 万元，故单就每股盈余来看，运用债务筹资方式比较有利。

四、资本结构决策的比较资本成本法

实务中，公司有时会采用比较资本成本法来确定最佳资本结构。因为公司财务管理的目标是股东财富最大化或企业价值最大化，从资本结构的角度看即资本成本最低化，所以，在可供选择的各资本结构方案中，公司只需测定并选择加权资本成本最小的那一个方案即可。

第三节　杠杆价值理论

一、营业风险和经营杠杆

公司的营业风险和经营杠杆影响公司的资本结构决策。公司的营业风险越大，经营杠杆越大，最优资本结构中的负债比率就越低。

在讨论资本结构时，引入以下两个新的风险概念：(1) 营业风险，即公司不发行债券时的经营风险；(2) 财务风险，即公司决定使用债务时普通股股东所增加的风险。

(一) 营业风险

营业风险(Business Risks)又称经营风险，是指与公司经营相关的风险，以及公司的经营利润或息税前收益的不确定性。公司的经营利润或税息前收益常常受外界如政治、经济、市场等因素的影响，也受内部各种因素的影响，从而给公司带来营业风险。营业风险不仅仅各行业不同，而且同行业的不同公司之间也有差别，并随时间而变化。营业风险影响着公司的筹资能力，是影响公司资本结构决策的一个非常重要的因素。

影响公司营业风险的因素主要有以下几个：

(1) 产品需求的变动。在其他因素不变时，对一家公司的产品需求越稳定，该公司的营业风险就越低。

(2) 产品销售价格的变动。一家公司的产品如果在市场上的销售价格比较稳定，那么，这家公司的营业风险就相对较小。

(3) 投入资源价格的变动。如果一家公司投入资源的价格很不稳定，那么，该公司将遭受较大的营业风险。

(4) 调整产品销售价格的能力。当公司的投入成本提高时，有些产品能够较方便地在市场上提高销售价格，以弥补因投入价格提高所带来的损失。如果其他因素保持不变，公司的这种调整能力越强，则营业风险越低。这种因素在通货膨胀时期尤为重要。

(5) 经营杠杆。如果公司总成本中固定成本的比例很大，当产品需求下降时，固定成本并不减少，则公司具有较大的营业风险。这种因素叫作经营杠杆。

经营杠杆对公司营业风险的影响最为综合，公司欲获得经营杠杆带来的好处，就需要承担

由此引起的营业风险。所以，公司必须在这种利益与风险之间做出权衡。

(二) 经营杠杆

1. 经营杠杆的含义

经营杠杆(Operating Leverage)又称营业杠杆或营运杠杆，是指公司对固定成本的利用程度。

上面我们介绍了营业风险的概念以及影响公司营业风险的基本因素。公司固定成本占总成本的比重是影响公司营业风险的基本因素之一，所以说，经营杠杆是影响公司营业风险的基本因素之一。在同等销售额条件下，固定成本比重越大的公司，其经营杠杆程度越深。因为在其他条件一定的情况下，固定成本高的公司，其销售量较小的变化就会导致公司经营收益较大的变化。所以，经营杠杆越高的公司，其营业风险就越大。

例 11－9　甲、乙两家公司的有关资料如表 11－5 所示。

表 11－5　甲、乙两家公司的有关资料　　单位：元

项　　目	甲 公 司	乙 公 司
固定成本	20 000	60 000
单位变动成本	1.5	1
单位售价	2	2

按照市场预测，甲、乙两家公司的产品在市场上可能实现的销售量及其概率如表 11－6 所示。

表 11－6　甲、乙两家公司的产品在市场上可能实现的销售量及其概率

销 售 量 (件)	概　率
0	0.03
40 000	0.07
60 000	0.15
110 000	0.50
160 000	0.15
180 000	0.07
220 000	0.03

根据上述资料，可计算出甲、乙两家公司在各种销售量下的 EBIT，如表 11－7 所示。

表 11－7　甲、乙两家公司在各种销售量下的 EBIT　　单位：元

销售量(件)	概　率	销售额(元)	甲 公 司		乙 公 司	
			经营成本	*EBIT*	经营成本	*EBIT*
0	0.03	0	20 000	−20 000	60 000	−60 000
40 000	0.07	80 000	80 000	0	100 000	−20 000

续　表

销售量(件)	概　率	销售额(元)	甲　公　司		乙　公　司	
			经营成本	EBIT	经营成本	EBIT
60 000	0.15	120 000	110 000	10 000	120 000	0
110 000	0.50	220 000	185 000	35 000	170 000	50 000
160 000	0.15	320 000	260 000	60 000	220 000	100 000
180 000	0.07	360 000	290 000	70 000	240 000	120 000
220 000	0.03	440 000	350 000	80 000	280 000	160 000

上述计算结果表明，公司的固定成本比重越大，公司未来经营收益的变动幅度越大，公司的营业风险就越大。营业风险可由经营收益的变化来衡量。

上述甲、乙两家公司呈现不同经营收益的概率可绘制成正态分布图，如图 11－3 所示。

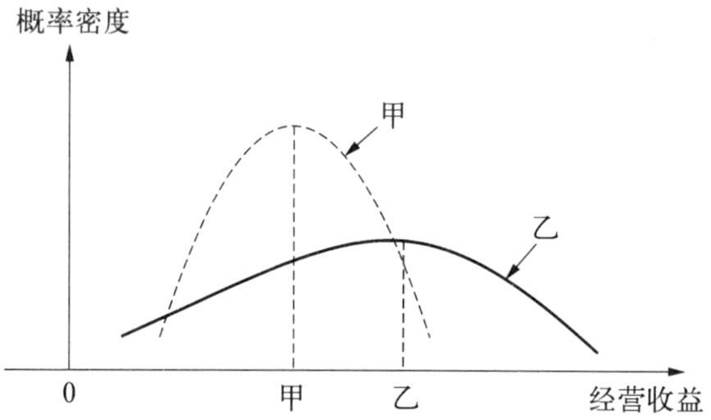

图 11－3　经营收益概率分布

从图 11－3 可以看出，乙公司比甲公司的经营收益概率分布的离散程度大得多，乙公司的经营风险比甲公司大得多。

2. 经营杠杆系数

经营杠杆作用的程度用经营杠杆系数表示。经营杠杆系数（Degree of Operating Leverage，DOL）也称经营杠杆程度或营业杠杆程度，它是息税前收益的变动率对销售变动率的倍数。

经营杠杆系数的计算公式如下：

$$DOL = \frac{\frac{\Delta EBIT}{EBIT}}{\frac{\Delta Q}{Q}}$$

$$或 = \frac{\frac{\Delta EBIT}{EBIT}}{\frac{\Delta S}{S}}$$

式中：DOL——经营杠杆系数；

$\Delta EBIT$——息税前收益变动额；

$EBIT$——变动前息税前收益；

ΔQ——销售量变动量；

Q——变动前销售额；

ΔS——销售额变动额；

S——变动前销售额。

息税前收益可按下列公式计算：

$$\boldsymbol{EBIT = S - VC - F}$$

$$\text{或} = \boldsymbol{Q(P - V) - F}$$

式中：S——销售额；

VC——变动成本总额；

F——固定成本总额；

Q——销售量；

P——单位产品售价

V——单位产品变动成本。

多产品的公司通常采用第一个公式计算息税前收益，单一产品的公司则上述两个公式均可采用。

经营杠杆系数的计算方法有以下两种：

(1) 利用息税前收益和销售量(额)变动率的对比关系确定

例 11-10　设甲、乙两家公司的有关资料如表 11-8 所示。

表 11-8　甲、乙两家公司的有关资料

项　目	甲公司		乙公司	
	××××年	××××+1 年	××××年	××××+1 年
销售量(件)	80 000	120 000	80 000	120 000
固定成本(元)	30 000		60 000	
单位变动成本(元)	1.50		1.00	
单位售价(元)	2		2	

根据上述资料，可计算出甲、乙两家公司在不同销售量下的息税前收益，如表 11-9 所示。

表 11-9　甲、乙两家公司在不同销售量下的息税前收益　　单位：元

项　目	甲公司		乙公司	
	××××年	××××+1 年	××××年	××××+1 年
销售收入	160 000	240 000	160 000	240 000
固定成本总额	30 000	30 000	60 000	60 000

续 表

项　　目	甲　公　司		乙　公　司	
	××××年	××××+1年	××××年	××××+1年
变动成本总额	120 000	180 000	80 000	120 000
经营成本	150 000	210 000	140 000	170 000
息税前收益	10 000	30 000	20 000	70 000

甲公司：

$$息税前收益变动率=\frac{30\,000-10\,000}{10\,000}\times100\%=200\%$$

$$销售量变动率=\frac{120\,000-80\,000}{80\,000}\times100\%=50\%$$

经营杠杆系数＝200%÷50%＝4

乙公司：

$$息税前收益变动率=\frac{70\,000-20\,000}{20\,000}\times100\%=250\%$$

$$销售量变动率=\frac{120\,000-80\,000}{80\,000}\times100\%=50\%$$

经营杠杆系数＝250%÷50%＝5

计算结果表明，甲公司的销售量变动时，其经营收益的变动率为其销售量变动率的4倍；乙公司的销售量变动时，其经营收益的变动率为其销售量变动率的5倍。由此可见，乙公司的营业风险比甲公司的营业风险高。

(2) 利用贡献毛益与经营收益的对比关系确定

其计算公式为：

$$DOL=\frac{Q(P-V)}{Q(P-V)-F}$$

式中：DOL——经营杠杆系数；

Q——变动前销售量；

P——单位产品售价；

V——单位产品变动成本；

F——固定成本总额。

或

$$DOL=\frac{S-VC}{S-VC-F}$$

式中：DOL——经营杠杆系数；

F——固定成本总额。

第一个公式用于计算单一产品的经营杠杆系数；第二个公式除了可用于计算单一产品的

经营杠杆系数外，还可用于计算多产品的经营杠杆系数。

例 11－11　有甲、乙两家公司，甲公司的固定成本总额为 100 万元，产品单位售价为 10 元，单位产品变动成本为 5 元；乙公司的固定成本总额为 250 万元，产品单位售价为 15 元，单位产品变动成本为 5 元。上一年，两家公司的销售量为 30 万件，如果在下一年两家公司的销售量均增长 20%，则两家公司的息税前收益将如何变动？

甲公司：

$$经营杠杆系数=\frac{300\,000\times(10-5)}{300\,000\times(10-5)-1\,000\,000}=3$$

$$\begin{aligned}息税前收益变动率&=销售量的变动率\times经营杠杆系数\\&=(+20\%)\times3\\&=60\%\end{aligned}$$

$$\begin{aligned}销售量增长后的息税前收益&=[300\,000\times(10-5)-1\,000\,000]\times(1+60\%)\\&=800\,000(元)\end{aligned}$$

乙公司：

$$经营杠杆系数=\frac{300\,000\times(15-5)}{300\,000\times(15-5)-2\,500\,000}=6$$

$$\begin{aligned}息税前收益变动率&=销售量的变动率\times经营杠杆系数\\&=(+20\%)\times6\\&=120\%\end{aligned}$$

$$\begin{aligned}销售量增长后的息税前收益&=[300\,000\times(15-5)-2\,500\,000]\times(1+120\%)\\&=1\,100\,000(元)\end{aligned}$$

例 11－12　某公司生产 A 产品，固定成本为 50 万元，变动成本率为 30%。当该公司的销售额分别为 400 万元、200 万元、71.43 万元时，其经营杠杆系数分别是多少？

当销售额为 400 万元时，其经营杠杆系数为：

$$DOL_{(1)}=\frac{400-400\times30\%}{400-400\times30\%-50}=1.22$$

当销售额为 200 万元时，其经营杠杆系数为：

$$DOL_{(2)}=\frac{200-200\times30\%}{200-200\times30\%-50}=1.56$$

当销售额为 71.43 万元时，其经营杠杆系数为：

$$DOL_{(3)}=\frac{71.43-71.43\times30\%}{71.43-71.43\times30\%-50}\to\infty$$

以上计算结果表明：

① 在固定成本不变的情况下，经营杠杆系数说明了销售变动所引起的经营收益变动的幅度。例如，$DOL_{(1)}$表明在销售额为 400 万元时，销售额的增减会引起息税前收益 1.22 倍的增减；$DOL_{(2)}$表明在销售额为 200 万元时，销售额的增减会引起息税前收益 1.56 倍的增减。

② 在固定成本不变的情况下，销售规模越大，经营杠杆系数越小，营业风险就越小；反之，

销售规模越小，经营杠杆系数越大，营业风险就越大。例如，当销售额为 400 万元时，$DOL_{(1)}$ 为 1.22；当销售额为 200 万元时，$DOL_{(2)}$ 为 1.56。显然，销售额小时，经营收益的不稳定性较大，故销售额小时的营业风险较大。

③ 当销售额趋近盈亏临界点时，经营杠杆系数趋于无穷大。此时，公司经营只是保本，如销售额为 71.43 万元的情形。在这种情况下，只要销售额稍有增加，便可获得经营收益；但销售额稍有下降，便会发生亏损。

生产规模确定后，一家公司的固定成本就大致确定下来。所以，公司管理当局对经营杠杆的影响力是有限的。诚然，除了固定成本外，公司管理当局可以通过提高产品价格或降低变动成本来影响经营杠杆，但是，产品价格受市场竞争因素的制约，变动成本的减少总会有一个极限；与此相反，公司管理当局对财务杠杆的影响力却要大得多。

二、财务杠杆

（一）财务杠杆的含义

财务杠杆（Financial Leverage）又称融资杠杆，是指公司对资本成本固定的筹资方式的利用程度。

当公司财务结构中保持一定比例资本成本固定的资本时，该资本占资产总额的比率变化将会对公司普通股的收益产生影响。由于这种影响并不是扩大生产经营、增加投资规模等经营因素所致，而是改变财务结构所引起的，因此，将这种仅支付固定性资本成本的筹资方式对增加普通股收益的作用称为财务杠杆作用。在基本收益率一定的情况下，当资本成本固定的资本的资本成本率低于基本收益率时，普通股的股本收益率高于基本收益率。所以，提高资本成本固定的资本的比例会提高普通股的股本收益率，这就是财务杠杆的正作用；相反，如果资本成本固定的资本的资本成本率高于基本收益率，则普通股的股本收益率就低于基本收益率，那么，提高资本成本固定的资本的比例反而会降低普通股的股本收益率，这便是财务杠杆的副作用。但是，通常情况下，财务杠杆作用是指其正作用。

这种资本成本固定的资本来源包括各种负债（如短期借款、长期借款、应付债券、融资租赁等）和优先股股本。由于债务利息是财务费用，在公司所得税前支付，属于免税费用，而优先股股利是在公司所得税后支付，属于非免税支出，因此，两者发挥的财务杠杆作用有所不同。利用负债筹资，产生财务杠杆正作用的前提条件：如果公司的全部资本息税前收益率和负债利息率一定，则取决于负债比率的高低。提高负债比率会增加财务杠杆利益，降低负债比率会减少财务杠杆利益，负债比率为零时不产生财务杠杆利益。如果公司的全部资本息税前收益率低于负债利息率，则财务杠杆作用是给股东带来财务杠杆损失。如果公司的全部资本息税前收益率等于负债利息率，则不发生财务杠杆作用。利用优先股筹资，产生财务杠杆正作用的前提条件：公司的全部股本税后净利率高于优先股股利率。只有在这个前提下，保持优先股股本在整个股本筹资中的既定比例，才能对普通股权益产生财务杠杆利益；否则，将对普通股权益产生财务杠杆损失。

（二）财务杠杆系数

财务杠杆作用的程度用财务杠杆系数表示。财务杠杆系数（Degree of Financial Leverage，DFL）又称财务杠杆程度，是指普通股每股税后收益的变动率对息税前收益变动率的倍数。

财务杠杆系数的计算公式如下：

$$DFL=\frac{\frac{\Delta EPS}{EPS}}{\frac{\Delta EBIT}{EBIT}}$$

式中：DFL——财务杠杆系数；

ΔEPS——普通股每股税后收益变动额；

EPS——变动前普通股每股税后收益。

普通股每股税后收益可按下列公式计算：

$$EPS=\frac{(EBIT-I)(1-T)}{N}$$

式中：I——利息费用；

T——公司所得税税率；

N——流通在外的普通股总股数。

如果公司有优先股，则普通股每股税后收益可按下列公式计算：

$$EPS=\frac{(EBIT-I)(1-T)-PD}{N}$$

式中：PD——优先股股利额。

财务杠杆系数的计算公式有以下两种情况：

第一种情况，在公司资本结构中，只有长期负债和普通股，没有优先股。

在这种情况下，财务杠杆系数的计算公式为：

$$DFL=\frac{EBIT}{EBIT-I}$$

例 11－13 有甲、乙、丙三家经营业务相同的公司，其长期资本总额相等，均为 2 000 万元。三家公司的资本结构不同。甲公司无负债，已发行在外的普通股为 40 万股，每股面额为 50 元；乙公司的负债比例为 25%，发行在外的普通股为 30 万股，每股面额为 50 元，负债利率为 6%；丙公司的负债比例为 60%，发行在外的普通股为 16 万股，每股面额为 50 元，负债利率为 10%。公司所得税税率为 25%。进一步假定上一年三家公司的息税前收益为 200 万元，下一年可能增加 20%，也可能减少 10%。那么，这三家公司的普通股每股收益将发生怎样的变化？

(1) 甲公司

年利息费用为：

$I_{甲}=0$

甲公司的财务杠杆系数为：

$$DEL_{甲}=\frac{EBIT_{甲}}{EBIT_{甲}-I_{甲}}$$
$$=\frac{200}{200-0}$$
$$=1$$

如果下一年息税前收益增长 20%，则其普通股每股税后收益的变动率为：

$(+20\%)\times 1=20\%$

上一年普通股每股税后收益为：

$$EPS_{甲}=\frac{(EBIT_{甲}-I_{甲})(1-T)}{N_{甲}}$$
$$=\frac{(200-0)(1-25\%)}{40}$$
$$=3.75(元/股)$$

如果下一年息税前收益增长 20%，则其普通股每股税后收益为：

$3.75\times(1+20\%)=4.5(元/股)$

如果下一年息税前收益减少 10%，则其普通股每股税后收益的变动率为：

$(-10\%)\times 1=-10\%$

下一年普通股每股税后收益为：

$3.75\times(1-10\%)=3.375(元/股)$

(2) 乙公司

年利息费用为：

$I_{乙}=2\,000\times 25\%\times 6\%=30(万元)$

乙公司的财务杠杆系数为：

$$DFL_{乙}=\frac{EBIT_{乙}}{EBIT_{乙}-I_{乙}}$$
$$=\frac{200}{200-30}$$
$$=1.18$$

如果下一年息税前收益增长 20%，则其普通股每股税后收益的变动率为：

$(+20\%)\times 1.18=23.6\%$

上一年普通股每股税后收益为：

$$EPS_{乙}=\frac{(EBIT_{乙}-I_{乙})(1-T)}{N_{乙}}$$
$$=\frac{(200-30)(1-25\%)}{30}$$
$$=4.25(元/股)$$

如果下一年息税前收益增长 20%，则其普通股每股税后收益为：

$4.25\times(1+23.6\%)=5.25(元/股)$

如果下一年息税前收益减少10%，则其普通股每股税后收益的变动率为：

$(-10\%)\times 1.18=-11.8\%$

下一年普通股每股税后收益为：

$4.25\times(1-11.8\%)=3.75$(元/股)

(3) 丙公司

年利息费用为：

$I_{丙}=2\,000\times 60\%\times 10\%=120$(万元)

丙公司的财务杠杆系数为：

$$DFL_{丙}=\frac{EBIT_{丙}}{EBIT_{丙}-I_{丙}}$$

$$=\frac{200}{200-120}$$

$$=2.5$$

如果下一年息税前收益增长20%，则其普通股每股税后收益的变动率为：

$(+20\%)\times 2.5=50.0\%$

上一年普通股每股税后收益为：

$$EPS_{丙}=\frac{(EBIT_{丙}-I_{丙})(1-T)}{N_{丙}}$$

$$=\frac{(200-120)(1-25\%)}{16}$$

$$=3.75(元/股)$$

如果下一年息税前收益增长20%，则其普通股每股税后收益为：

$3.75\times(1+50\%)=5.63$(元/股)

如果下一年息税前收益减少10%，则其普通股每股税后收益的变动率为：

$(-10\%)\times 2.5=-25\%$

下一年普通股每股税后收益为：

$3.75\times(1-25\%)=2.81$(元/股)

三家公司的EPS和DEL可计算如表11-10所示。

表11-10　三家公司的EPS与DFL

项　目	甲公司	乙公司	丙公司
$EBIT$(元)	2 000 000	2 000 000	2 000 000
I(元)	0	300 000	1 200 000
税前收益(元)	2 000 000	1 700 000	800 000
所得税(25%)(元)	500 000	425 000	200 000
税后收益(元)	1 500 000	1 275 000	800 000

续 表

项　目	甲公司	乙公司	丙公司
N(股)	400 000	300 000	160 000
EPS	3.75	4.25	3.75
DFL	1.00	1.18	2.50

不确定情况下三家公司的 EPS 计算如表 11－11 所示。

表 11－11　不确定情况下三家公司的 EPS

项　目	EBIT 增长 20%			EBIT 减少 10%		
	甲公司	乙公司	丙公司	甲公司	乙公司	丙公司
EBIT(元)	2 400 000	2 400 000	2 400 000	1 800 000	1 800 000	1 800 000
I(元)	0	300 000	1 200 000	0	300 000	1 200 000
税前收益(元)	2 400 000	2 100 000	1 200 000	1 800 000	1 500 000	600 000
所得税(25%)(元)	600 000	525 000	300 000	450 000	375 000	150 000
税后收益(元)	1 800 000	1 575 000	900 000	1 350 000	1 125 000	450 000
N(股)	400 000	300 000	160 000	400 000	300 000	160 000
EPS	4.02	4.69	5.03	3.02	3.35	2.51
EBIT 的变化率(%)	+20	+20	+20	−10	−10	−10
EPS 的变化率(%)	+20	+23.6	+50	−10	−11.8	−25
DFL	1.00	1.18	2.50	1.00	1.18	2.50

表 11－10 和表 11－11 显示：

第一，财务杠杆系数说明息税前收益变动所引起的普通股每股税后收益的变动幅度。例如，A 公司的息税前收益每增加（或减少）1%，其普通股每股税后收益也增加（或减少）1%；B 公司的息税前收益每增加（或减少）1%，其普通股每股税后收益就增加（或减少）1.18%；C 公司的息税前收益每增加（或减少）1%，其普通股每股税后收益就增加（或减少）2.5%。

第二，在资本总额、息税前收益相同的情况下，负债比例越高，财务杠杆系数越高，筹资风险就越大。

第二种情况，在公司资本结构中，既有长期负债和普通股，又有优先股。

优先股是一种固定收益证券，公司按照事先确定的固定股利率支付优先股股利。只要公司的全部股本税后净利率高于优先股股利率，优先股就会对普通股权益产生财务杠杆利益。由于优先股股利在税后支付，因此，它不具备一般债务筹资的所得税抵免效应。

在既有长期负债和普通股，又有优先股的情况下，财务杠杆系数可采用下列公式计算：

$$DFL = \frac{EBIT}{EBIT - I - \frac{PD}{1-T}}$$

三、总杠杆作用

从上述内容可知，经营杠杆通过扩大销售影响息税前收益，财务杠杆通过扩大息税前收益影响普通股每股税后收益。如果经营杠杆和财务杠杆共同作用，则销售量稍有变动，就会使普通股每股税后收益产生较大变动。

总杠杆(Total Leverage)又称联合杠杆(Combined Leverage)，或称合并杠杆、复合杠杆、综合杠杆，是指经营杠杆与财务杠杆的复合作用。

总杠杆作用的程度用总杠杆系数表示。

总杠杆系数(Degree of Total Leverage, DTL)又称联合杠杆系数(Degree of Combined Degree, DCL)，或称合并杠杆系数、复合杠杆系数、综合杠杆系数，是指普通股每股税后收益的变动率对销售变动率的倍数。

$$DTL = \frac{\frac{\Delta EPS}{EPS}}{\frac{\Delta Q}{Q}}$$

$$或 = \frac{\frac{\Delta EPS}{EPS}}{\frac{\Delta S}{S}}$$

式中：DTL——总杠杆系数。

总杠杆系数的计算公式有以下三种形式：

公式一：

$$DTL = DOL \times DFL$$

上式即总杠杆系数是经营杠杆系数与财务杠杆系数的乘积。

公式二：

$$DTL = \frac{Q(P-V)}{Q(P-V)-F-I}$$

公式三：

$$DTL = \frac{EBIT + F}{EBIT - I}$$

例 11－14　某公司上年的产销量为 80 000 件，单位产品售价为 100 元，单位产品变动成本为 50 元，固定成本总额为 2 000 000 元，利息费用为 200 000 元。若下年度销售量增加 1%，普通股每股税后收益将发生怎样的变动？若下年度销售量减少 1%，普通股每股税后收益又将如何变动？

该公司的经营杠杆系数为：

$$DOL=\frac{80\,000\times(100-50)}{80\,000\times(100-50)-2\,000\,000}=2$$

该公司的财务杠杆系数为：

$$DFL=\frac{80\,000\times(100-50)-2\,000\,000}{80\,000\times(100-50)-2\,000\,000-200\,000}=1.11$$

该公司的总杠杆系数为：

$DTL=2\times1.11=2.22$

若销售量增加 1%，则其普通股每股税后收益的变动率为：

$(+1\%)\times2.22=2.22\%$

若销售量减少 1%，则其普通股每股税后收益的变动率为：

$(-1\%)\times2.22=-2.22\%$

以上计算结果可列示在表 11－12 中。

表 11－12　该公司的总杠杆系数

项　目	上　年	销售量增加 1%	销售量减少 1%
销售额(元)	8 000 000	8 080 000	7 920 000
变动成本(元)	4 000 000	4 040 000	3 960 000
固定成本(元)	2 000 000	2 000 000	2 000 000
EBIT(元)	2 000 000	2 040 000	1 960 000
利息费用(元)	200 000	200 000	200 000
税前收益(元)	1 800 000	1 840 000	1 760 000
所得税(25%)(元)	450 000	460 000	440 000
税后收益(元)	1 350 000	1 380 000	1 320 000
销售变动率(%)		+1	−1
EBIT 变动率(%)		2	2
EPS 变动率(%)		2.22	2.22
DOL	2		
DFL	1.11		
DTL	2.22		

由于总杠杆系数是经营杠杆系数与财务杠杆系数的乘积，因此，在很高的经营杠杆基础上，再采用较高的财务杠杆，往往被认为是不明智的。

实务中，公司可以自由组合运用经营杠杆和财务杠杆。例如，某公司需要维持适度的总杠杆系数，如果较多地运用了财务杠杆，那么，就可用较低的经营杠杆系数来抵消高财务杠杆系数的影响；反之，如果公司较多地运用了经营杠杆，就可通过减少使用财务杠杆来予以平衡。

第四节　资本结构与财务风险

一、财务风险的基本含义

广义的财务风险可理解为财务活动中一切筹资、用资和收益分配等理财活动引起的风险。但是，这里的财务风险是狭义的，是指公司由于利用了财务杠杆而使公司可能丧失偿债能力，最终可能导致公司破产的风险。除此之外，财务风险还包括股东收益发生较大变动的风险。

如前所述，如果公司一味追求获取财务杠杆收益，就会加大公司的负债筹资。随着债务、租赁和优先股筹资在公司资本结构中所占比重的提高，公司定期支出的固定费用就会增加，从而可能使公司丧失现金支付能力。公司除了面对财务风险外，还需面对经济环境中无处不在的营业风险。例如，公司经营不善，当息税前利润不能达到预期目标或开始下降时，公司不但不能保证充分的偿债能力，而且会使股东的每股收益急剧下跌。显然，营业风险的存在会加大公司的财务风险。

一般来讲，一家不使用财务杠杆和无债务的公司的价值是较小的，但它的价值会随着公司开始使用财务杠杆而增大，当其负债比例达到某一点时，其公司价值会达到最大。如果公司再增加负债比例，则公司价值会随着财务风险的不断增大而下滑。前述 EPS－EBIT 分析法的主要目标在于找出那个能使公司价值得以平衡的点，而本节要研究的是在此点及此点前后，公司的财务风险有多大，对公司财务杠杆的运用有多大的制约作用。

二、不同资本结构财务风险的差异

假如有 A、B 两家公司，它们在资本总额等各个方面的情况相同，两家公司预计每年的息税前盈余均为 80 000 元。但是，由于两家公司运用不同的财务杠杆，因此造成它们的资本结构不同。A 公司没有负债资本，全部为权益资本；而 B 公司发行了 475 000 元债券，年利率为 10%。所以，A 公司没有固定支出的利息费用，而 B 公司每年有 47 500 元（475 000×10%）的固定利息支出。

假设 A、B 两家公司在某年的实际现金收益比预期的少了 60%，那么，该年两家公司的实际现金收益只有 32 000 元（80 000×40%）。这时，B 公司会由于现金收益不足而不能偿付其全部利息费用，A 公司则不会出现这种风险。如果在债券到期日，B 公司的财务状况不佳、现金收益不足，则会使 B 公司的财务危机进一步加深。由此可见，公司财务风险会随着其负债筹资规模的扩大而不断增加。

公司财务风险的另一个方面涉及股东可能得到收益的相对离差。仍以 A、B 公司为例。如果两家公司在今后 5 年内每年的营业收益均为随机变量，两家公司概率分布的期望值都是 80 000 元，标准差为 40 000 元。假设 A 公司没有负债筹资，B 公司发行了 475 000 元、利息率为 10%的长期债券。为了简化计算，撇开所得税的影响，A 公司和 B 公司的股东可能得到收益的期望值分别为 80 000 元和 32 500 元（B公司要支付 47 500 元利息费用）。由于这两家公司期望值的标准差相等，因此，B 公司股东可能得到收益的相对离差大于 A 公司股东。A、B 两家公司的相对离差系数（即标准差与期望值的比率）可计算如下：

A 公司的离差系数 $=40\ 000\div 80\ 000=0.50$

B 公司的离差系数 $=40\ 000\div 32\ 500=1.23$

这可用图 11－4 表示。

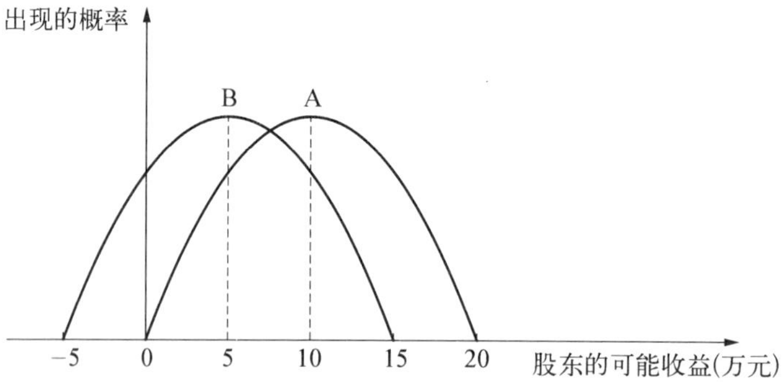

图 11－4　不同资本结构财务风险的差异

从图 11－4 可以看出，这两家公司的股东实际收益偏离其期望值的离差度是相同的，但 A 公司股东收益的期望值大于 B 公司股东收益的期望值，结果使 A 公司股东收益的相对离差较小。

要把公司股东可能收益的离差与公司营业收益的离差（即营业风险）区分开来。在上述举例中，两家公司营业风险的大小相同，因为其预期未来营业收入的相对离差是相同的，都是 0.5（40 000÷80 000）。然而，这两家公司财务风险的程度却明显不同。

我们认识到，公司财务风险包含了股东未来收益的可变性和公司丧失偿债能力的可能性，这一切都与公司财务杠杆的利用程度有关，也与公司营业风险即预期营业收益的离差直接相关。

三、财务杠杆对风险的影响

由资本结构中的 EPS－EBIT 分析可知，当公司预计 EBIT 达到一定水平以上，即大于筹资无差别点时，就 EPS 而言，一般采用负债筹资方式为最佳。然而，这只是财务杠杆作用对预期收益影响的一个方面。另一个方面是财务杠杆作用对公司所承担财务风险的影响。尽管 EPS－EBIT 图（即无差别图）对这一问题尚不能做出明确回答，但是根据该图仍可做出最基本的回答，即财务人员应该使负债筹资与股本筹资的无差别点的 EBIT 水平明显超出这个无差别点，那么，在其他情况相同的条件下，预计 EBIT 水平越高，公司负担的财务风险就越小，也就越有理由运用负债筹资方式。

但是，财务人员应当充分估计 EBIT 低于筹资无差别点的可能性。例如，假定预计 EBIT 为 60 万元，无差别点为 30 万元。财务经理应当充分估计 EBIT 低于 30 万元的可能性。如果这种可能性微乎其微，那么，就有充分理由运用负债筹资；如果估计 EBIT 的波动极大，可能会略高于无差别点，甚至在经营不稳定时，EBIT 低于无差别点的可能性也极大，那么，财务经理应得出负债筹资方式风险太大的结论。这可用图 11－5 表示。

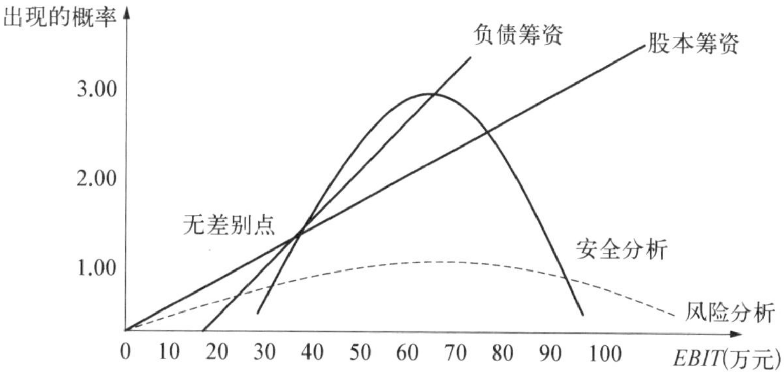

图 11－5　财务杠杆对风险的影响

图 11－5 实际上是在图 11－4 的基础上加上 EBIT 的概率分布。当公司 EBIT 的分布大于 30 万元时，公司基本上没有财务风险；而当公司预计 EBIT 低于 30 万元时，财务人员不能做出负债筹资的决定。这里的关键是预计 EBIT 的概率分布。假设公司根据历史经验，预期公司 EBIT 出现的概率如表 11－13 所示。

表 11－13　预期 EBIT 出现的概率

状　况	EBIT(万元)	概　率
很好	70	0.25
较好	60	0.15
一般	40	0.45
差	20	0.15

计算公司预期 EBIT 为：

$70\times0.25+60\times0.15+40\times0.45+20\times0.15=17.5+9+18+3=47.5$(万元)

按照保守的测定方法计算出公司预期 EBIT 为 47.5 万元，明显高于无差别点 30 万元，故公司仍可采用负债筹资方案。

四、偿付能力的测定

偿付能力的测定主要运用已获利息倍数指标来反映，其计算公式如下：

$$\text{已获利息倍数}=\frac{EBIT}{\text{利息费用}}=\frac{\text{净收益}+\text{利息费}+\text{所得税}}{\text{利息费用}}$$

假定某公司的息税前收益为 600 000 元，当期应支付的债务利息费用为 200 000 元，那么，已获利息倍数是 3 倍(600 000÷200 000)。这就是说，即使该公司的 EBIT 损失了 2/3，它仍有能力偿付债务利息。这说明已获利息倍数越大，公司无力偿付债务利息的风险越小。尽管很难说已获利息倍数最大在公司财务风险测定中较为合适，但是通常认为，公司把该指标维持在1以上3以下是适当的。如果该指标过低，特别是小于1，则说明公司财务风险太大；而该指标太大，则说明公司负债比例过低，虽然财务风险很小，但由于未能充分发挥财务杠杆作用，因此并不一定是公司最理想的资本结构。一般认为，对于生产稳定的公司，该指标可低一点；而对于生产波动大、不稳定的公司，该指标过低是不合适的。

要注意的是，已获利息倍数指标不能反映公司有无能力偿付债务本金。如果公司无力还本，则与拖欠利息一样，在法律上负有违约责任。所以，要针对债务全部本息计算偿付比率。债务本息偿付比率的计算公式如下：

$$\text{债务本息偿付比率}=\frac{EBIT}{\text{债务利息支付额}+\dfrac{\text{债务本金支付额}}{1-\text{所得税税率}}}$$

这里的债务本金支付额应予调整，以消除纳税影响，因为EBIT是税前收益。既然债务本金在计算所得税时不应从EBIT中扣除，那么，它就必然从税后收益中支付，所以，要调整债务本金支付额，使之与EBIT一致。如果年EBIT为600 000元，年利息费用为200 000元，年应付债务本金额为100 000元，所得税税率为25%，那么，其债务本息偿付比率计算如下：

$$\text{债务本息偿付比率}=\frac{600\,000}{200\,000+\dfrac{100\,000}{1-25\%}}=1.80$$

这一比率比前述不考虑债务本金的已获利息倍数低。同样，债务本息偿付比率也没有精确的方法来判断其处于什么值是最合适的，这要看公司经营和财务人员对财务风险所持的态度。一般来讲，该比例越低，说明公司财务状况越差，财务风险就越大，这时，财务人员便要考虑是否需要调整公司的资本结构。

在不同公司的债务本息偿付比率相同的情况下，判断其财务风险的大小要看公司经营风险的大小。这可用图11－6表示。

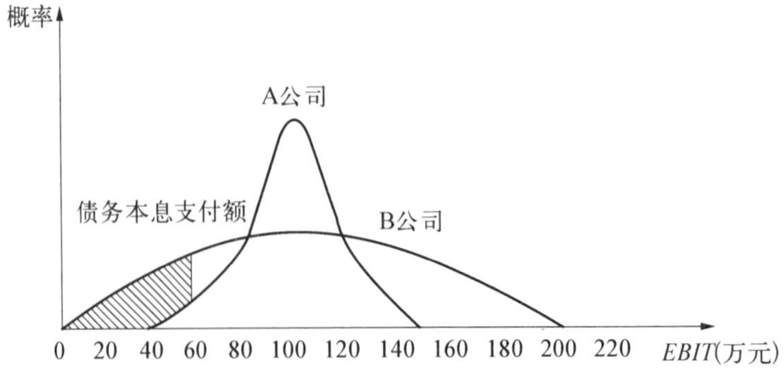

图11－6　不同公司财务风险的大小

从图11－6可以看出，A、B两家公司的期望EBIT均为100万元，当期应付的债务本息额均为 60 万元，其债务本息偿付比率相同，均为 1.67(100÷60)。然而，B 公司的经营风险大得多，其预期收入不够稳定，使 B 公司的财务风险较大。图中的阴影部分表示 B 公司 EBIT 收入相较于 A 公司小于债务本息支付额的部分。可见，B 公司的风险要比 A 公司大得多。虽然已获利息倍数和债务本息偿付比率是衡量公司财务风险的重要指标，但是要注意，不能把这两个指标绝对化，不能只用上述指标作为确定公司财务风险和资本结构的唯一依据，因为即使在公司 EBIT 不够偿付公司到期的债务本息时，也不一定马上会导致公司破产，公司可能从其他渠道取得资金，其中包括使原有负债的归还期延长，所以，必须将这些特殊情况考虑进去。总之，已获利息倍数和债务本息偿付比率是测定公司财务风险的重要依据，如果公司经营状况稳定、筹资渠道广泛、资金调控能力强，则较低比率的指标并非绝对不能接受。

五、期望资本收益率的财务风险测定

用期望资本收益率来测定财务风险，关键是确定公司期望的权益(自有)资本收益率，因为公司权益资本收益率的高低与公司全部资本的投资收益率和资本结构有直接联系。它们可用如下公式表述：

$$\text{期望权益资本收益率}=\text{全部资本投资收益率}+\frac{\text{负债资本}}{\text{权益资本}}\times\left(\frac{\text{全部资本}}{\text{投资收益率}}-\text{负债资本利息}\right)$$

在公司的负债资本利息率既定，并且大于投资收益率的情况下，公司期望权益资本收益率的大小主要取决于公司愿意承担财务风险的程度，即公司负债筹资的比重。公司期望权益资本收益率越高，公司就必须用越多的负债资本承担较高的财务风险。

由于负债利率大于投资收益率的负债筹资对提高公司权益资本收益率没有意义，因此，仅基于负债利率小于投资收益率的情况来举例说明。

方案 1：如果某公司要求资本总额为 2 000 000 元，投资收益率为 15%，负债平均利率为 10%，那么，当公司期望的权益资本收益率为 15%时，公司就不需采用负债筹资，全部资本均为权益资本，即能确保公司没有财务风险。

$$\text{期望权益资本收益率}=15\%+\frac{0}{2\,000\,000}\times(15\%-10\%)=15\%$$

方案 2：如果公司要求将权益资本收益率提高到 20%，公司的负债资本和权益资本形成 1∶1 的资本结构，公司的资本总额中就有一半资本可采用负债筹资，这显然加大了公司的财务风险。如果根据有关指标测定公司能够承担其财务风险，就能确保公司权益资本收益率达到 20%。

$$\text{期望权益资本收益率}=15\%+\frac{1\,000\,000}{1\,000\,000}\times(15\%-10\%)=20\%$$

方案 3：如果公司要求其权益资本收益率达到 30%，公司就必须使其负债资本与权益资本的比例达到 3∶1，即公司的负债筹资达到 1 500 000 元，即

$$\text{期望权益资本收益率}=15\%+\frac{1\,500\,000}{500\,000}\times(15\%-10\%)=30\%$$

此时，虽然公司能够获取较高的权益资本收益率，但要负担极高的财务风险。或许方案3的财务风险对公司来说可以承受，因为公司的EBIT收入为300 000元(2 000 000×15%)，大于其每期利息支出150 000元(1 500 000×10%)，在不考虑负债本金支付能力的情况下，公司尚有相当强的偿付能力。但是，如果该公司的经营风险很大，每期收入极不稳定，并且每期的现金流入量也不稳定，公司能否承受这样的财务风险就不是轻而易举能够判断的了。

所以，公司可以进一步通过计算其期望投资收益率及标准差来分析其财务风险程度。沿用上述举例，投资收益率的变动情况可参见表11－14。

表11－14　投资收益率的变动情况

经营状况	利润额(元)	利润率	概率
很好	324 000	18%	0.10
好	270 000	15%	0.45
差	216 000	12%	0.35
很差	162 000	9%	0.10

公司期望投资收益率=18%×0.10+15%×0.45+12%×0.35+9%×0.10=13.65%

投资收益率的离散趋势可用标准差表示：

$$标准差=\sqrt{(18\%-13.65\%)^2\times0.10+(15\%-13.65\%)^2\times0.45+(12\%-13.65\%)^2\times0.35+(9\%-13.65\%)^2\times0.10}$$
$$=5.03\%$$

根据上述概率分布，求得公司的期望投资收益率只有13.65%，并且其离散程度为5.03%，不如一般情况下15%的投资收益率那么好，这可以作为公司财务人员进行财务风险决策的依据。

然而，上述投资收益率标准差的计算只能说明公司营业风险对财务风险的影响，其标准差本身不包含财务风险。如果我们计算公司权益资本收益率的标准差，则其中既包括营业风险，也包括财务风险。上述举例中方案2的权益资本收益率的变动情况见表11－15。

表11－15　方案2的权益资本收益率的变动情况　　单位：元

经营状况	权益资本	负债资本	利润总额	利息费用	息后利润	权益资本利润率	概率
很好	1 000 000	1 000 000	324 000	100 000	224 000	22.4%	0.10
好	1 000 000	1 000 000	270 000	100 000	170 000	17%	0.45
差	1 000 000	1 000 000	216 000	100 000	116 000	11.6%	0.35
很差	1 000 000	1 000 000	162 000	100 000	62 000	6.2%	0.10

公司的期望权益资本收益率=22.4%×0.10+17%×0.45+11.6%×0.35+6.2%×0.10
=14.57%

权益资本收益率的离散趋势可用标准差表示：

$$标准差=\sqrt{(22.4\%-14.57\%)^2\times0.10+(17\%-14.57\%)^2\times0.45+(11.6\%-14.57\%)^2\times0.35+(6.2\%-14.57\%)^2\times0.10}$$
$$=4.35\%$$

如果用上述举例中方案 3 重新计算，具体情况参见表 11－16。

表 11－16　方案 3 的权益资本收益率的变动情况　　单位：元

经营状况	权益资本	负债资本	利润总额	利息费用	息后利润	权益资本利润率	概　率
很好	500 000	1 500 000	324 000	150 000	174 000	34.8%	0.10
好	500 000	1 500 000	270 000	150 000	120 000	24%	0.45
差	500 000	1 500 000	216 000	150 000	66 000	13.2%	0.35
很差	500 000	1 500 000	162 000	150 000	12 000	2.4%	0.10

$$公司的期望权益资本收益率=34.8\%\times0.10+24\%\times0.45+13.2\%\times0.35+2.4\%\times0.10$$
$$=19.14\%$$

权益资本收益率的离散趋势可用标准差表示：

$$标准差=\sqrt{(34.8\%-19.14\%)^2\times0.10+(24\%-19.14\%)^2\times0.45+(13.2\%-19.14\%)^2\times0.35+(2.4\%-19.14\%)^2\times0.10}$$
$$=8.7\%$$

通过上述计算可以看出，在经营不稳定的情况下，公司负债筹资受到营业风险和财务风险的双重制约。在方案 2 下，看似权益资本收益率可达 20%，但根据概率分布，其期望的收益率只有 14.57%，并且离差达 4.35%，说明有相当大的财务风险。在方案 3 下，公司负债比例进一步提高，虽然期望权益资本收益率有所提高，但其离差上升到 8.7%，财务风险进一步增大。

权益资本收益率的标准差是衡量财务风险的重要标志。当负债资本比例不断上升时，公司权益资本收益率的离差就会不断增大，而该离差越大，就说明公司的财务风险越大。所以，在利用财务杠杆增加负债筹资、提高公司权益资本收益率的同时，可通过期望收益率的测定和离差的计算来判断其风险的大小，以及根据预期历史水平与同行业水平的比较，还有公司的实际情况做出资本结构的合理决策。

第五节　资本结构理论

资本结构理论阐述了公司负债、公司价值和资本成本之间的关系。在这个方面，以戴维、杜兰德为代表的西方财务管理理论学家提出了净收益说、净经营收益说和传统说三种理论。但是，早期的资本结构理论是建立在判断或经验基础上的，缺乏严格的推理及证明。1958 年，美国的佛朗哥・莫迪格莱尼(Franco Modigliani)和莫顿・米勒(Merton Miller)在一系列假设条件下建立并证明了资本结构理论——MM 理论。他们证明了由于债务利息免税，税收的屏蔽作用使公司在全部使用债务时，价值达到最大。MM 理论首次以严格的理论推导得出了负债与公司价值的关系，推动了财务管理科学理论的发展。之后的资本结构理论的研究和深入大多建立在MM理论的基础上。

一、早期的资本结构理论

（一）净收益说

净收益说的特征是按股本净收益来确定公司的总价值，并且认为利用负债筹资可以降低公司资本成本，故公司采用负债筹资总是有利的，因为它可以提高公司的股本净收益。公司的综合资本成本和公司总价值如图11－7所示。

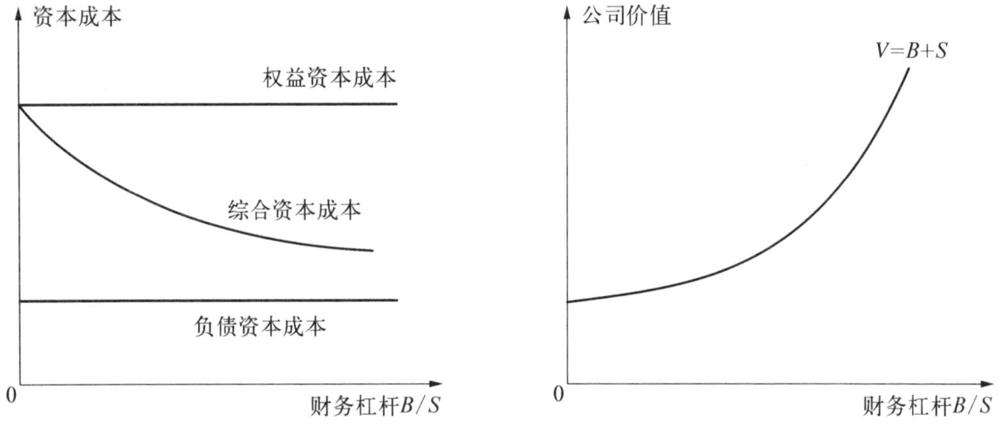

图11－7　净收益说图示

图11－7说明，当公司提高财务杠杆率时（B表示公司债券等负债，S表示公司发行在外的普通股市价），能够降低总资本成本，使普通股市价上升，并使公司总价值V达到最大。但是，这里有一个重要假设，即当财务杠杆提高后，公司原有权益资本的成本率和负债资本成本率均不变，这样，其总资本成本才会下降。这也等于假设公司提高财务杠杆后没有增加财务风险，债权人和权益所有者都不认为公司的风险会随之增加。只有这样，才能使公司股本价值和公司资本化的负债价值同步上升，使公司总价值达到最大值。

随着财务杠杆作用的加大，不考虑公司财务风险和筹资成本率变化的假设是很难成立的。如果这种理论正确，则公司资本最理想的结构便是100％的负债。因为按照该理论，这种结构能够确保总资本成本最低时公司价值最大。显然，这种理论缺乏经验基础，很难让人信服。

（二）净经营收益说

净经营收益说认为，不论公司财务杠杆的作用如何变化，总资本的成本率都是固定的，公司总价值没有受到影响。其基本假设是公司利用负债筹资，财务杠杆作用扩大，会增加公司权益资本的风险，普通股便要求更高的股利率，财务杠杆作用产生的收益将全部作为股利向股东发放，普通股资本成本上升，正好抵消财务杠杆作用带来的好处。所以，权益所有者仍用原来固定的总资本来衡量公司的净营业收入，公司总价值没有发生变化。这可以用图11－8来表示。

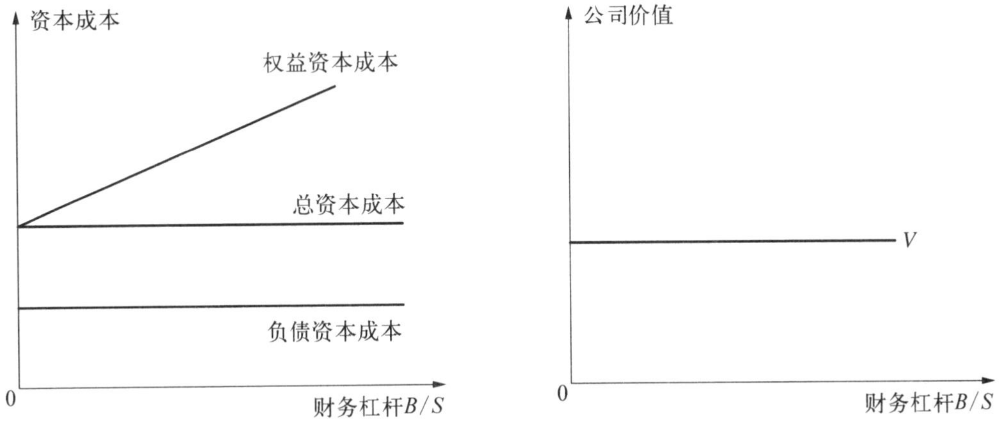

图 11－8　净经营收益说图示

从图 11－8 可以看出，由于公司总资本成本不变，从资本化计算的角度看，按固定资本成本计算出来的净营业收入必然是相同的，所以，公司总价值与财务杠杆作用没有关系。

如果此理论成立，就不存在资本结构的决策问题，也没有最佳资本结构了。

（三）传统说

传统说实际上是介于净收益说和净经营收益说两种极端之间的一种折中理论。该理论认为，当公司在一定的负债限度内利用财务杠杆作用时，负债资金和权益资金都不会有明显的风险增长，故其资本成本基本不变，而此时，公司的总价值开始上升，并且可能在此限度内达到最高点。但是，公司负债筹资的财务杠杆作用一旦超出这个限度，由于风险明显增大，会使公司负债资本和权益资本的成本率上升，并使总资本成本率上扬。负债比例超出此限度越多，其总资本成本率上升得越快。在负债超出此限度后，公司的总价值随着其总资本成本的上升而下降。这可以用图 11－9 表示。

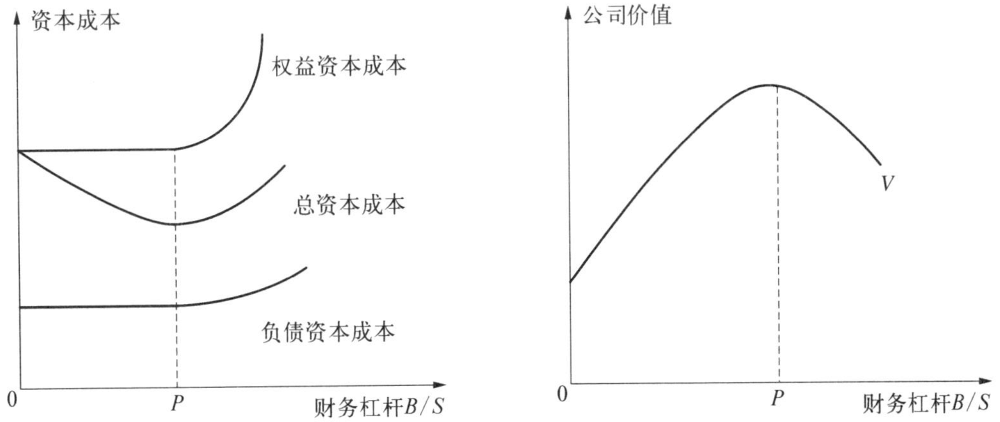

图 11－9　传统说图示

该理论承认公司确实存在一个最佳的资本结构，也就是使公司价值最大的资本结构，并可以通过适度财务杠杆的运用获得。一般来讲，在最佳资本结构点上，负债的实际边际资本成本率与股东筹资的实际边际资本成本率相同。在财务杠杆率达到该点以前的所有水平上，负债的实际边际资本成本率将超过股本筹资的实际边际资本成本率。当财务杠杆达到该点后，则出现相反的情况。

二、MM 理论

MM 理论认为，在完善的资本市场中，公司的资本结构与公司的市场价值无关，即公司选择怎样的融资方式均不影响公司的市场价值。

1961 年，莫迪利安尼和米勒提出，对于给定的投资政策，一家公司的价值与其股利政策无关。1963 年，莫迪利安尼和米勒将所得税引入 MM 理论，对税负是否影响理论的真实性做了透彻的讨论。莫迪利安尼和米勒所提出的资本结构和资本成本的理论成为现代公司资本结构理论的基础，为现代财务管理理论的发展做出了重要贡献。基于此，莫迪利安尼和米勒分别于 1985 年和 1990 年获得了诺贝尔经济学奖。

(一) 无公司税时的 MM 理论

MM 理论的基本假设：(1) 无公司税；(2) 完全资本市场，这意味着债券和股票的交易无交易成本，资本可以充分自由流动，投资者和公司可以同等利率借款；(3) 公司的经营风险可用 EBIT 的方差衡量，有相同经营风险的公司处于同一风险级上；(4) 所有债务都无风险，债务利率为无风险利率；(5) 投资者对公司未来收益和风险的预期是相同的；(6) 投资者预期的 EBIT 固定不变，所有现金流量都是固定年金，即公司的增长率为零；(7) 公司无破产成本。

无公司税时，MM 理论证明了以下两个命题。

命题一：公司价值与公司的资本结构无关。

即：

$$\mathbf{V}_L = \mathbf{V}_U$$

式中：V_L——负债公司的市场价值；

V_U——无负债公司的市场价值。

假设 U 公司为无负债公司，市场价值为 V_U，L 公司为负债公司，市场价值为 V_L，负债市场价值为 D，权益市场价值为 S，$V_L=D+S$。负债的利率为 K_d，公司的 EBIT 为 R。

由表 11－17 可见，投资者投资 U 公司和 L 公司的投资收益均为 αR。在完全的资本市场中，不存在套利机会，取得相同的投资收益必须有相同的投资成本。

表 11－17　静态投资下投资者的投资结构、投资成本及投资收益

项　目	投资于 U 公司	投资于 L 公司
投资方案	购买 α 比例的股票	购买 α 比例的股票和债券
投资成本	αV_U	$\alpha(S+D)=\alpha V_L$
投资收益	αR	αR
其中：债务		$\alpha \cdot K_d \cdot D$
权益	αR	$\alpha(R-K_d \cdot D)$

命题二：负债公司的股本成本等于同一风险等级中全部为股本的公司股本成本加上风险

报酬。此风险报酬为债务对权益资本之比 $\left(\frac{D}{S}\right)$ 与无负债公司股本成本及债务成本之差（$K_{SU}-K_d$）的乘积。

$$K_{SL}=K_{SU}+\frac{D}{S}(K_{SU}-K_d)$$

式中：K_{SL}——负债公司的股本成本；

K_{SU}——无负债公司的股本成本；

K_d——债务成本；

D——债务的市场价值；

S——普通股市场价值。

命题一和命题二可以用图 11－10 表示。

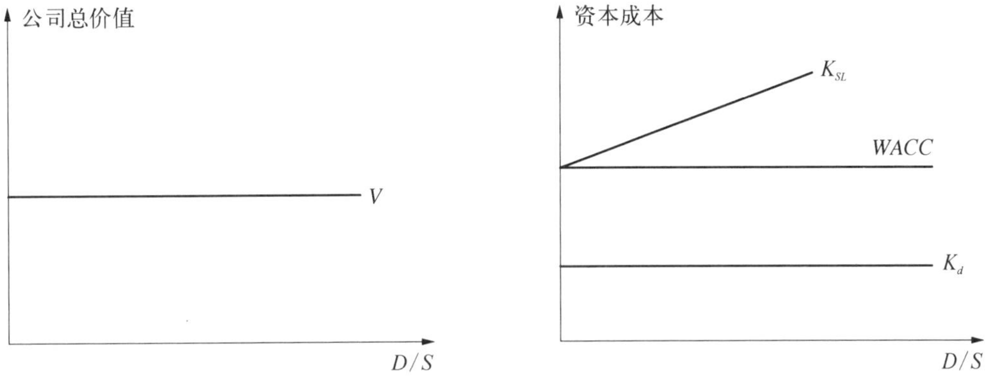

(a) 公司价值　　(b) 加权平均资本成本

图 11－10　无公司税时 MM 模型的公司价值和加权平均资本成本

从图 11－10 可以看出，由于公司负债增加引起股东要求收益率增加，债务成本低所增加的收益正好被股本成本上升所增加的支出抵消，因此，负债不能增加公司价值，也不影响公司的加权平均资本成本。

(二) 有公司税时的 MM 理论

根据无公司税时的 MM 理论，公司的资本结构与公司的市场价值无关，那么公司的负债率应当呈随机分布。实际上，公司负债率的分布具有明显的行业特征，如资本密集型行业的负债率比较高、高成长性行业的负债率比较低等。

1963 年，莫迪利安尼和米勒将所得税引入 MM 理论，对该理论进行了修正，从而得出了有公司税时的 MM 理论。

修正的 MM 理论也有两个命题。

命题一：负债公司的价值等于相同风险的无债公司的价值加上因负债少交税负而增加的价值，用公式表示为：

$$V_L=V_U+TB$$

式中：T——公司所得税税率；

D——公司债务的市场价值。

假设投资者有两种投资方案：一种是举债$[\alpha D(1-T)]$购买α比例的无负债公司（U公司）的股票，另一种是购买α比例的有负债公司（L公司）的股票。设公司负债的利率为K_d，投资收益为$EBIT$，如表11－18所示。

表11－18　有公司税时投资者的投资成本和投资收益

项　目	投资于U公司	投资于L公司
投资方案	借款$\alpha D(1-T)$，购买α比例的股票	购买α比例的股票和债券
投资成本	$\alpha V_U-\alpha D(1-T)$	$\alpha S=\alpha(V_L-D)$
投资收益	$\alpha\cdot EBIT\cdot(1-T)-\alpha\cdot K_d\cdot D(1-T)$ $=\alpha(EBIT-K_d\cdot D)(1-T)$	$\alpha(EBIT-K_d\cdot D)(1-T)$

由表11－18可知，无论是投资U公司还是L公司，收益均为$\alpha(EBIT-K_d\cdot D)(1-T)$。在完全竞争的资本市场上，相同收益的投资必有相同的投资成本，即：

$$\alpha V_U-\alpha D(1-T)=\alpha(V_L-D)$$

$$V_U-D(1-T)=V_L-D$$

$$V_L=V_U+TD$$

命题一意味着，在存在所得税的情况下，公司负债越多，市场价值就越大。按照修正后的命题一，以价值最大化为目标的公司的最佳资本结构应当为100%负债。

命题二：负债公司的股本成本等于相同风险等级的无债公司的股本成本加上风险报酬。此风险报酬由无债公司的股本成本与负债公司的债务成本之差及债务权益比、公司税率决定，用公式表示为：

$$K_{SL}=K_{SU}+\frac{D}{S}(K_{SU}-K_d)(1-T)$$

以上两个命题可用图11－11表示。

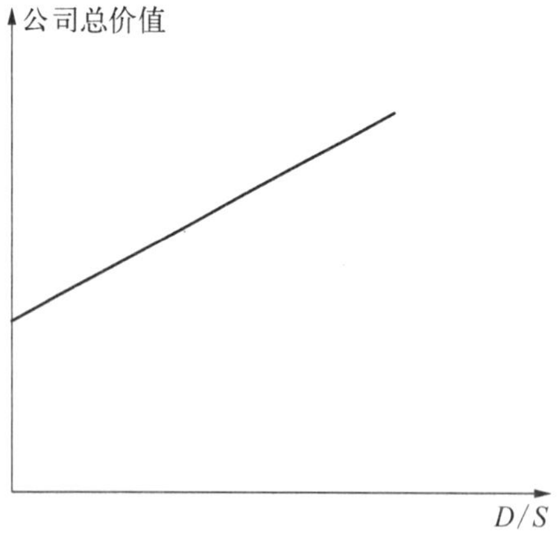

(a) 公司价值

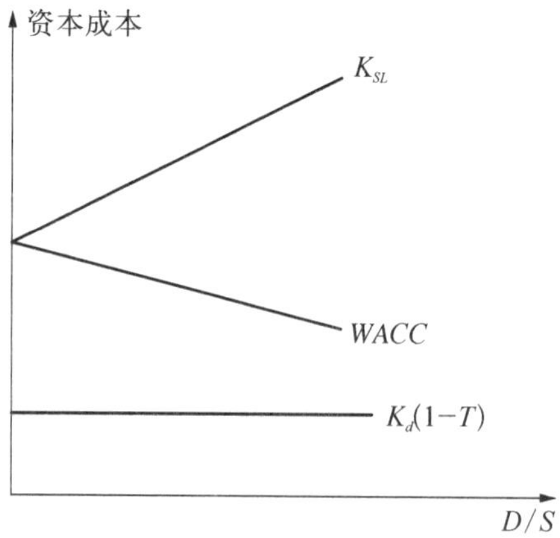

(b) 加权平均资本成本

图11－11　有公司税时MM模型的公司价值和加权平均资本成本

由图 11－11 可知，公司由于负债而少付所得税的情况称为税收的屏蔽作用。负债越多，税收屏蔽作用越大，公司因此而增加的价值越大。按照有公司税的 MM 模型，公司资产全部由债务资本构成时，公司价值最大。这与公司经营的实际情况相差甚远。公司为了保持其经营的稳定性和维持其财务生存能力，一般按一定的债务和股本比例借款。

MM 模型的假设在实际中不可能做到，公司不可能都按无风险利率借债。当公司负债增加时，风险增加，债务成本上升，投资者期望的 EBIT 会发生变化。所以，当 MM 理论应用于实践时，必须进行修正。

（三）CAPM 与有公司税 MM 模型的结合——哈莫达公式

本章第三节讨论的营业风险和财务风险属于总风险，分别用 $\delta(EBIT)$ 和 $\delta(EPS)$ 来衡量。总风险可用股本收益率的标准差衡量。现在，我们从多元化投资者角度来讨论属于市场风险范畴的营业风险和财务风险。

罗伯特·哈莫达(Robert Hamada)将 CAPM 与有公司税的 MM 模型相结合，导出举债筹资公司的股本收益率为：

$$\boldsymbol{K_{SL} = K_{RF} + \beta_u(K_M - K_{RF}) + \beta_u(K_M - K_{RF})(1-T)\left(\frac{D}{S}\right)}$$

式中：β_u ——公司无负债时的 β 系数。

上式表明，有负债公司的期望股本收益率 K_{SL} 由三个部分组成：

$$\boldsymbol{K_{SL}} = \textbf{无风险利率} + \textbf{营业风险报酬率} + \textbf{财务风险报酬率}$$

其中，K_{RF} 是无风险利率，它补偿了权益资本的时间价值；$\beta_u(K_M - K_{RF})$ 是对股东承受的营业风险的补偿；$\beta_u(K_M - K_{RF})(1-T)\left(\frac{D}{S}\right)$ 反映了对公司运用财务杠杆所引起的财务风险的补偿。

CAPM 中的证券市场线可用来确定公司股本要求收益率。在证券市场均衡时，公司的股本期望收益率等于股本要求收益率。令证券市场线公式 $[K_{SL} = K_{RF} + \beta_L(K_M - K_{RF})]$ 与上式相等，即：

$$\boldsymbol{K_{RF} + \beta_L(K_M - K_{RF}) = K_{RF} + \beta_u(K_M - K_{RF}) + \beta_u(K_M - K_{RF})(1-T)\left(\frac{D}{S}\right)}$$

整理后，得：

$$\boldsymbol{\beta_L = \beta_u\left[1 + (1-T)\left(\frac{D}{S}\right)\right]}$$

式中：β_L ——有负债公司的 β 值；

β_u ——无负债公司的 β 值；

T——公司税率；

D——负债的市场价值；

S——股本的市场价值。

在 CAPM 和 MM 模型的假设条件下，利用上面的等式可将无负债公司的 β 系数和有负债公司的 β 系数进行转换。公司的营业风险和财务风险用 β_L 衡量时，表现为市场风险。β_L 的大小取决于以 β_u 反映的营业风险和以财务杠杆 $\frac{D}{S}$、税率 T 反映的财务风险。

三、权衡模型

（一）财务拮据成本

公司由于债务过重、经营效益差而处于财务拮据状态时，将产生财务拮据成本。此时，破产尚未发生，公司所有者和债权人为债务清偿和公司破产等问题的谈判与争执常会延缓资产的清偿，导致固定资产因失修而破损、存货过期失效等情况发生，使公司价值减少。律师费用、法庭收费和其他行政支出也耗费公司的财力，这些是财务拮据的直接成本。此外，经理和职工因公司将要破产而不悉心经营，发生的短期行为，以及顾客和供应商取消合同造成的经营困难等，引起了财务拮据的间接成本。公司负债越多，固定的利息支出越大，则收益下降导致财务拮据发生的概率就越大。财务拮据成本增大会抵消因负债税收屏蔽作用而增加的公司价值。

（二）代理成本

公司经理人员是所有者——股东的代理人。为了使经理替股东谋利，达到公司价值最大化，需要花费代理费用。另一种代理关系与公司负债有关，并发生在股东和债权人之间。当经理为了扩大公司利润，筹资用于投资项目时，如果没有任何限制，他会向债权人借债来为股东谋利益。新债务的增加提高了债务/权益比例，使财务风险增大，债权人要求的收益率上升，导致旧债务价值下降，旧债权人的收益转到了股东手中。若新上项目的风险很大，项目成功时，公司收益大大增加，由于债务利息是固定的，因此，债权人只能得“小头”，股东得的是“大头”；若项目失败，公司还不起债，则高负债公司的大部分亏损落在债权人身上，股东损失的只是一小部分，这时，公司的风险转嫁给了债权人。

由于存在股东通过经理人员，利用各种方式，将收益从债权人转向自己，将风险转嫁给债权人的动机，因此，在债券和贷款合同中，有许多保护性条款约束公司的经营行为；为了保证条款的执行，还会发生监督费用。遵守保护性条款使公司经营的灵活性减弱，效率降低，再加上监督费用的增加所构成的代理成本，提高了负债成本，从而降低了负债给公司价值带来的增值。财务拮据成本和代理成本对公司价值和加权平均资本成本的影响可参见图 11－12。

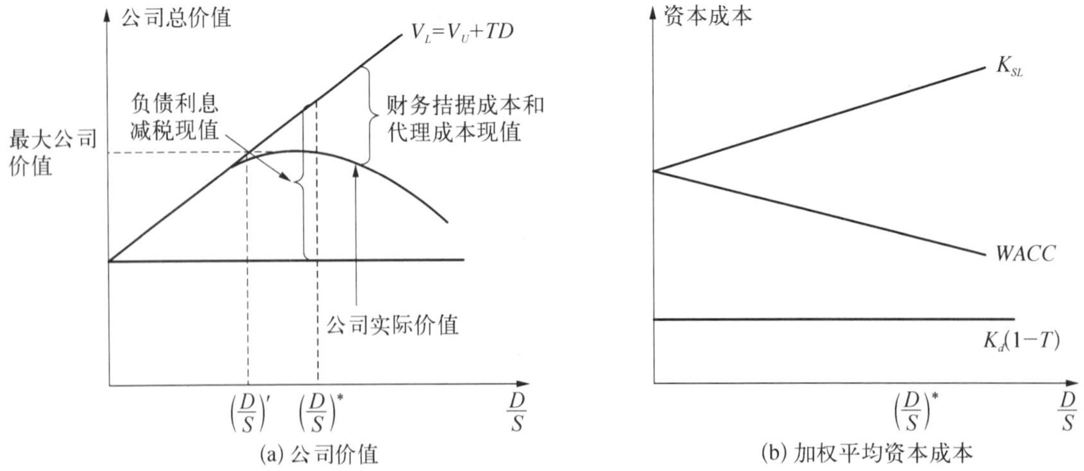

图 11－12　财务拮据成本和代理成本与有公司税的 MM 模型

(三) 权衡模型

在图 11－12(a)中，根据纯 MM 理论，公司的价值 V_L 由无负债时的公司价值 V_U 和负债利息减税 $T \cdot D$ 两部分组成。但是，由于财务拮据成本和代理成本的存在，当负债权益比超过 $\left(\frac{D}{S}\right)'$ 时，负债的减税效果逐渐被与破产相关的财务拮据成本和代理成本所抵消；到 $\left(\frac{D}{S}\right)^*$ 点，负债的边际减税收益等于边际的负债相关损失，此时，负债公司的价值最大；超过 $\left(\frac{D}{S}\right)^*$ 点，负债引起的边际损失将超过边际减税收益，公司的总价值下降。

经过修改后的 MM 模型是一种权衡模型，可表达为：

$$V_L = V_U + TD - \text{预期财务拮据成本的现值} - \text{代理成本现值}$$

权衡模型说明了公司有一个最优负债量，即存在最优资本结构。按此资本结构筹资，公司的价值最大，加权平均资本成本最低。

四、其他资本结构理论

(一) 行业效应

大量研究表明，不同国家之间的资本结构差异较大，不同行业之间的资本结构也相差较大。相对于传统行业，高增长型行业，如制药、电子行业的负债率水平较低，并且盈利越高的行业负债率越低。

(二) 信号传递理论

信号传递理论建立在信息不对称假设的基础上。罗斯(1977)首次系统地将信息不对称引入公司的资本结构分析，他保留了 MM 定理的全部假定，仅放松了完全、充分信息的假定。罗斯认为，公司经营管理者和投资者之间存在信息不对称，投资者必须通过公司传递的信息间接评价公司的价值。资产负债率是公司传达给市场的信号之一，负债比率的上升既表明公司经营者对未来有较高的预期，公司的价值可能随之增加，也可能意味着更大的经营风险。

在信号传递理论看来，公司经营者(内部人)会通过选择适宜的资本结构向市场传递有关公司价值的各种信息，并力求避免负面信息的传递。这种信息不对称会导致投资决策无效率。

(三) 啄序理论

啄序理论(Pecking Order)认为，公司一般会采取内部筹资、发行债券、发行股票的融资顺序并安排其资本结构。与外部筹资相比，公司偏好内部筹资(留存收益再投资)，因为内部筹资成本最低，还可以避免外部筹资导致的外部监督与控制。当内部筹资不能满足投资需要时，公司管理层会优先选择发行新债，因为负债的资本成本低于股票的资本成本，并且根据信号理论，发行新股在市场上是一种消极的信号，会导致公司股价下跌。根据梅耶(Myers)的观点，公司可能并不存在最佳或目标资本结构，公司会随着内部现金流量、净现金股利支付和可行的投资机会三者关系的变动而改变资本结构，实际上是建立一个财务宽松区间(Financial Slack)。

本章小结

资本成本和资本结构对公司筹资和投资都有重要影响，所以，公司总是力图保持最优的资本结构和最低的资本成本。在不同的资本结构下，公司可以获得不同的杠杆价值，而资本结构通过杠杆又会影响公司的资本成本，尤其是加权平均资本成本和边际资本成本。资本结构在实践中已经越来越受重视，但是，单就理论而言，资本结构是否会影响公司价值还没有定论，存在多种不同的观点，目前已经形成净收益说、净营运收益说、传统说和 MM 理论等多种理论。此外，在不同的资本结构下，公司的财务风险也不同。负债比率越高，财务风险就越大；反之则相反。

复习思考题

1. 资本结构和财务结构有何区别与联系？
2. 试述各种资本结构理论的基本思路。

练习题

1. 某公司生产一种小型、长效的充电式电池，某年以单价 20 元出售了 50 000 个。该年年末的利润表如表 11－19 所示。

表 11－19　利润表　　单位：元

项　　目	金　　额
销售收入	1 000 000
减：销售成本——变动成本 　　　　　　——固定成本	400 000 200 000
息税前利润	400 000
减：利息费用	125 000
税前利润	275 000
减：所得税(税率为 25%)	68 750
税后利润	206 250
每股盈利(100 000 股)	2.06

该公司考虑引进一条新的生产流水线。它的自动化程度高，会使固定成本上升一倍，同时会使产品单位变动成本下降一半。如果采用发行债券方式筹资，则利息费用会增加 70 000 元；如果采用发行股票方式筹资，则流通中的股份会增加 20 000 股。

要求：

(1) 试计算公司未引进新生产线前的经营杠杆系数、财务杠杆系数、总杠杆系数。如果公司的销售比目前增长 25%，则公司每股净收益为多少？

(2) 公司采用引进新设备方案后，假如销售额不变，试计算不同筹资方案的经营杠杆系数、财务杠杆系数、总杠杆系数和每股净收益，并判断哪种筹资方案的资本结构更加合理。

2. 某汽车公司专门生产和销售涡轮发动机，目前经营情况的有关资料如下：息税前利润为 4 000 000 元，所得税税率为 25%，长期负债筹资额为 2 000 000 元，负债利率为 10%，股利率为 15%，流通股股数为 600 000 股，每股账面价值为 10 元。公司销售情况稳定，假设盈余均被用于发放股利。

要求：计算该公司的加权平均资本成本率。

3. 某公司想计算其在各种财务杠杆情况下明年的权益资本报酬率。该公司的资本总额为 1 000 万元，所得税税率为 25%。根据测算，明年 EBIT 为 300 万元的概率为 0.2，为 200 万元的概率为 0.5，为 50 万元的概率为 0.3。公司预计财务杠杆与利率资料如表 11 - 20 所示。

表 11 - 20　公司预计财务杠杆与利率

财务杠杆	利　率
0	—
10%	10%
50%	12%
60%	15%

要求：针对各种杠杆水平计算该公司的预期权益资本收益率、标准差和离差系数，并对计算结果做出分析。

第十二章　金融资产投资

学习要点

金融资产投资是以金融市场为依托的一种投资形式。随着金融市场的发展和日益完善，金融资产的品种更加多样，投资方式和组合也更加灵活。本章主要从短期和长期来分析金融资产投资。

- 重点掌握短期投资的目的。短期证券投资在不影响资产流动性的情况下，仍可获取一定的收益。投资形式有银行承兑汇票、商业票据、国库券、可转让存单、公司股票和债券等。学生要掌握它们的特点，能进行比较和区分。
- 长期投资主要有债券、股票和基金的投资，投资的主要目的是获取收益。学生要重点了解债券和股票的价值计算方法，会计算债券的到期收益率、证券投资组合的必要报酬率。熟悉基金的分类（契约型和公司型、封闭型和开放型）及如何选择基金；了解开放式基金的定价、发行、收购与赎回。
- 金融衍生工具投资是近年来发展最迅速的投资形式，本章重点介绍了金融期货和期权。学生要了解期货、期权的基本概念，掌握两者的区别与联系，能回答公司为什么选择金融衍生工具进行投资。套利定价理论是投资学中一个非常重要的理论，学生要能运用该理论。金融衍生工具的内容多且复杂，有兴趣的学生可以找一些投资学方面的参考书深入学习。

第一节　短期证券投资

公司在生产经营过程中经常会有一定数量的暂时闲置资金存在，为了使这部分资金被合理地利用，争取一切可能创造的收益，同时不耽误资金的临时需要，公司可以把这部分资金投资于短期证券。短期证券的投资种类非常多，各种短期证券之间的收益和风险有差别，选择时要注意进行比较分析，只有这样，才能在获得一定收益率的同时，不致冒太大的风险。

一、短期证券投资的目的

短期证券投资是指投资者准备在1年内将投资收回或变现所进行的证券投资，主要是公司利用正常经营中暂时闲置的资金购买允许上市交易的股票或债券等有价证券，以获取一定的收益。短期证券投资能够在公司需要资金时及时变现并投入营运，从而达到提高资金利用率、降低资金成本的目的。具体来说，进行短期证券投资的目的主要有以下两个：

（一）将短期证券作为现金的替代品，预防紧急资金需要

短期证券具有极强的变现能力，一般可视为现金的等价物。所以，公司持有短期证券投资相当于持有库存现金或银行存款，而不影响资产的流动性。当公司的现金流出量大于现金流入量，需要补充现金时，可以出售手中的短期证券换取现金，以弥补现金缺口。在一些特定情况下，短期证券可作为交易性现金、预防性现金或投机性现金，或三者兼而有之。

（二）将短期证券作为一种短期投资，为公司获得一定的收益

从事季节性或周期性生产经营的公司，在一年内的某些时候会有多余现金，而在另一些时候可能会出现现金短缺。这种公司可在现金有盈余时购入短期证券，在需要现金时再将其出售变现，这样既可获取一定的收益，又能满足将来现金短缺时的现金需要。

处于成长期的公司为了满足扩张的需要，每隔一段时间要以长期筹资的方式（发行股票或长期债券）筹集生产经营活动所需资金。由于长期证券的筹资成本较高，因此，公司会尽量减少筹资次数，使每次发行长期证券的规模较大，但筹措到的资金往往要长期、分批使用，这样必然会产生一部分闲置资金。短期证券是这部分闲置资金较为理想的投资方式，既不会影响将来的使用，又能为公司带来收益。

在竞争激烈的市场经济中，公司不仅要面临一些正常的未来资金需要，而且要应付一些无法预计的突发性的资金需求，如贷款不能及时收回、质量问题引起的索赔及法律诉讼引起的赔款等，都会导致临时性的资金短缺。专门为此保留一笔较大数额的现金或银行存款显然不划算，投资于短期证券则可在预防不测之需的同时为公司获取更高的收益。

二、短期证券投资的形式

随着金融市场的发展，短期证券投资的形式日趋多样化，目前主要有以下几种：

（一）银行承兑汇票

商业汇票按承兑人的不同，可分为商业承兑汇票和银行承兑汇票两种。银行承兑汇票是由收款人或承兑申请人签发，并由承兑申请人向开户银行申请，经银行审查同意承兑的票据。由于银行承兑汇票无抵押，因此，其可靠程度依赖承兑银行的信誉。银行承兑汇票的利率往往高于同期银行存款利率。银行承兑汇票可以背书转让，也可以向银行贴现，流动性很强，是质量和信用都较高的短期有价证券。公司购入银行承兑汇票的投资风险较小，并能获取高于同期银行存款利率的利息收益，在急需资金时可背书转让或向银行贴现，灵活方便。

（二）商业票据

商业票据是指由金融公司或某些信用较好的公司开出的无担保短期票据。商业票据的可靠程度依赖发行公司的信誉，可以背书转让，但一般不能向银行贴现。商业票据的期限在 9 个月以下，由于其风险较大，因此利率高于同期银行存款利率。商业票据可以由公司直接发售，也可以由经销商代为发售，但对出票公司的信誉审查十分严格。如果由经销商代为发售，则它实际在幕后担保了售给投资者的商业票据。商业票据有时也以折扣的方式发售。

在我国，短期融资券相当于商业票据。短期融资券是财务公司等金融机构及知名度较高的公司发行的短期无担保本票，利率略高于国库券，变现能力较弱。短期融资券通常以贴现方式销售，可以直接出售，也可以由经纪人出售。短期融资券的期限一般在 1 年以内，以 4 至 6 个月为多，投资者可以选择合适到期日的短期融资券作为投资对象。

（三）国库证券

国库证券是国家财政部门发售的一种风险低、流动性强的有价证券，是货币市场上的主要信用工具之一。国库证券一般由财政部门定期销售，由国家财政提供担保，故信誉最高。国库证券的利率一般高于同期银行存款利率，偶尔也可以低于同期银行存款利率，甚至没有利息，但在发售时给予较大折扣，以期吸引投资者。国库证券的期限有短期 3 个月，也有长期 3 年或 3 年以上的。在美国，国库证券由财政部以定期拍卖方式出售，出价以票面值按银行贴现率计算的方式确定。由于国库证券信誉高且风险小，因此广泛受到投资者的欢迎。公司购入国库证券后，如果急需现金，可在二级市场上转手出售，极为方便，所以，国库证券是公司进行短期证券投资的重要方式。

我国的国库券就是一种国库证券。公司在有多余资金时，可从二级市场上购入国库券作为短期证券投资。在西方，国库券信誉好、风险低，但收益率往往比其他短期有价证券低。我国规定，其他各种债券和有价证券的利率不得高于国库券，以确保国库券的发行。为了促进国库券的发行，以有利于公司资金融通，我国还推出了国库券回购交易方式。对手中持有未到期国库券的公司，如果暂时急需现金周转，又因当时市价太低而不愿意抛出受损，公司可与证券公司订立回购协议，将持有的国库券暂时“卖”给证券公司，证券公司当即付给公司等值的现金，公司只需支付双方协定的利息费用即可，如公司资金周转仍有困难，还可签订新的回购交易协议。这些都为国库券成为公司进行短期证券投资的选择创造了有利条件。

（四）可转让存单

可转让存单是指可以在市场上转让出售，在商业银行存放的特定数额、特定期限的存款证明。可转让存单的利率因金融市场的情况、存单的期限、发行银行的规模和信誉等不同而有所变动。商业银行可能给予投资者的最高利率受国家中央银行的控制。一般情况下，可转让存单的利率与银行承兑汇票和商业票据的利率相似。在国际上，可转让存单的利率比同期国库券的利率高。另外，可转让存单有比较活跃的交易市场，流动性较强，故也是短期投资的较好选择。

（五）公司股票和债券

公司发行的股票和债券属于长期证券，但由于股票和债券一般有良好的交易市场，可随时转让，因此，也可作为公司短期投资的对象。由于短期投资主要是配合公司对现金的需求，因此，投资时，应当选择风险小、变现能力强的股票和债券。

（六）回购协议

回购协议是指政府和各有价证券的经销商为了更有效地推销各种国库证券、地方政府机构证券和其他有价证券等，与投资者订立的许诺在未来某一时期按规定的价格买回这些证券的协议。协议的期限一般可根据投资者的需要确定，所以，回购协议在到期日方面给予投资者很大的弹性。这种投资风险很低，但流动性较差，一般持有者到协议期满才收回，其利率也视回购证券的不同而有较大变化。

第二节　公司债券投资

当投资者购入证券并准备长期持有时，应作为长期投资来决策。证券长期投资的主要形式有债券投资和股票投资，两者的性质截然不同。前者属于债权投资，后者属于股权投资，所以，两者在财务决策上有较大的区别。债券投资是证券投资的主要品种之一。

一、债券投资的评价

(一) 债券投资价值

债券价值是由其未来现金流入量的现值决定的。一般债券有规定的年利率，债券价值等于债券各期利息收入的现值与债券到期偿还本金的现值之和。其基本估价模型如下：

$$V=\sum_{t=1}^{n}\frac{I}{(1+r)^t}+\frac{B}{(1+r)^n}$$

式中：V——债券价值；

I——购买债券至到期的每期利息收入；

B——债券面值(本金)；

r——折现率，可能是市场利率或者投资者预期报酬率；

n——购买债券至到期的期限。

例 12－1　某公司准备投资新发行的债券，面值为 1 000 元，票面利率为 10%，期限为 10 年，每年年末付息，当时的市场利率为 12%。该债券的价值为：

$$V=\sum_{t=1}^{10}\frac{1\,000\times10\%}{(1+12\%)^t}+\frac{1\,000}{(1+12\%)^{10}}=100\times5.65+1\,000\times0.322=887(\text{元})$$

若市场利率为 8%，则该债券的价值为：

$$V=\sum_{t=1}^{10}\frac{1\,000\times10\%}{(1+8\%)^t}+\frac{1\,000}{(1+8\%)^{10}}=100\times6.71+1\,000\times0.463=1\,134(\text{元})$$

在不同市场利率或折现率的情况下，债券的价值是不同的：当市场利率高于票面利率时，债券的价值小于其票面价值，投资者愿意投资该债券是因为以后各期少收利息而预先得到的好处(低价购入)；当市场利率低于票面利率时，债券的价值大于其票面价值，投资者愿意购买该债券正是看中了比市场利率高的利息收入，因而承担了比票面价值高的代价。如果市场利率与票面利率相等，债券价值就与票面价值相等。

上式中的债券是指每期付息一次、期满后一次还本的债券，如果债券在期满后一次还本付息，那么上式可变化为：

$$V=\frac{In+B}{(1+r)^n}$$

沿用例 12－1 的资料，如果改为 10 年后一次还本付息，且市场利率与票面利率一致，都为 10%，那么，债券价值变为：

$$V=\frac{1\,000\times10\%\times10+1\,000}{(1+10\%)^{10}}=772(\text{元})$$

可见，在到期一次还本的情况下，即使以等于票面利率的市场利率为折现率，债券价值也会低于票面价值，使投资者实际不能获得票面利率规定的利率水平，这主要是因为债券利息收入的现金流入延后，造成折现金额下降引起的。

（二）债券到期收益率

公司债券有时并非一定要以上述公式计算出来的价格作为实际的发行价格，公司完全可以结合自身的信誉情况、对资金的急需程度以及投资于项目的回报率等各项因素，以计算的债券价值为基础来合理确定最合适的债券发行价格。对于购买债券的投资者而言，实际的收益率并非一定等于市场利率。债券到期收益率是指投资者购进债券后，一直持有至到期可获取的收益率，是能使未来现金收入现值等于债券买入价的折现率。其计算公式如下：

$$P=\sum_{t=1}^{n}\frac{I}{(1+R)^t}+\frac{B}{(1+R)^n}$$

式中：P——投资者购买债券的价格；

R——到期收益率。

我们知道了 P、I、B、n，就可确定 R。具体计算时，可利用插值法。

例 12－2 某投资者准备购买初次发行的债券，其价格为 1 200 元，票面价值为 1 000 元，票面利率为 10%（当时的市场利率为 6%），期限为 5 年，分期付息，则有：

$$1\,200=\sum_{t=1}^{5}\frac{1\,000\times 10\%}{(1+R)^t}+\frac{1\,000}{(1+R)^5}$$

当 $R=6\%$ 时：

$$\sum_{t=1}^{5}\frac{1\,000\times 10\%}{(1+6\%)^t}+\frac{1\,000}{(1+6\%)^5}=1\,168.2(\text{元})$$

1 168.2 < 1 200，用 5% 测试：

$$\sum_{t=1}^{5}\frac{1\,000\times 10\%}{(1+5\%)^t}+\frac{1\,000}{(1+5\%)^5}=1\,207.9(\text{元})$$

1 207.9 > 1 200，可以采用插值法。所以，到期收益率为：

$$R=5\%+\frac{1\,207.9-1\,200}{1\,207.9-1\,168.2}\times(6\%-5\%)=5.2\%$$

显然，债券价格 1 200 元对于投资者而言偏高，到期收益率低于市场利率，投资效益较差，因而没有投资价值。

在上述计算中，采用插值法计算债券投资的实际报酬率虽然比较准确，但比较复杂。在对精确度要求不高的情况下，也可以用下述公式近似计算：

$$\text{债券投资收益率}=\frac{I+(B-P)/n}{P}$$

如果债券价格为 1 200 元，则：

$$\text{债券投资收益率}=\frac{1\,000\times 10\%+(1\,000-1\,200)\div 5}{1\,200}=5\%$$

如果例 12－2 改为 5 年后一次还本付息，则其实际投资收益率可计算如下：

$$1\,200=\frac{1\,000\times 10\%\times 5+1\,000}{(1+R)^5}$$

即 $\frac{1}{(1+R)^5}=1\,200\div1\,500=0.8$

查复利现值系数表，5 年期 4%的系数为 0.822，5%的系数为 0.784，说明实际投资收益率在 4%和 5%之间，采用插值法，则：

$$债券实际投资收益率=4\%+\frac{0.822-0.8}{0.822-0.784}\times(5\%-4\%)=4.58\%$$

所以，债券在 5 年期满后一次还本付息，其实际投资收益率要低于分期付息时的 5.2%，只有 4.58%。

二、债券投资的选择

在证券市场上，发行和流通的债券品种很多，发行单位各异，质量也良莠不齐。有的债券投资价值较高，能够获得较高的投资收益；有的则无多大投资价值，或虽有一定投资价值，但公司信誉欠佳，从而使投资风险非常大。投资者应当综合考虑各种因素，做出正确的投资选择。

（一）收益率的测算与比较

投资者在进行债券投资时，要注意不同债券收益率的测算和比较，从而决定投资于哪种债券更有利。一般来说，在同样信用等级和同样投资期限的情况下，收益率越高，越具有投资价值。但是，也需要考虑其他一些因素。例如，有的债券的利率可随市场利率的变化而变化；有的债券按事先约定，可根据投资者的意愿在一定时间内转换为其他债券或股票。这就减少了投资者在市场利率变动时遭受债券价格下降的风险，也使投资者在股票价格上涨时不至于错过获取更高收益的机会。

（二）信用情况的调查和评价

投资者在购买债券前，应对其发行单位的信用情况进行调查和评价。信用等级的评定一般由专门的证券评估机构进行。债券的信用级别直接反映了该发行单位的经济实力、支付能力、盈利能力、偿债能力以及在一贯经营活动中的守信程度，是一种最综合和客观的评价。信用级别高的单位发行的债券，其投资风险小；反之，则投资风险大。当然，对评估机构的评估结论也不能盲信，要历史、客观地对待。当经营情况发生变化时，其信用程度也会发生变化，而且有些评估结论有一定的弹性，投资者应有比较地加以分析后才能接受。

（三）到期日和可变现日的考虑

公司投资于债券有时是为未来的设备购置或负债偿还做资金储备，这样，就要求债券到期日与未来用款日相适应。到期日也是考虑债券利率的一个因素，购买日离到期日越远，其承受的利率风险越大，就越有可能因为市场利率的变化导致债券价格下降；反之，则利率风险越低。另外，债券的可变现能力也是投资者应予注意的因素。有的债券有较发达的流通市场，持有者转让时能够及时脱手，这样的债券投资风险较小。

三、债券投资的风险

进行债券投资与进行其他投资一样，在获得未来投资收益的同时，要承担相应的风险。风险与收益是影响债券投资决策的两个基本因素。债券投资的风险主要包括违约风险、利率风险、购买力风险、流动性风险和再投资风险。

（一）违约风险

违约风险是指债券发行人不能按时还本付息产生的风险，是债券发行人财务状况恶化所导致的。债券市场中主要有国债、金融债券和公司债券三种债券。国债以国家信用为担保，政府一般不会违约，所以国债一般被视为无风险债券。但是相对来说，投资国债只能获得较低的收益率。

（二）利率风险

利率风险是指市场利率变动导致债券价格波动所引致的风险。市场利率上升时，债券价格下跌，投资者遭受损失；但是市场利率下降时，债券价格上升，投资者能获得资本利得。债券到期日越远，利率波动的可能性越大，利率风险也就越大。

（三）购买力风险

购买力风险又称通货膨胀风险，是指通货膨胀导致债券到期时或者出售时获得的现金的购买力减少的风险。

（四）流动性风险

流动性风险是指债券持有人打算出售债券变现时所持债券不能在短期内按合理市价出售而形成的风险。一般来说，因为存在活跃的交易市场，所以政府债券和在证券交易所上市的公司债券的流动性较强。

（五）再投资风险

再投资风险是指购买了短期债券的投资者，在市场利率下降的情况下进行债券再投资遭受的损失。例如，投资者初始投资时，5 年期债券的利率为 10%，3 年期债券的利率为 8%，投资者选择了 3 年期债券进行投资。第三年年末，投资者收回本金，进行债券再投资，但此时市场利率下降至 6%，投资者只能找到报酬率为 6%左右的投资机会。而如果投资者初始选择利率为 10%的 5 年期债券，此时就仍能获得较高的投资回报率。如果投资者预期市场利率会上升，则应选择短期债券；如果预期市场利率会下降，则应选择长期债券。

第三节　公司股票投资

在进行股票投资决策时，需要确定选择何种股票作为投资对象，因为这不仅关系到未来股票股利的获取，而且关系到将来出售股票时能否获得买卖价差收益。所以，在选择股票投资对象时，要对各种股票的未来现金流入和发行公司所处的宏观、微观环境以及财务质量等方面进行定量和定性的详细比较分析。只有这样，才能避免因投资对象选择不当而蒙受损失。

一、股票投资的评价

（一）股票价值

投资者投资股票所获得的现金流入包括每期的股利收入和出售股票得到的现金收入，两者的现值之和为股票价值。

1. 股票股价的基本模型

对不准备永久持有股票，而是持有一段时间后将其出售的投资者来说，未来现金流入是 n

期股利和股票售价之和。股票价值 V 可表示如下：

$$V=\sum_{t=1}^{n}\frac{D_t}{(1+r)^t}+\frac{P_n}{(1+r)^n}$$

式中：r——折现率；

D_t——每期股利；

P_n——出售时的股票价格。

如果投资者准备长期持有该股票，那么股价模型变为：

$$\begin{aligned}V&=\frac{D_1}{1+r}+\frac{D_2}{(1+r)^2}+\cdots+\frac{D_n}{(1+r)^n}\\&=\sum_{t=1}^{\infty}\frac{D_t}{(1+r)^t}\end{aligned}$$

应用股价基本模型的难点在于估计未来股利收入和确定折现率。股利的多少主要取决于每股盈利和股利支付率，可以采用对历史资料的时间序列分析、回归分析的方法对其进行估计。折现率是投资者所要求的最低报酬率，可以参照无风险利率加上风险报酬率确定，也可以直接使用市场利率。

例 12－3　某公司欲购买股票，预计未来 3 年内每年可得现金股利 3 元，3 年后股票售价预计为 20 元。若预期报酬率为 18%，则：

$$\begin{aligned}V&=\sum_{t=1}^{n}\frac{D_t}{(1+r)^t}+\frac{P_n}{(1+r)^n}\\&=\sum_{t=1}^{3}\frac{3}{(1+18\%)^t}+\frac{20}{(1+18\%)^3}\\&=18.7(\text{元})\end{aligned}$$

2. 零增长股票的估价模型

零增长股票的未来股利不变，即预期股利增长率为零，如果投资者永久持有该股票，则股票价值为：

$$\begin{aligned}V&=\frac{D}{1+r}+\frac{D}{(1+r)^2}+\cdots+\frac{D}{(1+r)^n}\\&=\sum_{t=1}^{\infty}\frac{D}{(1+r)^t}\\&=\frac{D}{r}\end{aligned}$$

例 12－4　某股票每年发放现金股利 3 元，投资者的期望报酬率为 15%，则股票价值为：

$V=3\div15\%=20(\text{元})$

也就是说，当股票价格小于 20 元时，投资于该股票的投资者将获得高于 15% 的报酬率。对于例 12－3，如果股票价格在 18.7 元以下，则投资者的收益率就高于 18%。在现实经济生活中，由于优先股的股利稳定，相当于一种零增长的普通股，因此，其价值可参照上述模型进行评估。

3. 固定增长股票的估价模型

在稳定增长的股利政策下，公司的股利可能会有一定比例的增长。若发行公司保持股票的现金股利按比例增长，则其价值可估算为：

$$\begin{aligned} V &= \frac{D_0(1+g)}{1+r} + \frac{D_0(1+g)^2}{(1+r)^2} + \cdots + \frac{D_0(1+g)^n}{(1+r)^n} + \cdots \\ &= \sum_{t=1}^{\infty} \frac{D_0(1+g)^t}{(1+r)^t} \\ &= \frac{D_0(1+g)}{r-g} \\ &= \frac{D_1}{r-g} \end{aligned}$$

式中：g——股利增长率。

如果需要计算该股票的预期报酬率，则将上式变换为：

$$r = \frac{D_1}{V} + g$$

例 12-5 某股票的基期现金股利为 3 元，增长率为 5%，投资者的期望报酬率为 15%。该股票的价值为：

$$V = \frac{3 \times (1+5\%)}{15\% - 5\%} = 31.5(\text{元})$$

可见，当股票的市价高于 31.5 元时，投资者不应该投资该股票；反之，则应该投资该股票。如果股票价格为 30 元，则投资该股票的预期报酬率为：

$$r = \frac{3 \times (1+5\%)}{30} + 5\% = 15.5\%$$

4. 超额增长加正常增长股利的股票估价模型

有些公司的股利并非像上述那样保持绝对不变，特别是新兴行业，最初几年的利润率总是较高的，尔后，随着行业竞争的加剧，新设立公司的利润率逐渐趋于行业平均利润率。在这里，我们假定公司有一个固定股利支付率的股利政策，股利初始高速增长，一段时间后平稳增长。那么，该公司的股票价值就是超额增长阶段股利收入的现值和正常增长阶段股利收入的现值之和，用公式表示如下：

$$V = \sum_{t=1}^{m} \frac{D_0(1+g_0)^t}{(1+r)^t} + \frac{D_0(1+g_0)^m(1+g)}{r-g} \times \frac{1}{(1+r)^m}$$

式中：g_0——超额股利增长率；

m——超额股利增长期；

例 12-6 某机构投资者购买 A 公司的股票，目前的股利是每股 2 元，前 3 年股利高速增长，增长率为 20%。从第四年开始，股利趋于稳定增长，增长率为 12%。假定投资者要求的必要报酬率为 16%，则该公司股票的投资价值为：

$$V=\sum_{t=1}^{m}\frac{D_0(1+g_0)^t}{(1+r)^t}+\frac{D_0(1+g_0)^m(1+g)}{r-g}\times\frac{1}{(1+r)^t}$$

$$=\sum_{t=1}^{3}\frac{2\times(1+20\%)^t}{(1+16\%)^t}+\frac{2\times(1+20\%)^3(1+12\%)}{16\%-12\%}\times\frac{1}{(1+16\%)^3}$$

$$=68.57(\text{元})$$

（二）市盈率

市盈率是股票市价与每股盈利之比，是从公司收益和股价之间的关系来粗略衡量股票价值的一个重要指标，易于掌握，因而被广泛使用。其计算公式为：

$$\text{市盈率}=\frac{\text{股票市价}}{\text{每股盈利}}$$

市盈率反映了每股盈利增加1倍，其市价将会增加的倍数，因而可粗略地反映股价的高低。换个角度，此公式可改写为：

$$\text{股票市价}=\text{市盈率}\times\text{每股盈利}$$

将公式中的市盈率用行业中同类股票过去若干年的平均市盈率来代替，则可估算股票的公允价值，即：

$$\text{股票价值}=\text{行业平均市盈率}\times\text{该股票每股盈利}$$

将股票价值和股票市价进行比较，可以衡量当前市价是否合理。

例 12-7　某公司股票的市盈率为15，每股盈利为5元，行业平均市盈率为12，则：

股票价值 $=5\times12=60$（元）

股票市价 $=5\times15=75$（元）

股票市价高于股票价值，说明市场对该股票的评价较高。

一般而言，市盈率为10～20是正常的。市盈率小，说明估价偏低、风险小，值得购买；反之，则说明估价偏高、风险大，购入时要谨慎，或者正是抛售该股票的时机。但是，在实践中，市盈率高的往往是热门股，发行公司的潜力较大，投资者对该公司的未来充满信心；而市盈率低的则可能是冷门股，投资者怀疑发行公司的成长潜力。所以，实际选择时，要综合考虑各种因素。

二、股票投资的选择

前面介绍的股票价值和预期报酬率的评价在股票投资决策中具有非常重要的意义。但是，模型中的有些数据是假设的，其结果不可能十分精确，会与实际情况有一定程度的差异。所以，要使股票投资决策正确，还需要做好以下几项分析工作：

（一）了解和分析股票发行公司的行业特点

公司的行业特点直接影响公司的前途。公司所处的行业按竞争程度依次递减，可分为完全竞争、垄断竞争、寡头垄断、完全垄断四种。对于公用事业等垄断程度高的行业，产品价格和利润受供求关系的影响较小，其股票的风险也较小；而对于轻工业等竞争程度较高的行业，破产或倒闭的可能性较大，投资于该行业公司的股票风险也较大。另外，行业如同产品，也要经历初创期、成长期、成熟期、衰退期。一般来说，处于初创期的行业受环境变化的影响大，风险也较大，而且利润不高，不宜作为投资对象；处于成长期的行业，虽然风险较大，但利润也较高，可以考虑投资；处于成熟期的行业，竞争实力强，利润高且稳定，风险小，是比较理想的投资对象；而处于衰退期的行业，没有发展前景，一般不宜进行投资。当然，国家政策对行业是限制还是鼓励也是选择股票时应考虑的因素。总之，投资者在进行股票投资决策时，应选择有发展前景、获利能力强、风险相对小的行业进行投资。

（二）了解和分析股票发行公司的财务状况与经营能力

选择哪些公司的股票作为长期投资主要取决于对财务状况、盈利能力和竞争能力的分析。尽管为了保障投资者的权益，上市公司上市时都要经过严格的审查和监管，但这并不能确保上市公司始终保持良好的势头。投资者应当根据上市公司提供的各种财务报表和有关资料，综合运用各种方法，对财务状况、盈利能力、竞争能力等方面进行深入、细致的分析。

1. 财务状况分析

财务状况分析主要是通过流动比率、速动比率、存货周转率、应收账款周转率、负债比率等指标进行分析，从而对公司的财务状况做出评价。总的说来，公司的财务状况越好，投资风险就越低。

2. 盈利能力分析

衡量盈利能力的指标有销售利润率、投资报酬率和每股盈余等。一般情况下，公司盈利能力越强，其发行的股票的报酬率就越高。

3. 竞争能力分析

一般用销售额、销售额增长率、市场占有率来衡量公司的竞争能力。公司的竞争能力越强，越有发展潜力，其发行的股票就有越高的报酬率。

（三）掌握股票发行公司的股利发放政策，合理预测股票市价走势

投资股票的报酬主要包括股利收入和资本利得两个部分。股利收入的取得与股利发放政策相关，资本利得则取决于股票买卖的差价。了解股票发行公司的股利政策，不仅可以使投资者对股利收入有合理的预期，而且可以使投资者对发行公司的财务状况和经营作风有更深层的了解。对股票市价的未来走势做出准确的预测是一件较困难的事，但合理分析、预测股票的变动趋势，对股票投资尤为重要。选择恰当的时机买进或卖出，可以使投资者有更多资本利得。

三、股票投资的特点

相对债券投资而言，股票投资主要有以下几个特点：

（一）股票投资是权益性投资

股票持有者成为股票发行公司的股东，享有相应的权利和义务。普通股股东可以参加公司股东大会，享有投票权，参与公司的经营管理；当持有公司股票达到一定比例时，可以对公司产生重大影响甚至成为公司的控股股东，对公司拥有控制权。

（二）股票投资的风险较大

股票的收益由发行公司发放的股利和出售股票获得的资本利得两部分构成。市场繁荣，股价上涨，公司经营状况好，发放的股利多，股票投资的收益就高。市场萧条，股价下跌，公司

经营状况差，股利发放少或者不发放，股票的投资收益就低甚至会严重亏损。

（三）股票投资的收益较高

债券投资只能按期取得固定的利息，风险较小。股票投资风险较大，但是可能取得较高的收益。股票投资收益的高低取决于股票发行公司的经营状况、股利政策和宏观经济、股票市场的景气程度。总体而言，股票投资的收益高于债券投资的收益。

（四）投资性和投机性并存

股票价格受多种因素影响，波动性极大。在股票市场的发展历史上，股价暴涨暴跌的例子不胜枚举，这一特点决定了股票投资具有极大的投机性。债券市场虽然也有价格波动，但是相对于股票市场而言，波动性很小。

四、证券投资组合

（一）风险分散理论

证券投资中存在两种风险，即系统风险和非系统风险。系统风险是指那些影响所有公司的因素所引起的风险，如通货膨胀、经济衰退、战争等。因为这些因素影响所有公司，所以不可能通过多元化投资来分散风险，这类风险又称为不可分散风险。非系统风险是指由公司特有的个别事件造成的风险，如新产品开发失败、投资项目决策失误等。这类风险可以通过多元化投资来分散，所以又称为可分散风险。下面，我们通过举例来说明非系统风险如何被分散。

例 12-8　设一投资组合中有两种证券 A 和 B，在组合中各占 50%。单个证券和证券组合的报酬率及风险状况如表 12-1 所示。

表 12-1　证券 A、B 及其组合的报酬率和风险情况

年	证券 A 的报酬率	证券 B 的报酬率	A、B 组合的报酬率
1	40%	−20%	10%
2	−20%	40%	10%
3	30%	−10%	10%
4	−15%	35%	10%
5	10%	10%	10%
平均报酬率	10%	10%	10%
标准差	10.6%	10.6%	0

可见，由完全负相关的两种证券构成的组合可以将非系统风险全部抵消；而完全正相关的两种证券的报酬将同升或同降，其组合的风险将不减少也不扩大。实际上，各种证券之间不可能完全正相关，也不可能完全负相关，绝大多数证券之间的相关程度为 0.5～0.7。在这种情况下，股票的投资组合只能抵消部分非系统风险而不可能是全部。但是，组合中证券种类越多，其分散的风险就越多。当证券组合中包括全部证券时，非系统风险将被全部分散掉，只承担系统风险。

（二）β 系数分析

在财务管理研究中，通常采用 β 系数来衡量各种投资（特别是证券投资）风险的大小。个别证券投资的 β 系数简化计算公式可表示为：

$$\beta = \frac{\text{某项证券投资的风险报酬率}}{\text{市场上所有证券的平均风险报酬率}}$$

证券投资组合的 β 系数是个别证券 β 系数的加权平均数，可以反映特定证券组合的风险，即该证券组合的报酬率相对于整个市场组合的变异程度。其计算公式如下：

$$\beta = \sum_{i=1}^{n} W_i \beta_i$$

式中：β——证券组合的 β 系数；

W_i——第 i 种证券在组合中的比重；

β_i——第 i 种证券的 β 系数；

n——投资组合中的证券总数。

当 $\beta=1$ 时，为市场平均风险组合；当 $\beta<1$ 时，表明证券组合报酬率的波动小于整个市场的平均水平，为低风险组合；当 $\beta>1$ 时，表明证券组合报酬率的波动大于整个市场的平均波动水平，为高风险组合。

例 12－9 某投资者持有 A、B、C 三种股票，共 100 000 元。其中，A 股票为 20 000 元，B 股票为 30 000 元，C 股票为 50 000 元，β 系数分别为 0.5、0.8、1.5。该组合的 β 系数为：

$\beta_{ABC}=20\%\times0.5+30\%\times0.8+50\%\times1.5=1.09$

（三）证券投资组合的必要报酬率

证券投资组合的必要报酬率是考虑在风险因素下证券投资组合所要求获得的最低报酬率。证券投资组合的必要报酬率由风险报酬率和无风险报酬率构成，通常用资本资产定价模型（CAPM 模型）表示。其计算公式如下：

$$r = r_i + \beta(r_m - r_i)$$

式中：r——证券投资组合的必要报酬率；

r_i——无风险报酬率；

β——证券投资组合的 β 系数；

r_m——证券市场的平均报酬率。

沿用例 12－9 的数据，如果国库券的报酬率为 11%，证券市场的平均报酬率为 15%，则 A、B、C 证券投资组合的必要报酬率为：

$r_{ABC}=11\%+1.09\times(15\%-11\%)=15.36\%$

可见，在其他因素不变的情况下，证券投资组合必要报酬率的大小主要取决于其 β 系数的大小。β 系数越大，风险越大，其要求的必要报酬率就越高；反之，则其要求的必要报酬率就越低。

（四）证券投资组合决策

投资者在进行证券投资组合时，要根据自己的投资目的确定所能承受的风险水平，然后决定构成证券投资组合的证券品种和数量。在进行证券投资组合决策时，可以考虑将一些报酬高但风险较大的证券加入组合中，从而在风险承受范围内尽可能获取更高的收益。同时，要注意尽可能寻找投资报酬呈负相关的证券进行组合，如通过债券和股票、到期日不同的债券、新生工业与成熟工业、竞争性行业与垄断行业的组合，使风险控制在可承受的范围内。

从理论上讲，证券投资中的非系统风险可以通过增加证券投资组合中的证券品种数量来避免；但在实际操作中，证券投资组合并不可能包括所有品种的证券，而且也没有必要。一般来说，投资于 5～10 种证券即能分散大部分风险。随着组合中证券种类的增多，报酬率会下降。所以，同样需要在风险与收益之间权衡，以使在风险承受范围内获取最大收益。

证券投资组合是证券投资时化解投资风险的一种重要方式，也是很多机构投资者，如投资基金、保险公司等进行投资的主要方式。但是，证券投资组合对风险的分散能力并非一成不变，投资者在确定了证券投资组合后，不要机械地保持，而要根据情况的变化进行合理的跟踪调整。

第四节 基金投资

投资基金作为一种集合投资方式，通过一定的方法把市场上的闲散资金集中起来，由投资专家进行科学管理，按照组合投资原则进行分散投资，能在提高收益的同时，最大限度地降低风险。单个投资者由于资金、知识和精力的限制，显然难以达到同样的效果，但是，通过投资基金进行各种金融投资可分享投资基金的投资优势。目前，基金投资正日益成为广受欢迎的一种投资方式。

一、投资基金的含义及特点

投资基金是以信托、契约或公司的形式，通过发行基金受益证券将众多投资者的资金集中起来进行专业的资金投放和投资管理，所得投资收益按投资者的出资比例分享的一种投资方式。投资基金通过发行基金单位(基金受益证券)集中其他投资者的资金，由基金保管公司保管、基金管理公司管理和运用，从事各种金融工具的投资，以获得投资收益和资本增值。基金受益证券可以在市场上随时自由转让，从而也是公司对外投资可选择的品种，以满足公司调节资金余缺和获取投资收益的需要。

基金投资的对象可以是公司的股票、债券，也可以是货币市场上的短期票据和银行同业拆借，还可以是商品期货以及各种金融衍生工具，甚至可以是房地产。相对个人投资者，投资基金有其明显的优势：(1) 投资基金拥有雄厚的资金实力，能够通过多样化的组合投资来降低风险，有效的投资多样化与分散化往往是资金和能力有限的个人投资者无法比拟的；(2) 投资基金由专业人员管理，其丰富的经验和专业知识、先进的设备和研究手段也是一般个人投资者不具备的；(3) 作为机构投资者，投资基金有广泛、灵活的信息渠道，能够及时获得各种相关信息，从而使投资决策建立在充实、正确的信息基础上。所以，投资基金比个人投资者更能有效地将风险控制在较小的范围内，并且获取较高的收益。

我国证券投资基金起步于 1998 年 3 月，在较短的时间内就成功实现了从封闭式基金到开放式基金、从资本市场到货币市场、从内资基金管理公司到合资基金管理公司、从境内投资到境外理财的几大历史性跨越。我国的证券投资基金目前已经具有相当规模，成为我国证券市场最重要的机构投资力量和广大投资者最重要的投资工具之一。

从基金品种看，我国已经推出了股票基金、债券基金、货币市场基金，还迅速发展了 ETF、LOF 等品种，QFII、QDII 也取得了一定的发展。随着中国基金业的发展，证券投资基金在中国资本市场中的地位与影响力不断提高，其对中国资本市场发展的积极作用也日益凸显。

二、投资基金的分类

（一）契约型基金和公司型基金

根据组织形态的不同，投资基金可分为契约型基金和公司型基金。这是投资基金最基本的划分类型。

1. 契约型基金

契约型基金又称单位信托基金，是指在签订信托契约的基础上发行受益凭证募集资金及进行投资运作的投资基金。契约型基金通常涉及委托人、受托人和受益人三个当事人。

根据组建基金的信托契约，基金管理公司成为契约型基金的委托人，对基金的信托资产负有直接的信托责任，并负责基金具体的投资管理和日常操作。基金管理公司的主要职责包括：(1) 设计、制定基金的信托条款，明确投资者与基金之间的权利和义务，申报政府有关管理部门批准；(2) 与基金保管公司签订信托契约，设定信托基金，并明确管理公司与保管公司之间的合作事项及各自的职责；(3) 负责受益凭证的发行，将所筹资金交由受托人即基金保管公司保管；(4) 制定信托基金的营运方针和投资策略；(5) 分配投资收益及偿还本金；(6) 编制有关基金的财务报表，并定期公布；(7) 编制有关信托基金的报告和公开说明书。

基金保管公司是基金受托人，一般由兼营信托业务的金融机构担任。基金保管公司的主要职责包括：(1) 设立独立的基金专用账户，对基金的信托资产和证券投资资产妥善保管；(2) 按照信托契约和基金管理公司的指示调整、分配、处理基金所投资的证券组合；(3) 处理基金受益凭证的购回及签证事宜；(4) 监督基金管理公司的投资，确保基金管理公司遵守信托契约。

各国证券投资信托法规一般规定，不论是契约型基金还是公司型基金，都要设立基金保管公司。这一方面是为了防止信托财产被挪作他用，以充分保障基金投资者的利益；另一方面使基金管理公司将处理有关投资证券及现金的琐碎事务交由受托人办理，从而留出更多精力专心于投资决策。

受益人是受益凭证持有人，也就是投资人。受益人以购买受益凭证的方式参加基金投资，成为契约的当事人，享有投资收益的分配权，是信托财产投资成果的分享者。

2. 公司型基金

公司型基金是按照《公司法》组成的以营利为目的的投资公司，它通过发行股票筹集资金。一般投资者购买了公司股票后，就成为公司股东，以股息或红利形式分享投资收益。公司型基金通常涉及投资公司、管理公司、保管公司和承销公司四个当事人。投资公司是公司型基金的主体，以发行股票的方式筹集资金，其股东即受益人。管理公司是投资公司的顾问公司，向后者提供调查资料和服务，两者订立管理契约，由管理公司办理一切管理事务，收取管理报酬，但有关资金运用和证券买卖的重大事项仍由投资公司董事会做出。保管公司是投资公司指定的银行或信托公司，通过签订保管契约，保管投资证券，并办理每日每股净资产核算、配发股息、过户和收取手续费等。承销公司是投资公司股票发行的承购者，由其承购后，再将股票分售给公众投资者。

（二）封闭型基金和开放型基金

根据可否赎回，投资基金可分为封闭型基金与开放式基金。封闭型基金属于不可赎回基金，开放型基金属于可赎回基金，详见本节“四、开放式基金”的相关内容。

（三）收入型基金、成长收入型基金和平衡型基金

收入型基金的主要目的是尽最大可能增加经常性收入，较少重视基金的升值。收入型基金主要投资于债券和优先股票，收益率较高且稳定，但长期成长的潜力较弱，利率波动时，净值易受影响。

成长收入型基金通过进行股票投资，达到既有收入，又获得成长的目的。通常，成长收入型基金的成长重于收入，但为了维持一定的经常性收入，所投资的部分股票也考虑能否分配到股利。成长收入型基金的成长潜力较强，但较易受市场波动的影响，以追求长期资本利得为主。

平衡型基金类似于成长收入型基金，既追求投资的长期成长，也追求当期的收入，所不同的是，成长收入型基金的投资对象是股票，平衡型基金则把资金分散投资于债券和股票。通常，平衡型基金限定将一定比例的资金投资于债券，以获取经常收入；其他则投资于股票，以追求资本利得。所以，平衡型基金适合既期望有固定收入，又愿意承担一定风险以获取较高资本利得的投资者。平衡型基金在证券市场行情变化时，涨跌幅度均小于市场指数，是风险较小的投资类型。

（四）股票型基金、债券型基金和指数基金

股票型基金是指主要投资于股票市场的基金。股票型基金并不要求全部投资于股票，也可以有少量资金投资于债券或其他证券。国内所有上市交易的封闭式基金和大部分开放式基金是股票型基金。

债券型基金是指全部或大部分投资于债券市场的基金。全部投资于债券市场的基金可以称为纯债券基金。

指数基金是指跟踪一定的市场指数，被动投资于市场的基金。指数基金使得该基金的收益与所选择的市场指数的收益一致。

三、投资基金的选择

投资基金的独特性使它成为一种理想的投资工具。但是，投资基金也具有一定的局限性。基金是一种间接投资工具，投资者投资于基金就失去了直接参与证券投资和其他行业投资的机会。而且，投资基金广泛运用证券投资组合来降低风险，但并不能完全消除风险。所以，投资者在选择投资基金时，应综合考察投资基金的内涵、收益及其他相关情况。

（一）投资基金的风险

投资基金的风险主要来自市场风险、管理风险及其他风险。

1. 市场风险

市场风险是市场价格波动所带来的风险。投资基金主要投资于证券市场，而证券价格容易受经济因素、政治因素、投资心理和交易制度等各种因素的影响，导致基金收益水平发生变化。市场风险主要包括政策风险、利率风险和购买力风险。

通常用β系数来衡量基金市场风险。一般来说，β系数高的投资基金在多头市场的表现比整个市场好，获利大小与β系数成正比；但在空头市场，其下跌幅度比整个市场大。β系数低的投资基金的情形恰好相反。因此，一般可在预期将出现多头市场时选择高β系数的基金，在预期将出现空头市场时选择低β系数的基金。

2. 管理风险

管理风险是指投资基金因经营管理不善而带来的风险。在基金运作过程中，由于经验和能力的局限，基金管理人员对经济形势、证券价格走势以及其他相关信息的了解和判断会出现偏差，从而影响投资决策的正确性。另外，基金管理公司管理的基金通常不止一只，所以在具体操作某一基金时，可能会受到其他基金投资的影响。尽管基金管理公司内部有严格的交易规则来避免不同基金投资的利益冲突，但无法完全避免该影响的产生。

3. 其他风险

投资基金受其他不可抗力因素（如战争、自然灾害等）的影响，也会导致基金资产的损失，影响基金收益水平，从而带来风险。

（二）投资基金的收益

基金投资的主要目的是保值增值。基金过去的经营业绩往往预示着该基金的未来，所以，投资者通常运用一定的指标对投资基金过去和现在的经营业绩进行了解和评价，以便对基金的未来业绩做出合理预期，从而做出正确选择。评价基金收益情况的指标主要有单位净资产价值和基金投资报酬率，其计算公式分别表示如下：

$$\text{单位净资产价值} = \frac{\text{基金净资产价值}}{\text{发行在外的基金单位总数}}$$

$$\text{基金投资报酬率} = \frac{\text{期末净资产价值} - \text{期初净资产价值}}{\text{期初净资产价值}} \times 100\%$$

上述公式中，基金净资产价值是指基金的总资产减去总负债的差额。基金的总资产是货币资金和股票、债券等各种证券价值的总和。基金持有的股票的价值一般以当日收盘价为准；债券则以当日收盘价为计算依据，但也可以按债券面值加上计算日为主的应计利息作为计算依据。基金总负债包括应付买入证券款、应付管理公司的管理费用、应付保管公司的保管费用以及其他应付款项等。

单位净资产价值和基金投资报酬率都是以基金净资产价值为计算基础的。在实际应用中，往往将这两个指标结合起来，以便全面地了解基金的优劣。投资者可以观察投资基金每天公布的净资产价值数据，进行连续跟踪观察，掌握其增长变动的持续性及幅度，正确把握买卖时机，以获取满意的投资收益。

(三) 其他相关情况

在对投资基金的风险和收益进行了解和分析后，投资者还需要了解投资基金的其他相关情况以及自己的投资动机等。

投资基金支付给基金管理人员的报酬包括两个部分：一部分是基金管理费，一般为资产净值的0.5%～20%；另一部分是业绩报酬，用于基金在某一时期的收益大于证券市场平均收益时，奖励给那些基金管理人员。显然，在投资业绩相同的情况下，投资者应选择基金管理人员报酬较低的基金，使投资成本降低。

基金规模也是一个值得考虑的因素。基金规模大，能够利用资金优势分散投资，减少投资风险，负担较多的研发费用、管理费用和经营费用；但同时有一些局限性，如反应灵敏程度、弹性及流动性较差。反之，小规模的基金运作较方便、弹性较大，能够很快从一种投资方式转变为另一种投资方式；但资产太少，往往不能支撑昂贵的研究开发费用，容易受基金投资者的影响。

投资者通常按风险承受能力及收益期望值的大小，划分为乐观型、保守型和中庸型三种。乐观型投资者期望高收益，并且能够承受较大的风险。保守型投资者则为了避免高风险，宁愿牺牲高于平均水平的收益。中庸型投资者对风险的态度和收益的期望介于乐观型和保守型之间。投资者通过了解自己属于哪一种类型，有助于明确投资动机，并做出合理的投资选择。

四、开放式基金

根据受益是否可赎回，投资基金可分为开放式基金和封闭式基金。对于开放式基金，其发行在外的受益凭证总额是不固定的，可视公司发展需要追加发行，投资者可以根据市场状况和各自的投资决策随时购买基金单位，也可以随时将持有的受益凭证在基金公司设定的内部交易日转卖给基金公司。在我国基金市场中，2001 年 9 月 11 日前，投资基金全部是封闭式基金，而国际主流为开放式基金。封闭式基金与开放式基金的区别可参见表 12－2。

表 12－2　开放式基金与封闭式基金的比较

比较项目	开放式基金	封闭式基金
发行总额	不固定	事先确定
基金单位总数	随时增减，随时接受投资者的购买和赎回	在封闭期内不变，若规模扩大，要报主管机关审批或核准
基金期限	无固定期限，随时可能招致投资者大量赎回甚至清盘	有固定的封闭期限，期满后要清盘
交易方式	始终在基金投资者与基金经理人或其代理人之间进行，基金投资者之间不发生交易行为	在证券交易所上市或以柜台方式转让，交易多数在基金投资者之间完成，基金投资者与基金经理人或其代理人之间的交易只在基金发起和期满清盘时发生
交易价格	由基金经理人依据基金单位净资产确定	由市场竞价决定，与基金单位净资产无直接关系

续 表

比较项目	开放式基金	封闭式基金
交易费用	投资者需要缴纳的费用包含在基金价格中	在基金价格外，要付出一定比例的证券交易税和手续费
基金投资策略	不能尽数将募集基金用于长期投资，必须保留一部分现金，以使投资者随时赎回，因此，一般投资于变现能力强的资产	可将募集到的资金全部用于投资，并据此制定长期投资策略，取得长期经营绩效
基金单位净资产	基本是在每个交易日连续公布	一般间隔较长时间公布一次（如一周、半年不等）

（一）开放式基金定价

开放式基金单位卖出价是根据基金单位净资产加上5%左右的首次申购费确定；单位基金买入价（即赎回单位）是由单位净资产值减去一定的赎回费用确定，它不受市场供求关系的影响，既不会溢价，也不会折价。

基金净资产值是指在某一基金估值时点上，按照公允价格计算的基金资产的总市值扣除负债后的余额，该余额是基金单位持有人的权益。按照公允价格计算基金资产的过程就是基金的估值。基金单位净资产的计算公式如下：

$$\text{基金单位净资产}=\frac{\text{总资产}-\text{总负债}}{\text{基金单位总数}}$$

基金估值是计算基金单位净资产的关键。基金往往分散投资于证券市场的各种投资工具，如股票、债券等。由于这些资产的市场价格是不断变动的，因此，只有每日对基金单位净资产进行重新计算，才能及时反映基金的投资价值。基金资产的估值原则如下：(1) 上市股票和债券按照计算日的收市价计算，该日无交易的，按照最近一个交易日的收市价计算；(2) 未上市股票以其成本价计算；(3) 未上市国债及未到期定期存款，以本金加至估值日的应计利息计算；(4) 如遇特殊情况而无法或不宜以上述规定确定资产价值时，基金管理人依照国家的有关规定办理。基金估值举例可参见表12-3。

表12-3 基本估值举例

项 目	金 额
现金及等值财产	200 000 元
持有股票及市价	
10 000 股 A 股票，每股 50 元，共 500 000 元	
20 000 股 B 股票，每股 30 元，共 600 000 元	
5 000 股 C 股票，每股 80 元，共 400 000 元	
股票总市值	1 500 000 元
总资产	1 700 000 元
减：负债	100 000 元

续　表

项　　目	金　　额
净资产总值	1 600 000 元
实际发行的基金单位	1 000 000 份
单位净资产值	1.6 元

注：(1) 净资产总值通常在每日闭市后计算，因而常常在变化中；(2) 实际发行的基金单位数每日也在变化，如果新投资者的资金净增加，那么现金与基金单位都会增加，发生赎回则情况相反。

与封闭式基金交易的价格是买卖行为发生时已确知的市场价格不同，开放式基金的基金单位交易价格取决于申购、赎回行为发生时尚未确知（但当时收市后即可计算，并于下一个交易日公告）的基金单位净资产值。一般计算如下：

申购价格 ＝ 基金单位净资产值 ×（1＋申购费率）

赎回价格 ＝ 基金单位净资产值 ×（1－赎回费率）

例 12－10　一位投资者准备申购某开放式基金，假定基金公司当时制定的申购费率为 2%，单位基金净资产值为 1.6 元，则申购价格为：

1.6 ×（1＋2%）＝1.63（元）

（二）开放式基金的申购和赎回

开放式基金的交易对象为管理投资者持有的开放式基金的基金管理公司，具体对象是固定的，所以在日常交易过程中会有很多与封闭式基金和普通股不一样的特点。

1. 申购和赎回的时间

如果基金在设立募集期内达到了原先设定的募集目标，则基金的日常申购从基金成立后满 3 个月开始办理；如果基金在设立募集期内未达到募集目标，则基金的日常申购从基金成立的下一个工作日即开始办理。基金的日常赎回从基金成立后满 3 个月开始办理。

日常申购和赎回的时间为证券交易所交易日的交易时间。

2. 申购和赎回的程序

(1) 日常申购和赎回的申请方式

基金投资者必须根据基金销售网点规定的程序，在工作日的交易时间内向基金销售网点提出申购或赎回的申请。

(2) 日常申购和赎回申请的确认

基金管理人应以收到申购和赎回申请的当日作为申购或赎回申请日（T 日），并在 T＋2 个工作日前（包括该日）对该交易的有效性进行确认。投资者可在 T＋2 个工作日后（包括该日）向基金销售网点进行成交查询。

(3) 日常申购和赎回申请的款项支付

投资者必须指定某一银行账户作为开放式基金的唯一结算账户，有关基金申购和赎回的资金收付只能通过该账户进行。投资者申请申购时，必须通过该指定账户划出足额的申购款项。申购采用全额交款方式，若资金未全额到账，则申购不成功，基金管理人将申购不成功或无效款退回。投资者赎回申请提交后，成功赎回的款项将在 T＋7 个工作日内向基金持有人

（赎回人）划出。

3. 日常申购和赎回的数额限制

（1）申请申购基金的金额

投资者申购时，以金额为基准。投资者申购基金，每次最低申购金额为人民币 1 万元，但投资者将当期分配的基金收益转购基金单位时，不受最低申购金额的限制；投资者可多次申购，但单一投资者累计持有基金份额不得超过 5 亿份，除非因交易过户转入或基金红利转购基金单位以及中国证监会同意的其他情况。

（2）申请赎回基金的数额

赎回时，以基金单位为基准。基金持有人可申请将持有的部分或全部基金单位赎回。单笔赎回不得少于 1 000 份，基金账户中基金单位不足 1 000 份的，必须一次性赎回。

4. 巨额赎回的认定及处理方式

（1）巨额赎回的认定

若一个工作日内的基金单位净赎回申请（赎回申请总数扣除申购申请总数后的余额）超过当日基金单位总份数的 10%，即认为发生了巨额赎回。

（2）巨额赎回的处理方式

当出现巨额赎回时，基金管理人可以根据基金当时的资产组合状况决定全额赎回或部分顺延赎回。

全额赎回，就是按照正常程序执行。部分顺延赎回，就是基金管理人在当日接受的赎回比例不低于基金总份数的 10%，对其余赎回申请延期办理。对于当日的赎回申请，应当按单个账户赎回申请量占赎回申请总量的比例确定当日受理的赎回份额；投资者未能赎回部分，除投资者在提交赎回申请时明确做出不参加下一个工作日赎回的表示外，自动转为第二个工作日赎回处理。转入第二个工作日的赎回不享有赎回优先权，并将以第二个工作日的基金单位净资产值为准进行计算，以此类推，直到全部赎回为止。

当发生巨额赎回并部分顺延赎回时，基金管理人应当立即向证券监管机构备案，并在 3 个工作日内在指定媒体上公告，以通知有关赎回申请人。

5. 拒绝或暂停申购的情形及处理方式

除出现如下情形，基金管理人拒绝或暂停基金投资者的申购申请：（1）不可抗力；（2）证券交易场所在交易时间非正常停市；（3）基金资产规模过大，使基金管理人无法找到合适的投资品种，或可能对基金业绩产生负面影响，从而损害现有基金持有人的利益；（4）基金管理人认为会有损于现有基金持有人利益的其他申购；（5）基金管理人、基金托管人、基金销售代理人、注册与过户登记人的技术保障或人员支持等不充分；（6）经证券监管机构认定的其他情形。

被拒绝的申购款项将全额退还给投资者。

第五节　金融衍生工具投资

金融衍生工具的迅速发展及其在风险管理中的重要作用使其成为公司的又一种重要投资

方式。金融衍生工具种类繁多，并且处于不断的创新发展中。本节在了解金融衍生工具主要作用的基础上，着重介绍被广泛应用的两类主要金融衍生工具：金融期货和金融期权；尔后，简要介绍套利定价模型。

一、金融衍生工具投资的意义

金融衍生工具又称金融衍生产品，是指由传统金融产品派生出来的金融投资工具，其产生和发展是金融市场三十多年来最显著、最重要的特征之一。金融衍生工具的迅猛发展与其在资产管理中的重要作用分不开。具体而言，金融衍生工具投资在公司资产管理中的作用主要有以下三点：

(一) 有助于规避风险，套期保值

规避风险、套期保值是金融衍生工具投资最主要的功能。自20世纪70年代以来，随着第二次世界大战后各主要国家维持固定汇率制度的布雷顿森林体系的崩溃，国际外汇市场汇率波动日益频繁，同时为了刺激经济增长，西方各主要工业化国家纷纷进行了金融自由化改革，放松金融管制，取消对存款利率的最高限额，逐步实现利率自由化。这样，在利率自由化和金融业竞争日趋激烈的影响下，利率波动较以前加剧，各种金融资产面临的风险也随之加大，迫切需要通过某种方式来规避风险，金融衍生工具正是顺应这种需要而产生的。通过金融衍生工具投资，可以转换外汇、利率、价格等波动风险，使风险控制在可承受的范围内。

(二) 有利于资产管理

随着国际经济、金融一体化进程的加快，国家之间公司和金融机构等的相互联系越来越密切，其资金来源及运用中必然会越来越多地涉及不同国家的不同币种。为了有效地实施资产管理，公司和金融机构可以通过货币互换，将一种货币表示的资产转换成另一种较易控制的货币表示的资产，从而有效地控制风险。

(三) 有利于在国际市场上进行投资

金融衍生工具是进入国际市场进行投资的有效工具。例如，外国投资者想参与中国香港股票市场，并不需要直接购买香港股票，只需通过买卖在美国证券交易市场上市交易的恒生指数期货即可达到目的。这样，既避免了跨国交易带来的不便，又大大降低了交易费用。另外，有些国家对外国资本进入国内资本市场有诸多限制，若通过货币互换，则可避免这些人为的障碍，间接、自由地进入其中。

目前，市场上流通的金融衍生工具种类繁多、数量庞大，其功能的侧重点各有差异，但归根结底，金融衍生工具投资最基本也是最具积极意义的是其在风险管理中的应用。下面着重介绍两种最常见的金融衍生工具：期货和期权。

二、金融期货

(一) 金融期货的定义及功能

金融期货是指交易双方承诺在将来某个日期或某一段时间内，以当前约定的价格买卖一定数量的某种金融工具而达成的标准化协议。按照标的物的不同，金融期货包括外汇期货、利率期货、股票指数期货等。

金融期货是顺应动荡的国际金融形势出现的，其主要功能是规避风险，实现资产的套期保

值。金融期货的套期保值方法有两种：一种是已知将来要出售一项资产，为了保证收益，防止价格下跌，在市场上卖出期货，称为空头套期保值；另一种是已知将来要购买一项资产，为了控制成本、防止价格上涨而在市场上买入期货，称为多头套期保值。下面以外汇期货的多头套期保值为例，说明金融期货是如何实现资产的风险管理的。

假设在 6 月 20 日(即期汇率为 1 马克＝0.5 美元)，美国某进口商预期 3 个月后需支付进口货款 500 000 马克。为了避免 3 个月后马克升值需付出更多美元，该公司在芝加哥国际货币市场上买入同等金额的同年 9 月份到期的马克期货合约，成交价格为 1 马克＝0.52 美元。那么，在到期日 9 月 20 日，无论马克上涨或下跌至何种程度，该公司交割 500 000 马克的单位成本都为 1 马克＝0.52 美元，从而将成本控制在这一确定值。

如果该公司的进口货款因故需提前于 9 月 10 日支付，此时，马克期货合约尚未到期，公司一面在即期市场上以 1 马克＝0.70 美元的价格买入 500 000 马克，一面在期货市场上以 1 马克＝0.71 美元的价格卖出同金额的马克期货合约。期货市场对汇率变动风险的规避如表 12－4 所示。

表 12－4　期货市场对汇率变动风险的规避

现货市场	期货市场
6 月 20 日 即期汇率：1 马克＝0.50 美元 预计马克将升值	6 月 20 日 买入同金额的 3 个月期货合约 成交价格：1 马克＝0.52 美元
9 月 10 日 即期汇率：1 马克＝0.70 美元 买入 500 000 马克	9 月 10 日 卖出同金额的 9 月份期货合约 成交价格：1 马克＝0.71 美元
损失：(0.70－0.50)×500 000＝100 000(美元)	获利：(0.71－0.52)×500 000＝95 000(美元)
净损失：100 000－95 000＝5 000(美元)	

可见，通过期货的多头套期保值功能，该公司在现货市场上买入马克所增加的成本由期货市场的获利大体抵消。当然，如果 9 月 10 日马克下跌，则期货交易的损失将因现货市场获利而抵消。这样，汇率波动的风险就得以控制在一定的范围内。类似地，通过期货空头套期保值，同样能够实现对资产的风险管理和控制。

(二) 基差风险

从理论上讲，通过期货交易可实现完全的套期保值，即现货市场和期货市场的损益刚好相等。但是，在实践中，这种情况很难发生，这是因为实务中套期保值对买卖资产的日期往往不确定，需要套期保值的资产与期货合约资产也并非完全一致。另外，期货合约可能被要求在到期前交割(如前例)，这就导致了基差风险的产生。

基差是指现货价格和期货价格之差。一项资产的现货价格与期货价格在到期日前一般不相等。随着交割日的临近，基差会逐渐变小，最后变为 0，即现货价格与期货价格相等。但是，在这之前，基差的变化是难以预料的。基差的这种不确定性被称为基差风险。

设 S_0、S_t 分别表示某金融资产在套期保值开始时和 t 时的现货价格，F_0、F_t 分别表示该金融资产期货在套期保值开始时和 t 时的合约价格，B_0、B_t 分别表示该金融资产期货在套期

保值开始时和 t 时的基差，则多头套期保值的总盈亏为：

$$\begin{aligned}\textbf{总盈亏} &= \textbf{期货交易盈亏} - \textbf{现货交易盈亏}\\ &= (\boldsymbol{F_t} - \boldsymbol{F_0}) - (\boldsymbol{S_t} - \boldsymbol{S_0})\\ &= (\boldsymbol{F_t} - \boldsymbol{S_t}) - (\boldsymbol{F_0} - \boldsymbol{S_0})\\ &= \boldsymbol{B_t} - \boldsymbol{B_0}\end{aligned}$$

式中，B_0 是已知的，所以，基差风险对套期保值的影响主要取决于 B_t 的不确定性。当 $B_t = B_0$ 时，期货交易达到完全套期保值，现货市场盈亏与期货市场盈亏正好相抵，总盈亏为零。

(三) 金融期货的选择

为了合理降低风险，有效利用金融期货对资产进行套期保值，投资者主要应注意以下几个方面：

1. 正确选择多头套期保值或空头套期保值

对未来需要购买现货资产的投资者，为了控制购买成本，应选择多头套期保值锁定购买价格。反之，对未来有现货资产需要出售的投资者，为了保证收益，应选择空头套期保值，即在套期开始时，卖出相应资产的期货合约；在现货资产出售时，在期货市场上反向操作，关闭期货合约。

2. 正确选择期货合约

投资者在进行套期保值时，要承担基差风险，如果需要保值的资产与期货合约的标的物不一致，则基差风险会更大。为了保证套期保值的效果，应选择与需要保值的资产最具有相关性的期货合约进行操作。

3. 正确选择交割时间

一般来说，投资者应选择在计划套期保值结束日后交割的期货合约，以避免套期被提前结束。但是，为了最大限度地降低基差风险，合约交割时间不能延后太多。所以，期货合约最恰当的时期长度应是与套期水平接近，在套期后结束。

4. 确定最佳套期保值比率

套期保值比率是期货合约持仓量与需要保值的资产数量之比。确定最佳套期保值比率是期货投资中最重要但也是最难回答的问题，目前尚没有绝对精确的确定方法。这里仅介绍一个较常用的公式：

$$\boldsymbol{h = \rho \frac{\delta_S}{\delta_F}}$$

式中：h——最佳套期保值比率；

δ_S ——现货价格在套期保值内变化值 ΔS 的标准差；

δ_F ——期货价格在套期保值内变化值 ΔF 的标准差；

ρ ——ΔS 和 ΔF 的相关系数。

当 $\rho = 1$、$\delta_F = \delta_S$ 时，期货价格完全反映现货价格，最佳套期保值比率 h 为 1。当 $\rho = 1$、$\delta_F = 2\delta_S$ 时，期货价格并不完全反映现货价格，最佳套期保值比率 h 为 0.5。可见，要想最大限度地降低风险，最佳套期保值比率并非任何时候都取 1。

三、金融期权

（一）期权的概念

期权又称选择权，是赋予其持有者在约定的时间或时期内按约定价格买入或卖出一定数量某种资产的权利的标准化合约。持有者为取得期权所支付的价格称为期权费（期权价值）。

按合约赋予期权购买者的权利的不同，期权可分为买入期权和卖出期权。买入期权又称看涨期权，其持有者享有按约定价格购买一定数量某种资产的权利。卖出期权又称看跌期权，其持有者享有按约定价格卖出一定数量某种资产的权利。期权交易涉及购买方（即持有者）和出售方，但期权合约赋予购买方和出售方的权利和义务并不是对等的。合约中对买入或卖出标的物资产的选择权只是对期权购买方而言的，出售方只有执行购买方选择结果的义务。因此，在期权交易中，要求购买方支付期权费，作为其日后享有选择权的代价，出售方则以收取的期权费作为其承担相应义务的补偿。

期权还有其他一些常见的分类方法。例如，按合约规定的履行时间的不同，期权可分为欧式期权和美式期权；按合约中买卖标的物的约定价格和市场价格的不同关系，期权可分为价内期权、价外期权和平价期权；按合约中规定标的物的不同，期权可分为外汇期权、利率期权、股票期权和股价指数期权；等等。

（二）期权交易的盈亏

期权交易的盈亏如图 12－1 所示。

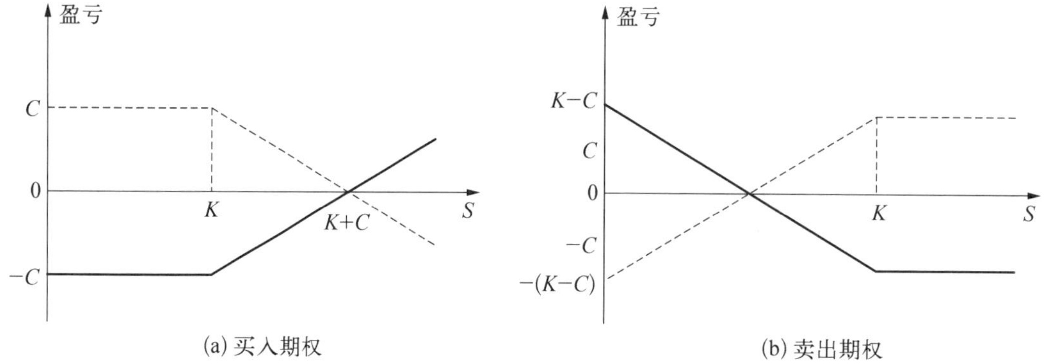

注：── 表示期权买方盈亏，--- 表示期权卖方盈亏，K 表示执行价格，C 表示期权费，S 表示标的物市场价格。

图 12－1　期权交易的盈亏

从图 12－1 中我们不难知道以下几点：

第一，对买入期权，当标的物市场价格小于或等于执行价格，即当 $S \leqslant K$ 时，期权买方将选择不执行合约，其损失为期权费 C，期权卖方则相应获得盈利（期权费 C）。当标的物市场价格大于执行价格，即当 $S > K$ 时，期权买方将选择执行合约，其盈利为 $(S-K)-C$，期权卖方则亏损 $[C-(S-K)]$；其中，当 $S=K+C$ 时，买卖双方正好不亏不盈。

第二，对卖出期权，当标的物市场价格大于或等于执行价格，即当 $S \geqslant K$ 时，期权买方将选择不执行合约，其最大损失为期权费 C，期权卖方则获得相应期权费收入 C。当标的物市场价格小于执行价格，即 $S<K$ 时，期权买方执行合约，其获利为 $(K-S)-C$，期权卖方则相应

损失 $C-(K-S)$；其中，当 $S=K-C$ 时，买卖双方正好不亏不盈。

第三，对买入期权，买方的盈利可以无限大，因为标的物资产价格的上涨是无限的，但其亏损最大为期权费。对应卖方的亏损可能无限(如无资产头寸限制)，而盈利有限，最大为向买方收取的期权费。对卖出期权，买卖双方的盈利都将是有限的。在价格上涨的情况下，买方放弃执行合约，最大亏损为期权费，对应卖方获取相应期权费的盈利；在价格下跌的情况下，由于资产价格最低为零，因此，买方的最大盈利为 $K-C$，对应卖方的最大亏损为 $K-C$。

第四，无论是买入期权还是卖出期权，期权买方的盈利即期权卖方的亏损；反之，期权买方的亏损即期权卖方的盈利，两者之和必然为零。这说明，期权交易只是将风险转移，从风险回避者转移到能够或愿意承担风险的投资者身上，但期权交易本身并不能消除风险。

(三) 期权投资的选择

期权在资产管理中的基本作用是套期保值。在价格上涨的情况下，通过期权交易锁定买入价格，实现货币购买力的保值；在价格下跌的情况下，通过期权交易锁定卖出价格，实现资产的保值。但是，由于期权分为买入期权和卖出期权，因此，在具体操作中需要注意以下几点：

第一，在预期标的物资产的市场价格将上升时，投资者既可以选择购买买入期权，也可以选择出售卖出期权。两者在风险和盈利方面是有区别的。前者以锁定买价、赚取买卖价差为目的，后者以对方放弃执行合约、赚取期权费为目的。前者预期收益高，但需先支付期权费，风险和收益都较高；后者可先获得期权费收入，但收益仅限于此，风险和收益均有限。投资者应当根据自身的实际情况做出合理选择。

第二，在预期价格将下降的情况下，投资者既可以选择出售买入期权，也可以选择购入卖出期权。两者同样存在风险和收益方面的差异。前者可先获得期权费收入，其实际价格如果下跌，则期权费成为真正的盈利。但是，如果实际价格不跌反升，则亏损将取决于价格上升的幅度，亏损的抵补额仅限于期权费收入，因而风险较大。后者则需先支付期权费，但价格下跌时，执行合约可赚取价差获利，若价格不跌反升，则可放弃执行合约，亏损额最大为期权费。

第三，相比期货购买者，期权购买者的收支平衡点更高，这是因为期权购买者要先支付一笔期权费。但是，正是这笔期权费使期权购买者获得了选择执行或不执行合约的权利，从而在限定其风险的同时，不丧失可能的获利机会。

例 12-11　4 月 5 日，某基金经理预计将收到一笔资金。为了防止物价上涨，该基金经理拟买进 A 公司股票买入期权，对该笔资金的货币购买力进行套期保值。当日，A 公司股票的市场价格为 100 美元。A 公司股票 5 月底可执行的买入期权费和相应的执行价格如表 12-5 所示。

表 12-5　买入期权费和相应的执行价格　　单位：美元

执行价格	80	90	100	110	120
期权费	0.4	0.3	0.2	0.12	0.08

为了降低期权交易成本，该基金经理选择执行价格为 110 美元的买入期权合约 2 份(每份股票期权合约的标准量为 1 000 股)，则支付期权费总额为 240 美元(2×1 000×0.12)。5 月

底，A 公司股票价格上涨为每股 130 美元，基金经理要求执行合约，按每股 110 美元购入 2 000 股 A 公司股票，总支出为 220 000 美元，随即按每股 130 美元售出，总收入为 260 000 美元。收支相抵，再扣除期权费支出 240 美元，该基金经理可获利 39 760 美元[(260 000—220 000)—240]。

四、套利定价理论

套利定价理论(Arbitrage Pricing Theory，APT)是史蒂文·罗斯(Stephen Ross)在 1976 年发表的。在介绍该理论前，先看一个简单的例子。

假定有 A、B、C、D 四家公司，在两个宏观经济变量（通货膨胀率和真实利率水平）的影响下，其收益率会出现四种不同的情况，如表 12－6 所示。

表 12－6　四家公司的股票收益率

项　目	真实利率高		真实利率低	
	通货膨胀率高	通货膨胀率低	通货膨胀率高	通货膨胀率低
情况发生概率	25%	25%	25%	25%
股票名称	股票收益率(%)			
A	−20	20	40	60
B	0	70	30	−20
C	90	−20	−10	70
D	15	23	15	36

这四种股票的当前价格、预期收益率、标准差和相关系数矩阵见表 12－7。

表 12－7　四种股票的当前价格、预期收益率、标准差和相关系数矩阵

股　票	当前价格	预期收益率	标准差	相关系数矩阵			
				A	B	C	D
A	10	25.00	29.58	1.00	−0.15	−0.29	0.68
B	10	20.00	33.91	−0.15	1.00	−0.87	−0.38
C	10	32.50	48.15	−0.29	−0.87	1.00	0.22
D	10	22.25	8.58	0.68	−0.38	0.22	1.00

根据这些数据，我们很难直接看出套利机会。现在，我们把 A、B、C 三种股票以等权重组合起来，再与 D 股票进行比较，得到表 12－8。

表 12－8　组合与 D 股票的比较

单位：%

项　目	真实利率高		真实利率低	
	通货膨胀率高	通货膨胀率低	通货膨胀率高	通货膨胀率低
A、B、C 等权重组合	23.33	23.33	20.00	36.67
D	15.00	23.00	15.00	36.00

根据表 12－8 可计算出 A、B、C 三种股票的组合和 D 股票的预期收益率、标准差及相关系数，如表 12－9 所示。

表 12－9　组合与 D 股票的预期收益率、标准差和相关系数

项　目	预期收益率(平均值)	标 准 差	相 关 系 数
三种股票的组合	25.83%	6.40	0.94
D 股票	22.25%	8.58	

这两种投资方式并不是完全正相关的，所以它们并不能完全相互复制。但是，组合的预期收益率高于 D 股票，标准差又小于 D 股票，所以，组合明显优于 D 股票。任何投资者，不管其对风险的厌恶程度如何，都可以利用这种比较优势来套利。套利的方法很简单，只要相应地对 D 股票做空头，并将卖空所得同时做 A、B、C 三种股票的组合多头即可。

假设卖空 300 000 股 D 股票，将所得的 300 000 元分别购买 100 000 股 A、B、C 股票，在不同情况下的现金流如表 12－10 所示。

表 12－10　不同情况下的现金流　　单位：元

股　票	即时投资现金流	真实利率高		真实利率低	
		通货膨胀率高	通货膨胀率低	通货膨胀率高	通货膨胀率低
A	−1 000 000	−200 000	200 000	400 000	600 000
B	−1 000 000	0	700 000	300 000	−200 000
C	−1 000 000	900 000	−200 000	−100 000	700 000
D	3 000 000	−450 000	−690 000	−450 000	−1 080 000
组　合	0	250 000	10 000	150 000	20 000

从即时现金流来看，投资组合是零投资组合，即开始(至少在理论上)完全不需要任何资金投入；但是，在以后，不管发生什么情况，都能得到正的利润。这当然是套利。只要这一机会不消失，套利就可以一直进行下去。而且，从理论上讲，只需要有一位投资者，就可以运作很大规模的资金进行套利。市场当然会很快地做出反应，D 股票的价格会下跌，其他三种股票的价格会上升，套利机会就被消除掉了。

只要存在无风险的套利机会，从理论上说，套利者就会倾向于构筑无限大的套利头寸来套取无穷大的利润。这种巨大的套利头寸马上就成为推动市场价格变化的市场力量，迅速地消耗掉套利机会。

(一) 单因素的套利定价模型

虽然套利定价模型真正有用的是多因素的情况，但是，为了加深理解，我们先来考虑只存在一个具有系统性影响的宏观因素的情况。用 F 表示这个宏观因素，一般有：

$$r_i = E(r_i) + \beta \times F + e_i$$

在这里，r_i、F 和 e_i 是随机变量，r_i 是第 i 项金融资产的实际收益率，$E(r_i)$是其预期收益率(预期收益率即收益率的概率平均值)，F 是宏观经济因素的实际值。值得注意的是，F 的概率平均值应当为零(假定)，所以 F 的值实际上就是对预期值的偏离。e_i 则是公司特有的原因对所发行金融资产的收益造成的扰动，它的预期值为零；而且，非常重要的是，不但 e_i 与宏观因素 F 不相关，而且不同公司之间的 e_i 不相关。举例来说，如果宏观因素 F 取作未预期的GDP 增长率的变化，GDP 增长率的预期是 4%，而实际只有 3%，那么 F 为−1%。β_i 是某项金融资产的收益率对宏观因素 F 的敏感度。假定 β_i 为 1.2，那么这项金融资产实际实现的收益率因为宏观因素的影响，将比预期收益率低 1.2%，再加上非系统风险 e_i 的影响，就可以确定实际实现的收益率。

现在来看一个非系统风险被充分分散化的投资组合 P。在该组合中，n 项金融资产的权重为 ω_i，$i=1, 2, \cdots, n$，$\sum_{i=1}^{n}\omega_i=1$，那么，组合 P 的收益率为：

$$r_P = E(r_P) + \beta \times F + e_P$$

此处有：

$$\beta_P = \sum_{i=1}^{n}\omega_i\beta_i$$

$$e_P = \sum_{i=1}^{n}\omega_i e_i$$

该组合的方差为：

$$\sigma_P^2 = \beta_P^2 \times \sigma_F^2 + \sigma^2(e_P)$$

在这里，σ_F^2 是宏观因素的方差，$\sigma^2(e_P)$ 是组合的非系统风险。为了简便起见，假定组合中各项金融资产的权重相等，即 $\omega_i=\dfrac{1}{n}$，于是有：

$$\sigma^2(e_P) = \sum_{i=1}^{n}\left(\frac{1}{n}\right)^2$$

$$\sigma^2(e_i) = \frac{1}{n}\sum_{i=1}^{n}\frac{\sigma^2(e_i)}{n}$$

显然，当 n 很大时，组合的方差就会变得很小，即非系统风险通过投资分散化被消除掉。所以，对于一个充分分散化的投资组合来说，其收益率和风险分别为：

$$r_P = E(r_P) + \beta \times F$$

$$\sigma_P^2 = \beta_P^2 \times \sigma_F^2$$

请注意，在一个充分分散化的投资组合中，各项金融资产不一定要等权重。

(二) 多因素的套利定价模型

多因素的套利定价模型要比单因素的套利定价模型复杂得多，并不能简单地计算出来。多因素的套利定价模型一般是这样的：

$$r_i = E(r_i) + \beta_{i1} \times F_1 + \beta_{i2} \times F_2 + \beta_{i3} \times F_3 + \cdots + e_i$$

上式中的 F_1、F_2、F_3…表示影响某项金融资产 i 的收益率的因素，而且这种因素是系统风险，而所有非系统风险都包括在 e_i 中，相关的假设与单因素模型一样。

我们可以看到，在多因素的套利定价模型下，计算金融资产组合收益和风险是非常复杂的。但是，其计算原理与单因素的套利定价模型相差不大，这里不再详述。

本章小结

金融市场的日益发展和完善为各类投资者提供了更为灵活、便利的投资方式和投资环境。短期证券投资为短时期拥有闲置资金，但又不想影响其临时变现需要的投资者提供了一条理想途径。它们在带来一定收益的同时，使投资者相应承担了一定的风险。长期证券投资是投资者准备长期持有证券，以期获益的投资方式，包括债券投资和股票投资两种主要形式。前者持有的是一种固定收益证券，反映投资者与被投资公司的债权债务关系；后者的收益不固定，反映投资者对被投资公司的所有权。债券投资收益较低，但固定，风险也较低；股票投资收益较高，但不固定，风险较大。投资者可形成一定的组合，以获得收益和风险的最佳搭配。投资基金为单个投资者分享其专家理财和有效组合投资优势提供了一条理想途径。投资基金通过组合投资等方式能够降低风险，却不能完全消除各类风险。金融衍生工具包括金融期货和金融期权。APT 风险规避的原理及其在风险管理中的应用已逐渐获得推广。随着金融衍生工具的不断创新和发展，金融衍生工具投资将会得到越来越广泛的应用。

复习思考题

1. 短期证券投资的主要目的是什么？有哪些主要形式？应考虑哪些主要因素？
2. 债券投资应考虑哪些主要因素？股票投资应考虑哪些主要因素？
3. 如何进行证券投资组合？
4. 投资基金有哪些主要分类？基金投资时应考虑哪些因素？
5. 金融衍生工具投资有何重要意义？期货投资和期权投资分别应考虑哪些主要因素？

练习题

1. 某公司发行面值为 100 元、期限为 10 年的公司债券，票面利率为 10%，每半年付息一次。试计算当市场利率分别为 8%、10%、12%时债券的投资价值。

2. 某投资者准备投资购买 A 公司初次发行的公司债券，发行面值为 2 000 元，期限为 6 年，票面利率为 8%，每年付息一次，购买价格为 1 780 元。该投资者持有该债券至到期日的投资报酬率为多少？

3. 某上市公司股票为固定增长股，当年发行现金股利每股 5 元，以后固定增长率为 5%。若市场平均利润率为 15%，则该股票的投资价值为多少？

4. 某上市公司的普通股每股市价为 32 元，经预测，3 年后可上涨至 40 元，每年的股利预计为 5 元，投资者的期望报酬率为 10%。

请回答：

(1) 股票投资价值为多少？

(2) 若投资期望报酬率为15%，请重新计算该股票的投资价值。

(3) 说明投资价值与市价的关系对投资者的影响。

(4) 说明投资期望报酬率变动对股票投资价值的影响。

5. 某投资基金年初单位价格为200元，一年后上升为225元。若市场平均利润率为18%，试评价投资者是否应该投资于该投资基金。

6. 美国某银行于6月1日向瑞士公司A贷款10 000瑞士法郎，到期日为12月1日。已知现汇市场和外汇期货市场的汇率资料如表12-11所示。

表12-11 现汇市场和外汇期货市场的汇率

日 期	现 汇 市 场	外汇期货市场
6月1日	1瑞士法郎=0.403 5美元	12月份合约汇率：1瑞士法郎=0.406 5美元
12月1日	1瑞士法郎=0.401 5美元	12月份合约汇率：1瑞士法郎=0.405 5美元

银行为了避免6个月内的汇率波动带来损失，拟对该瑞士法郎贷款进行空头套期保值。请计算银行经过套期保值后的总盈亏。

7. 某投资者预期A公司的股票价格将下跌，便购买3个月美式(在3个月内的任意时刻可以执行合约)卖出期权合约1份，合约规定可按每股40美元的价格出售500股B公司股票，期权费为每股0.1美元。

要求：

(1) 计算市场价格下跌至36美元时，投资者执行合约后的盈亏。

(2) 计算市场价格上升后，投资者放弃执行合约的盈亏。

第十三章　流动资产管理

学习要点

流动资产是公司在生产经营过程中短期置存的资产。流动资产管理是公司日常财务管理的重要内容。公司流动资产管理水平的高低直接影响公司盈利能力和财务风险的程度，从长远看对公司价值也有重要影响。

- 要全面了解公司流动资产管理的方法，能根据公司的短期经营目的，采用适当的流动资产投融资策略。
- 流动资产管理的内容包括现金管理、应收账款管理及存货管理。学生应全面掌握现金管理的目的和最佳现金余额的确定方法，同时熟悉现金收支的日常控制方法。
- 应收账款管理。应熟悉信用政策的内容，知道怎样进行应收账款的日常管理和监督，怎样进行信用决策和确定信用期限。重点学会进行应收账款投资决策模型的分析，尤其是在信用条件改变时的决策分析。
- 存货管理。重点掌握基本经济批量模型的应用，同时会运用扩展的经济批量模型进行存货投资决策。熟悉存货规划，会进行生产资金占用额和成品资金占用额的计算。

第一节　流动资产管理概述

一、流动资产概述

（一）流动资产的含义

流动资产是指可以在 1 年内或超过 1 年的一个营业周期内变现或者耗用的资产，包括现金及各种存款、存货、应收及预付款项、短期投资等。流动性很强，可在近期立即变现的流动资产，称为速动资产。

（二）流动资产的特点

1. 周转速度快

流动资产在使用中经过一个生产经营周期就改变其实物形态，并将其全部价值转移到所形成的商品中去，构成成本费用的组成部分，然后从营业收入中得到补偿。

2. 变现能力强

各种形态的流动资产都可以在较短的时间内出售或变卖，具有较强的变现能力，是公司对外支付和偿付债务的重要保证。但是，各种形态的流动资产变现速度是有差异的。一家公司拥有的流动资产越多,公司对外支付和偿付债务的能力越强,公司的风险就越小。

3. 形态多样化

流动资产在周转过程中不断改变其形态,从货币形态开始,经过供应、生产、销售等环节,从一种形态转化为另一种形态,最后又变为货币形态。各种形态的流动资产在公司中并存,分布于经营的各个环节。这些流动资产按其存在形态,可以归结为四种类型:货币类流动资产、实物类流动资产、债权类流动资产和其他流动资产。

(三) 辨别流动资产和固定资产的方法

1. 一年基准法

该方法主要用于辨别其他资产是否也可认为是流动资产。

2. 正常营业周期法

该方法主要用于辨别债券及库存资产是否可认为是流动资产。此外,固定资产即使残余使用年限短于 1 年,仍应作为固定资产;而库存资产因为储备的要求,即使库存超过 1 年,也应作为流动资产。

二、流动资产投资策略

根据公司管理当局的管理风格和风险承受能力,可以采用保守型、适中型与进取型的流动资产投资策略来决定流动资产投资的最佳数量水平(见图 13-1)。

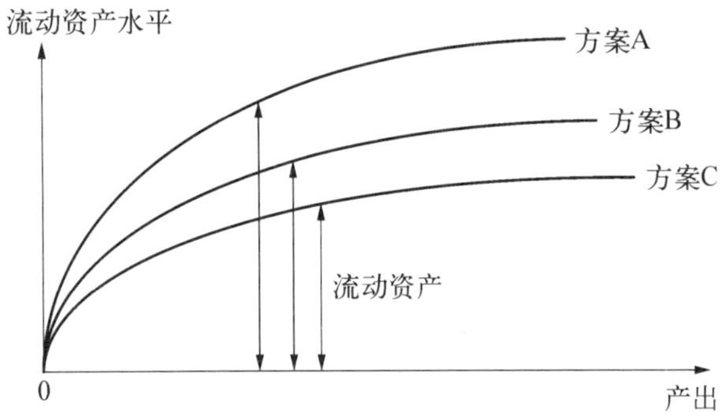

图 13-1　三种流动资产的投资策略

由图 13-1 可知,公司的产出量越大,为支持这一产出所需的流动资产持有量就越大,但两者之间并不是线性关系。当产出量增长时,流动资产的持有量会以递减的比率增加。出现这一非线性关系的原因主要是规模经济的作用。在净利润一定的情况下,方案 A 的流动资产水平最高、风险最小,但是其资产回报率是最低的;方案 B 是一种稳健的流动资产投资策略,其流动性、获利能力和风险性均介于方案 A 和方案 C 之间;方案 C 是最激进的流动资产投资策略,其流动资产水平最低、风险最高,资产回报率也是最高的。

流动资产投资的目的是使资本的收益最大。所以,就公司流动资产的投资管理而言,重点就是资本收益与财务风险之间的权衡问题。

三、流动资产融资策略

永久性流动资产是指在公司的营运循环跌至谷底时,公司依旧持有的流动资产。尽管永久性流动资产本质上是流动资产,但投资的资金却是长期的,它并不是指永久性地停留在原地的特定流动资产,而是指其中的具体资产不断变化的永久性流动资产的投资水平。

临时性流动资产是指会随着营运循环中季节性或者循环性波动而变动的流动资产。

流动资产融资策略是指与临时性流动资产和永久性流动资产的筹资方式有关的策略。流动资产融资策略是流动资产管理的重点内容，研究流动资产的融资策略同样需要考虑财务风险与获利能力之间的权衡关系。与流动资产的投资策略相对应，流动资产的融资策略分别包括保守型、适中型和进取型三种。

(一) 保守型融资策略

保守型融资策略的特点是公司不但以永久性资金(长期负债加权益资本)融通永久性资产(永久性流动资产加固定资产)，而且以永久性资金满足由于季节性或者循环性波动而产生的部分或者全部暂时性资金需求，是一种比较安全、风险较小的融资策略(见图 13－2)。

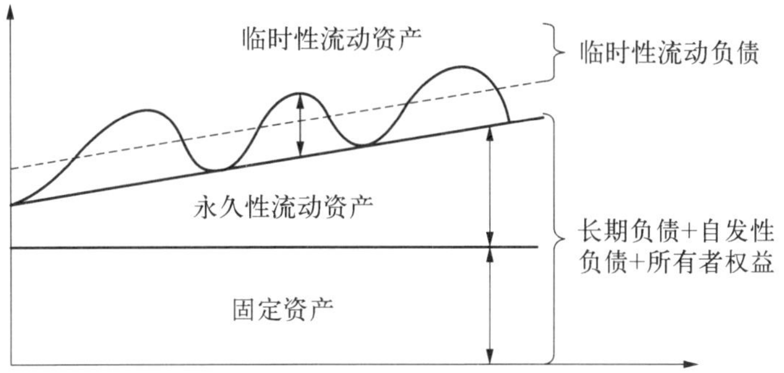

图 13－2　保守型融资策略

保守型融资策略适用于一些经营状况不十分稳定的公司，它给流动负债提供了一个行之有效的安全边际。但是，这种策略的资本成本比较高，公司的资产回报率相对较低。

(二) 适中型融资策略

适中型融资策略是指能使资产和负债的到期期间相互配合的策略。资产和负债的到期期间相互配合，公司使用短期融资的方式筹措临时性流动资产所需的资金，永久性流动资产所需的资金则以长期负债和权益资本支付(见图 13－3)。

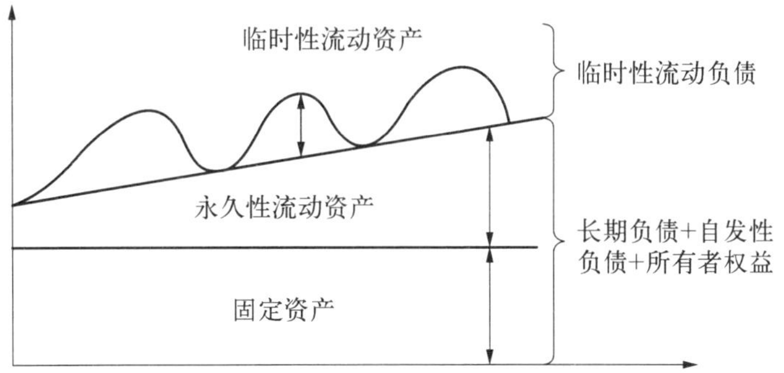

图 13－3　适中型融资策略

采用适中型融资策略可以使公司减小其无法偿还到期债务的风险。

(三) 进取型融资策略

在进取型融资策略下，公司以长期负债和权益资本等长期资金融通固定资产，但它同时利用短期融资的方式筹措部分永久性流动资产所需的资金，有些公司还采用短期融资的方式筹措流动资产和部分固定资产所需的资金(见图 13－4)。

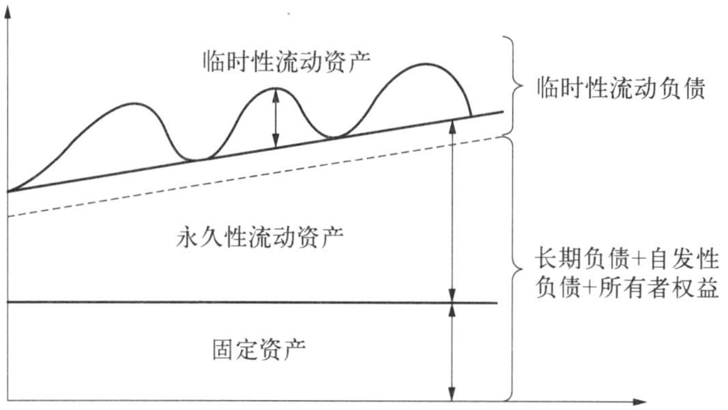

图 13－4　进取型融资策略

进取型融资策略是一种危险性最高，也是最积极的融资策略。使用这种策略的公司将承担更多利率上涨而导致的风险，也会面临更严重的贷款展期问题。但是，因为短期信用的成本通常比长期负债的成本低，所以，有些公司仍然愿意牺牲安全性以换取能得到更多利润的机会。

第二节　现 金 管 理

现金是流动资产的一个重要组成部分。这里的现金是一个广义的概念，不单指库存现金，也包括银行存款以及其他货币资金等。

现金是变现能力最强的资产，可用来满足生产经营开支的各项需要，也是还本付息、履行纳税义务的保证。拥有足够的现金对降低公司的财务风险、增加公司资金的流动性具有重要意义。但现金是非收益性资产，持有量过多势必给公司造成较大的机会成本，降低资产的获利能力。所以，如何在现金的流动性与收益性之间做出合理选择是现金管理的一个课题。

一、持有现金的动机

（一）交易动机

交易动机是指公司为了应付日常经营中的交易需要而应该保持货币资金。这些交易包括购买原材料、支付工资、缴纳税款、偿还债务、派发现金股利等。由于公司每日现金的流入和流出很少同时发生，因此，为了使这种货币收支的暂时不平衡不至于使日常交易中断，持有一定量的现金并保留必要的现金余额是完全必要的，其持有量的大小与业务的增减成正比。

（二）预防动机

预防动机是指为了应对意外事件的发生而需要保持货币资金。市场行情瞬息万变，公司很难时刻对未来现金的流入量和流出量做出准确的预期，一旦预期与实际情况发生偏差，就会对公司的正常经营秩序产生不利的影响。为了应付未来现金收支的波动，保证正常经营的进行，持有一定量的现金并保留必要的现金余额是应当加以考虑的，其持有量的大小与公司预测现金收支的可靠性、公司的举债能力以及公司愿意承担风险的程度相关。

(三) 投机动机

投机动机是指公司为了抓住金融市场稍纵即逝的机会,从事投机活动、获取投资收益而需要保持货币资金。当证券市价跌入低谷,预期价格将会反弹时,以一定量的货币资金购入有价证券,即可获取高额收益,为此,应该持有一定量的现金并保留必要的现金余额。但是,投机动机只是公司确定现金持有量时应当考虑的较为次要的因素,其持有量的大小与金融市场的投资机会及公司对待风险的态度相关。

公司持有现金时,一般应综合考虑上述三个动机,尤其是前两个动机。应该注意的是,由于现金可以在各种动机中调剂使用,因此,公司现金的持有量不等于上述三种动机的简单加总,而且,三种动机所需保持的现金并不一定完全是货币形态,也可以是能够随时变现的有价证券及其他形态的资金。

二、现金管理的基本目标

基于上述三个动机的要求,公司必须保持一定数量的现金,以满足正常经营活动的需要。如果现金持有量不足,就有可能使公司在蒙受风险损失的同时,付出无法估量的潜在成本。然而,现金本身并不具备盈利性,持有量过多,出现闲置,会影响公司投资收益的提高,公司还要为此付出机会成本。所以,公司既要保证现金的需要量,保持现金的流动性,又要降低现金的占用量,并从暂时闲置的现金中获取投资收益,这就成为现金管理的基本目标。

三、现金管理的内容

为了达到现金管理的目标,要求公司各职能部门密切配合,协调行动,切实研究实现目标的途径和方法,加强对现金的管理。现金管理的主要内容包括:(1) 编制现金收支预算,合理估计未来的现金需求;(2) 对日常的现金收支进行控制;(3) 用数学模型确定最佳的现金余额。

(一) 现金收支预算

现金收支预算是基于现金管理的目标,通过一定的方法对某个时期的现金收入与支出所做出的安排与平衡。通过该预算,公司能预计及估测未来一定时期的现金收支状况,确定收支差异,并做出相应的安排,防止现金结余或不足给公司带来的不利影响。归根结底,现金收支预算就是对现金流量的水平所做的控制。现金收支预算的主要内容包括以下四个部分:

1. 现金流入

现金流入是指预算期内的现金收入额,主要包括现销的销售收入和赊销的应收账款收回,其他如租金收入、股利收入、营业外收入等也是现金流入。预算期的现金流入额和期初现金余额合在一起,称为预算期可动用的现金总额。

2. 现金流出

现金流出是指预算期内可发生的全部现金支出额,包括生产经营过程中的采购材料支出、支付工资支出以及付现性的制造费用、管理费用和销售费用等。其他现金支出如固定资产投资支出、有价证券购买支出、偿还债务本息、解缴税款、派发股利等,也是公司的现金支出。

3. 现金净流量

现金净流量是指现金流入与现金流出的差额,也称为现金余额。随着现金流入与流出的不断发生,现金余额也随之不断变化。如前所述,过高或过低的现金余额都是不利于经营的。

为了使现金预算具有一定的弹性，公司应在期末保持一个最低的而且是相对稳定的现金余额。

4. 现金余缺

现金余缺是指总的收支轧抵后的现金结余与不足，即：

现金余额＝期初余额＋预算期现金流入额－（预算期现金支出额＋预计期末现金余额）

如果预算期可动用的现金数额大于预计的现金支出及备留的期末余额，则表现为现金结余，反之则表现为现金短缺，合称现金余缺。一般而言，为了保持最佳现金余额，当现金多余时，可以考虑购买有价证券或安排偿债；当现金短缺时，则可以考虑出售有价证券或举债来予以弥补。

由此可见，现金收支预算是有计划地安排和控制使用现金的有力工具。现金收支预算最大的缺点是无法控制现金收支的时间，也不能完全解决最佳现金余额的确定问题。

（二）现金收支的日常控制

现金收支的日常控制主要是对现金收支的时间加以控制，从而控制现金的流转速度，以保持最适宜及最少量的现金余额。控制工作的主要思路是力求加快收款，减缓支付，充分利用时间差。总之，现金收支的日常控制就是对现金收支的流程进行管理。现金收支日常控制的主要内容包括：

1. 加强收款管理，控制现金浮游，加速现金回收

公司的收款时间是指从客户付款（开出支票）的时间起到支票兑付并存入公司账户的时间止。在这段时间内，容易造成因邮递延误、处理中的延付（收到支票但未存入银行）以及转账结算中的延误（支票已存入银行，但必须等待结算与交换）而形成的现金冻结。我们把这种冻结而不能运用的现金称为现金浮游量。所以，收款管理的重点是加速现金回收，有效地控制现金浮游量，主要措施有：

（1）利用分散收账来降低邮递浮游量。对于比较分散并且额度较大的货款，公司可派专人将大额票据收回，并且直接送到付款银行提出交换，交换后立即存入公司存款账户。

（2）采用银行业务集中系统来降低邮递浮游量及转换浮游量。银行业务集中系统的具体做法是除公司所在地外的其他地区根据客户分布情况及收款量情况分别设立收款中心，公司预先通知该地区客户将货款直接寄往该中心，中心在接到汇票后，立即存入当地银行。分散在各地的收款银行在票据交换后，将款项转给集中收款银行（通常为公司总部所在地的银行）。

（3）采用设立专用信箱的方法（又称锁箱法）降低邮递浮游量及支票处理的浮游量，具体做法是，公司在各主要城市租用邮局的加锁信箱，并要求客户在收到发票后及时开具支票，同时将支票送到公司指定的加锁信箱中。公司可授权当地的代理银行及时开箱取走支票，然后将货款存入公司在该银行的账户，由银行将收款情况通知公司，并将这些资金划转入其主要开户银行。

2. 加强付款管理，控制现金支付

收款与付款是相对应的，既然收款管理的重点是尽量加速，那么，付款管理的重点则应是尽量延缓，主要措施有：

（1）控制现金浮游量，提高现金利用率。该手段主要是有效地利用公司账上的银行存款余额与银行账上的存款余额之间的差额，即公司在开出支票后，银行尚未扣款，而收款公司也要经过一段时间才能收到支票，这样，就使银行账上的存款余额大于公司账上的存款余额。如果公司能够准确地估计出这笔差额，即可利用时间差腾出更多现金头寸。

(2) 控制现金支出。尽量利用邮递位置，延长邮寄和票据交换时间；尽量利用支票账户，使支付集中；尽量把支付安排在节假日前，以延长支付时间；等等。这些都不失为控制现金支出的有效办法。

(三) 最佳现金余额的确定

从持有现金的动机及现金收支的预算可知，大多数公司要保持最佳现金余额。事实上，探讨最佳现金余额是在"首先选择有价证券投资"这一假设前提下进行的。所以，最佳现金余额的确定问题，实际上是如何安排现金与有价证券之间的最佳分配比例的问题。最佳现金余额的确定模型中比较常见的有鲍曼模型和米勒-奥尔模型。

1. 鲍曼模型

鲍曼模型又称存货模型。威廉·鲍曼(William Baumol)第一个注意到现金余额与存货有许多相似处，所以存货管理中的模型可以用在现金余额的确定中，这就是存货模型的由来。鲍曼模型主要从现金管理总成本即现金的持有成本以及现金与有价证券之间的转换成本着手加以研究。现金的持有成本是指公司因保持一定的现金余额而丧失的再投资收益，即持有现金的机会成本。由于现金不提供收入，因此，持有现金的余额越多，机会成本就越大；而持有现金的余额越少，机会成本就越小。为了降低机会成本，现金余额应保持在较低的水平上。但是，建立在较低水平上的现金供给只能维持一个较短的时期，必须通过出售和转让有价证券来补充。这种出售和转让有价证券需要支付一定的交易费用，我们称之为现金的转换成本。通过对上述两种成本的性质及其与现金余额关系的分析看，在现金需要总量(在现金收支预算中已经给出)既定的前提下，现金余额越多，持有成本就越大，但证券变现次数减少了，转换成本就变小；而减少现金余额尽管可以降低现金的持有成本，转换成本却会随着证券变现次数的增加而增加。所以，最佳现金余额(以 Q 表示)就是持有成本与转换成本最低组合水平的持有量，即：

现金管理总成本 = 持有成本 + 转换成本

$$TC=\frac{Q}{2}\cdot K+\frac{R}{Q}\cdot F$$

式中：TC——现金管理总成本；

Q——理想现金余额；

K——有价证券的利息率；

R——现金需要总量；

F——每次交易的固定费用；

$\frac{R}{Q}$——现金与有价证券之间的转换次数；

$\frac{Q}{2}$——平均现金持有量。

对上式求导，不难证明，最佳现金余额为：

$$Q=\sqrt{\frac{2RF}{K}}$$

例 13-1　某公司预计全年的现金支出为 18 028 500 元，有价证券年利率为 8%，每次有价证券的交易费用为 100 元，每天收支均衡。试利用存货模型求最佳现金余额、现金管理总成本、现金平均余额和全年转换现金的交易次数。

$$Q=\sqrt{\frac{2RF}{K}}$$
$$=\sqrt{\frac{2\times 18\,028\,500\times 100}{8\%}}$$
$$=212\,300(\text{元})$$
$$TC=\frac{18\,028\,500}{212\,300}\times 100+\frac{212\,300}{2}\times 8\%=16\,984(\text{元})$$
$$\frac{Q}{2}=\frac{212\,300}{2}=106\,150(\text{元})$$
$$\frac{R}{Q}=\frac{18\,028\,500}{212\,300}=85(\text{次})$$

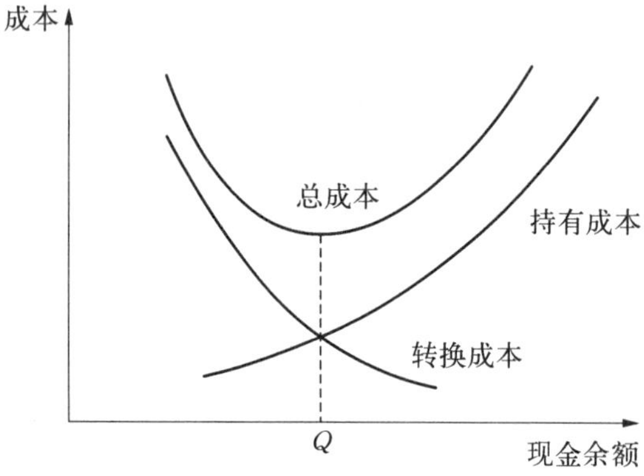

图 13-5　最佳现金余额示意图

最佳现金余额水平 Q 可由图 13-5 表示。

在运用存货模型确定现金余额时，必须注意该模型是以下列假设为前提的：(1) 公司所需现金总量是稳定的，并且是可以预测的；(2) 公司经营中的现金支出比例均衡，波动不大；(3) 现金与有价证券之间的转换是畅通的。

只有上述条件得到满足，才能运用存货模型确定现金余额。该方法尽管简便，但并非十分精确，仅可提供给管理部门作为判断现金持有量的一个参考。

2. 米勒-奥尔模型

米勒和奥尔设计了一个在考虑现金收入和支出不稳定情况下的模型，又称随机模型。该模型假定每日现金净收支的变化是随机的，可能低于期望值，但基本接近正态分布，可以用图 13-6 表示。

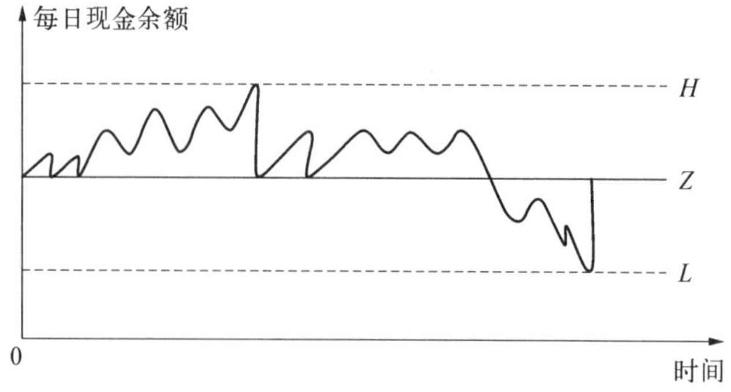

图 13-6　最佳现金持有量的随机模型

在图 13-6 中，以 H 表示现金余额的上限，L 为下限，Z 为目标现金余额。当现金余额达到 H 时，买进 $(H-Z)$ 数量的有价证券；当现金余额降到 L 时，卖出 $(Z-L)$ 数量的有价证券，使现金余额保持在 Z 的数量上。H 和 Q 可用米勒-奥尔模型确定。

$$\text{最佳现金余额 } Z=\left(\frac{3F\sigma^2}{4K}\right)^{\frac{1}{3}}+L$$

$$\text{上限现金余额 } H=3Z-2L$$

式中：F——每次交易的固定费用；

K——有价证券的利息率；

σ^2——每日现金净收支变化的方差。

例 13-2　某公司预计年度的现金收入与支出是随机性的，每天现金流出的标准差为 800 元。目前，市场上有价证券的年利率为 12%，每次现金转换的成本为 85 元，每天现金余额不低于 1 000 元。求现金控制的上下限，以及现金与有价证券的最佳转换点。

利率 $=12\% \div 360=0.033\%$

$$Z=\left(\frac{3F\sigma^2}{4K}\right)^{\frac{1}{3}}+L$$

$$=(3\times 85\times 800\div 4\times 0.033\%)^{\frac{1}{3}}+1\,000$$

$$=5\,967(\text{元})$$

$$H=3Z-2L$$

$$=3\times 5\,967-2\times 1\,000$$

$$=15\,901(\text{元})$$

现金控制的范围为 1 000～15 901 元。

随机模型建立在公司现金的未来需求总量和收支不可预测的前提下，如此计算出来的现金持有量比较保守。

第三节　应收账款管理

应收款项是指公司在对外销售产品或提供劳务过程中应向购货单位或接受劳务单位以及其他单位收取的款项，包括应收账款、应收票据以及其他应收款。其中，应收账款在流动资产中占有很大的比重。应收账款管理是我国目前流动资产管理中关注的焦点。

一、发生应收账款的原因

（一）商业竞争

这是发生应收账款最直接的原因。竞争机制使公司尽量采取各种办法来扩大销售。除去提高产品品质、进行市场推广外，赊销也是重要的手段之一。在其他条件类似的情况下，实行赊销的产品或商品的销售额将大于收取现金的销售额。因为客户可以通过赊销占用供应商的资金从而获取好处。所以，为了扩大销售，公司会以赊销的方式招揽客户，从而产生应收账款，即商业信用。

（二）销售和收款的时间差

因商品交货和收款时间的不同而产生的应收账款在零售业尤为常见。结算手段越落后，所需时间就越长，销售公司不得不为此垫付资金。由于该类型产生的应收账款不属于商业信用，因此，此处不多加讨论。

从上述对应收账款产生的原因的分析可知，应收账款的管理目标是在扩大销售与增加成本之间进行权衡，力求以比较低的投资成本最大限度地获取应收账款的投资收益。

二、信用政策

信用政策即应收账款的管理政策，主要包括信用标准、信用额度、信用条件和收账方针等内容。

（一）信用标准

信用标准是指给予客户赊销的基础条件，通常以预期的坏账损失率表示。它表明公司可接受的信用风险水平。一般而言，在严格的信用标准下，公司只愿意对信用卓著的客户给予赊销，许多客户因信用品质达不到设定的标准而无法享受公司的商业信用。这样，在宽松的信用标准下，虽然有利于公司扩大销售，但可能使公司的坏账损失加大，信用风险水平提高，并且增加成本。所以，在确定信用标准前，应对客户的资信进行调查与分析。

在对客户的资信进行调查与分析时，主要利用信用“5C”系统，具体内容可参见第三章第五节的相关内容。

（二）信用额度

信用额度是指给予客户的最大赊销额度。信用额度是信用标准的一个重要组成部分。在决定给予某客户信用后，还应该规定该客户可以赊欠的最大限度。这个信用额度实际上代表了公司对客户愿意接受的最高风险。由于风险会变化，现在能够接受的风险将来可能成为不能接受的风险，因此，信用额度必须经常检查，定期重新评估，以做必要的变动。

（三）信用条件

信用条件是指公司要求客户支付赊销款项的条件，主要包括信用期限、折扣期限与现金折扣等。信用条件的基本表达方式如 2/10、n/30，若客户能够在发票开出后的 10 日内付款，则可以享受货款总额 2%的现金折扣优惠；若客户放弃折扣优惠，则全部款项必须在 30 日内付清。在此，30 日为信用期限，10 日为折扣期限，2%为现金折扣率。

1. 信用期限

信用期限是公司要求客户付款的最长期限，只要客户在此期限内付款，便认为该客户没有违约。一般而言，信用期限越长，表示公司给客户的条件越优惠，对客户越具有吸引力。但是，对公司来说，延长信用期限既有扩大销售、增加收益的一面，又有增加成本、减少收益的一面。所以，是否延长信用期限，应当联系延长信用期限后增加的收益与增加的成本之间的对应关系而定。

2. 折扣期限与现金折扣

公司为了加速资金周转，尽早收回货款，减少可能的坏账损失，往往在确定信用期限的同时，规定客户偿付货款的折扣期限及所给予的现金折扣优惠。但是，现金折扣的存在使公司增加了折扣成本。所以，公司是否愿意提供折扣、应当核定多长的折扣期限以及给予对方怎样程度的折扣优惠，必须以提供折扣后减少的资金占用是否可以用来获取比折扣更大的收益为依据确定。

（四）收账方针

收账方针又称收账政策，是指公司向客户收取逾期尚未支付的应收账款的策略与措施，包括收款的方式及努力程度、收款的程序、拖欠甚至拒付时所采取的行动等。当收账政策过严、催收过急时，可能会得罪无意拖欠的客户，从而减少收益；当收账政策过松时，则可能会促使客户拖欠的时间更长。一般来说，在客户超过公司允许的拖欠期限后，公司应当有理、有利、有节地开展催收行动。在组织账款催收时，公司必须权衡收账费用与预期催账收益的得失。一般来说，收账费用越高，坏账损失越小。但是，两者之间的关系并非线性的。当收账费用达到某一限度后，再增加收账费用，对坏账损失的减少作用不大时，就可以认为收账费用已经达到饱和点。

三、应收账款投资决策模型

应收账款的投资决策是公司依据信用政策和市场竞争的需要，就是否改变其信用政策所做的方案选择。可见，应收账款投资决策实际上是信用政策的延伸及其在市场竞争中的具体实施。要进行应收账款的投资决策，首先必须对应收账款的投资成本进行核定。

（一）应收账款投资的成本核定

1. 机会成本

机会成本是指公司由于将资金投放于应收账款而放弃的投资于其他方面的收益。机会成本是应收账款上发生的直接成本，其计算公式为：

应收账款占用资金的机会成本＝应收账款平均余额×变动成本率×机会成本率

＝日销售额×平均收账期×变动成本率×有价证券利率

＝年销售收入÷360×平均收账期×变动成本率×有价证券利率

其中，“应收账款占用资金”应当按“应收账款平均余额×变动成本率”计算确定，因为应收账款增加时，公司需要增加的营运资金数额只是变动成本，既不是全部的销售额，也不是全部的制造成本。

2. 管理成本

管理成本是指用于应收账款的各种管理费用，包括调查客户信用状况、收集各种信息的费用，账簿的记录费用，收账费用以及其他费用等。管理成本是应收账款上发生的间接成本，通常可视为固定成本，通过预测加以确定，无须具体计算。

3. 坏账成本

坏账成本是指应收账款不能及时回收而发生坏账给公司造成的损失。坏账成本是应收账款的潜在成本，可用下列公式计算：

坏账成本＝赊销收入×实际（或预期）坏账损失率

（二）是否提供信用以及信用额度确定的决策

公司在确定信用等级后，必须相应确定信用限额，以便在客户提出信用订单时做出拒绝或接受的决策。在进行此类决策时，公司主要应考虑的问题是：一旦公司提供了信用，所取得的收益能否弥补相应的成本。如果取得的边际收益大于边际成本，则可以给对方提供信用；反之，如果取得的边际收益小于边际成本，则应拒绝提供信用。

例 13-3 某公司依据信用标准所确定的客户信用等级如表 13-1 所示。已知该公司生产销售甲产品，单位售价为 100 元，边际利润率为 30%，有价证券收益率为 20%，假定管理成本为 150 元。现有 A 客户 50 件的赊购订单（该客户的实际情况经评估后被确定为劣等的信用等级），公司是否应该接受此订单？如果 A 客户的赊购订单是 150 件，公司应当如何决策？公司最低可接受的订单数量是多少？

表 13-1 客户信用等级

信用等级	应收账款平均收现期	管理成本	坏账预期损失率
Ⅰ级（优等）	30 日	40 元	5%
Ⅱ级（一般）	50 日	80 元	10%
Ⅲ级（劣等）	90 日	150 元	25%
Ⅳ级（新户）	60 日	200 元	30%

(1) 50 件订单时：

接受 50 件订单的边际收益＝赊销收入×边际利润率

$$=50\times100\times30\%$$

$$=1\,500(\text{元})$$

接受 50 件订单的边际成本＝ $50\times100\times(1-30\%)\div360\times90\times20\%+150+50\times100\times25\%$

$$=1\,575(\text{元})$$

因为边际收益＜边际成本，所以拒绝此订单。

(2) 150 件订单时：

接受 150 件订单的边际收益 $=150\times100\times30\%=4\,500(\text{元})$

接受 150 件订单的边际成本＝ $150\times100\times(1-30\%)\div360\times90\times20\%+150+150\times100\times25\%$

$$=4\,425(\text{元})$$

因为边际收益＞边际成本，所以接受此订单。

(3) 确定最低赊购量：

令最低赊购量为 x，则有：

$$100x\times30\%=100x\times(1-30\%)\div360\times90\times20\%+150+100x\times25\%$$

得：$x=100$ 件

即 100 件是边际收益与边际成本相等时的赊购量，为最低赊购量。当订单数量＞100 件时，可接受订单；反之，当订单数量＜100 件时，则应拒绝订单。

例 13-3 的分析主要是在与客户进行初次交易时对应否向其提供信用所做的决策。如果在某一时期内，客户提出若干份赊购订单，为了避免多次重复计算，公司通常给该客户核定一个最大的赊销额，即信用额度。只要该客户在决策期内的累计赊购额不超过该限额，公司就可以陆续地接受该客户的赊购业务。

(三) 信用条件改变的决策

信用条件改变必然对收益和成本两个方面产生影响。所以，在进行此类决策时，主要是通过比较信用条件变动前后的收益与成本，遵循边际收益大于边际成本的原则，对方案做出选择。信用标准改变的决策与信用条件改变的决策类似。

例 13-4　××××年，某公司的信用条件：30 日内付款，无现金折扣。该年的平均收现期为 40 日，销售收入为 20 万元。预计××××+1 年的销售利润率与上一年相同，仍保持 25%。现在，为了扩大销售，公司拟订了两个方案。

方案一：信用条件为"3/10，n/20"，预计销售收入将增加 6 万元，坏账损失率为 3%，客户获得现金折扣的比率为 60%，平均收现期为 14 日。

方案二：信用条件为"2/20，n/30"，预计销售收入将增加 8 万元，新增销售收入的坏账损失率为 4%，客户获得现金折扣的比率为 70%，平均收现期为 23 日。

如果应收账款的机会成本为 10%，试为该公司做出信用条件决策。

(1) 采纳方案一：

增加的销售利润 $= 60\,000 \times 25\% = 15\,000$(元)

增加的机会成本 $= 14 \div 360 \times (200\,000 + 60\,000) \times (1 - 25\%) \times 10\% - 40 \div 360 \times 200\,000 \times (1 - 25\%) \times 10\%$

$= -908.34$(元)

增加的折扣成本 $= (200\,000 + 60\,000) \times 60\% \times 3\% = 4\,680$(元)

增加的坏账成本 $= 60\,000 \times 3\% = 1\,800$(元)

带来的净收益 $= 15\,000 - (-908.34) - 4\,680 - 1\,800 = 9\,428.34$(元)

(2) 采纳方案二：

增加的销售利润 $= 80\,000 \times 25\% = 20\,000$(元)

增加的机会成本 $= 23 \div 360 \times (200\,000 + 80\,000) \times (1 - 25\%) \times 10\% - 40 \div 360 \times 200\,000 \times (1 - 25\%) \times 10\%$

$= -325$(元)

增加的折扣成本 $= (200\,000 + 80\,000) \times 70\% \times 2\% = 3\,920$(元)

增加的坏账成本 $= 80\,000 \times 4\% = 3\,200$(元)

带来的净收益 $= 20\,000 - (-325) - 3\,920 - 3\,200 = 13\,205$(元)

以上计算表明，方案二增加的净收益较多，故方案二较好。

(四) 收账政策

一旦客户违反信用条件，拖欠或拒付账款，公司就必须制订有效的收账方案，促使账款的回收，最大限度地减少坏账损失。所以，如何权衡收账费用的增加(减少)与坏账损失以及占用应收账款机会成本的减少(增加)之间的利弊得失，就成为收账决策的中心内容。

例 13-5　某公司的年度信用销售额等于 160 000 元。该公司目前每年的账款催收费用为 3 500 元，坏账损失率为 1.5%，平均收现期为 30 日。该公司正在考虑缓和催收账款的行动，以便将每年的催收费用下降到 2 200 元，这种改变预期会使坏账损失率上升至 2.5%，平均收现期增加为 45 日，并使其年度信用额上升为 162 500 元。如果该公司的资金成本率为 16%，变动成本率为 75%，问该公司是否应当缓和它的账款催收行动？

销售额增加使边际收益增加＝(162 500－160 000)×(1－75％)＝625(元)

收账费用减少＝3 500－2 200＝1 300(元)

坏账损失增加＝162 500×2.5％－160 000×1.5％＝1 662.5(元)

应收账款机会成本增加＝(162 500×45÷360－160 000×30÷360)×75％×16％＝837.5(元)

综合影响＝625＋1 300－1 662.5－837.5＝－575(元)

因为催收行动使利润减少，所以，该方案不可行。

四、应收账款的日常管理

应收账款的投资决策是公司在应收账款管理方面的全局性策略，通常每隔一年制定一次。对于已发生的应收账款，公司应当加强日常的管理和控制。这种日常管理几乎每日进行，主要包括以下内容：

（一）应收账款的追踪分析

应收账款一旦发生，公司就必须考虑能否如期、足额地回收。为了达到这一目的，公司有必要对应收账款的运行过程进行追踪分析。分析的重点应放在客户的信用品质、现金持有量以及现金的可调剂程度等基本内容上，尤其要对那些金额较大或信用品质较差的客户进行分析。如发现客户信誉不佳或现金匮乏等，应立即采取相应的措施，促使货款的回收。

（二）进行应收账款的账龄分析

所谓账龄，就是指发生的各笔应收账款的时间长度。公司往往通过编制账龄分析表进行账龄分析(见表 13－2)。

表 13－2　账龄分析表

付款日期(账龄种类)	各账龄应收账款所占的比重
0 至 10 日(折扣期)	35％
10 至 30 日(信用期)	30％
30 至 45 日(逾期半个月)	8％
45 至 60 日(逾期 1 个月)	6％
60 至 90 日(逾期 2 个月)	7％
90 至 120 日(逾期 3 个月)	5％
120 至 150 日(逾期 4 个月)	4％
150 至 180 日(逾期 5 个月)	3％
180 至 210 日(逾期 6 个月以上)	2％

通过账龄分析，理财人员可掌握应收账款水平及付款时间长短的有关信息。一般而言，账款逾期的时间越短，收回的可能性越大，坏账损失的程度就越弱；反之，收账的难度越大，坏账损失的程度就越深。所以，账龄可以提示财务人员把过期款项视为工作的重点，密切注意过期账户比重的变化，一旦增加，就应立即采取措施，改善信用状况，提高收款效率。

（三）催收应收账款

在实际工作中，总有一部分货款因客户的拖欠或拒付而不能及时收回，其原因也不尽相同，这就要求公司在日常管理中具体情况具体分析，确定合理的催收程序及催收办法。一般来说，催收程序应从催收费用最小的方法开始，逐渐加码，使公司处在有理、有利、有节的境地，即从信函通知到电告催收、派员洽谈直至诉诸法律。诉诸法律往往是不得已而为之的方法：一方面要花费较多的诉讼费用，另一方面效果往往不理想。采取除法律以外的其他方法也许可以达成双方的谅解、妥协，既密切了相互之间的关系，也有助于货款的回收，并且将来彼此关系置换时，也有一个缓冲的余地。

(四) 建立应收账款的坏账准备制度

公司的应收账款总有一部分收不回来，从而成为坏账。也就是说，坏账损失的发生是不可避免的，但坏账必须经过确认才能成立。既然坏账损失在所难免，就必须对这些坏账损失进行财务处理。为了增强公司的风险意识，从谨慎性原则出发，财会制度规定公司实行坏账备抵法。公司必须预先对坏账损失的可能性进行估计，并建立弥补坏账损失的准备制度，计提坏账准备金。坏账准备的计提比例因各行业应收账款收回风险的不同而不尽一致。公司应当依据制度并结合自身的实际情况，确定坏账准备金的提取比例及提取数额，从而使坏账得以处理，加速公司的资金周转。

第四节　存 货 管 理

一、存货管理的目标

存货是为生产和销售而储备的物资的总称，包括原材料、燃料、低值易耗品、包装物、修理用备料、在产品、自制半成品、外购商品等。任何一家公司都必须拥有存货，它往往占公司流动资产的40%～60%。存货是保证公司生产经营活动顺利进行的物资条件。储备一定量的存货，对生产环节而言，可以节约采购费用与生产时间，防止造成生产的停顿，便于均衡组织生产；对销售环节而言，可以迅速满足客户的各种订货需要，为销售提供更大的机动性，避免因存货不足带来的机会损失。由此可见，存货水平越高，生产经营越有保证。但是，存货水平过高，资金占用就较多，存货成本会增加，公司不仅要付出存货占用资金的机会成本，而且要付出储存及管理存货的成本。成本上升必然导致公司获利能力下降。存货管理水平的高低直接反映公司收益、风险和流动性的综合水平。所以，存货管理的目标就是在存货管理的成本与收益之间进行利弊权衡，实现两者的最佳组合，既要维持公司高效和持续经营的需要，又要以最低的存货总成本获得最大的收益。为此，公司应当制定相关的存货政策，进行科学的管理与控制，使存货维持在最佳水平。

二、存货政策

存货政策是指对存货进行规划、管理和控制的有关政策。通过制定存货政策，可以合理地确定存货的占用水平，加强对存货的管理。

(一) 存货的经济批量控制

1. 存货成本

经济批量是指使一定时期的存货总成本达到最低时的进货批量。存货总成本主要由以下几个方面组成：

(1) 进货成本

进货成本主要由进价成本(包括存货的进价与进项税额)和进货费用两个部分组成。在进货总量既定、存货单价不变的前提下，无论进货次数如何变化，存货的进价都是稳定不变的。进货费用包括公司为组织进货而发生的运杂费、差旅费、途中保险费、采购人员工资、办公费等。进货费用中的大部分费用随进货次数的增加而增加，即进货次数越多，需要支付的进货费用越多。所以，那些不随进货次数变化而变化的进价成本及少量进货费用属于经济批量决策的无关成本，其余大部分进货费用则属于经济批量决策的相关成本。

(2) 储存成本

储存成本是指公司持有存货而发生的成本，包括存货占用资金的机会成本(即存货占用资金而丧失的有价证券投资收益)和储备费用(即存货的仓储费用、保险费用和合理损耗等)。大部分储存成本随存货储存量的增减而呈正比例的变化关系，即储存量越大，储存成本越大。所以，大部分储存成本属于经济批量政策的相关成本。

(3) 缺货成本

缺货成本是指因存货储备不足而给公司造成的停工损失、延误发货的信誉损失以及丧失销售机会的机会损失等。缺货成本也可以表现为原材料储备不足时紧急采购的额外开支。缺货成本能否成为经济批量决策的相关成本，应视公司的具体情形而定。如果公司允许缺货，则缺货成本与存货数量反向相关，属于决策的相关成本；反之，如果公司不允许缺货，则缺货成本为零，也就无须考虑了。

存货成本＝进货成本＋储存成本

与经济批量决策相关的不同成本项目随进货数量的不同而呈现不同的变化关系。进货次数增加，进货量减少，则进货费用和缺货成本提高，储存成本降低；反之，进货次数减少，进货量增加，则储存成本提高，进货费用和缺货成本降低。它们之间此消彼长。协调好各成本项目之间的关系，使成本总和达到最低，那么，最低存货总成本上的进货批量就是经济批量。

2. 基本经济批量模型

基本经济批量模型是以如下假设为前提的：(1) 一定时期的进货总量可以准确预测；(2) 存货的单价不变，不存在数量折扣；(3) 公司能够及时补充存货，存货的供应比较充足；(4) 能够集中到货，而不是陆续入库，存货的耗用或者销售比较均衡；(5) 不允许缺货；等等。正因为有如此多的假设前提，存货总成本中与经济批量相关的成本项目仅剩下进货费用和储存成本两项，其余均为无关成本。所以，在基本经济批量模型下：

存货总成本＝采购成本＋储存成本

即：

$$TC=\frac{A}{Q}\times E+\frac{Q}{2}\times C$$

式中：TC——相关存货成本；

A——一定时期的采购货物总量；

Q——经济进货批量；

E——一次采购费用；

C——单位存货的储存成本；

$\frac{A}{Q}$——一定时期的采购次数；

$\frac{Q}{2}$——存货平均占用额。

式中，A、E、C 为已知常数，Q、TC 为未知数，Q 是自变量，TC 是因变量。利用极值原理，要使存货总成本 TC 最低（有极小值），就必然要求 TC 的一阶导数为零。对上式求导，得：

$$TC' = -\frac{A}{Q} \times E + \frac{1}{2} \times C = 0$$

因此：

$$\textbf{经济批量}(Q) = \sqrt{\frac{2AE}{C}}$$

将 Q 代入公式，并整理得：

$$\textbf{最低存货总成本}(TC) = \sqrt{2AEC}$$

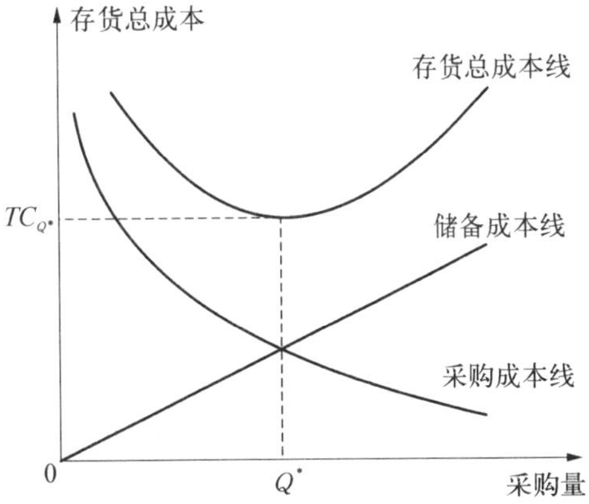

图 13－7　经济批量模型函数

基本经济批量 Q^* 可用图 13－7 表示。

例 13－6　某公司全年需用甲材料 27 000 件，材料单价为 6 元/件，储存成本占存货价值的 25%，每次进货费用固定为 1 000 元。求甲材料的经济批量、最低相关总成本、最佳进货次数。

$$\begin{aligned}\text{经济批量}(Q) &= \sqrt{\frac{2AE}{C}}\\ &= \sqrt{2 \times 27\,000 \times \frac{1\,000}{6 \times 25\%}}\\ &= 6\,000(\text{件})\end{aligned}$$

$$\begin{aligned}\text{最低相关总成本}(TC) &= \sqrt{2AEC}\\ &= \sqrt{2 \times 27\,000 \times 1\,000 \times 6 \times 25\%}\\ &= 9\,000(\text{元})\end{aligned}$$

$$\text{最佳进货次数}\left(\frac{A}{Q}\right) = 27\,000 \div 6\,000 = 4.5(\text{次})$$

需要指出的是，在实际工作中，不可能有那么多假设，每一个假设条件被打破都意味着基本经济批量模型的修正（注意：改变一个假设条件均假定其他假设条件不变）。公司必须结合实际工作中的不同情况进行具体分析，灵活地运用经济批量模型，这就是扩展的经济批量模型。以下是几例扩展的经济批量模型。

3. 订货提前情况下的经济批量模型

在建立基本模型时，假设公司能够及时补充存货，也就是说，当库存存货量为零时，下一批存货马上一次到位；但实际上，存货不能做到随用随补充。所以，不能等到存货为零时再去进货，而应当提前订货。那么，在提前订货的情况下，经济批量模型有何改变呢？

公司再次发出订单时，尚有的存货库存量称为再订货点（用 R 表示）。

$$R = Ld$$

式中：L——交货期；

d——每日耗用量。

公司尚有 R 库存时，就应当订货。这样，等下一批货物进库时，原有库存正好用完，此时，进货批量并未改变。所以，订货提前对经济批量没有影响，仍可按基本模型进行计算，只不过订单的发出是在再订货点而已。

4. 有数量折扣的经济批量模型

基本模型中有单价不变，不存在数量折扣的假设。事实上，为了鼓励客户购买更多商品，销售公司通常给予不同程度的价格优惠，即实行商业折扣（又称价格折扣），买得越多，价格优惠越大。这时，进货公司的进价成本与每次进货数量有联系，从无关成本变成了相关成本。所以，进货公司必须对基本模型进行修正，在确定经济批量的相关存货总成本时，不仅要考虑进货费用和储存成本，而且要考虑进价成本，即：

存货成本 = 进价成本 + 进货费用 + 储存成本

$$TC = P \times A + \frac{A}{Q} \times E + \frac{Q}{2} \times C$$

式中：P——存货的单价，价格随进货量的不同而不同。

具体计算时，可采用以下步骤：

首先，计算不考虑数量折扣时按基本模型确定的经济批量，以此作为进货量的第一选择，计算出按进货数量计算的相关存货总成本（包括进价成本）。

然后，以销售公司提供的享受价格折扣的下限作为进货量的第二、第三乃至更多选择，按照这些不同的进货数量及相应的价格，分别计算相关存货总成本（包括进价成本）。

最后，比较不同进货数量下的存货总成本，确定总成本最低的进货批量，该进货批量即有数量折扣时的经济进货批量。

例 13－7　某公司甲材料的全年需求量为 1 200 千克，单价为 10 元/千克，一次进货费用为 400 元，单位储存成本为 6 元。供应商规定，一次进货量在 600 千克以上的，可享受 2%的数量折扣；在 800 千克以上的，可享受 3%的数量折扣。求该公司的经济批量。

$$Q = \sqrt{\frac{2AE}{C}} = \sqrt{2 \times 1\,200 \times \frac{400}{6}} = 400（千克）$$

$$Q_1 = 400（千克）$$

$$TC_1 = 1\,200 \times 10 + \frac{1\,200}{400} \times 400 + \frac{400}{2} \times 6 = 14\,400（元）$$

$Q_2 = 600$(千克)

$TC_2 = 1\,200 \times 10 \times (1 - 2\%) + \frac{1\,200}{600} \times 400 + \frac{600}{2} \times 6 = 14\,360$(元)

$Q_3 = 800$(千克)

$TC_3 = 1\,200 \times 10 \times (1 - 3\%) + \frac{1\,200}{800} \times 400 + 800/2 \times 6 = 14\,640$(元)

因为 TC_2 最小，所以：

$Q^* = Q_2 = 600$(千克)

5. 允许缺货条件下的经济批量模型

基本模型的建立以不允许出现缺货为前提。实际上，因供货方或运输部门的问题导致材料不能及时运到，造成缺货损失的现象时有发生，这时应将缺货成本作为决策的相关成本来考虑。进货公司在确定经济批量的相关总成本时，不仅要考虑进货费用和储存成本，而且要考虑缺货成本。缺货成本一般按经验估算。

$$\text{存货总成本} = \text{进货费用} + \text{储存成本} + \text{缺货成本}$$

若设 Q_1 为缺货量，S 为单位缺货成本，则：

$$\text{平均储存量} = \frac{(Q - Q_1)^2}{2Q}$$

$$\text{平均缺货量} = \frac{Q_1^2}{2Q}$$

$$TC = \frac{A}{QE} + \frac{(Q - Q_1)^2}{2QC} + \frac{Q_1^2}{2QS}$$

根据上式，分别对 Q 及 Q_1 求偏导数，并令之为零，得：

$$\text{缺货条件下的经济批量}(Q) = \sqrt{\frac{2AE}{C} \cdot \frac{C + S}{S}}$$

$$\text{允许最大的缺货成本}(Q_1^*) = \frac{QS}{C + S}$$

$$\text{最低存货总成本} = \sqrt{2AEC \cdot \frac{S}{C + S}}$$

例 13-8　某公司甲材料的年需求量为 8 000 单位，一次进货费用为 50 元，单位储存成本为 5 元，单位缺货成本为 3 元。求该公司允许缺货条件下的经济批量、允许的最大缺货量及最低相关存货总成本。

$$Q = \sqrt{\frac{2AE}{C} \cdot \frac{C + S}{S}}$$

$$= \sqrt{\frac{2 \times 8\,000 \times 50}{5} \times \frac{5 + 3}{3}}$$

$$= 653(\text{单位})$$

$$Q_1^* = \frac{QS}{C+S}$$
$$= \frac{653 \times 3}{5+3}$$
$$= 245(\text{单位})$$

$$TC = \sqrt{2AEC \cdot \frac{S}{C+S}}$$
$$= \sqrt{2 \times 8\,000 \times 50 \times 5 \times \frac{3}{5+3}}$$
$$= 1\,224.75(\text{元})$$

6. 陆续到货情况下的经济批量模型

假定基本模型中的集中到货条件被打破，即在订货款支付后，货物不能一次运到，则属于陆续到货的情况。分次到货使存货的年平均储存量发生变化，进而影响成本。

设每日到货量为 g，每日耗用量为 d，则：

$$\text{库存储存量的最大值} = Q - \frac{Q}{g} \cdot d$$

$$\text{平均储存量} = \frac{Q^*\left(1-\frac{d}{g}\right)}{2}$$

即：

$$TC = \frac{A}{Q} \cdot E + \frac{Q \cdot \left(1-\frac{d}{g}\right)}{2} \cdot C$$

对上式求一阶导数，得：

$$\text{陆续到货时的经济批量}(Q) = \sqrt{\frac{2AE}{C} \cdot \frac{g}{g-d}}$$

$$\text{最低存货总成本}(TC) = \sqrt{2AEC \cdot \frac{g-d}{g}}$$

通过对扩展经济批量模型的研究可以发现，订货提前对经济批量无影响；有数量折扣条件下的相关成本与其他条件下的相关成本不同，计算调整方法比较特别；允许缺货和陆续到货条件下的经济批量均可在基本模型的基础上乘以相关的调整系数，略加调整即可求出。我们往往将 $\frac{C+S}{S}$ 称为缺货经济批量的调整系数，而将 $\frac{g}{g-d}$ 称为陆续到货经济批量的调整系数，公司应当正确地加以运用。

（二）存货规划

公司存货规划是指在确定公司存货占用资金数额的基础上，编制存货资金计划，以便合理确定存货资金的占用数量，节约使用资金。

1. 确定存货资金占用额的基本方法

公司存货资金的数额应按其在生产过程中的各种占用形态，即储备资金、生产资金、成品资金等分别测算。测算资金数额的基本方法主要有：

(1) 周转期计算法

周转期计算法又称定额日数法，是根据各种存货平均每天的周转额和资金周转日数确定资金数额的一种方法。其计算公式为：

$$\text{资金数额}=\text{平均每日周转额}\times\text{资金周转日数}$$

式中，平均每日周转额是指某项存货资金平均每日从本阶段流出的数额，资金周转日数是指存货完成一次周转所需要的日数。

这种方法通常适用于原材料、在产品和产成品资金数额的测定。

(2) 因素分析法

因素分析法是以上年资金实际占用额为基础，分析计划年度各项变动因素调整后核定资金数额的方法。其计算公式为：

$$\text{资金数额}=\left(\begin{matrix}\text{上年资金实际}\\\text{平均占用额}\end{matrix}-\begin{matrix}\text{不合理}\\\text{占用额}\end{matrix}\right)\times\left(1\pm\begin{matrix}\text{计划年度营业}\\\text{额增减百分比}\end{matrix}\right)\times\left(1-\begin{matrix}\text{计划年度资金}\\\text{周转加速率}\end{matrix}\right)$$

这种方法主要适用于品种繁多、规格复杂且价格较低的材料物资。对于供、产、销变化不大的中小型公司，也可用此法匡算全部存货资金数额。

(3) 比例计算法

比例计算法是根据存货资金与有关因素之间的比例关系测定资金数额的方法。以销售收入资金率法为例进行说明，其计算公式为：

$$\text{存货资金数额}=\text{计划年度商品销售收入总额}\times\text{计划销售收入存货资金率}$$

$$\begin{matrix}\text{计划销售收入}\\\text{存货资金率}\end{matrix}=\frac{\text{上年存货资金平均余额}-\text{不合理占用额}}{\text{上年实际销售收入总额}\times(1-\text{计划年度资金周转加速率})}\times100\%$$

这种方法过去主要适用于辅助材料、修理用备件等资金数额的测定，目前是匡算全部存货资金数额的主要方法。

2. 储备资金占用额的测算

储备资金是指公司从用现金购买各项材料物资开始到把它们投入生产为止的整个过程所占用的资金。储备资金包括的项目很多，这里以原材料为例，说明资金数额的测定方法。

(1) 计划期原材料平均每日耗用量

计划期原材料平均每日耗用量是根据计划期原材料耗用量与计划期日数确定的。其计算公式为：

$$\text{计划期原材料平均每日耗用量}=\frac{\text{计划期原材料耗用量}}{\text{计划期日数}}$$

在运用上述公式时，应注意以下两点：① 计划期原材料耗用量根据计划期产量和原材料消耗定额确定；② 计划期日数一般按整数计算，年度为 360 日，季度为 90 日，月度为

30 日。

(2) 原材料计划价格

原材料计划价格应根据预计的材料买价、外地运杂费、运输途中的合理损耗、入库前的整理挑选费用等确定。

(3) 原材料资金周转日数

原材料资金周转日数是指从公司支付原材料价款起到原材料投入生产为止这一过程中资金占用的日数。其构成如下：

$$原材料资金周转日数 = 在途日数 + 验收日数 + 整理准备日数 + 应计供应间隔日数 + 保险日数$$

① 在途日数

在途日数是指由于结算关系，支付货款在先、收到原材料在后而形成的资金占用日数。在途日数的长短由原材料价款的结算方式、原材料运输条件、采购地点远近等因素决定。

② 验收日数

验收日数是指原材料运到公司后进行拆包开箱、计量点收、检查化验直到入库为止占用资金的日数。

③ 整理准备日数

整理准备日数是指原材料投入生产前进行技术加工和生产准备所需要的日数。

④ 应计供应间隔日数

应计供应间隔日数是由供应间隔日数乘以供应间隔系数所确定的日数，即：

$$应计供应间隔日数 = 供应间隔日数 \times 供应间隔系数$$

式中，供应间隔日数是指前后两次供应材料的间隔时间。供应间隔日数的长短取决于供货单位的供应周期和用料单位的采购周期。公司原材料往往由若干个单位供应，各个供应单位的供应数量和供应间隔期并不相同，此时要根据各个供应单位的供应间隔日数，以计划期供应量为权数，计算加权平均的供应间隔日数。

供应间隔系数是指用于压缩日数的系数。在原材料在途、验收、整理准备期间，资金的占用量是不变的，但是材料在供应间隔期即库存周期内，资金占用量随原材料投入生产而逐步减少，到下次材料购进前夕，资金占用量达到最低点，待购入材料后，资金占用量又达到最高点，即原材料资金占用的数量是在最高点与最低点之间经常变动的。公司使用材料多达千百种，各种材料一般不会在同一时间达到最高占用量。当一种材料处于最高占用量时，另一种材料可能处于最低占用量，各种材料的资金可以相互调剂使用。这样，在确定资金周转日数时，就不能按各种材料的供应间隔日数确定，而应根据各种材料的供应和使用情况，考虑资金调剂使用的可能性，将供应间隔日数打一个折扣，这个折扣就是平均每日库存周转储备额占最高库存周转储备额的比率，即供应间隔系数。其计算公式为：

$$\begin{aligned}供应间隔系数 &= \frac{平均每日库存周转储备额}{最高库存周转储备额} \times 100\% \\ &= \frac{各种材料每日库存周转储备额累计额}{计划日数 \times 最高库存周转储备额} \times 100\%\end{aligned}$$

上述计算过程比较复杂，在实际工作中，一般根据影响供应间隔系数的各项因素，用主观判断法确定。在确定时，应遵循如下原则：原材料品种越多，资金相互调剂使用的可能性越大，供应间隔系数就越小；各种材料的到货日期越分散，供应间隔系数就越小。

⑤ 保险日数

保险日数是指为防止原材料供应由于特殊原因偶然中断而建立的保险储备所占用资金的日数。在确定保险日数时，应主要考虑如下因素：材料货源是否充足，能否用其他材料代替，交通运输是否方便、可靠，所代替的材料质量如何。

例 13－9　某公司生产甲产品，每件需要 A 材料 2 千克，预计全年生产甲产品 180 000 件，各月生产比较均衡。A 材料的计划单价为 5 元/千克，预计在途日数为 5 日，验收日数为 1 日，供应间隔日数为 20 日，供应间隔系数为 50%，整理准备日数为 2 日，保险日数为 4 日，则 A 材料占用资金的数额为：

$180\,000 \div 360 \times 2 \times 5 \times (5+1+20 \times 50\%+2+4)=110\,000$(元)

储备资金中的燃料、包装物、修理用备件等占用资金的数额也可以按上述方法进行测算。如果占用量太大，还可以采用比例计算法、因素测算法加以确定。

(三) 生产资金占用额的测算

生产资金是指从原材料投入生产开始到产品制成入库为止的整个过程所占用的资金。生产资金主要是指在产品占用的资金。其中，测算在产品资金数额的计算公式为：

$$\text{在产品资金占用率}=\text{产品每日平均产量}\times\text{产品单位计划生产成本}\times\text{在产品成本系数}\times\text{生产周期}$$

1. 产品每日平均产量

产品每日平均产量可以根据生产计划中的计划产量和计划日数求得。

2. 产品单位计划生产成本

产品单位计划生产成本可以从有关的成本计划中获得。

3. 在产品成本系数

生产费用在生产过程中是逐渐增加的，直到产品完工时才形成完整的产品成本。所以，在整个生产过程中，实际每日占用的资金不能按产品单位计划生产成本计算，而应当打一个折扣，这个折扣就是在产品成本系数。在产品成本系数可按以下方式确定：

(1) 生产周期短、生产费用发生不规则、可以确定费用每日发生额的产品，按下列公式计算：

$$\text{在产品成本系数}=\frac{\text{生产周期中每日累计发生费用额的合计数}}{\text{产品单位计划生产成本}\times\text{生产周期}}\times 100\%$$

(2) 生产一开始投入大量费用，随后陆续比较均衡地投入其他费用的产品，按下列公式计算：

$$\text{在产品成本系数}=\frac{\text{生产过程一开始投入的费用}\times 100\%+\text{随后陆续投入的费用}\times 50\%}{\text{产品单位计划生产成本}}\times 100\%$$

(3) 生产过程比较复杂、原材料分次投入生产的产品，先按各生产阶段分别计算在产品成本系数，然后计算各阶段综合的在产品成本系数。其计算公式为：

$$在产品成本系数=\frac{\sum 各生产阶段在产品单位成本\times 各生产阶段在产品成本系数\times 各生产阶段生产周期}{产品单位计划生产成本\times 各阶段生产周期之和}$$

（四）成品资金占用额的测定

成品资金是指产成品从制成入库开始直到销售取得货款或结算货款为止的整个过程所占用的资金。其中，测算产成品资金占用额的计算公式为：

$$产成品资金占用额=计划期产成品每日平均产量\times 产成品单位计划生产成本\times 产成品资金周转日数$$

1. 计划期产成品每日平均产量

计划期产成品每日平均产量可根据生产计划和计划期日数确定，也可以根据生产逐季增长的公司、季节性生产公司、生产均衡公司分别确定。

2. 产成品单位计划生产成本

产成品单位计划生产成本可以从有关成本计划中获得。

3. 产成品资金周转日数

产成品资金周转日数是指产成品从制成入库开始直到销售取得货款或结算货款为止所占用资金的日数，包括产成品储存日数、发运日数和结算日数。

（1）产成品储存日数

产成品储存日数是指从产成品制成入库开始到产成品向购买单位发运为止所需要的日数，主要包括组织成批发运日数、选配日数和包装日数。

（2）发运日数

发运日数是指从产成品开始发运（运往车站、码头、机场）到取得运输凭证为止所需要的日数。这主要取决于公司距车站、码头、机场的远近和运输能力等因素。

（3）结算日数

结算日数是指从取得运输凭证开始直到取得货款或结算货款为止的日数。结算日数的长短主要取决于销售的结算方式。

例 13－10 某产品的单位计划生产成本为 20 000 元，每日平均产量为 5 台，预计产成品储存日数为 5 日，发运日数为 2 日，结算日数为 3 日，则：

该产品的产成品资金占用额＝5×20 000×（5＋2＋3）＝1 000 000（元）

（五）ABC 分类管理法

公司储备的存货中，有的品种数量少，金额却很大；有的品种数量多，金额却很小。如果公司不分主次、面面俱到，对每一种存货都进行严密的规划和严格的控制，就会捡了芝麻、丢了西瓜。ABC 分类管理法正是针对这一问题提出的区分重点和一般的管理方法，其目的在于使公司分清主次、突出重点、兼顾一般，提高存货管理的整体效果。

ABC 分类管理就是对公司的全部存货按照一定的标准分为 A、B、C 三类，分别实行按品种重点管理、按类别一般控制和按总额灵活掌握的分类管理法。这样，既可以加强重点控制，又可以简化日常管理。

1. ABC 分类的标准

ABC 分类的标准包括品种数量多少、存货重要程度、价格高低、耗用量大小、采购的难易等，主要标准有两种：一是品种数量标准，二是金额标准，其中，金额标准是最基本的标准。一般说来，A类存货品种数量少，金额比较大；C类存货品种数量多，金额比较少；介于两者之间，品种数量一般，金额也一般的，为B类存货。该分类的标准没有严格的额度限制，一般控制的金额比重为A∶B∶C＝70％∶20％∶10％，品种数量比重大多为A∶B∶C＝10％∶20％∶70％。通常，A类存货重点管理，B类存货一般兼顾，C类存货灵活掌握。

2. ABC分类管理的做法

运用ABC分类管理法管理存货可按以下步骤操作：

第一，列示全部存货的明细资料，包括材料名称、耗用量、单价等，并计算每一存货在一定时期的价值总额。

第二，计算每一存货金额占全部存货金额的百分比。

第三，按照金额从大到小的顺序排列，并累加金额百分比，编制表格。

第四，当金额百分比累加到70％左右时，以上存货视为A类，B类和C类亦可比照A类累加并确定。

第五，编制ABC分类表，并绘制ABC分类图。

本章小结

本章主要介绍了流动资产的管理，重点对现金、应收账款及存货做了讨论。流动资产的管理与长期资产的管理相似，把它放在风险-收益权衡的模型中加以讨论。从风险的角度看，流动资产规模的增加不仅能满足生产经营的需要，而且能增强公司的流动性，减小公司偿债的风险。但是，从收益的角度看，占用流动资金的成本较多，必然减少公司的收益能力；反之，如果流动资产规模减小，则公司的收益能力增强，但短期偿债的风险加大。所以，流动资产的管理就是要在流动资产的功能(收益)与成本之间进行权衡，在充分发挥其功能的同时降低成本，实现两者的最佳结合，这就是流动资产管理的基本目标。为了达到这个目标，公司对流动资产各组成项目不仅要从结构上、规模上做出决策，熟练掌握各种决策模型，而且应从日常工作中加以管理。

复习思考题

1. 什么是营运资金？营运资金的管理包括哪些内容？
2. 试说明公司持有现金的动机。
3. 最佳现金持有量如何确定？
4. 有价证券具有什么特点？怎样进行有价证券的管理？
5. 应收账款的投资成本包括哪些？
6. 什么是信用政策？信用政策如何制定？
7. 如何搞好应收账款的日常控制？
8. 什么是经济批量？如何确定经济批量？
9. 什么是ABC分类管理法？怎样实行ABC分类管理法？

练习题

1. 某公司年度现金需要量为100 000元，每次买卖有价证券的固定成本为10元，有价证券年利率为8%。试计算该公司的最佳现金持有量。

2. 大华公司预期下年度总共会产生375 000元现金流出量，这些现金流出量将平均发生在每一日，大华公司打算定期出售其有价证券，以满足对现金的需要。该公司的有价证券能够提供12%的报酬率，每次将有价证券转换为现金时，都要负担4元的交易成本。

要求：

(1) 试运用存货模式来决定大华公司每次将有价证券转换为现金时的最佳交易额。

(2) 大华公司的平均现金余额为多少？

(3) 大华公司每年需要交易多少次？

(4) 为了维持最优现金余额，大华公司每年要负担多少成本？当大华公司需要维持的现金余额为10 000元时，该公司每年需负担的现金持有总成本为多少？

3. 某公司只对预计坏账损失率在10%以下的客户赊销。公司拟改变信用标准，现有两个方案可供选择：

方案1：如果只对预计坏账损失率8%以下的客户赊销，将会使销售收入减少80 000元，平均付款期为45日，管理成本将减少200元，减少销售额的预计坏账损失率为10%。

方案2：如果只对预计坏账损失率20%以下的客户赊销，将会使销售收入增加120 000元，平均付款期为60日，管理成本将增加300元，增加销售额的预计坏账损失率为18%。

公司销售利润率为25%，同期有价证券利息率为20%。

试问：公司是否改变信用标准？如果改变信用标准，应当采用哪个方案？

4. 某公司每年需用A材料10 000吨，每次订货成本为174元，每吨材料的年储存成本为5元。该种材料的采购价格为每吨18元，一次可订购数量在2 500件以上时可获得2%的折扣，在3 500件以上时可获得4%的折扣。

要求：为该公司选择最优的订购批量。

第十四章　股利分配及股利政策

学习要点

公司年度决算后实现的利润总额要在国家、公司所有者和职工之间进行分配。由于利润分配关系着国家、公司所有者和职工各方面的利益，是一项政策性很强的工作，因此必须严格按照国家的法律和制度执行。

股利分配是指公司制企业向股东分派股利，是利润分配的一部分。股利政策是公司做出的有关发放股利或把盈余保留下来进行再投资的决策，非常重要。

- 熟悉我国公司利润分配的一般顺序和股利分配的程序，知道支付股利有哪些方式及如何运用。
- 重点掌握股利分配政策的类型(剩余股利政策、固定股利政策、固定股利支付比率政策和低正常股利加额外股利政策)及它们的主要内容和特点，熟悉影响股利政策的因素。掌握股利理论，包括股利无关论和股利相关论，能区分各种理论。
- 除了现金股利外，公司还经常采用股票股利、股票分割和股票回购等方式支付股利，要求学生知道其含义以及相互之间的区别，重点掌握它们是如何影响股票市价、每股收益和公司价值的。

第一节　股利分配程序及方式

一、股利分配的程序

按照《公司法》等法律、法规的规定，股份公司当年实现的利润，按照国家有关规定进行相应的调整后，依法缴纳所得税，然后按下列顺序对税后利润进行分配：(1) 承担被没收财物的损失，支付各项税收滞纳金和罚款；(2) 弥补以前年度亏损；(3) 提取法定盈余公积金，法定盈余公积金已达到注册资本的 50%时，可不再提取；(4) 支付优先股股利；(5) 提取任意盈余公积金；(6) 支付普通股股利。

可见，公司利润分配步骤之间存在这样一种逻辑关系：公司以前年度亏损未弥补完，不得提取盈余公积金；在提取盈余公积金前，不得向投资者分配利润；公司必须按每年税后利润(减弥补亏损)的 10%提取法定盈余公积金；公司在对税后利润进行了前述各项划分后，才向投资者分配利润。

二、股利支付的程序

股份有限公司向股东支付股利主要需经历股利宣告日、股权登记日、除息日和股利发放日。

（一）股利宣告日

股利宣告日即公司董事会按股利发放的周期召开董事会会议，决定股利分配的预分方案，交由股东大会讨论通过后，由董事会将股利支付情况正式予以公告的日期。公告中将宣布每股支付的股利、股权登记期限、除去股息的日期和股利支付日期。

（二）股权登记日

股权登记日即有权领取本期股利的股东资格登记截止日期，也称为除权日。只有在股权登记日前登记在公司名册上的股东，才有权分享本次股利；在股权登记日后登记在册的股东即使在股利发放日前买进股票，也无权分享本次股利。先进的计算机系统为股权登记提供了很大的方便，一般能在股权登记日营业结束的当日打印出股东名册。

（三）除息日

除息日是指领取股利的权利与股票相互分离的日期。在除息日前，股利权从属于股票，持有股票者即享有领取股利的权利；从除息日开始，股利权与股票相分离，新购入股票的人不能分享股利。自除息日起，公司股票的交易称为无息交易，其股票称为无息股。除息日是在股权登记日的次日（第二个工作日）。

（四）股利发放日

股利发放日即向股东发放股利的日期。

股利支付程序可举例说明如下：

例 14-1 假定A公司于××××年1月5日举行的股东大会决议中通过股利分配方案，并于第二天由董事会对外发布公告，宣告股利分配方案：当年每股派发0.5元现金股利，公司将于××××年3月1日将股利支付给××××年1月24日在册的公司股东。

A公司向股东支付股利的几个主要日期如下：

××××年1月6日	股利宣告日
××××年1月24日	股权登记日
××××年1月25日	除息日（现行制度）
××××年3月1日	股利发放日

三、股利支付的方式

股利支付方式一般有现金股利、财产股利、负债股利和股票股利等。

（一）现金股利

现金股利是以现金形式支付的股利，它是股利支付的主要方式。该形式能满足大多数投资者希望得到一定数额现金这种实在的投资要求，最易被投资者所接受。但是，这种股利支付方式增加了公司的现金流出量，加大了公司支付现金的压力，所以，只有在公司有累计盈余并有充足现金的前提下才能使用。

（二）财产股利

财产股利是以现金之外的其他资产支付股利的方式，主要包括实物股利，如实物资产或实物产品等；证券股利，如公司拥有的其他公司的债券、股票等。其中，实物股利形式并不增加公司的现金流出，适用于公司现金支付能力较弱的时期。证券股利形式既保留了公司对其他公司的控制权，又不增加公司目前的现金流出，并且由于证券的流动性较强，因此股东乐于接受。

（三）负债股利

负债股利是公司以负债支付的股利，通常以公司的应收票据支付给股东，在不得已的情况下，也可发行债券抵付股利。由于负债均需还本付息，因此，这种股利支付方式使公司的支付压力较大，只能作为现金不足时的权宜之策。

财产股利和负债股利实际上是对现金股利的替代，在我国实务中很少使用，但并非法律所禁止。

（四）股票股利

股票股利是指公司将应支付的股利以增发股票的形式支付。这种股利支付方式将在本章第三节中详细介绍。

第二节　股 利 政 策

股利政策是指公司管理当局对股利分配有关事项所做出的方针与决策，也是内部融资和筹资决策。支付给股东的盈余与留在公司的保留盈余存在此消彼长的关系，所以，股利政策既决定给股东分配多少红利，也决定有多少净利留在公司。少分配股利会增加保留盈余，减少外部筹资需求。在财务管理的长期实践中，股利分配政策主要有以下几种：

一、剩余股利政策

股利政策受投资机会及其资本成本的影响。剩余股利政策是指公司在有良好投资机会时（即投资机会的预期报酬率高于股东要求的必要报酬率时），根据目标资本结构的要求，将税后净利首先用于满足投资所需要的权益资本，然后将剩余的净利润用于股利分配。在这种分配政策下，投资分红额（股利）成为公司新的投资机会的函数，随着投资资金需求的变化而起伏。只要存在良好的投资机会，就应当首先考虑其资金需要，然后考虑公司剩余收益的分配需要。所以，公司投资机会较好时，为了降低资本成本，通常会采用剩余股利政策。这种政策的优点是能够充分利用筹资成本最低的资金来源来满足投资机会的需要，并能保持理想的资本结构，使加权平均资本成本最低。但是，这种股利政策往往导致股利支付不稳定，不能满足希望取得稳定收入的股东的愿望，也不利于树立良好的财务形象。

剩余股利政策的基本步骤：(1) 确定投资方案所需的资金额度；(2) 确定公司目标资本结构，使得在此结构下的加权平均资本成本最低；(3) 进一步确定为达到目标资本结构所要增加的权益资本的数额；(4) 使用税后净利润能够满足投资方案所需要的权益资本的最大限额；(5) 在满足上述需要后，将剩余利润作为股利支付。

现举例说明剩余股利政策的具体应用。

例 14－2　某公司××××年的税后利润总额为 2 000 万元，按规定提取 10%的盈余公积金。××××+1 年的投资计划需要资金 2 500 万元，公司的目标资本结构是维持借入资金与自有资金的比例为2∶3。该公司按照剩余股利政策确定其在××××年向投资者分红的数额。假定该公司当年流通在外的普通股有500万股。

投资方案所需要的资金总额＝2 500(万元)

目标资本结构：负债占40％，所有者权益占60％。

可供分配利润＝2 000×(1－10％)＝1 800(万元)

投资所需增加的权益资本数额＝25 000×60％＝1 500(万元)

税后净利能满足投资需要的最大限额＝1 500(万元)

向投资者分红数额＝1 800－1 500＝300(万元)

普通股每股股利＝300÷500＝0.6(元)

在例14－3中，如果公司不按照剩余股利政策发放股利，就可将向股东分配的200万元全部用于投资（这样，当年将不发放股利），或将利润全部作为股利发放给股东（这样，当年每股股利将达到3.4元），然后利用债务融资，这两种做法都会破坏目标资本结构，导致加权平均资本成本提高，不利于提高公司的价值（股票价格）。

二、固定股利政策

固定股利政策，是指公司在较长时间内支付固定的股利额，股利不随公司经营状况的变化而变动，只有当公司预期未来收益会有显著的、不可逆转的增长时，才会提高股利发放额。在这种股利政策下，当公司收益发生一般变化时，并不影响股利的支付，股利始终保持在稳定的水平上，向投资者传递的是公司经营业绩稳定、风险较小的信息。所以，那些收益比较稳定或正处于成长期、信誉一般的公司大多采用这种政策。这种政策的优点是固定的股利有利于公司树立良好的形象，有利于公司稳定股票价格，从而增强投资者对公司的信心。另外，稳定的股利有利于投资者有规律地安排收入与支出，那些对股利有着很强依赖性的股东更是如此。

在通货膨胀情况下，大多数公司的盈余会随之提高，并且大多数投资者希望公司能够提供足以抵消通货膨胀不利影响的股利，所以，在长期通货膨胀的时期，应当增加股利发放额。这种股利政策的缺点在于股利支付与公司盈利能力脱节，当净利润下降或现金紧张时，仍要保证股利的正常发放，容易引起公司资金短缺，导致财务状况恶化，使公司承担较大的财务压力；同时，不能像剩余股利政策那样保持较低的资本成本。

三、固定股利支付比率政策

固定股利支付比率政策是指公司每年不是按固定的股利支付额而是按固定的股利支付比例从净利润中支付股利。在这种股利政策下，由于公司的盈利能力是经常变动的，因此当盈利状况好时，股东的股利相应增加；反之，当盈利状况不好时，股东的股利相应下降。也就是说，股利随盈利的变化而变化，始终保持与盈利之间的一定比例关系，使股利支付与公司的盈利能力紧密相关。这实际上是一种变动的股利政策。这种股利政策的优点是体现了风险投资与风险收益对等的原则，不会加大公司的财务压力。其不足之处在于，股利波动传递的是经营业绩不稳定的信号，容易使外界对公司产生经营不稳定的印象，不利于股票价格的稳定与上涨，也不利于树立公司良好的财务形象。所以，这种股利政策一般被那些盈余相对比较稳定的公司所采用。

四、低正常股利加额外股利政策

低正常股利加额外股利政策是指公司每年按一个固定的、较低的数额向股东支付正常股利，当公司盈利有较大幅度增加时，再根据实际需要，向股东临时发放一些额外股利。但是，额外股利并不固定化，并不意味着公司永久地提高了规定的股利。这是一种介于固定股利政策与变动股利政策之间的折中股利政策，是对上述股利政策的综合。这种股利政策的优点是具有较强的灵活性，可以给公司较大的弹性。由于正常股利发放水平较低，因此，当公司盈利较少或投资需要资金时，只要支付较少的股利就可以保持既定的股利发放水平，既不会加大公司的财务压力，又能保证股东稳定的股利收入，避免股价下跌的风险。当盈利增加或不需要投资时，公司可以通过发放额外股利的方式将其转移到股东手中，同时有利于股价的提高。所以，在公司的净利润与现金流量不够稳定时，采用这种股利政策对公司和股东都是有利的。由于该股利政策集灵活性与稳定性于一身，因此，为大多数公司所采用。

在上述几种股利分配政策中，固定股利政策、低正常股利加额外股利政策为我国上市公司所普遍采用，并为广大投资者所认可。

第三节　股票股利与股票分割

一、股票股利

股票股利是指将应支付的股利以股票的形式发放，一般按股东的持股比例以认购股票或增配新股的方式实施。在具体操作中，往往是发行新股时无偿增资配股，即股东以不缴纳任何现金与实物的形式取得公司发行的股票，即俗称的“送股”。

股票股利是一种特殊的股利形式。股票股利支付后，对公司财务及经营成果的影响可以概括为几个“变”与“不变”：公司的资产总额不变，所有者权益总额也不变，但会引起所有者权益项目的内部结构发生改变。股票股利支付后，对公司经营成果的影响：每股收益按股利的支付比例相应地下降，股票价格也按股利的支付比例相应地下降，但股东持有股票的市场价值总额却不变。现分述如下：

股票股利既不是公司资金的使用，也不增加公司的财产，不会导致资产的流出或负债的增加，所以资产总额和负债总额保持不变，资产扣除负债后的净资产（所有者权益）总额保持不变。可见，股票股利的支付是将留存的未分配利润和盈余公积金转化为资本金，会引起资金在所有者权益各项目之间的再分配。

例 14-3　某公司发放股票股利前的股东权益情况如表 14-1 所示。

表 14-1　发放股票股利前的股东权益表　　单位：万元

项　目	金　额
普通股(200 万股，每股 1 元)	200
资本公积	400

续 表

项　　目	金　　额
留存收益	400
股东权益合计	1 000

假定公司宣布发放5%（即每20股送1股）的股票股利，股票当时的市价为每股20元，试说明股票股利支付后股东权益有何变化。

发放5%的股票股利应配送的股数＝200×5%＝10（万股）

股本增加额＝10×1＝10（万元）

资本公积增加额＝10×（20－1）＝190（万元）

股利支付额＝10＋190＝200（万元）

留存收益＝400－200＝200（万元）

发放股票股利后的股东权益情况如表14-2所示。

表14-2　发放股票股利后的股东权益表　　单位：万元

项　　目	金　　额
普通股（210万股，每股1元）	210
资本公积	590
留存收益	200
股东权益合计	1 000

发放股票股利会增加市场上流通的普通股股数，如果盈利总额不变，普通股股数的增加会引起每股收益和每股股价成比例地下降。如果不考虑股市的波动因素，发放股票股利后的每股收益和每股市价可分别用下列公式计算：

$$\text{发放股票股利后的每股收益}=\frac{\text{发放股票股利前的每股收益}}{1+\text{股利支付率}}$$

$$\text{发放股票股利后的每股市价}=\frac{\text{发放股票股利前的每股市价}}{1+\text{股利支付率}}$$

但是，由于股东的持股比例不变，因此每位股东所持股票的市场价值总额保持不变。

例14-4　续例14-3，假定公司本年的税后净利为400万元，并且在近期没有变化，某股东原持有5%的股份，共10万股普通股，试说明发放股票股利对股东的影响。

发放股票股利前的每股收益＝400÷200＝2（元）

发放股票股利后的每股收益＝2÷（1＋5%）＝1.9（元）

发放股票股利前的每股市价＝20（元）

发放股票股利后的每股市价＝20÷（1＋5%）＝19.05（元）

发放股票股利前的持股比例＝5%

发放股票股利后的持股比例＝10×（1＋5%）÷210＝5%

发放股票股利前的市场价值＝20×10＝200(万元)

发放股票股利后的市场价值＝19.05×10×(1＋5%)＝200(万元)

尽管股票股利既不增加股东财富，也不增加公司价值，但是，其对股东和公司而言都具有非凡的意义。

对股东而言，股票股利可间接地增加股东财富，其渠道不外乎以下几条：(1) 公司在发放股票股利后，还能发放现金股利，并且能够维持每股现金股利不变，则股东将因所持股数的增加而得到更多现金。(2) 发放股票股利后，从理论上来说，每股股票的市价会随股东所持股数的增加而成比例地下降。但实际上，每股市价的下跌幅度将取决于市场的反应程度，下跌的幅度与股数的增加并不成比例，如果股价的下跌幅度较小，就可使股东获得股票价值相对上升的好处。如果股票股利传递给股东的是公司发展的积极信息，股价还可能会稳定或有所上升，就可使股东获得更多资本利得。(3) 在股东需要现金时，还可以将分得的股票股利出售。资本利得和现金股利所需缴纳的所得税存在差别，会使股东获得纳税上的好处。

对公司而言，发放股票股利无须支付现金，同时在心理上给股东投资以回报的印象，使公司保留了大量现金，便于满足投资机会的需要，并缓解现金紧张的状况。另外，发放股票股利可以降低股票市价。当公司股票价格较高、不利于交易时，股票股利具有稀释股价的作用，从而吸引更多投资者，使交易更加活跃。在某些情况下，股票股利向投资者传递的是资金周转不灵的信息，降低了投资者对公司的信心，加剧了股价的下跌。

二、股票分割

股票分割是指股份公司用某一特定数额的新股，按一定比例交换一定数额流通在外股份的行为，即俗称的“拆股”。例如，用 2 股新股换 1 股旧股，即将 1 股旧股分拆为 2 股新股。股票分割不属于股利支付方式，但其产生的效果与发放股票股利近似。为了区别股票股利与股票分割，现列表比较其异同(见表 14－3)。

表 14－3　股票股利与股票分割的比较

项　　目	股 票 股 利	股 票 分 割
资产总额	不变	不变
负债总额	不变	不变
所有者权益总额	不变	不变
所有者权益内部结构	变化	不变
股数	增加	大量增加
每股收益	下降	下降
每股市价	下降	下降
股东持有股份的市场价值	不变	不变

例 14－5　某公司原发行面额为 2 元的普通股 200 万股，若按 1 股换成 2 股的比例进行股

票分割，并假定公司的税后净利润为400万元，则股票分割前后股东权益及每股收益的情况可参见表14－4。

表14－4　股票分割前后的股东权益及每股收益　　单位：万元

项　　目	股票分割前	股票分割后
普通股股数	200万股	400万股
股本	400	400
资本公积	300	300
盈余公积	100	100
未分配利润	200	200
股东权益合计	1 000	1 000
每股收益	400÷200＝2(元/股)	400÷400＝1(元/股)

对公司而言，实行股票分割的意义在于通过增加股票股数来降低每股市价，使股价保持在合理的水平，避免因股价过高而丧失投资者。此外，股票分割往往是成长中的公司的行为，所以宣布股票分割后，容易给外界公司正处于发展中的印象，向投资者传递的信息有助于提高投资者对公司的信心。对股东而言，股票分割后，只要每股现金股利的下降幅度小于股票分割的幅度，股东就能获利，从而间接增加了股东财富。

从上述分析中我们不难发现，股票分割与股票股利非常相似，所以，在实际工作中，一般要根据证券管理部门的具体规定对两者进行区分。例如，有的国家规定，发放25％以上的股票股利即属于股票分割。由于股票股利与股票分割都具有稀释股价的作用，因此在对两者进行选择时，应注意一般在公司股价剧涨且预期难以下降时，才采用股票分割的办法降低股价；而在公司股价上涨幅度不大时，则往往采用股票股利的发放方式维持股价。

与股票分割相反，公司为了提高股价，会采取反分割措施。反分割又称股票合并，是股票分割的相反行为。例如，用1股新股交换2股旧股，即将2股旧股合并为1股新股。反分割的结果是减少流通在外的股数，提高每股收益，进而提高每股市价。

第四节　股利理论

股利分配作为财务管理的一部分，同样要考虑其对公司价值的影响。围绕公司股利政策对公司股票价值或公司价值有无影响的问题的研究形成了股利政策的基本理论。在西方学术界及实务界，对股利理论的研究存在不同的观点和理论，现就其主要内容做简要介绍。

一、股利无关论

股利无关论认为，公司的股利政策不会对公司价值（股票价格）产生影响。其代表人物是美国财务学家米勒和莫迪格莱尼，因此该理论又称为MM理论。他们在他们的著名论文——

《股利政策增长和股票价值》中指出，在满足一定假设的条件下，公司的股利政策对股价或公司价值没有任何影响。

MM 理论的假设前提：(1) 现行市价反映了所有已公开或未公开的信息，公司的投资者和管理当局可相同地获得关于未来投资机会的信息（投资不受股利政策的影响）；(2) 没有筹资费用（不存在股票的发行和交易费用）；(3) 不存在个人和公司所得税；(4) 公司的投资决策与股利决策彼此独立（投资决策不受股利分配的影响）。上述假设下的市场是一种完美的市场，所以，MM 理论又称为完全市场理论。

基于这些假设，MM 理论认为，投资者并不关心公司股利分配的情况，公司盈余在股利和保留盈余之间的分配并不影响公司的价值，公司的股价完全取决于投资方案和获利能力。既然投资者不关心股利分配，那么，公司在有较好投资机会的情况下，如果股利分配少、留利多，公司就可将留存较多的利润用于再投资，公司的股票价格也会上升，需用现金的投资者可以通过出售股票来换取现金。同样，即使公司有了理想的投资机会又支付了较高的股利，公司也可以在证券市场上顺利地筹集到新股，新的投资者会认可公司的投资机会。这样，投资者对股利和资本利得并无偏好。所以，股票价格与公司的股利政策是无关的。

二、股利相关论

股利相关论认为，公司的股利政策会影响公司股票的价格，公司的股利政策对公司的市场价值并非无关而是相关的。股利相关论的代表性观点主要如下：

(一) “在手之鸟”论

这种理论认为，投资者对股利收益与资本利得收益是有偏好的，大部分投资者更偏向于股利收益，特别是正常的股利收益，因为正常的股利收益是投资者按时、按量、有把握取得的现实收益，好比在手之鸟，抓在手中是飞不掉的。资本利得收益要靠出售股票才能得到，但抛售股票的价格起伏不定，具有很大的不确定性。一旦股价大跌，资本利得收益就会大幅度减少，好比在林之鸟，看上去很多，却不一定能够抓住。因此，资本利得风险比股利风险大得多。在这两者之间，投资者更偏向于选择股利支付比率较高的公司的股票。随着公司股利支付率的下降，股票价格下跌。用谚语来形容就是“一鸟在手强于二鸟在林”，该理论因此而得名。

(二) 投资者类别效应论

这种理论认为，投资者不仅对资本利得和股票收入有偏好，不同的投资者对公司不同的股利政策也有偏好。那些低收入阶层比较偏好经常性的高额现金股利，因为较多现金股利可以弥补其收入的不足，并可以减少不必要的交易费用。而那些高收入阶层则偏好少分现金股利，多留些用于再投资，这样既可以避免因取得股利收入而进一步增加其按高税率计算并支付的个人所得税，又可以为将来积累财富。较多的现金股利满足不了高收入阶层的需要，而较少的现金股利又会引起低收入阶层的不满。所以，投资者会由于自己的类别不同、偏好不同而选择不同股利政策的公司；低收入阶层会选择股利较多的公司，高收入阶层则会选择股利支付率较低的公司，从而使投资者各取所需、各得其所。

(三) 信息效应论

这种理论认为，MM 理论中关于投资者和管理当局可相同地获得关于未来投资机会信息的这一假设是不存在的，因为投资者一般只能通过公司的财务报告及其他公司的财务信息来了解公司的经营状况和盈利能力，并据此判断股票的价格是否合理。但是，财务报告在一定的时期内可以调整、润色，甚至还有虚假的成分。所以，投资者对公司未来发展和收益的了解远不如公司管理人员清晰，即存在信息不对称。在这种信息不对称的情形下，现金股利的分配就成了一个难得的信息传播渠道，股利政策因此有了信息效应，即股利的分配给投资者传递了关于公司盈利能力的信息（一家盈利能力不强的公司是无法定期、按量支付现金股利的），这一信息自然会引起股票价格的变化。通常，增加现金股利的支付，向投资者传递的是公司盈利能力强的信息，会促进股票价格上升；反之，减少现金股利的支付可能给投资者传递的是公司经营状况恶化、前途不甚乐观的信息，会导致股票价格下跌。这就是说，股利政策所产生的信息效应会影响股票的价格。

（四）税收效应论

这种理论认为，MM 理论中关于不存在个人及公司所得税这一假设也是不存在的。在现实生活中，不仅存在个人和公司所得税，而且在西方国家，对资本利得收入计征的所得税的课税比率是不同的。一般而言，资本利得的所得税税率较低，股利收入的所得税税率较高。另外，如果投资者不出售股票，就不会获得资本利得，也就不需要纳税；再者，如果投资者一直将资金保留在公司中继续增值，则直到出售股票获得资本利得时才需要纳税，具有推迟纳税的效果。也就是说，公司的股利政策采取多留少分，有利于投资者减少缴纳的所得税，使投资者获得更多投资效益，这就是股利政策的所得税效应。从该效应来看，那些能够利用留存收益进行有效投资以增加股东财富的公司，不发或少发股利对投资者更有利。

总之，MM 理论中的假设在现实生活中是不存在的，完全市场也是不存在的，所以公司的股利政策与公司价值和股票价格是相关的。我们可以将上述四种理论通称为股利相关论。

三、影响股利政策的因素

在现实生活中，不存在股利无关论提出的假设前提。公司的股利政策是在种种制约因素下实施的，公司不可能摆脱这些因素的影响。正因为股利政策与公司股价是相关的，所以，制定一个合理的股利政策对公司的股价、投资和融资等财务活动来说都是至关重要的；反之，公司的种种因素也会对其股利政策产生种种影响和制约。一般而言，影响公司股利政策的因素有以下几种：

（一）法律因素

为了保护债权人和股东的利益，有关法规对公司的股利分配经常做如下限制：

1. 资本保全约束

规定公司不能用资本发放股利，股利分配只能来源于利润。

2. 资本积累约束

规定公司必须按净利润的一定比例提取法定盈余公积金。

3. 公司利润约束

规定公司只有在弥补以前年度亏损后，还有剩余净利润，才能发放股利，即“无利不分”。

4. 超额累积利润约束

许多国家规定，公司不得超额累积利润，一旦公司的保留盈余超过法律认可的水平，就会被加征额外税额，以防止公司帮助股东避税。目前，我国法律对公司的累积利润尚未做出限制性规定。

(二) 股东因素

1. 控制权考虑

公司支付较高的股利会导致留存盈余减少，这意味着将来发行新股的可能性加大，而发行新股必然使原股东的控制权遭到稀释。所以，在原股东追加投资少时，公司可以考虑多留少分。

2. 避税考虑

资本利得收入的所得税低于股利收入的所得税，使得一部分高股利收入的股东出于避税的考虑，往往反对公司发放较多股利。

3. 稳定收入考虑

一些依靠股利维持生活的股东往往要求公司支付稳定的股利。这些股东大多数是“在手之鸟”理论的支持者，希望公司多分少留。

4. 避险考虑

由于股利收入风险小于资本利得风险，因此，一些股东出于避险的考虑，要求公司多分少留。

(三) 公司因素

1. 盈余的稳定性

公司是否能够获得长期稳定的盈余，是其股利政策的重要基础。盈余相对稳定的公司能够较好地把握自己，有可能支付比盈余不稳定的公司更多的股利，而盈余不稳定的公司一般采取低股利政策。

2. 资产的流动性

较多地支付现金股利会减少公司的现金持有量，使资产的流动性降低，保持一定的资产流动性是公司经营所必需的。资本流动性强，缺乏资金时易变现，可考虑多分少留，采用宽松的股利政策；资本流动性弱，缺乏资金时不易变现，可考虑多留少分，采用紧缩的股利政策。

3. 举债能力

具有较强举债能力的公司能够及时筹措所需资金，有可能采用较宽松的股利政策；举债能力较弱的公司则不得不多滞留盈余，因而往往采用较紧缩的股利政策。

4. 投资机会

有着良好投资机会的公司需要强大的资金支持，往往少发放股利，将大部分盈余用于投资；缺乏良好投资机会的公司，保留大量现金会造成资金的闲置，于是倾向于支付较高的股利。正因为如此，处于成长期的公司往往采用低股利政策，而陷于经营收缩的公司大多采用高股利政策。

5. 资本成本

与发行股票相比，保留盈余不需要花费筹资费用，资本成本较低，是一种比较经济的筹资渠道。如果公司有增加资金的需要，就应当采取低股利政策。

6. 债务需要

公司可以通过举借新债、发行新股筹集资金来偿还债务，也可以直接用经营积累偿还债务。当公司有较多债务需要偿还时，应减少现金流出，可考虑多留少分，采用紧缩的股利政策。

7. 其他考虑

通过多分少留，促使股价上扬，发行可转换债券的公司可以达到债券转换的目的；同时，股价上涨也可以使别的公司并购的成本加大，达到反兼并、反收购的目的。

（四）其他因素

1. 债务合同约束

公司的债务合同，特别是长期债务合同，往往有限制公司现金股利支付程度的条款，如规定每股现金股利的最高限额、流动比率等。

2. 信息传递效应

股利分配是传递公司盈利状况的信息渠道，为了传递有利信息，宜多分少留，采用宽松的股利政策。

3. 通货膨胀

通货膨胀使物价上涨，购买力水平下降，公司资金流失，固定资产重置资金缺口加大，外部筹资困难。此时，公司应采用紧缩的股利政策，少分多留，以满足公司的资金需求。

由于存在上述种种影响股利政策的因素，因此，股利政策与股票价格不是无关的，公司的股价或者说公司价值不会仅仅由其投资的获利能力决定。

第五节　股 票 回 购

股票回购是指上市公司从股票市场上购回本公司一定数额发行在外的股票。公司在股票回购完成后，可以将所回购的股票注销，也可以将回购的股票作为“库藏股”保留，但不参与每股收益的计算和分配。

一、股票回购的动因

（一）巩固既定控股权或转移公司控股权

许多股份公司的大股东为了保证其所代表的控制权不被改变，采取直接或间接的方式回购自己的股份，即指公司直接以自身的名义或通过自己的关联公司购回自己的股份。有些股份公司的法定代表人并非公司最大股东的代表者，在实施工作中，这些法定代表人为了保证不改变其在公司中的地位，也为了能在公司中实现自己的意志，往往采取回购股份的方式分散或削弱原控股股东的控股权，以实现原控股权的转移。

（二）提高每股收益

财务上的每股收益指标以流通在外的股份数作为计算基础，把已发行在外的普通股购回，将直接减少公司发行在外的普通股股数，从而引起每股收益的增加。不少股份公司基于自身形象、上市需求和投资人渴望高回报等原因，采取了股份回购并库存自身股份的方式来操纵每股收益指标，以减少实际应支付红利的股份数。

（三）稳定或提高公司股价

股票回购有稳定或提高公司股价的作用。过低的股价会对公司的经营造成一系列不良影响，降低投资者对公司的信心，削弱公司销售产品、开拓市场的能力，使公司难以从证券市场上进一步融资。股票回购所引起的每股收益的增加会直接导致公司股价上升,使投资者恢复对公司的信任,并使股东从股价上升中得到更多资本利得,增加了公司进一步配股融资的可能性。所以,股票回购是公司在其股价过低时维护公司形象的有力途径。

(四) 分配公司超额现金

股票回购有分配公司超额现金的作用。当一家公司的现金超过其投资机会的需要量,又没有较好的投资机会可以使用这笔资金时,最好是实行分配股利,但出于股东避税、控股等多种因素的考虑,就有可能通过股票回购而非现金股利的方式进行分配,即股票回购也是现金股利的替代品。这是因为股票回购会引起每股收益和每股市价上升,假定市盈率不变,则股东持有股份的总价值将由此而达到最大,从而起到分配超额现金的作用。

(五) 改善资本结构

股票回购能够改善资本结构。任何产品、公司、产业的发展都具有周期性的特征,扩张期往往对外发行股票融资,加快了资本的形成,但进入衰退期后,出现了闲余资金,利用这部分资金回购股票可以缩减资本,改善公司的资本结构。

(六) 反并购策略

股票回购可以提高公司股价,给收购方增加收购难度,所以,股票回购也可以作为反并购的一种策略加以使用。使用时,应注意先回购股票,再将其出售给稳定的股东,以防止股票回购后公司的持股比例上升。

二、股票回购的副作用

第一,公司回购股票与股东退股和减少公司资本差别不大,这样会从根本上动摇公司的权益资本基础,影响公司的经济增长,削弱对公司债权人的保障程度。

第二,公司回购股票使公司持有自己的股票,成为自己的股东,公司与股东之间的法律关系发生混淆。

第三,公司回购自己的股票容易导致其利用内幕消息进行炒作,人为操纵股市,加剧公司行为的不规范。

在国外成熟的证券市场上,回购是一种合法的公司行为。但是,由于股票回购不可避免地引起股价波动,并涉及内幕交易,因此,世界各国对上市公司回购股票都做了严格的规定。我国原则上不允许股票回购。《公司法》规定,公司不得收购本公司的股票,但为减少公司资本或者与持有本公司股票的其他公司合并的除外。公司回购本公司股票后,必须在10日内注销该部分股票,依照法律、行政法规办理变更登记并公告,即按照现行法律,我国不存在“库藏股”的概念。

三、股票回购与公司价值

公司回购股票将引起股价的变化,这种变化体现在以下两个方面:

(一) 股价将随每股净资产的变化而变化,其方向是不确定的

股票回购后,公司的每股净资产会发生变化。假设净资产收益率和市盈率都不变,则股价将随每股净资产的变化而变化。当每股净资产上升时,股价上升;当每股净资产不变时,股价不变;当每股净资产下降时,股价下降。举例说明见表14-5。

表 14-5 每股净资产与股价变化(回购 100 万股)

项目	净资产	流通股数	目前的股价	每股净资产	股价变化
股票回购前	2 000 万元	500 万股	—	4 元/股	—
股票回购后(情形Ⅰ)	1 700 万元	400 万股	3 元	4.25 元/股	上升
股票回购后(情形Ⅱ)	1 600 万元	400 万股	4 元	4 元/股	不变
股票回购后(情形Ⅲ)	1 500 万元	400 万股	5 元	3.75 元/股	下降

由此可见,当股价低于每股净资产时(情形Ⅰ),股票回购会引起每股净资产上升,股价也上升;当股价等于每股净资产时(情形Ⅱ),股票回购不会引起每股净资产变化,股价也不变;当股价高于每股净资产时(情形Ⅲ),股票回购会引起每股净资产下降,股价也下降。

(二) 股票回购将带来股价上升

公司股票回购后将减少流通在外的普通股股数,如果公司盈利能力不变,则会引起每股收益增加。再假定股票回购后市盈率保持不变,从而引起每股市价提高,每股市价的提高使股东获得更多资本利得,资本利得税的税率低于股利收入税的税率,则股票回购可使股东得到更多实惠。举例说明见表 14-6。

表 14-6 股票回购前后每股市价对比

项目	股票回购前	股票回购后(回购 100 万股)
税后净利	500 万元	500 万元
每股收益	1 元	1.25 元
流通股数	500 万股	400 万股
市盈率	20	20
每股市价	20	25

即使市盈率有可能随着股票回购而发生变动,一般投资者对股票回购的心理预期对股价的影响也总是向上的。

本章小结

股利分配主要是解决留存与分红的比例问题,所以,公司税后利润的分配政策从根本上说就是股利政策。公司股利政策分配的程序与一般企业差别不大,股利分配最终由董事会确定。在股利分配中,关键是公司对股利政策的选择。预计利润表可以从总体上预测一定期间公司经营的全局,为公司的股利政策提供依据。在完美的市场上,股利政策与股票价格无关,但实际生活中不存在完全市场,所以,公司的股利政策与公司价值和股票价格是相关的,外界的各种因素也可能影响公司的股利政策。股票股利与股票分割被视为股利政策的一部分。一般认为,股票股利尽管不能增加股东现实的财富,但对股东与公司而言,股票股利的支付具有重要意义。公司也可以利用发放股票股利来代替分发现金股利。

复习思考题

1. 股利分配的程序如何？应注意哪些问题？

2. 股利支付的程序与方式如何？

3. 股利理论有哪几种观点？主要论点是什么？

4. 股利政策受哪些因素的影响？试分析说明。

5. 股利政策有几种？各有哪些优缺点？其适用性如何？

6. 股票股利有何作用？对公司财务状况和经营成果有何影响？

7. 股票分割有何作用？对公司财务状况和经营成果有何影响？

8. 如何区分股票股利与股票分割？

9. 股票回购有哪些作用？股票回购是如何影响股价的？

练习题

1. 某公司本年税后利润为 300 万元，下年准备上一个新项目，需要投资 400 万元，公司的目标资本结构为权益占 60%，公司流通在外的普通股为 1 000 万股。如果公司采用剩余股利政策，问：

(1) 公司本年可发放的股利额是多少？

(2) 股利支付率是多少？

(3) 每股股利是多少？

2. A 公司××××年全年实现净利润 4 400 万元，年末在分配股利前的股东权益账户余额如下：

股本(面值为 1 元)	5 000 万元
盈余公积	2 500 万元
资本公积	20 000 万元
未分配股利	7 500 万元
合　计	35 000 万元

若公司决定发行 10%的股票股利，并按发放股票股利后的股数支付现金股利，每股股利为 0.2 元，该公司股票目前的市价为 10 元/股。试计算：

(1) 发放股票股利后，该公司的权益结构有何变化？

(2) 预计××××+1 年的净利润将增长 20%，若保持 10%的股票股利比率与稳定的股利支付比率，则××××+1 年应发放多少现金股利？

第十五章　公司并购与公司控制

学习要点

公司在其生命周期中会发生很多组织上的变动，大部分公司的成长是用正常的资本预算活动来扩充其已有的部门；然而，最富戏剧性的成长方式是并购与控股，这是一种能使公司规模扩张最快、股价上涨最多的成长方式。

- 理解和掌握并购的动机与资金来源，注意税收问题的处理。重点是全面掌握公司并购的各项财务分析，能正确估计公司未来的营运收益和并购后的市场价值，确定并购条件和股票交换比例等。公司并购的一些实际操作要能运用到实例中。
- 了解剥离和分立的含义、动因及方式。掌握控股公司的含义和类型，了解控股公司的优缺点，熟悉公司接管防御中的各种反收购策略。

第一节　公司并购概述

一、公司并购的含义和动机

（一）公司并购的含义

公司并购是公司兼并与公司收购的简称，通常是指在市场机制的作用下，公司为了获得其他公司的控制权而进行的产权交易活动。

兼并通常是指在市场机制的作用下，公司通过产权交易获得其他公司的产权，使这些公司的法人资格丧失，并获得其控制权的经济行为。

收购是指对公司的资产和股份的购买行为。收购涵盖的内容较广，其结果可能是拥有目标公司几乎全部股份或资产，从而将其吞并；也可能是获得公司大部分股份或资产，从而控制该公司；还有可能是拥有小部分股份或资产，从而成为该公司股东中的一个。

兼并与收购通常被人们统称为并购，因为就其实质而言，它们都是一种导致公司资产流动或产权转移的行为，其产生的动因和运作的结果基本上是一致的。在实际操作中，也较难将两者截然分开，在谈到公司兼并时，就要谈到公司收购。于是，我们统称其为并购。

（二）公司并购的动机

公司并购的动机较复杂，往往难以区分。仅为某一单一的原因而进行的并购并不多见，大多数并购有多种动机。虽然大多数并购的动机不止一个，而且不同时期可能有不同的特点，但为了便于说明，这里将讨论几种主要的并购动机。

1. 谋求协同效应

协同效应是指两家公司并购后，其实际价值得以增加，因为两家公司并购后，在生产经营、行政管理、调查研究、原料采购和产品推销等方面的活动都可以统一协调、统一组织，减少重复的固定成本，节约人、财、物的耗费。协同效应突出表现为管理协同效应、经营协同效应和财务协同效应。

(1) 管理协同效应

如果某公司有一支高效率的管理队伍，其管理能力超出管理该公司的需要，但这批人才只能集体实现其效率，公司不能通过解聘释放能量，那么，该公司就可以并购那些由于缺乏管理人才而效率低下的公司，利用这支管理队伍，通过提高整体效率水平而获利。

(2) 经营协同效应

由于经济的互补性及规模经济，两家或两家以上公司合并后可以提高生产经营活动的效率，这就是所谓的经营协同效应。获取经营协同效应的一个重要前提是产业中的确存在规模经济，并且并购前尚未达到规模经济。规模经济效益具体表现为生产规模经济和公司规模经济。前者主要是指通过调整资源配置以达到最佳经济规模，解决生产流程分离问题，获得稳定的原材料来源渠道，降低生产成本等；后者主要表现为将多个工厂置于同一家公司的领导下，通过节省管理费用、营销费用等给公司带来一定的规模经济。

(3) 财务协同效应

公司并购不仅可以因为经营效率提高而获利，而且可以在财务方面给公司带来如下收益：

① 偿债能力提高。一般情况下，合并后公司的整体偿债能力比合并前各单家公司的偿债能力强，还可以降低资本成本，并实现资本在并购公司与被并购公司之间低成本的有效再配置。

② 合理避税。税法一般包含亏损递延条款，允许亏损公司免缴上年所得税，并且亏损可以向后递延，以抵消以后年度盈余。一些国家的税法对不同的资产使用不同的税率，股息收入、利息收入、营业收益、资本收益的税率也各不相同。公司可以利用这些规定，通过并购行为及相应的财务处理合理避税。

③ 预期效应。预期效应是指因并购时股票市场对公司股票评价发生改变而对股票价格的影响。由于预期效应的作用，公司并购往往伴随剧烈的股价波动，形成股票投资机会。投资者对投资利益的追求反过来又会刺激公司并购行为的发生。

2. 获得特殊资产

公司获取某项特殊资产往往是并购的重要动机。特殊资产可能是一些对公司发展至关重要的专门资产。例如，土地是公司发展的重要资源，一些有实力、有前途的公司往往会由于空间狭小而难以扩展，而一些经营不善、市场不景气的公司却占有较多的土地和优越的地理位置，这些优势公司就可能并购劣势公司，以获取优越的土地资源。另外，并购还可能是为了得到目标公司所拥有的有效管理队伍、优秀研究人员、专门人才以及技术、商标、品牌等无形资产。在公司产品和市场扩展得非常快，而专门人才只是相对缺乏的时候，获得特殊资产往往是并购的重要动机。在某些特殊情况下，获得某一个优秀的人才也会成为并购的动机。

3. 管理层利益驱动

当公司管理层不拥有或拥有极少数公司股份时，委托代理问题就不容忽视。管理层可能会追求自身的目标，如更多收入、更少工作，而不是股东们要求的财富最大化，所以，对股东来说，就产生了代理成本。代理问题的一种变形是管理层努力扩展公司，因为他们的薪金、津贴和地位通常随着公司规模的扩大而提高。有些学者认为，管理层追求的是公司增长的最大化，甚至认为管理层的目的就是个人收入最大化。

管理层通常希望通过并购提高公司在市场上的统治地位和保持已有的市场地位。以下三个方面可能是公司经理对并购产生兴趣的原因：一是当公司发展壮大时，公司管理层尤其是作为高层管理人员的总经理的威望也随之提高；二是随着公司规模的扩大，经理的报酬也得以增加；三是在并购活动高涨时期，管理层希望通过并购扩大公司规模，使公司能在瞬息万变的市场中处于不败之地，并免于被其他公司收购。

4. 实现战略重组，开展多元化经营

公司通过经营相关程度较低的不同行业，可以分散风险，稳定收入来源，提高公司资产的安全性。多元化经营可以通过内部积累和外部并购两种途径实现，但在多数情况下，并购途径更有利。尤其是当公司面临变化了的环境而调整战略时，并购可使公司以低成本迅速进入被并购公司所在的增长相对较快的行业，并在很大程度上保持被并购公司的市场份额以及现有的各种资源，从而保证公司拥有持续不断的盈利能力。

5. 降低代理成本

在公司所有权和经营权相分离的情况下，经理是决策或控制的代理人，而所有者作为委托人，成为风险承担者。由此造成的代理成本包括契约成本、监督成本和剩余亏损。通过公司内部的组织机制安排、报酬安排，经理市场和股票市场可以在一定程度上缓解代理问题，降低代理成本。但是，当这些机制均不足以控制代理问题时，并购使得接管的威胁始终存在。通过公开收购或代理权争夺而造成的接管会改选现任经理和董事会成员，从而作为最后的外部控制机制，解决代理问题，降低代理成本。

6. 政府意图

严格地说，这算不上是公司并购的动因，它只在一些特殊的经济、政治环境中，出于一定的政府意图而使若干公司进行兼并或合并。兼并活动是一种纯市场行为，而出于一定政府意图的兼并往往带有浓厚的计划经济和行政干预色彩。例如，在我国一些地方，许多亏损公司和弱势企业在政府的安排下被兼并到一些经济效益较好的大公司中。在大多数情况下，这不是公司，至少不是兼并公司的意愿，因为这不符合它们的利益。虽然这一兼并的原因在某些国家、某些时期的兼并活动中具有重要作用，但是从全世界范围看，这种情况并不常见。

此外，跨国并购还可能具有其他多种特殊的动因，如产业周期差别、技术、产品优势与产品差异、政府政策、汇率、政治和经济的稳定性、劳动力成本和生产率差异、多样化、确保原材料来源等。

二、公司并购的类型

（一）按照并购双方产品和产业的联系划分

按照并购双方的产品与所处行业划分，并购可以分为横向并购、纵向并购和混合并购三大类。

1. 横向并购

横向并购又称为水平并购，是指并购方与被并购方处于同一行业，生产或经营同一种产品，如雪佛龙海外石油公司兼并海湾石油公司就是横向并购。

2. 纵向并购

纵向并购又称为垂直并购，是指被并购公司的产品处于并购公司的上游或下游，是前后工序或是生产与销售之间的关系，如以石油作为部分原料的杜邦公司兼并美国大陆石油公司，就属于纵向并购。

3. 混合并购

混合并购也称为集团并购，若并购公司和被并购公司分别处于不同的产业部门、不同的市场，而且这些产业部门之间没有特别的生产技术联系，则这种并购就属于混合并购，如美孚石油公司并购蒙哥玛丽华德连锁店。

(二) 按照并购的实现方式划分

按照并购的实现方式划分，并购可以分为承担债务式并购、现金购买式并购和股权交易式并购。

1. 承担债务式并购

承担债务式并购是指在被并购公司资不抵债和资产、债务相等的情况下，并购方以承担被并购方全部或部分债务为条件，取得被并购方资产的所有权和经营权的并购方式。

2. 现金购买式并购

现金购买式并购有以下两种情况：

(1) 并购方筹集足额的现金购买被并购方的全部资产，使被并购方除现金外没有持续经营的物质基础，成为有资本结构而无生产资源的空壳，不得不从法律意义上消失。

(2) 并购方以现金通过市场、柜台或协商购买目标公司的股票或股权，一旦拥有其大部分或全部股本，目标公司就被并购了。

3. 股权交易式并购

股权交易式并购有以下两种情况：

(1) 以股权换股权，这是指并购公司向目标公司股东发行自己公司的股票，换取目标公司的大部分或全部股票，以达到控制目标公司的目的。通过并购，目标公司或者成为并购公司的分公司或子公司；或者解散，并入并购公司。

(2) 以股权换资产，并购公司向目标公司发行并购公司自己的股票，以换取目标公司的资产。并购公司在有选择的情况下，承担目标公司的全部或部分责任。目标公司也要把拥有的并购公司的股票分配给自己的股东。

(三) 按照并购双方是否友好协商划分

按照并购双方是否友好协商划分，并购可以分为善意并购和敌意并购。

善意并购是指并购公司事先与目标公司协商，征得其同意，并通过谈判达成收购条件的一致意见而完成收购活动的并购方式。敌意并购是指并购公司在收购目标公司股权时虽然遭到目标公司的抗拒，但仍然强行收购，或者并购公司事先并不与目标公司协商，而突然直接向目标公司股东发出收购要约的并购行为。

善意并购有利于降低并购行动的风险与成本，还可以避免因目标公司抗拒而带来的额外支出；但是，善意行为使并购公司不得不牺牲自身的部分利益，以换取目标公司的合作，而且漫长的协商、谈判过程可能使并购行为丧失部分价值。与之相反，敌意并购的优点在于并购公司完全处于主动地位，不用被动权衡各方利益，行动节奏快、时间短，可以有效地控制并购成本；但是，通常会招致目标公司的抵抗甚至设置各种障碍，所以风险较大，并且有可能给股市带来很大的波动，甚至影响公司发展的正常秩序。

（四）其他划分方式

除上述三种分类外，还可以根据涉及被并购公司的范围，将并购划分为整体并购和部分并购两类。整体并购是指资产和产权的整体转让，部分并购是指将公司的资产和产权分割为若干部分进行交易。

根据并购交易是否通过证券交易所划分，并购可以分为要约收购和协议收购两种。要约收购直接在股票市场中进行，是指并购公司在通过证券交易所的证券交易，持有目标公司已发行股份的一定比例时，依法向该公司的所有股东发出公开收购要约，按符合法律的价格，以货币方式购买股票，获取目标公司股票的收购方式。协议收购主要是指并购公司直接与目标公司取得联系，通过谈判、协商达成协议，据以实现目标公司股权转移的收购方式。

三、公司接管防御措施

公司并购是一家公司以某种条件取得另一家公司部分或全部产权，以取得公司控制权的行为。在对目标公司进行收购时，可能会引起目标公司的两种不同反应，即同意和不同意。若目标公司反对被收购，而收购方不愿意放弃收购意图，那么这种收购就称为恶意收购。目标公司不同意收购的原因是多方面的，可能是目标公司的管理人员认为他们掌握了许多公司未公开的、有利于公司价值的信息，这些信息的价值未被市场认识到，导致公司的价值被低估；或者他们相信反收购行动能够提高收购者的出价，当然也可能是因为管理人员担心收购会导致现有职位的丧失。不论是何种原因，都可能导致目标公司采取反收购策略来提高收购本公司的难度，迫使并购公司放弃收购意图。我们可以把反收购对策划分为两类：收购要约前的反收购对策和收购要约后的反收购对策。

（一）收购要约前的反收购对策

1. 董事轮换制

董事轮换制是指在公司章程中规定，每年只能更换 1/3 的董事，这意味着即使收购者拥有公司绝对多数的股权，也难以获得对目标公司董事会的控制权。目前，在美国标准普尔指数的 500 家公司中，一半以上公司采用这种反收购对策。这种反收购方法阻止了收购者在两年内获得公司的控制权，使收购者不可能马上改组目标公司，这样就降低了收购者的收购意向，并提高了收购者获得财务支持的难度。此外，一些学者研究表明，董事轮换制对目标公司股票价格的影响很小。例如，美国斯隆管理学院的鲁巴克（R. S. Ruback）教授的研究认为，董事轮换制对目标公司股票价格的影响只有 1%。总的看来，董事轮换制是一种有效的、对股价影响较小的反收购对策。

2. 绝对多数条款

绝对多数条款是指在公司章程中规定，公司的合并需要获得绝对多数股东的赞成票，这个比例通常为 80%；同时，对这一反收购条款的修改也需要经过绝对多数股东同意才能生效。这样，敌意收购者要获得具有绝对多数条款公司的控制权，通常需要持有公司很大比例的股权，这在一定程度上增加了收购的成本和收购难度。尽管这种反收购对策对股价可能有一定的影响，但绝对多数条款仍然被认为是一种温和的反收购对策。

3. 双重资本重组

这种反收购对策是将公司股票按股票权划分为高级和低级两等。低级股票每股拥有1票的投票权，高级股票每股拥有10票的投票权。但高级股票派发的股息较低，市场流动性较弱；低级股票的股息较高，市场流动性较强。高级股票可以转换为低级股票。如果经过双重资本重组，公司管理层掌握了足够的高级股票，公司的投票权就会发生转移。即使敌意收购者获得了大量低级股票，也难以取得公司的控制权。

4. "毒丸"计划

"毒丸"计划是一种优先股购股权计划，这种购股权通常发行给老股东，并且只有在某种突发事件发生时才能行使。"毒丸"计划一般分为"弹出"计划和"弹入"计划。"弹出"计划通常是指履行购股权。譬如，以100元购买的优先股可以转换成目标公司200元的股票。"弹出"计划最初的影响是提高股东在收购中愿意接受的最低价格。如果目标公司的股价为50元，那么股东就不会接受所有低于150元的收购要约，因为150元是股东可以从购股权中得到的溢价，它等于50元股价加上200元股票，再减去100元购股成本。在"弹入"计划中，目标公司以很高的溢价购回其发行的购股权，通常溢价高达100%，即100元优先股以200元的价格被购回。敌意收购者和触发这一事件的大股东则不在收购之列，这样就稀释了收购者在目标公司中的权益。"弹入"计划经常被包括在一个有效的"弹出"计划中。

（二）收购要约后的反收购对策

1. 特定目标的股票回购

特定目标的股票回购有时也被称为讹诈赎金或"绿色邮包"，当公司从单个股东或一组股东手中购回其持有的相当数量的公司普通股时才会发生，这样的股票回购经常是溢价成交，而且回购并不适用于其他股东。特定目标的股票回购可以作为反并购的一种手段，它可以促使收购者把股票出售给目标公司并赚取一定的利润，放弃进一步收购的计划。但是，通过向收购者支付高价赎金的办法来阻止收购者进一步收购仍是一件颇受争议的事情，因为向收购者支付的讹诈赎金是由公司支付，最终由股东承担的，而首先从中受益的却是管理层，对策是否能使股东获利仍需进一步研究。

2. 诉诸法律

也许最普通的反并购对策就是与收购者打官司。在美国，1962—1980年约有1/3的收购案发生了法律诉讼。法律诉讼有两个目的：一是拖延收购，从而鼓励其他竞争者参与收购；二是迫使收购者提高收购价格，或迫使其为了避免法律诉讼而放弃收购。

目标公司提出诉讼的理由主要有三条：一是反垄断。部分收购可能使收购方获得某一行业的垄断或接近垄断地位，目标公司可以此作为诉讼理由。二是披露不充分。目标公司认为收购方没有按照有关法律的规定向公众及时、充分或准确地披露信息等。三是犯罪。除非有十分确凿的证据，否则目标公司难以以此为由提出诉讼。

3. 资产收购和资产剥离

改变目标公司的资产结构也可以作为反收购对策之一，这种对策包括将收购者希望得到的资产从公司剥离或出售，或者购入收购者不愿意得到的资产。这些对策的目的在于减少目标公司在收购者心中的吸引力，并增加收购者为此要付出的代价。但是，这种措施通常会降低目标公司资产的质量和股票的价格。

4. 邀请"白衣骑士"

当遭到敌意收购时，目标公司可以邀请一家友好公司，即所谓的"白衣骑士"，作为另一个收购者。如果敌意收购者的出价不是很高，那么目标公司被"白衣骑士"拯救的可能性就大；如果敌意收购者的出价很高，那么"白衣骑士"的成本也会相应提高，目标公司获得拯救的可能性就小。

5. 收购收购者

收购收购者又称为"帕克门"战略，是指当敌意收购者提出收购时，针锋相对地对收购者发动进攻，也向收购公司提出收购，以达到保卫自己的目的。反收购实践表明，该战略是一场非常残酷的收购战，最后的胜利者往往是那些实力雄厚、融资渠道广泛的公司。如果收购战的双方实力相当，则结果很可能是两败俱伤，没有明确的研究结果表明收购双方的股东能从中受益。

第二节　公司并购的财务评价

一、对目标公司的估价

并购的方式不同，需要进行价值评估的内容也有差别。并购的支付方式主要有资产置换、股权交换和支付现金三种。如果采用前两种方式，除了要对目标公司的价值进行评估外，还要对作为支付手段的自身资产或股权进行价值评估。

目标公司估价取决于并购公司对其未来收益的大小和时间的预期。对目标公司的估价可能因预测不当而不准。这就带来了并购公司的估价风险，其大小取决于并购公司所采用信息的质量，而信息质量又取决于目标公司是上市公司还是非上市公司、并购公司是敌意的还是友好的，以及准备并购和目标公司并购前审计的时间。并购价值评估本质上是一种主观判断，但并不是可以随意定价的，而是有一定的科学方法和长期经验验证的原则可依据的。公司一般可以使用以下方法对目标公司进行估价：

（一）资产价值基础法

资产价值基础法是指通过对目标公司的资产进行估价来评估其价值的方法。确定目标公司资产的价值，关键是选择合适的资产价值评估标准。目前，国际上通行的资产价值评估标准主要有以下四种：

1. 账面价值

账面价值是指会计核算中账面记载的资产价值。例如，对于股票来说，资产负债表所揭示的公司某一时点所拥有的资产总额减去负债总额即公司股票的账面价值（账面净资产），再减去优先股价值，即普通股价值。这种估价方法不考虑现时资产市场价格的波动，也不考虑资产的收益状况，所以是一种静态的估价标准。

2. 市场价值

市场价值是把资产视为一种商品在市场上公开出售，在供求关系平衡状态下确定的价值。当公司的各种证券在证券市场上进行交易时，它们的交易价格就是这种证券的市场价值，它可能高于或低于账面价值。

3. 清算价值

清算价值是指在公司出现财务危机而破产或清算时，把公司中的实物资产逐个分离，单独出售的资产价值。清算价值是在公司作为一个整体已经丧失增值能力情况下的资产估价方法。对于股东来说，公司的清算价值是清算资产、偿还债务以后的剩余价值。

4. 公允价值

公允价值是指将目标公司在持续经营情况下所产生的预期收益，按照设定的折扣率（市场资金利润率或平均收益率）折算成现值，并以此确定其价值。公允价值把市场环境和公司未来的经营状况与目标公司的价值联系起来，最适宜于评估目标公司的价值。

以上四种资产价值评估标准各有侧重点，适用范围不尽相同。就公司并购而言，如果并购的目的在于其未来受益的潜能，那么公允价值就是重要的标准；如果并购的目的在于获得某项特殊资产，那么清算价值或市场价值就可能更为恰当。

（二）收益法（市盈率模型）

收益法就是根据目标公司的收益和市盈率确定其价值的方法，也可称为市盈率模型。因为市盈率的含义非常丰富，所以，它可能暗示着公司股票收益的未来水平、投资者希望从股票中得到的收益、公司投资的预期回报、公司在其投资上获得的收益超过投资者要求收益的时间长短。

收益法（市盈率模型）的估值步骤如下：

第一步，检查、调整目标公司近期的利润业绩。在检查目标公司最近的损益账目时，并购公司必须仔细考虑这些账目所遵循的会计政策。若有必要，则需要调整目标公司已公布的利润，使其与并购公司的政策一致。例如，当目标公司已经投入开发费用时，并购公司就可以注销所有研究与开发费用，从而将夸张的报告利润降下来。

第二步，选择、计算目标公司的估价收益指标。一般来说，最简单的估价收益指标可以采用目标公司最近 1 年的税后利润，因为其最贴近目标公司的当前状况。但是，考虑到公司经营中的波动性，尤其是经营活动具有明显周期性的目标公司，采用其最近 3 年税后利润的平均值作为估价收益指标将更为恰当。实际上，对目标公司的估价还应当注重其被并购后的收益状况。例如，当并购公司在管理方面具有很强的优势时，目标公司被并购后，也可以获得与并购公司同样的资本收益率，那么以此计算目标公司并购后的税后利润作为估价收益指标，可能对公司并购决策更具有指导意义。

第三步，选择标准市盈率。通常可选择的标准市盈率有以下几种：在并购点目标公司的市盈率、与目标公司具有可比性的公司的市盈率和目标公司所处行业的平均市盈率。选择标准必须确保在风险和成长性方面的可比性。

第四步，计算目标公司的价值。利用选定的估价收益指标和标准市盈率，就可以比较方便地计算出目标公司的价值，计算公式如下：

$$\text{目标公司的价值} = \text{估价收益指标} \times \text{标准市盈率}$$

采用收益法估算目标公司的价值，以投资为出发点，着眼于未来的经营收益，并在测算方面形成一套较为完整的、有效的科学方法，因而被广泛使用，尤其适用于通过证券二级市场进行并购的情况。但是，在该方法的使用过程中，不同估价收益指标的选择具有一定的主观性，而且因为我国股市建设上的不完善，投机性较强，股票市盈率普遍偏高，适当的市盈率标准难以取得，所以，运用收益法对目标公司进行准确估价有一定难度。

（三）贴现现金流量法

贴现现金流量法是通过估计由并购引起的期望增量现金流和贴现率（或资本成本）计算并购活动给公司带来的净现值，以此确定最高可接受的并购价格。运用贴现现金流量模型对目标公司估价的步骤如下：

1. 预测自由现金流量

对目标公司现金流量的预测期一般为5至10年，预测期越长，预测的准确性就越差。如果目标公司在被并购后预期公司运营将发生变化，则不仅要检查目标公司历史的现金流量，而且要根据并购公司的管理水平预测目标公司预期的现金流量。需要指出的是，自由现金流量（即增量现金流量或剩余现金流量）是指目标公司在履行了所有财务责任（如偿付债务本息、支付优先股股息等），并满足了公司投资需求后的现金流量。即使这部分现金流量全部支付给普通股股东，也不会危及目标公司的生存和发展。自由现金流量预测模型如下：

$$CF_t = S_{t-1}(1+G_t)P_t(1-T_t)-(S_t-S_{t-1})(F_t+W_t)$$

式中：CF——现金流量；

S——年销售额；

G——销售额年增长率；

P——销售利润率；

T——所得税税率；

F——销售额每增加1元所需追加的固定资本投资；

W——销售额每增加1元所需追加的营运资本投资；

t——预测期内某一年度。

2. 估计贴现率或加权平均资本成本

这需要对各种长期成本要素进行估价，包括普通股、优先股和债务等。计算出各要素的个别资本成本后，再根据并购公司期待的并购后资本结构计算加权平均资本成本。公式如下：

$$WACC = \sum_{i=1}^{n} K_i B_i$$

式中：$WACC$——加权平均资本成本；

K_i——各单项资本成本；

B_i——各单项资本所占的比重。

3. 计算现金流量现值，估计购买价格

根据目标公司的自由现金流量，对其估价为：

$$TV_a = \frac{\sum_{t=1}^{n} FCF_t}{(1+WACC)^t} + \frac{V_t}{(1+WACC)^t}$$

式中：TV_a——并购后目标公司的价值；

FCF_t——在 t 时期内目标公司的自由现金流量；

V_t——t 时刻目标公司的终值；

$WACC$——加权平均资本成本。

4. 贴现现金流量估计的敏感性分析

由于预测过程中存在不确定性，因此，并购公司应分析目标公司的估价对各变量的敏感性。这种分析可能会解释贴现现金流量预测表中潜在的缺陷以及一些需要并购公司关注的重大问题。

例 15-1　假定甲公司计划在××××+1 年年初收购乙公司。经测算，收购后有 6 年的自由现金流量。××××年，乙公司的销售额为 200 万元，固定资本为 15 万元，营运资本为 12 万元。收购后，前四年的销售额预计每年增长 10%，第五年和第六年的销售额保持第四年的水平。销售利润率(含税)为 5%，所得税税率为 25%，固定资本增长率和营运资本增长率分别为 15%和 5%，加权平均资本成本为 12%。求目标公司的价值。

根据上述资料，计算结果如表 15-1 所示。

表 15-1　各年度财务指标一览表　　单位：元

年　份	××××+1	××××+2	××××+3	××××+4	××××+5	××××+6
销售额	220.00	242.00	266.20	292.82	292.82	292.82
销售利润	11.00	12.10	13.31	14.64	14.64	14.64
所得税	2.75	3.03	3.33	3.66	3.66	3.66
增加固定资本	2.25	2.59	2.98	3.42	3.94	4.53
增加营运资本	0.6	0.63	0.66	0.69	0.73	0.77
自由现金流量	5.40	5.85	6.34	6.87	6.31	5.68

由表 15-1 得：

$$TV=\frac{5.40}{1+12\%}+\frac{5.85}{(1+12\%)^2}+\frac{6.34}{(1+12\%)^3}+\frac{6.87}{(1+12\%)^4}+\frac{6.31}{(1+12\%)^5}+\frac{5.68}{(1+12\%)^6}$$
$$=24.82(\text{万元})$$

可见，甲公司购买乙公司的最高出价是 22.14 万元，如果购买价格超过该价格，这一并购活动从价格上讲就不够合理。

贴现现金流量法建立在对现金流量预测的基础上，充分考虑了目标公司未来创造现金流量对其价值的影响，在日益崇尚“现金至尊”的先导理财环境中，对公司并购决策具有现实的指导意义。但是，这种方法也有缺陷：一是期望增量现金流量较难预测，二是贴现率具有较强的主观性。所以，运用这种方法对决策条件和能力的要求较高。

以上各种对目标公司的估价方法并没有绝对的优劣之分。并购公司对方法的选用主要根据并购动机而定，并且在实践中可将多种方法交叉使用，从多个角度评估目标公司的价值，以降低估价风险。

二、并购的股东利益分析

在对目标公司的价值进行估价后，下一步是预测并购后的公司估价以及股东利益状况。这项工作分为两个步骤：一是估计兼并后的每股盈余(EPS)，二是估计兼并后的市盈率(股价/每股盈余)。由于每股盈余取决于并购条件(即并购公司支付多少金额给被并购公司)，因此，我们就从并购条件入手进行分析。

(一) 并购条件

并购条件包含两个重要的问题：一是由谁来控制并购后的公司，二是并购公司必须支付何种价格给被并购公司。

1. 关于并购后的控制问题

一家小型公司出让给一家大公司时，就业与控制是需要考虑的很重要的因素。一方面，原公司所有者或管理者很可能希望并购后仍然保持较好的职位，能够掌握控制权；另一方面，如果被并购公司原先的管理阶层能力很强，那么并购公司会主动考虑留用原先的管理阶层，并赋予其控制权。所以，控制权的问题不容忽视。如果并购公司同意继续雇用原管理人员，则目标公司管理人员会支持并购，并且能够出面说服股东；相反，则会出现抵制并购的行为，从而使并购成本上升。

2. 关于并购的支付价格问题

如果以现金支付，则并购的分析与一般的资金预算分析相似，主要考虑支付的成本与获得的收益孰大孰小。以贴现法为例，应先估计盈余增加值，再以某一折现率求出其现值，最后进行决策。显然，当盈余增加额的现值大于所需支付的金额时，应进行并购。换句话说，只有在被并购公司对并购公司的价值大于被并购公司的市场价值时，才适宜进行并购。当然，并购公司会尽量压低价格，目标公司会尽量抬高价格，最终的定价取决于双方的实际谈判。一般来说，综合效益越大，在谈判桌上回旋的余地越大，谈判成功的可能性就越大。

如果并购时必须交换股票，那么关键在于决定交换比，也就是并购公司对每一股被并购公司的股票所应支付的股数。

(二) 影响股票交换比率的因素

影响股票交换比率的因素有三个：一是当期每股盈余，二是预计未来每股盈余，三是股票的相对市场价值。

1. 当期每股盈余

假定并购公司(A 公司)的每股盈余为 5 元，目标公司(T 公司)的每股盈余为 4 元，两家公司的风险相当。按照相对盈余，股票交换的比率应该定为 0.8(4∶5)。这一数据表明，80 股 A 公司的股票可以交换 100 股 T 公司的股票。这种交换方式意味着股东在并购后的盈余保持不变。

2. 预计未来每股盈余

上述计算只适用于没有综合效益并且公司成长率相同的情况。倘若预期并购可以提高盈余，而且公司每股盈余的成长率不相同，则不能用当期盈余来决定股票交换比率，而应该用预计未来每股盈余来决定。

以上述例子做分析。假定没有综合效益，但 T 公司预期每年的成长率为 10%，而 A 公司每年的成长率为 5%。按最近一次的盈余计算，两家公司的股票交换比率为 0.8(4∶5)，但根据未来 3 年的盈余，股票交换比率应该是 0.92[$4\times(1+10\%)^3\div5\times(1+5\%)^3$]。在这里，预估时间的长短决定了交换比率的大小。

再假定两家公司预期每股盈余不增长，但公司并购后有综合效益，此时以当期盈余计算股票交换比率肯定是不妥当的。为什么呢？假设在兼并后有综合效益的情况下仍以 0.8 这一比率来交换股票，因为有综合效益，公司的每股盈余假定会提高到 6.5 元，照此计算，并购后持有 T 公司股票 100 股的股东并购后的盈余为 520 元(6.5×80)。同样，持有 A 公司股票 100 股的股东则获得 650 元(6.5×100)，并购前只有 500 元。从上述计算看，如果预期会产生综合效益，那么 A 公司实际支付给 T 公司的股票交换比率可以超过 0.8，超过时仍然有利可图。相反，T 公司的股东所接受的股票交换比率即使在 0.8 以下，也仍然可以获利。

对 A 公司的股票来说，新的损益平衡交换比率用下列公式计算：

$$\text{新的}\,\boldsymbol{EPS}=\boldsymbol{EPS_a}=\frac{\boldsymbol{TE}}{\boldsymbol{N_a+Nt\cdot ER_a}}$$

$$\boldsymbol{ER_a}=\frac{\boldsymbol{TE-EPS_a\cdot N_a}}{\boldsymbol{EPS_a\cdot N_t}}$$

式中：ER_a——公司在 EPS 不至于被稀释时的最大交换比率；

TE——兼并后的总盈余(A 公司原有盈余+T 公司原有盈余+因综合效益而产生的盈余)；

EPS_a——A 公司原来的 EPS；

N_a——A 公司在并购前发行在外的股数；

N_t——T 公司在被并购前发行在外的股数。

以假设数据代入，令：

$N_t=500$ 股，$N_a=1\,000$ 股，$EPS_a=5$ 元

$TE=5\,000+2\,000+2\,100=9\,100$(元)

TE 中的 2 000 元是因综合效益而产生的盈余。

代入上述公式，得：

$ER_a=1.64$

即 A 公司可以用 1.64 股来交换 T 公司的 1 股，从而不会稀释其 EPS。

在股票交换率为 1.64 的情况下：

$$\text{新的}\,EPS_t=\frac{9\,100}{1\,000+500\times1.64}=5.00=\text{原}\,EPS$$

也就是说，如果股票交换比率低于 1.64，则 A 公司的 EPS 会提高。采用类似的方法来分析 T 公司的股票如下：

由于新的 $EPS_t=\dfrac{\text{新的}\,EPS_a}{ER_t}$，代入公式，得：

$$EPS_a = \frac{EPS_t}{ER_t} = \frac{TE}{N_a + N_t \cdot ER_t}$$

解 ER_t，得：

$$ER_t = \frac{EPS_t \cdot N_a}{TE - N_t \cdot EPS_t}$$

用数据代入：

$$ER_t = \frac{4 \times 1\,000}{9\,100 - 500 \times 4} = 0.563$$

此时：

$$EPS_a = \frac{TE}{N_a + N_t \cdot ER_t} = \frac{9\,100}{1\,000 + 500 \times 0.563} = 7.10(元)$$

即持有 T 公司 100 股的股东，即使以 0.563 的比率交换 A 公司的股票，仍不会亏本，因为并购前后的总盈余仍然是相等的[56.3×7.10=400(元)]。

综上所述，即使预期没有增长，但有综合效益，这一并购的交换比率也可以为 0.56～1.64，对双方均无不利影响。而且，综合效益越大，交换比率的浮动范围越大，并购双方能够达成并购协议的可能性就越大。

3. 股票的相对市场价值

由于当期及未来盈余、成长率、可能的综合效益等因素将会在公司股票市场价值中显示出来，因此，股票的相对市场价值是决定股票交换比率的最佳依据。举例来说，假定 A 公司的股价为 40 元，B 公司的股价为 30 元，则根据市场价值计算的交换比率为 0.75(30÷40)。

需要说明的是，如果估计兼并后不太可能产生综合效益，那么以股票的相对市场价值来决定股票交换比率；倘若合并后有综合效益，那么实际的交换比率可能高于股票相对市场价值决定的交换比率，需要提供 50%左右的贴水。

三、公司并购的财务分析案例

为了更清楚地了解公司并购财务分析的整个过程，我们以统一公司和目标科技公司两家公司的并购作为案例。

统一公司目前的成长率为 5%，目标科技公司的成长率为 20%。统一公司的税后盈余为 5 000 万元，发行在外的股票有 1 250 万股，每股盈余为 4 元；目标科技公司最近的盈余为 300 万元，发行在外的股票有 150 万股，每股盈余为 2 元。统一公司每股股利发放额为 2 元，股票的现行市场价格为 30 元；目标科技公司的股利为每股 1 元，股票的现行市场价格为 20 元。

在考虑两家公司并购时，统一公司的财务分析原先假定合并后不会产生综合效益，但合并后整体成长率达到了 5.85%，计算如表 15－2 所示。

表 15－2　统一公司和目标科技公司的相关财务指标

公　　司	总盈余(元)	权　数	成长率	积　数
统一公司	50 000 000	0.943 4	5%	4.717%
目标科技公司	3 000 000	0.056 6	20%	1.132%
合　计	53 000 000	1.000 0		5.849%

根据当期盈余计算，$ER=2$ 元/4 元$=0.5$，即以 0.5 股的统一公司股票交换 1 股目标科技公司的股票。如果根据未来盈余计算，则这一比率会提高。假定采用预估的第五年盈余来计算，股票交换比率会上升到 1.0 左右，计算如下：

$$ER=\frac{2\times(1+20\%)}{4\times(1+5\%)^5}=0.975\approx 1.0$$

若按股票的相对市场价值计算，则股票交换比率为 0.667(20÷30)，此时的每股盈余为 3.93 元 $\left(\frac{530}{125+0.667\times 15}\right)$。

在计算了多种股票交换比率后，统一公司的财务人员预估多种比率条件下未来 5 年的每股盈余。其先预估公司在多年度的盈余，然后将其除以发行股数(这一发行股数应该按交换比率折算)，计算结果如图 15－1 所示。

如图 15－1 所示，如果没有综合效益，并且交换比率为 0.667，则每股盈余下降 0.667 元，但未来的 EPS 会大幅度上升。当然，我们可以对多种交换比率均画出图形。但是，有一点结论可以确定：如果有市盈率比较高的公司并购市盈率比较低的公司，而且交换比率是根据相对市价决定的，那么并购公司的 EPS 会提高；相反，如果有市盈率比较低的公司并购市盈率比较高的公司，则 EPS 会因受稀释而下降。这一点在上述两家公司的兼并中已经得到验证[统一公司的市盈率为 7.5(30÷4)，目标科技公司的市盈率为 10(20÷2)]。

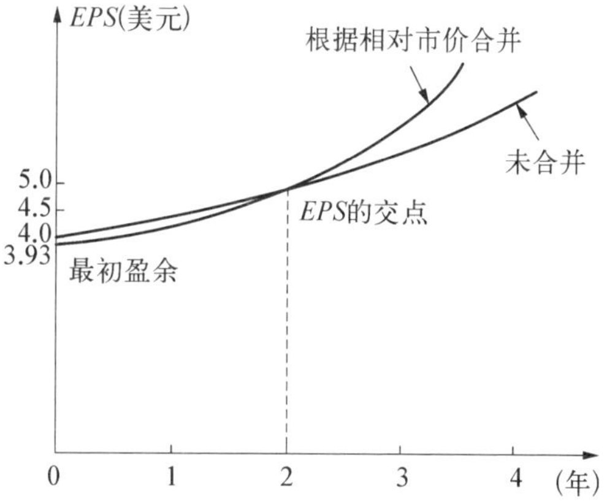

图 15－1　合并后的 EPS 效果图

如果按市价决定交换比率，则目标科技公司的股东可以获得较高的当期盈余：

持有 100 股的原盈余＝100×2＝200(元)

持有 100 股的新盈余＝100×0.667×3.93＝262(元)

所以，公司兼并对目标科技公司是有利的。

现在我们来考虑综合营运效益。

应该看到，如果兼并后会产生综合效益，则可以抵消一部分或全部盈余稀释，同时提高合并后的成长率。在这里，我们仅做提示，不做深入计算。

分析的最后一步是预测市盈率，并用于预测并购后的股票市价。公司并购后的市盈率反映了投资者对并购后风险和成长的预期。如果投资者预期并购后可以降低风险，则市盈率可能提高。假定预测的市盈率为 7.5(与原统一公司原有的市盈率一样)，则与 EPS 为 3.93 并用，可求得股票市价为 29.48 元(7.5×3.93)；若预测市盈率达到 10，则股票市价可达到 39.30 元。

综上分析，最后决策时应该明确：如果并购会提高股价，则并购有利；并购后的股价同时反映了最后的每股盈余和市盈率，前者取决于股票交换比率，后者取决于投资者的预期；如果公司财务人员能够准确预测，则并购一定会成功。

四、并购的资金规划与税收筹划

通过并购活动，可以提高本公司的市场占有率，或者扩大本公司的供销渠道，或者获得特殊的经营资源，然后迅速提升股票的市场价值。但是，在所有并购案例中，资金筹措是一个很重要的问题。如果没有足够的资金供给，并购公司也没有足够的主动性，则并购活动就不能理想地完成。此外，在并购活动中，税收也是需要考虑的因素之一。

（一）并购的资金规划

目前，适合我国国情的融资方式和途径有内部留存、增资扩股、股权置换、金融机构信贷、公司发行债券、卖方融资、杠杆收购等。在具体的运作过程中，有些可单独运用，有些可组合运用，视并购双方的具体情况而定。

1. 增资扩股

当收购方选择增资扩股方式取得现金来收购目标公司时，最重要的是考虑股东对现金增资意愿的强弱。就上市公司而言，拥有经营控制权的大股东可能会考虑其自身认购资金来源的成本、小股东认购愿望等因素。对于非上市公司，若股东资金不足而须由外界特定人员认购时，大股东可能会出于保持控制权的考虑，宁可增加借款而不愿扩股。

2. 股权置换

股权置换在公司并购中最为常用。在公司并购活动中，收购者将其自身的股票作为现金支付给目标公司股东，可以通过两种方式实现：一是由买方出资收购卖方全部股权或部分股权，卖方股东取得资金后，认购收购方的现金增资股，双方股东不需要另筹资金即可实现资本集中；二是由买方收购卖方的全部资产或部分资产，由卖方股东认购买方的增资股，这样也可以达到集中资本的目的。

3. 金融机构信贷

金融机构信贷是公司并购的一个重要资金来源，在国外比较流行。由于这种贷款不同于一般的商业贷款，因此要求收购方提前向可能提供贷款的金融机构提出申请，并就各种可能出现的情况进行坦诚的磋商。即使需要保密，也需要在收购初期向金融机构提出融资要求，因为这种贷款和一般的商业贷款相比，金额大、偿还期长、风险高，所以需较长的商讨时间。

4. 卖方融资(推迟支付)

在许多时候，并购双方在谈判时会涉及并购方推迟支付部分或全部贷款的情形。如果公司盈利不佳，而卖方又急于脱手，收购者就可以利用卖方融资方式。这种方式有利于收购者进行支付，与通常的分期付款方式类似。不过，这要求收购方有极佳的经营计划，这样才容易取得卖方融资。这种方式对卖方的好处在于贷款分期支付，税赋也分段支付，使其享有税负延后的好处，还可以要求收购方支付较高利息。

5. 杠杆收购

杠杆收购是指收购方为筹集收购所需现金，大量向银行或金融机构借款，或发行高利率、高风险债券,这些债务的安全性以目标公司的资产和将来的现金流入作担保。实质上,杠杆收购是收购公司主要通过借债来获得目标公司的产权,并且用后者的现金流量偿还负债的方式。

与其他企业并购融资方式相比,杠杆收购具有以下几个基本特征:(1) 收购公司用于收购的自有资金远远少于收购总资金,一般而言,两者的比例仅为 10%~20%;(2) 收购公司的绝大部分收购资金是通过借债而来的,贷款方可能是金融机构、信托基金、个人,甚至可能是目标公司的股东;(3) 收购公司用于偿付贷款的款项来自目标公司的资产或未来的现金流量,即目标公司将支付其自身的售价;(4) 收购公司除投入非常有限的资金外,不负担进一步投资的义务,即贷出收购资金的债权人只能向目标公司求偿。实际上,贷款方通常在目标公司资产上进行担保,以确保其优先受偿地位。

从以上几个特点可以看出,利用杠杆收购会给收购公司带来极大的好处。但是,杠杆收购在提高收购公司财务效益的同时,也带来了高风险,因为这种收购的大部分资金依赖于债务,需要按期支付利息,沉重的债息偿还负担可能令收购公司不堪重负,所以,收购后的公司只有经过重组,提高经营效益与偿债能力,并使资产收益率和股权回报率有所增长,并购活动才算真正成功。

(二) 并购的税收筹划

1. 目标公司的税收问题

(1) 公司税

如果目标公司在被收购前是某个集团的一部分,那么它自收购之日起就不能在并购后的会计期间缴还或得到集团减免。并购活动把目标公司的会计期间一分为二,目标公司的盈利或亏损和应税收益在这两个期间按比例进行分配,集团减免仅适用于目标公司已成为新集团的那个会计期间。在许多情况下,预缴公司税往往不能被偿还,也不能为新集团公司所利用。

另一种情形是目标公司已经处于亏损状态,并购公司为了获得减免,必须在未来继续经营,使之盈利。在公司业务已经中止的情况下,任何过去的应计亏损都不具备集团减免的资格。

为了利用亏损结转,并购公司必须使目标公司扭亏为盈,这往往要冒风险。在亏损自然增长后,目标公司应当继续经营,否则国内税务部门可能会认为公司经营不连续,从而不允许其进行亏损结转。

(2) 资本收益税

集团内资产在集团内转移而资本收益税不变,这就产生了一种避税方法,因为把带有资本收益的资产转移给另一个集团成员可以不必纳税。在美国,倘若获得资产的子公司在 6 年内离开集团,则集团内的资产转移就认为是以市场价值出售了这部分资产。

2. 目标公司股东的税收问题

除非股票和债券是作为营业资产持有,或这种股票、债券的转让是公司重组活动的一部分,否则作为资产收益目标,股东出售股份与债券是需要纳税的。在以下两种情况下,股票与债券的转让被作为重组的一部分:其一,A 公司的股票和债券与 B 公司的股票和债券交换;其二,A 公司原来的股票取消,股东根据原来的股份获得新发行的股票和债券。在这两种情况下,重组必须是真正出于业务目的,而不是为了避税。股票交换还必须符合另外两个条件:一是 A 公司必须现在拥有或者在股票交换后拥有 B 公司 1/4 以上的普通股;二是作为向 B 公司的成员或所有普通股东出价的结果，股票或债券的发行必须由 A 公司承担，而且在第一种情况下，A 公司要控制 B 公司。当上述条件满足时，A 公司和 B 公司就被当作相同的公司，相当于单一公司的股本重组。这样，就不把股东看作为了获得资本收益而出售其原始股份，股东最后的盈亏要根据原来所持股份的价值与现在的价值来计算。

若收购的是部分股票和债券，那么就把这种交易看作部分出售；换言之，股东已经收到或被认为已经收到除新股外的其他回报，也卖掉了部分原来拥有的股权。出售的比例是 $\frac{A}{(A+B)}$。在这里，A 代表出售部分在当时的市场价值，B 代表剩余部分的市场价值。

3. 并购公司的税收问题

(1) 公司税

根据所获得目标公司股权的比例，可以把目标公司包括在集团内，并获得税收减免。但是，在某个会计期间，公司加入或离开集团，亏损的结转有一些限制，特别是在考虑目标公司的公司税时，要求把利润或亏损在会计期内按时间进行分摊，即只要有关规则的运用不是“不合理”或“不正当”，在子公司加入集团时，将继续使用按时间分摊的原则。

(2) 资产收益税

假如并购公司想出售目标公司，则有些费用可以打入成本，这个允许的成本由收购的附带成本和出售目标公司的附带成本组成。

如果目标公司在收购后以原始成本出售一项应税资产，并且由于前面的展期，纳税成本低于原始成本，则其实际资本收益就比预期高。但是，应当注意到，所有公司集团成员的交易都被看作单独的交易，收购公司和目标公司由此获得的收益可以分别展期到收购公司和目标公司新的资产上。

(3) 其他税

关于投资补贴和增值税，有许多税收方面的问题。在重组中，并购公司往往希望对目标公司的业务活动，有时甚至是对自身的业务活动进行合理化与重整，所以经常会使资产在并购公司与被并购公司之间转移。出于公司税的考虑，资产转移被认为以市价进行，所以可能会引起加税补偿(Clawback)。当税额的削减价值低于厂房、设备成本和销售净收入时，提供给厂房和设备的投资补贴可以平衡出售资产时的费用。

关于增值税，由于并购与被并购双方是作为一个集团，负有连带责任，因此，从这个意义上讲，并购公司在接管前对目标公司未缴的增值税负有责任。

第三节　公 司 控 制

一、控股公司的含义及类型

（一）控股公司的含义

控股公司是指拥有其他公司达到决定性表决权的股份，从而行使控制权或从事经营的公司。控股公司不但拥有其子公司财务上的控制权，而且拥有经营上的控制权，并对重要人员的任命和大政方针的确定拥有决定权，甚至直接派人去经营管理。控股公司也称为母公司。拥有其他公司的股份并能够实际控制其营业活动的公司称为母公司;资产全部或部分归母公司所有,但在经济上和法律上都相对于母公司而独立的公司称为子公司(或附属公司);随着控制权的健全,还有孙公司,即由子公司所控制的公司;等等。

(二) 控股公司的类型

1. 纯粹控股公司和混合控股公司

根据所从事的活动的内容,控股公司可分为纯粹控股公司和混合控股公司。

纯粹控股公司设立的目的只是掌握子公司的股份,控制其股份,然后利用控股权影响股东大会和董事会,支配被控股公司的重大决策和生产经营活动,其本身并不直接从事生产经营活动。各种投资公司就属于此类。

混合控股公司是指既从事股权控制,又从事某种实际业务经营的公司。一方面,它掌握子公司的控制权,支配其生产经营活动,使被控股公司的业务活动有利于控股公司自身营业活动的发展,如多元化经营、跨地区乃至跨国经营等;另一方面,它又直接从事某种实际的生产经营活动。这两种类型的控股公司在我国都存在,尤以后一种形式居多。

2. 直接控股公司与间接控股公司

在母公司体制中,相对于被直接控制股权的子公司,母公司就是直接控股公司,即母子公司之间是一级垂直控制,中间不再有其他中介公司;如果公司所属的控股子公司再对其他公司控股,则对这些孙公司、曾孙公司等而言,母公司即间接控股公司。次级控股公司一般为专业集团公司和地区集团公司等,它们的建立有利于缩小上一级控股公司的管理幅度,加强对下属公司的经营控制和管理。

3. 国家控股公司

国家控股这种形式在我国较为常见。国家控股公司是国家管理国有资产的组织形式之一,是国家出资并授权的国有公司。国家控股公司是政府机构和企业之间的媒介,是国家为了以较少的资金控制较多、较大的企业资本,并执行管理众多国有企业的职能或实现政府某一政策目标而组建的经济组织。按照职能、作用以及形成原因的不同,国家控股公司可以划分为管理型国家控股公司、投资型国家控股公司和经营型国家控股公司三种。

二、控股公司的优缺点

(一) 控股公司的优点

与专业化公司相比,以控股公司形式控制大规模公司有许多明显的优点:

1. 少量资金控股

公司只需购入其他公司50%、10%甚至5%的股票,就可以获取控制权,加强自身的优势地位。合并等方式尽管也可以达到增强竞争实力、扩大公司规模等目的,但是,要么以取消原公司为代价,要么付出巨额资金,在公司资金有限时,控股是非常廉价的扩张方式。

2. 节约公司结合的交易费用

控股与并购不同,它并不伴随公司组织的融合。为了支配、控制一家公司,只需购买所需股份即可,当事人容易在相对平静的状态下达成协议,从而避免并购过程中时常发生的与公司债权人、工会、少数股东等的纠纷。即使难以达成协议,也可以通过证券市场买进其股份,以单方面促成结合关系,而不需要征求股东的意见。所以,控股公司可以大大节约为达成结合关系而与对方谈判、交涉等的交易费用。

3. 分散集团整体经营风险

由于控股公司系统中母公司与各子公司都是独立经营的法人公司，因此，某一家公司发生的严重亏损不会作为负债传递给其他公司，而子公司获利的好处，母公司能够得到，倘若附属公司的经营业绩恶化，母公司还可以通过卖出股份转嫁其经营责任。与事业部组织相比，控股公司承担的风险小，发生亏损等不利事件时不会拖累全体，而且撤退更为容易。

4. 防止公司被并购

从中小型公司的角度考虑，保护自己免遭大公司吞并的手段之一就是成为某大公司的子公司、伙伴公司，从而既保证其一定的独立性，又有较为稳定的经营业务。

5. 防止组织一体化的损失

公司合并中的组织融合过程极易发生人际摩擦，并且随着组织规模过分扩大，特别是当机构过于庞大时，内部控制和管理上多会发生非效率现象，即公司的组织成本增加。而控股公司中的股份持有可以在一定程度上防止这种损失，提高组织的运行效率。

6. 获取规模经济的效益

在控股公司中，各公司能够获取原材料、零部件的稳定供应或得到较为优惠的供应价格，减少竞争对手并获得较高的声誉，而且子公司由专业人员管理，效率更高。

7. 法律和税收方面的收益

由于有的国家的所得税实行超额累进制，因此，母子公司独立核算、分散上报应税所得可以降低适用税率，减少纳税负担。另外，建立控股公司还可以回避法律责任，如回避公司章程规定的条款、避免有关行政法规的限制以及隐匿财产等。

（二）控股公司的缺点

1. 母子公司的经营思想很难达成一致

一般而言，控股公司的经营信条、战略计划、方针等难以彻底地向子公司渗透、贯彻。母子公司完全以资本结合为主，以投资收益率、盈利状况为评价标准，在经营和管理上的渗透并不充分，所以在战略思想的贯彻中难以达成一致。

2. 部分所得重复课税

按照美国国税局的规定，如果控股公司持有其子公司 80%以上具有投票权的股份，则其盈余可以合并申报税收，母公司获得的股利将不需要课税；然而，持有股份少于 80%的，盈余不能合并，但控股公司所获股利有 85%可以免税。如果税率为 46%，则这一股利的有效税率为 6.9%。这种重复课税的存在抵消了一部分控股公司能以少数股权控股子公司所得到的利益。

3. 容易被迫解散

如果司法部按照法律的有关条款，不赞成控股公司的营运方式，就可以轻易地要求该公司处置股票所有权，从而解除控股关系。例如，杜邦公司曾被迫处置了该公司在 20 世纪 20 年代所取得的 23%的通用汽车公司的股权。

4. 过度运用杠杆的危险

控股公司的财务杠杆通常很高，使其在营运顺利时可以扩大利润，但也会因为过度运用杠杆而招致损失——杠杆率越高，销售和盈余波动所产生的风险就越大。

本章小结

并购是公司兼并与公司收购的简称，通常是指在市场机制作用下，公司为了获得其他公司的控制权而进行的产权交易活动。公司并购的动机包括：谋求协同效应；获得特殊资产；管理层利益驱动；实现战略重组，开展多元化经营；降低代理成本；政府意图。公司并购按双方产品和产业的联系，可以划分为横向并购、纵向并购和混合并购；按并购的实现方式，可以划分为承担债务式并购、现金购买式并购和股权交易式并购；按公司并购双方是否友好协商，可以划分为善意并购和敌意并购；按涉及被并购公司的范围，可以划分为整体并购和部分并购。在对目标公司进行估价时，可以采用资产价值基础法、收益法（市盈率模型）和贴现现金流量法。并购的资金来源有增资扩股、股权置换、金融机构信贷、卖方融资和杠杆收购。

控股公司是指拥有其他公司达到决定性表决权的股份，从而行使控制权或从事经营的公司。控股公司分为纯粹控股公司和混合控股公司。在公司接管防御中，有许多反收购对策，如董事轮换制、绝对多数条款、双重资本重组、“毒丸”计划、特定目标的股票回购、诉诸法律、资产收购和资产剥离、邀请“白衣骑士”和收购收购者。

复习思考题

1. 在公司并购中，如果采用股权交换方式，则交换比例应当如何确定？有没有一个区间？
2. 从反并购对策来看，哪些对策对股东的利益损害较大？为什么？

第十六章 公司失败与清算的财务处理

学习要点

到目前为止，本书的讨论内容都是持续成长的公司所面临的问题。然而，许多公司在财务上有时会陷入困境，甚至宣告破产倒闭。处于财务困境中的公司，其财务人员必须知道如何防止公司破产，从而减少损失。与此同时，经营顺利的公司的财务人员也必须了解公司可能面临的财务困境的本质、成因及可能的解救之道。

- 明确公司失败并不等于公司结算或破产。学生应理解公司失败的含义及失败的原因，在此基础上掌握如何采用最有效的债务重组方法。债务重组分为非正式重组和正式重组，要熟悉相应的程序，并了解正式重组计划的公平性和可行性标准。
- 公司可能会因为解散或破产而清算。破产清算的手段有两个：非正式程序即让渡和通过法院的正式破产程序。对这两个程序，学生要全面掌握。在公司清算的实施过程中，应重点掌握清算财产和清算债务的界定，了解破产清算的法律程序。

第一节 公司失败与财务重整

在不同的场合，对“失败”一词有不同的理解。在本书中，“失败”是指公司不能正常履行资金支付责任，在资金周转和运用方面出现入不敷出的现象。但是，失败并不意味着公司瓦解或解散。

一、公司失败的类型

每家公司在其经营过程中都必须考虑可能出现的财务危机和失败，考虑在公司出现财务困难和财务失败时，如何处理财务事宜，保护客户和主体的利益。

公司的失败可分为以下几种类型：

（一）经济失败

当一家公司的息税前收入小于投资应得的报酬，即息税前利润÷总资产小于风险投资的资本成本时，这家公司就面临经济失败。即使是一家全权益公司，也可能发生这种情况，因为经济失败与是否能够偿还债务的本息无关。

（二）财务失败

当公司不能按时偿还利息、本金和执行合同时，公司就面临财务失败。当一家公司有负债而又持续不能偿还时，该公司必然走向财务失败。一家公司若有良好的盈利性，但因为缺乏必要的流动而导致没有支付能力，也会走向财务失败。

（三）清算和破产

当公司停止营业并将资产出售，此时公司就在实施清算财务行为。如果公司在持续经营的过程中，其价值一直低于资产的价值，那么停止经营、出售资产对于公司来说不失为一种明智的选择。但公司若因为资不抵债而被清算，那么债权人将遭受损失。

公司失败的最终类型是破产。破产需要经过一系列的法律程序方能生效。破产又可分为自愿破产和非自愿破产。通常，狭义上的公司失败是指公司破产。

二、公司财务重整

公司财务重整是指对陷入财务危机但仍有转机或重建价值的公司，根据一定程序进行重新整顿，使公司得以维持和复兴的做法。这是对已经达到破产界限的公司的抢救措施。通过这种抢救，濒临破产的公司中的一部分甚至大部分能够重新振作起来，摆脱破产厄运，走上继续发展之路。

（一）非正式重整

当公司只是面临暂时性的财务危机时，债权人通常愿意直接与公司联系，帮助公司恢复和重新建立较坚实的财务基础，以避免因进入正式法律程序而发生的庞大费用和冗长的诉讼时间。

1. 非正式重整的类型

(1) 债务展期与部分减免

按债务的处理方式划分，非正式重整有债务展期（Extension）和部分减免（Composition）两种方式。债务展期是指债权人同意债务人延长已经到期债务的偿还期限。债务的部分减免也称为债务和解，是指债权人同意减少债务人偿还的本金数额，或同意降低利息率，或同意将一部分债权转化为股权，或将上述几种方式混合使用。非正式重整会使债权人蒙受损失，但所收回的债权额通常比通过正式的法律程序所收回的数额多。

有时候，债务展期或到期债务减免会为财务发生困难的公司赢得时间，使其调整财务，避免破产。债务展期与债务和解均属于非正式的挽救措施，是债务人与债权人达成的协议，既方便，又简洁。所以，当公司发生财务困难时，首先想到的便是债务展期与债务和解。债务展期与债务和解作为挽救公司经营失败的两种方法，都能使公司继续经营并避免法律费用。虽然债务展期与债务和解会使债权人暂时无法收取价款而发生一些损失，但是一旦债务人从困境中恢复过来，债权人不仅能如数收讫价款，而且能给公司带来长远效益。所以，债务展期与债务和解的方法在实际工作中被普遍采用。

(2) 准改组

当公司长期发生严重亏损，留存收益出现巨额赤字，且资产的账面价值严重不符合实际时，如果撤换了管理部门负责人，实施了新的经营方针，则可望在将来扭亏为盈。所以，公司可以通过减资来消除大量亏损，并采取一些旨在使将来成功经营的措施。例如，公司可以出售多余的固定资产，对有些固定资产或其他长期资产进行重新估计，并以较低的公允价格反映，为资产、负债和所有者权益建立新的基础，以减少计入将来期间的折旧费用和摊销费用。准改组不需要法院参与，不需要解散公司，也不改变债权人的利益，只要征得债权人和股东的同意，不立即向债权人支付债务和向股东派发股利即可。

(3) 债转股

公司在某些极端情况下，会将债务转为股权，即将债权人转化为股权人。但若是债权人之前就是通过可转换债券的方式持有公司债券，那么，当此类债权转化为股权时，不算作债转股。

(4) 自愿清算

在某些情况下，公司的所有人通过分析公司之前的经营状况，发现公司的价值小于其资产，已无继续经营的必要。在通过与债权人沟通后，债权人同意私下解决。通常为了避免冗长的法律程序和昂贵的费用，债权人愿意接受自愿清算以收回更多资金。

2. 债务展期或部分减免的条件

公司得到债务展期或部分减免至少要满足下述条件：(1) 债务人要有良好的商业道德和信誉，确实愿意忠实地履行其对债权人的义务，而不会试图将公司资产转作他用；(2) 债务人要具有扭转不利局面、偿还债务的能力；(3) 外部环境特别是商业环境要有利于公司恢复正常经营。

3. 债务展期与部分减免的程序

下面介绍美国公司在进行这类非正式重整时的基本做法。首先，全体债权人与债务人举行一次会议。在会议上，债权人任命一个由4～5位大债权人与1～2位小债权人组成的债权人委员会。这种会议一般由当地信用管理协会所属的仲裁委员会或由行业协会主持召开。会后，如果仲裁委员会断定该案例能够成立，就指派一些调查人员进行具体调查，并写出详尽的调查报告。仲裁委员会与债权人委员会根据报告所列事实，制订一份调整债权的计划。然后，债权人和债务人再举行一次会议，准备达成一项双方都能接受的债务展期或和解协议，或者是两者综合运用。随后，可能还要再开几次会议，以达成最终协议。

在制订债务重组计划时，债务人可能比较喜欢采用债务展期的方式，因为这种解决方法能使他们获得全部债权额。对债务人来说，债务展期意味着公司目前可以采购要求支付现金的货物，而展期偿还过去的债务余额。在某些情况下，债权人可能不仅同意债务展期，而且同意将旧债务附加到在展期期间因供应商扩大而有利可图的赊销所发生的新债务中。债权人肯定相信债务人能够解决其面临的问题。然而，因为包含不确定因素，所以债权人在等待债权偿还的时期内会要求对债务人实施控制权。

一般而言，债权人同意债务展期或债务和解，表明债权人对债务人有信心，相信债务人能够走出财务困境，并有益于债权人。然而，在债务展期或债务和解后等待还款的一段时间内，由于公司经营的不确定性，随时会发生新的问题而导致债权人利益受损。所以，为了对债务人实施控制，保护债权人的利益，在实施债务展期或债务和解后，债权人通常应采取下列措施：(1) 坚持实行某种资产的转让或由第三者代管；(2) 要求债务公司的股东转让其股票到第三者代管账户，直至根据展期协议还清欠款；(3) 债务公司的所有支票应由债权人委员会会签，以保持回流现金用于还清欠款。

4. 债务展期与和解的综合运用

通常，在债权人与债务人双方协商的过程中，还会产生一种债务展期与和解综合运用的解决办法。例如,先以现金清偿债务额的25%,其余的分6次分期偿还,每次偿还债务额的10%。全部偿还数为债务额的85%。分期偿还部分通常用票据作为抵押凭证,债权人也可以寻求其他控制手段来确保其债权额的安全。

5. 准改组的财务处理方法

(1) 由于固定资产等项目的账面价值已经不符合其持续经营价值,原始成本基础已经不可能产生切合实际的会计报表,因此,有关资产应当进行重新计价,调低的数额应当冲减留存收益。

(2) 股东权益(甚至负债)应当进行重新计价,将留存收益的红字调整为零。

(3) 准改组要经过债权人和股东的批准,通常由法院监督,以确保有关各方的利益,避免法律纠纷;同时,要按照《公司法》的规定,公告有关债权人。

(4) 在准改组当年的财务报表中,应当充分披露准改组的程序和影响,并在此后的3至10年间加注说明留存收益的积累日期。

6. 非正式重整的利弊分析

非正式重整可以为债务人和债权人双方都带来一定的好处。首先,这种做法避免了履行正式手续所需发生的大量费用,需要的律师、会计师的人数也比履行正式手续要少得多。其次,非正式重整可以减少重整所需的时间,使公司在较短的时间内重新进入正常经营的状态,避免了因冗长的正式程序使公司迟迟不能进行正常经营而造成的公司资产闲置和资金回收推迟等浪费现象。再次,非正式重整使谈判具有更大的灵活性,有时更容易达成协议。

但是,非正式重整也存在一些弊端:一是债务人仍然控制着公司,这种情况可能引起法律纠纷,即仍由债务人经营的资产不断受到侵蚀而产生的种种问题。当然,可以采取许多控制手段来保障债权人债权额的安全。二是当债权人人数众多时,可能难以达成一致意见,特别是小债权人可能会纠缠不清,坚持全额偿还。对此,一般的解决办法是设定一个基数,再加上他们的债权余额,以协商、调整后的百分比所计算的数额为准。三是由于公司不是进行正式重整,因此可能得不到破产保护的好处。

(二) 正式重整

正式重整是将上述非正式重整的做法按照规范化的方式进行。公司财务重整是通过一定的法律程序改变公司的资本结构,合理地解决其所欠债权人的债务,以使公司摆脱所面临的财务困难,并继续经营。在公司陷入财务危机时,有关人员必须做出是对公司进行破产清算,还是对其进行重整使其得以继续经营下去的决策。进行重整的公司必须是依据合理财务负担标准衡量仍有继续经营价值的公司。那些依据正常财务负担标准衡量无法继续经营的公司,通常不应列在重整范围内,以免使债权人遭受更大损失。

为了保护原有公司债权人的利益,在公司重整期间,公司股东和董事会的权力被终止,应由法院指定受托人接管债务公司,并处理改组事务,由重整监督人监察重整人执行业务的情况,以关系人会议作为最高意见机关。

受托重整人负责重整期间公司的业务经营和财产处分,拟订重整计划,并确保重整程序的顺利执行。重整人是重整工作的执行者,可以由原公司的董事担任,也可以在债权人或公司股东中选派。重整人的人数由法院依照各方面的关系酌定。

重整监督人是由法院选任的执行监督重整职责的人。其对重整人的工作展开、重大决策、公司业务及财务交接负有监督、询问和许可的责任,同时负有向法院申报有关情况、受理债权和股权申报等责任。

关系人会议是公司重整程序中债权人和股东以决议方式参与重整工作及商讨重整计划是否可行的会议。关系人会议的任务是听取有关公司业务与财务状况的报告，听取对公司重整的意见，审议和表决重整计划，商讨和决定其他有关公司重整的事项。其中，审议和表决公司重整计划是关系人会议最重要的任务。

在正式重整中，法院起着重要的作用，特别是要对拟议中的公司重整计划的公平性和可行性做出判断。

在重整期间，有下列情形之一的，经管理人或者利害关系人请求，人民法院应当裁定终止重整程序，并宣告债务人破产：一是债务人的经营状况和财产状况继续恶化，缺乏挽救的可能性；二是债务人有欺诈、恶意减少债务人财产或者其他显著不利于债权人的行为；三是由于债务人的行为致使管理人无法执行职务。

（三）重整计划

1. 重整计划的内容

重整计划是对公司现有债权和股权的清理及变更做出安排，调整公司资本结构，提出未来的经营方案和实施办法。债务人或者管理人应当自人民法院裁定债务人重整之日起6个月内同时向人民法院和债权人会议提交重整计划草案。重整计划草案应当包括下列内容：债务人的经营方案，债权分类，债权调整方案，债权受偿方案，重整计划的执行期限，重整计划执行的监督期限，有利于债务人重整的其他方案。

2. 制订重整计划的步骤

一般来讲，制订重整计划需要经过下述三个步骤：

第一，估算重整公司的价值。这是非常困难的一步，通常采用的方法是收益现值法。首先，估算公司未来的销售额；其次，分析公司未来的经营环境，以便预测公司未来的收益与现金流量；再次，确定用于未来现金流量贴现的贴现率；最后，用确定的贴现率对公司未来的现金流量贴现，以估算公司的价值。

第二，调整公司的资本结构，削减公司的债务负担和利息支出，为公司继续经营创造合理的财务状况。为了达到这一目的，需要对某些债务进行展期，将某些债务转化为其他证券（如受益债券、优先股甚至普通股）。

第三，公司新的资本结构确定后，用新的证券替换旧的证券，实现公司资本结构的转换。要做到这一点，就要将公司的各类债权人和利益所有者按照收益索取权的优先级别分类统计，同一级别的债权人或权益所有者在进行资本结构调整时享有相同的待遇。一般来讲，在优先级别靠前的债权人或权益所有者得到妥善安排后，优先级别靠后的债权人或权益所有者才能得到安置。

除上述安排外，重整计划通常还包括以下措施：(1) 如果公司现有管理人员不称职，则对公司管理人员进行调整，选择有能力的管理人员替代原有管理人员对公司进行管理；(2) 对公司存货及其他有关资产进行分析，对那些已经贬值的存货及其他资产的价值进行调整，以确定公司资产的当前价值，这也是调整公司资本结构、重新安排公司债权和股权的基础；(3) 改进公司的生产、营销、广告等各项工作，提高公司的工作效率；(4) 必要时，还需要制订新产品开发计划和设备更新计划，以使公司有能力摆脱以往的困境，适应市场的需要。

3. 重整计划的规定

各类债权的债权人参加讨论重整计划草案的债权人会议，依照下列债权分类，分组对重整计划草案进行表决：一是对债务人的特定财产享有担保权的债权；二是债务人所欠职工的工资和医疗、伤残补助、抚恤费用，所欠的应当划入职工个人账户的基本养老保险、基本医疗保险费用，以及法律、行政法规规定应当支付给职工的补偿金；三是债务人所欠税款；四是普通债权。

重整计划不得规定减免债务人欠缴的规定以外的社会保险费用，该项费用的债权人不参加重整计划草案的表决。人民法院应当自收到重整计划草案之日起 30 日内召开债权人会议，对重整计划草案进行表决。出席会议的同一表决组的债权人过半数同意重整计划草案，并且其所代表的债权额占该组债权总额的 2/3 以上的，为该组通过重整计划草案。债务人或者管理人应当向债权人会议就重整计划草案做出说明，并回答询问。债务人的出资人代表可以列席讨论重整计划草案的债权人会议。重整计划草案涉及出资人权益调整事项的，应当设出资人组，对该事项进行表决。各表决组均通过重整计划草案时，重整计划即通过。自重整计划通过之日起 10 日内，债务人或者管理人应当向人民法院提出批准重整计划的申请。经人民法院审查认为符合规定的，应当自收到申请之日起 30 日内裁定批准，终止重整程序，并予以公告。重整计划草案未获得通过且未依照规定获得批准，或者已通过的重整计划未获得批准的，人民法院应当裁定终止重整程序，并宣告债务人破产。

按照重整计划减免的债务，自重整计划执行完毕时起，债务人不再承担清偿责任。

第二节　公司财务重整案例

当公司出现偿债能力不足的问题时，必须决定是通过清算来解散公司还是通过重整来重新经营。这一决策基本取决于公司重整后的价值与资产出售的价值两者孰高孰低。如果公司的重整价值高于清算价值，那么公司就会经常利用这一点来迫使债权人进行重整，这就可能造成重整计划对债权人的不公平对待。所以，证券交易委员会和法院都必须确定重整计划的公平性与可行性，这是财务重整决策的重要内容。

一、公平性标准

公平性的基本思路是对各求偿权必须按其法律及契约上的先后次序予以承认，具体步骤为：(1) 估计未来的销售额；(2) 分析营运状况，以便预测未来的销售盈利水平；(3) 确定运用于未来盈余的资本化利率；(4) 将利用这一资本化利率预估的未来盈余折算成现值；(5) 决定分配给请求人的方式。

我们以 A 公司的重整案例来说明上述步骤。表 16－1 是 A 公司 2021 年 3 月 31 日的资产负债表。该公司全年亏损 250 万美元，而且在 2021 年 3 月 31 日的资产负债表中，资产的价值有所高估。该公司由于资金周转不灵而向法院申请按《破产法》的有关条款进行重整。法院根据这一法案指定了一个与债权债务双方均无利害关系的受托人。2021 年 6 月 13 日，该受托人向法院提出重整计划，并提交证券交易委员会加以分析。

表 16－1　A 公司资产负债表

2021 年 3 月 31 日　　单位：百万美元

项　　目	金　　额
资产	
流动资产	3.50
固定资产	12.50
其他资产	0.70
资产总额	16.70
负债与资本	
应付账款	1.00
应交税费	0.25
应付票据	0.25
其他流动负债	1.75
第一抵押券(15.5%,2022 年到期)	6.00
次级信用债券(18%,2023 年到期)	7.00
普通股(面值为 1 美元)	1.00
股本溢价	3.45
保留盈余	—4.00
负债与资本总额	16.70

证券交易委员会从公平的角度来评估这项计划：首先，估计 A 公司的价值(见表 16－2)。经过多位专家的调查讨论后，估计该公司每年的销售额为 2 500 万美元。其次，估计其销货盈利率为 6%，因此，预计该公司的未来盈余为 150 万美元。再次，估计该公司所在行业的市盈率，确认 8 倍为最适宜，将 150 万美元乘以 8，结果显示该公司的价值为 1 200 万美元。由于同行业的 B 公司愿意承担 600 万美元债券，因此，还有 600 万美元净值留给其他求偿权。这个数值要比 B 公司提出的 40 000 股普通股的 300 万美元多出 1 倍。所以，证券交易委员会判定受托人的计划不公平。

表 16－2　A 公司受托人计划：证券交易委员会的评估　　单位：美元

项　　目	每 年 金 额
预估销货	25 000 000
销货盈利率(6%)	1 500 000
以盈利的 8 倍计算价值	12 000 000
已承担的抵押债券	6 000 000
净值	6 000 000

续　表

项　　目	金　　额	求偿权	调整次序后的求偿权
所得税	250 000	250 000	250 000
应付票据	250 000	143 750	250 000
一般无担保债权人	2 750 000	1 581 250	1 581 250
次级信用债券	7 000 000	4 025 000	3 918 750
可分配总额	6 000 000	6 000 000	6 000 000
占求偿权的比例	57.5%		

注：(6 000 000－250 000)÷(10 250 000－250 000)×100%＝57.5%。式中，250 000 美元是应付票据，在清偿次级信用债券前要全部清偿。

二、可行性标准

测试可行性的基本思路是预测重整后的销货盈余是否足够支付固定费用。通常，必须提高销货盈余和降低固定费用双管齐下，才可行。可采用如下措施：(1) 延长负债到期日，将部分负债转为权益；(2) 如果出现管理不善的情况，则调整管理人员，换上新的管理人员；(3) 如果存货出现过时和耗尽的情况，则必须重置；(4) 有时，为了使公司有足够的竞争能力，厂房和设备必须予以现代化，以降低成本；(5) 重整的同时必须改善生产、经销、广告和其他职能；(6) 有时，必须开发新产品和新市场，公司转向有增长潜力的领域。

仍以 A 公司为例。如前所述，证券交易委员会虽然认为受托人的计划不公平，但因该行业的其他公司不接受 A 公司，故而最后接受了受托人的方案，希望 B 公司在接受 A 公司后，能够协助后者改善生产效率。两家公司合并后，B 公司的总负债为 1 750 万美元，总资产为 6 300 万美元，负债比率为 27%，已经相当合理了。B 公司的息前及税前净利润约为 3 000 万美元，长期负债的利息为 350 万美元，加上短期负债的利息，最多不过每年 400 万美元。利息保障倍数可达 7.5 倍，大大超过行业平均数。这样，债权人的利益就有了保障。所以，可以认为重整方案是可行的。

第三节　公 司 清 算

公司清算是指在公司终止过程中，为了保护债权人、所有者等利益相关者的合法权益，依法对公司财产、债务等进行清理、变卖，以终止其经营活动，依法取消其法人资格的行为。当一家公司估计其“死亡的价值高于生存的价值”时，便发生了清算。

一、公司清算的类型

清算按其原因，可分为解散清算和破产清算。导致公司解散清算的原因主要有：(1) 公司章程规定的营业期限届满或公司章程规定的其他解散事由出现(如经营目的已达到，不需要继续经营，或目的无法达到且公司无发展前途等）；(2) 公司的股东大会决定解散；(3) 由于公司合并或者分立，需要解散；(4) 公司违反法律或者从事其他危害社会公众利益的活动而被依法撤销；(5) 发生严重亏损，或投资一方不履行合同、章程规定的义务，或因外部经营环境变化而无法继续经营。

破产清算是因公司经营管理不善造成严重亏损，不能偿还到期债务而进行的清算。破产清算的情形有两种：一是公司的负债总额大于资产总额，事实上已不能支付到期债务；二是虽然公司的资产总额大于负债总额，但因缺少偿付到期债务的现金资产，故未能偿还到期债务，被迫依法宣告破产。

让渡(Assignment)也称转让，是不通过法院清偿债务的非正式程序，通常能够使债权人收回比正式破产程序更多的债务。让渡时，债务人的资产转移给第三人，也就是受让人。受让人根据指示，以私下交易或公开拍卖的方式清算这些资产，然后将出售的所得按比例分配给债权人。让渡时不能自动解除债务人的债务，但债务人可以签发支票给债权人，并附上必要的法律文件，由债权人背书后即表示其债权已经充分清偿。

与通过法院的正式破产程序相比，让渡有很多优点。正式破产程序时间长，法律条文纠缠不清，并且费用较高；而让渡时，受让人在资产处理上较有弹性，故而可以迅速采取行动，不会拖延时间。此外，由于受让人通常比较熟悉债务人生意上的多种交易渠道，因此，资产处理价格会优惠一些。但是，让渡也有缺点。例如，让渡时不能完全合法地解除债务人的债务，也不能保护债权人免受欺诈。克服这些缺点，需要采用法律程序。

二、破产清算的程序

(一) 破产界限

当公司资不抵债，亦无债务展期、和解、重整的可能性时，公司实际上已经破产。从法律上理解，破产有两层含义：一是指资不抵债时发生的实际上的破产，即债务人因负债超过资产、不能清偿到期债务时发生的一种状况。二是指债务人因不能清偿到期债务而被法院依法宣告破产。因为对债务人的破产宣告是依据法律上确定的标准进行的，所以这种破产又称为法律上的破产。

所谓破产界限，即法院据以宣告债务人破产的法律标准，在国际上又统称为法律破产原因。在破产立法上，对破产界限有两种规定方式：一种是列举方式，即在法律中规定若干种表明债务人丧失清偿能力的具体行为，凡实施行为之一者便认为达到破产界限。另一种是概括方式，即对破产界限做出抽象性的规定，它着眼于破产发生的一般性原因，而不是具体行为。例如，不能清偿或无力支付，资不抵债，停止支付。我国和世界上大多数国家均采用概括方式来规定公司破产的界限。例如，我国于 2006 年 8 月 27 日通过的《破产法》指出，企业不能清偿到期债务，并且资产不足以清偿全部债务或者明显缺乏清偿能力的，依法宣告破产。

(二) 破产清算的一般程序

根据我国《破产法》的有关规定，公司破产清算的基本程序大致可分为三个阶段：一是破产申请阶段，二是和解整顿阶段，三是破产清算阶段。和解整顿阶段已在前面一节中做过介绍，现在就破产申请阶段和破产清算阶段的主要操作程序进行概括。

1. 提出破产申请

《破产法》规定，提出破产申请的既可以是债权人，也可以是债务人。当债务人不能清偿到期债务时，债权人可以向债务人所在地的人民法院申请宣告债务人破产；债务人不能清偿到期债务，经过上级主管部门同意，可以向当地人民法院自动申请破产。目前，多数公司的破产申请是由破产公司（即债务人）提出的。

在具体操作中，公司在提出破产申请前，应对其资产进行全面的清查，对债权债务进行清理，然后由会计师事务所对其进行全面的审计，并出具资不抵债的审计报告。公司向法院提出破产申请时，要提供如下材料：请求破产的书面申请，会计师事务所对其进行审计后出具的审计报告，上级主管部门同意破产的批准文件，公司的会计报表，公司对外投资情况，银行账户情况，各项资产明细表，债权人的名单、地址、金额，以及法院认为需要的其他材料。

2. 法院接受申请

法院接到破产申请后即进行受理与否的审查和鉴定。债权人提出破产申请的，人民法院应当自收到申请之日起 5 日内通知债务人。债务人对申请有异议的，应当自收到人民法院的通知之日起 7 日内向人民法院提出。人民法院应当自异议期满之日起 10 日内裁定是否受理。除前款规定的情形外，人民法院应当自收到破产申请之日起 15 日内裁定是否受理。

有特殊情况需要延长前两款规定的裁定受理期限的，经上一级人民法院批准，可以延长 15 日。

债权人提出申请的，人民法院应当自裁定做出之日起 5 日内送达债务人。债务人应当自裁定送达之日起 15 日内向人民法院提交财产状况说明、债务清册、债权清册、有关财务会计报告、职工工资的支付和社会保险费用的缴纳情况。

债务人提出申请的，应当随着申请一并向人民法院提交财产状况说明、债务清册、债权清册、有关财务会计报告、职工安置预案、职工工资的支付和社会保险费用的缴纳情况。受理债务人破产申请案件后，应在 10 日内通知债权人申报债权，直接发布债权申报公告。

3. 债权人申报债权

债权人应当在收到通知后的 1 个月内，未收到通知的债权人应当自公告之日起 3 个月内，向人民法院申报债权，说明债权的数额和有无财产担保，并提交有关证据资料。逾期未申报债权的，视为自动放弃债权。

4. 法院裁定，宣告公司破产

法院对于公司破产申请进行审理，符合《破产法》规定情形的，即由法院依法裁定并宣告公司破产。破产宣告前有下列情形之一的，人民法院应当裁定终结破产程序，并予以公告：(1) 第三人为债务人提供足额担保或者为债务人清偿全部到期债务的；(2) 债务人已清偿全部到期债务的。

5. 组建清算组

按照《破产法》的规定，法院应当自宣告公司破产之日起 15 日内成立清算组，接管破产公司。清算组的组成人员一般包括财政部门、公司主管部门、国有资产管理部门、审计部门、劳动部门、国土管理部门、社会保障部门、银行、工商管理部门等部门的人员。清算组可以依法从事必要的民事活动。

债务人被宣告破产后，债务人称为破产人，债务人财产称为破产财产，人民法院受理破产申请时对债务人享有的债权称为破产债权。

6. 接管破产公司，进行资产处置等工作

清算组成立后，应接管破产公司的一切财产、账册、文书、资料和印章，并负责破产公司的保管、清理、估价、处理和分配等。

管理人应当及时拟订破产财产变价方案，提交债权人会议讨论。应当按照债权人会议通过的或者人民法院依照规定裁定的破产财产变价方案，适时变价出售破产财产。变价出售破产财产应当通过拍卖进行；但是，债权人会议另有决议的除外。破产公司可以全部或者部分变价出售。公司变价出售时，可以将其中的无形资产和其他财产单独变价出售。按照国家规定不能拍卖或者限制转让的财产，应当按照国家规定的方式处理。

7. 编报、实施破产财产分配方案

清算组在清算、处置破产财产并验证破产债权后，应当在确定公司破产财产的基础上拟订破产财产分配方案，经债权人会议通过，并报请人民法院裁定后，按一定的债务清偿顺序进行比例分配。

破产财产在优先清偿破产费用和共益债务后，依照下列顺序清偿：(1) 破产人所欠职工的工资和医疗、伤残补助、抚恤费用，所欠的应当划入职工个人账户的基本养老保险、基本医疗保险费用，以及法律、行政法规规定应当支付给职工的补偿金；(2) 破产人欠缴的除前项规定以外的社会保险费用和破产人所欠税款；(3) 普通破产债权。破产财产不足以清偿同一顺序的清偿要求的，按照比例分配。破产公司的董事、监事和高级管理人员的工资按照该公司职工的平均工资计算。

债权人未受领的破产财产分配额，管理人应当提存。债权人自最后分配公告之日起满 2 个月仍不领取的，视为放弃受领分配的权利，管理人或者人民法院应当将提存的分配额分配给其他债权人。破产财产分配时，对于诉讼或者仲裁未决的债权，管理人应当将其分配额提存。自破产程序终结之日起满 2 年仍不能受领分配额的，人民法院应当将提存的分配额分配给其他债权人。

破产人无财产可供分配的，管理人应当请求人民法院裁定终结破产程序。

8. 报告清算工作

清算组在破产财产分配完毕后，应当编制有关清算工作的报告文件，向人民法院报告清算工作，并提请人民法院终结破产程序。

9. 注销破产公司

清算组在接到法院终结破产程序的裁定后，应当及时办理破产公司的注销登记手续。至此，破产清算工作宣告结束。

三、公司清算的实施

(一) 资产的清算

1. 清算财产的界定

清算财产包括公司在清算程序终结前拥有的全部财产以及应当由公司行使的其他财产权利。公司的下列资产计入清算财产：(1) 宣告清算时公司经营管理的全部财产，包括各种流动资产、固定资产、对外投资以及无形资产；(2) 公司宣告清算后至清算程序终结前所取得的财产，包括债权人放弃的优先受偿权、清算财产转让超过其账面净值的差额部分；(3) 清算期间分回的投资收益和取得的其他收益等；(4) 应当由破产公司行使的其他财产权利。

法院受理清算案件前 6 个月至破产宣告之日的期间内，清算公司的下列行为无效，清算组有权向法院申请追回财产，并入清算财产：(1) 隐匿、私分或者无偿转让财产；(2) 正常压价出售财产；(3) 对原来没有财产担保的债务提供担保；(4) 对未到期的债务提前清偿；(5) 放弃自己的债权。

2. 清算财产的作价

清算财产的作价一般以清算价值为依据，同时参考账面净值和重估价值。对清算公司的财产物资进行出卖和处理时，一般以成交价格及变现收入作为作价依据。财产作价分为单项资产作价和综合资产"一揽子"作价。对"一揽子"作价应当再按适当方法折算成单项资产价值。对于公司的货币资产等，应当按其账面价值作价。如果公司合同或章程规定或投资各方协商决定，公司解散时需要对现存财产物资、债权债务进行重新估价，则清算组应当按重估价对公司财产作价。

(二) 负债和所有者权益的清算

1. 负债的清算

(1) 清算债务的界定

清算债务是指经过清算组确认的至公司宣告破产或解散的清算公司的各项债务。

公司清算债务主要包括下列各项：① 破产或解散宣告前设立的无财产担保债务；② 宣告时未到期的债务，视为已到期的债务减去未到期利息后的债务；③ 债权人放弃优先受偿权利的有财产担保的债务；④ 有财产担保债务的数额超过担保物价款未受偿部分的债务；⑤ 保证人代替公司偿还债务后，其代替偿还款为公司清算债务；⑥ 清算组解除公司未履行合同，致使其他当事人受损害的，其损害赔偿为公司清算债务；等等。

但是，下列费用不得作为公司清算债务：① 宣告日后的债务；② 债权人参加清算程序按规定自行负担的费用；③ 债权人逾期未申报的债权；④ 超过诉讼时效的债务。

(2) 债务清偿的最高额度

有限责任公司和股份有限公司清偿债务的最高还债能力为其注册资本额。当公司的实际资本额等于注册资本时，公司的实收资本就是最高还债责任；如果实收资本不足注册资本，现有资本又不足以偿付债务，则有限责任公司的投资各方必须补足各自认缴的股份额，使实收资本达到注册资本，以清偿债务。

2. 所有者权益的清算

(1) 清算费用

清算费用是指公司清算过程中发生的各项支出。清算费用应当从清算财产中优先拨付，一般随时发生、随时支付。清算财产不足以支付清算费用的，清算程序终结，未清偿的债务不再清偿。

清算费用包括：① 清算期间的职工生活费；② 清算财产管理、变卖和分配的手续费；③ 破产案件诉讼费用；④ 清算期间公司设施和设备管理费用、审计评估费用；⑤ 为债权人共同利益而支付的其他费用，包括债权人会议会务费、破产公司催收债务的差旅费及其他费用。

公司清算组应当严格按照经债权人会议审核的开支范围和标准拨付清算费用。

（2）清算损益

公司清算过程中发生的财产盘盈、财产变价净收入、因债权人原因确实无法归还的债务以及清算期间的经营收益等，计入公司清算收益。公司清算终了，清算收益大于清算损失和清算费用的部分，依法缴纳所得税。

（3）剩余财产的分配

公司清偿债务后剩余财产的分配一般应按合同、章程的有关条款处理，充分体现公平、对等原则，均衡各方利益。清算后，各项剩余财产的净值，不论实物或现金，均应按投资各方的出资比例或者合同、章程的规定分配。其中，有限责任公司除公司章程另有规定外，按投资各方的出资比例分配。股份有限公司按照优先股股份面值对优先股股东优先分配，其后的剩余部分再按照普通股股东的股份比例进行分配。如果公司剩余财产尚不足以全额偿还优先股股金，则按照各优先股股东所持比例分配。如果是国有企业，则其剩余财产应全部上缴财政。

本章小结

公司失败可以分为以下几种类型：经济失败、商业失败、技术性无力偿债、资不抵债、正式破产。公司财务重整可以分为非正式重整和正式重整。非正式重整分为债务展期、部分减免和准改组。

公司清算是指在公司终止过程中，为了保护债权人、所有者等利益相关者的合法权益，依法对公司财产、债务等进行清理、变卖，以终止其经营活动，依法取消其法人资格的行为。清算按其原因，可以分为解散清算和破产清算。我国的破产界限是公司因经营管理不善而造成严重亏损，不能清偿到期债务。破产清算的一般程序：提出破产申请→法院接受申请→债权人申报债权→法院裁定，宣告公司破产→组建清算组→接管破产公司，进行资产处置→编报、实施破产财产分配方案→报告清算工作→注销破产公司。

复习思考题

1. 在公司终止其经营活动时，是进行解散清算，还是进行破产清算，公司有充分的选择权，这种说法是否正确？为什么？

2. 公司在何时应实施财务重整，何时应进行破产清算？

3. 如果公司运用债务展期或债务和解进行财务重整，则债权人可以采用何种措施来保护自己的利益？

附表一　复利终值系数表

现在的 1 元 n 年后的价值 $=(1+i)^n$

年(n)/年利率(i)	0.5%	1%	1.5%	2%	2.5%	3%
1	1.005 00	1.010 00	1.015 00	1.020 00	1.025 00	1.030 00
2	1.010 03	1.020 10	1.030 23	1.040 40	1.050 63	1.060 90
3	1.015 08	1.030 30	1.045 68	1.061 21	1.076 89	1.092 73
4	1.020 15	1.040 60	1.061 36	1.082 43	1.103 81	1.125 51
5	1.025 25	1.051 01	1.077 28	1.104 08	1.131 41	1.159 27
6	1.030 38	1.061 52	1.093 44	1.126 16	1.159 69	1.194 05
7	1.035 53	1.072 14	1.109 84	1.148 69	1.188 69	1.229 87
8	1.040 71	1.082 86	1.126 49	1.171 66	1.218 40	1.266 77
9	1.045 91	1.093 69	1.143 39	1.195 09	1.248 86	1.304 77
10	1.051 14	1.104 62	1.160 54	1.218 99	1.280 08	1.343 92
11	1.056 40	1.115 67	1.177 95	1.243 37	1.312 09	1.384 23
12	1.061 68	1.126 83	1.195 62	1.268 24	1.344 89	1.425 76
13	1.066 99	1.138 09	1.213 55	1.293 61	1.378 51	1.468 53
14	1.072 32	1.149 47	1.231 76	1.319 48	1.412 97	1.512 59
15	1.077 68	1.160 97	1.250 23	1.345 87	1.448 30	1.557 97
16	1.083 07	1.172 58	1.268 99	1.372 79	1.484 51	1.604 71
17	1.088 49	1.184 30	1.288 02	1.400 24	1.521 62	1.652 85
18	1.093 93	1.196 15	1.307 34	1.428 25	1.559 66	1.702 43
19	1.099 40	1.208 11	1.326 95	1.456 81	1.598 65	1.753 51
20	1.104 90	1.220 19	1.346 85	1.485 95	1.638 62	1.806 11
21	1.110 42	1.232 39	1.367 06	1.515 67	1.679 58	1.860 29
22	1.115 97	1.244 72	1.387 56	1.545 98	1.721 57	1.916 10
23	1.121 55	1.257 16	1.408 38	1.576 90	1.764 61	1.973 59
24	1.127 16	1.269 73	1.429 50	1.608 44	1.808 73	2.032 79
25	1.132 80	1.282 43	1.450 95	1.640 61	1.853 94	2.093 78
26	1.138 46	1.295 26	1.472 71	1.673 42	1.900 29	2.156 59
27	1.144 15	1.308 21	1.494 80	1.706 89	1.947 80	2.221 29
28	1.149 87	1.321 29	1.517 22	1.741 02	1.996 50	2.287 93
29	1.155 62	1.334 50	1.539 98	1.775 84	2.046 41	2.356 57
30	1.161 40	1.347 85	1.563 08	1.811 36	2.097 57	2.427 26

续 表

年(n)/年利率(i)	3.5%	4%	4.5%	5%	5.5%	6%
1	1.035 00	1.040 00	1.045 00	1.050 00	1.055 00	1.060 00
2	1.071 23	1.081 60	1.092 02	1.102 50	1.113 03	1.123 60
3	1.108 72	1.124 86	1.141 17	1.157 63	1.174 24	1.191 02
4	1.147 52	1.169 86	1.192 52	1.215 51	1.238 82	1.262 48
5	1.187 69	1.216 65	1.246 18	1.276 28	1.306 96	1.338 23
6	1.229 26	1.265 32	1.302 26	1.340 10	1.378 84	1.418 52
7	1.272 28	1.315 93	1.360 86	1.407 10	1.454 63	1.503 63
8	1.316 81	1.368 57	1.422 10	1.477 46	1.534 69	1.593 85
9	1.362 90	1.423 31	1.486 10	1.551 33	1.619 09	1.689 48
10	1.410 60	1.480 24	1.552 97	1.628 89	1.708 14	1.790 85
11	1.459 97	1.539 45	1.622 85	1.710 34	1.802 09	1.898 30
12	1.511 07	1.601 03	1.695 88	1.795 86	1.901 21	2.012 20
13	1.563 96	1.665 07	1.772 20	1.885 65	2.005 77	2.132 93
14	1.618 69	1.731 68	1.851 94	1.979 93	2.116 09	2.260 90
15	1.675 35	1.800 94	1.935 28	2.078 93	2.232 48	2.396 56
16	1.733 99	1.872 98	2.022 37	2.182 87	2.355 26	2.540 35
17	1.794 68	1.947 90	2.113 38	2.292 02	2.484 80	2.692 77
18	1.857 49	2.025 82	2.208 48	2.406 62	2.621 47	2.854 34
19	1.922 50	2.106 85	2.307 86	2.526 95	2.765 65	3.025 60
20	1.989 79	2.191 12	2.411 71	2.653 30	2.917 76	3.207 14
21	2.059 43	2.278 77	2.520 24	2.785 96	3.078 23	3.399 56
22	2.131 51	2.389 92	2.633 65	2.925 26	3.247 54	3.603 54
23	2.206 11	2.464 72	2.752 17	3.071 52	3.426 15	3.819 75
24	2.283 33	2.563 30	2.876 01	3.225 10	3.614 59	4.048 93
25	2.363 24	2.665 84	3.005 43	3.386 35	3.813 39	4.291 87
26	2.445 96	2.772 47	3.140 68	3.555 67	4.023 13	4.549 38
27	2.531 57	2.883 37	3.282 01	3.733 46	4.244 40	4.822 35
28	2.620 17	2.998 70	3.429 70	3.920 13	4.477 84	5.111 69
29	2.711 88	3.118 65	3.584 04	4.116 14	4.724 12	5.418 39
30	2.806 79	3.243 40	3.745 32	4.321 94	4.983 95	5.743 49

续　表

年(*n*)/年利率(*i*)	6.5%	7%	7.5%	8%	9%	10%
1	1.065 00	1.070 02	1.075 00	1.080 00	1.090 00	1.100 00
2	1.134 23	1.144 90	1.155 63	1.166 40	1.188 10	1.210 00
3	1.207 95	1.225 04	1.242 30	1.259 71	1.295 03	1.331 00
4	1.286 47	1.310 80	1.335 47	1.360 49	1.411 58	1.464 10
5	1.370 09	1.402 55	1.435 63	1.469 33	1.538 62	1.610 51
6	1.459 14	1.500 73	1.543 30	1.586 87	1.677 10	1.771 56
7	1.553 99	1.605 78	1.659 05	1.713 82	1.828 04	1.948 72
8	1.655 00	1.718 19	1.783 48	1.850 93	1.992 56	2.143 59
9	1.762 57	1.838 46	1.917 24	1.999 00	2.171 89	2.357 95
10	1.877 14	1.967 15	2.061 03	2.158 92	2.367 36	2.593 74
11	1.999 15	2.104 85	2.215 61	2.331 64	2.580 43	2.853 12
12	2.129 10	2.252 19	2.381 78	2.518 17	2.812 66	3.138 43
13	2.267 49	2.409 84	2.560 41	2.719 62	3.065 80	3.452 27
14	2.414 87	2.578 53	2.752 44	2.937 19	3.341 73	3.797 50
15	2.571 84	2.759 03	2.958 88	3.172 17	3.642 48	4.177 25
16	2.739 01	2.952 16	3.180 79	3.425 94	3.970 31	4.594 97
17	2.917 05	3.158 82	3.419 35	3.700 02	4.327 63	5.054 47
18	3.106 65	3.379 93	3.675 80	3.996 02	4.717 12	5.559 92
19	3.308 59	3.616 53	3.951 49	4.315 70	5.141 66	6.115 91
20	3.523 65	3.869 68	4.247 85	4.660 96	5.604 41	6.727 50
21	3.752 68	4.140 56	4.566 44	5.033 83	6.103 81	7.400 25
22	3.996 61	4.430 40	4.908 92	5.436 54	6.658 60	8.140 28
23	4.256 39	4.740 53	5.277 09	5.871 46	7.257 87	8.954 31
24	4.533 05	5.072 37	5.672 87	6.341 18	7.911 08	9.849 73
25	4.827 70	5.427 43	6.098 34	6.848 48	8.623 08	10.834 71
26	5.141 50	5.807 35	6.555 72	7.396 35	9.399 16	11.918 18
27	5.475 70	6.213 87	7.047 39	7.988 06	10.245 08	13.110 00
28	5.831 62	6.648 84	7.575 95	8.627 11	11.167 14	14.421 00
29	6.210 67	7.114 26	8.144 14	9.317 27	12.172 18	15.863 10
30	6.614 37	7.612 26	8.754 96	10.062 66	13.267 68	17.449 41

续 表

年(n)/年利率(i)	12%	14%	15%	16%	18%	20%
1	1.120 00	1.140 00	1.150 00	1.160 00	1.180 00	1.200 00
2	1.254 40	1.299 60	1.322 50	1.345 60	1.392 40	1.440 00
3	1.404 93	1.481 54	1.520 88	1.560 90	1.643 03	1.728 00
4	1.573 52	1.688 96	1.749 01	1.810 64	1.938 78	2.073 60
5	1.762 34	1.925 41	2.011 36	2.100 34	2.287 76	2.488 32
6	1.973 82	2.194 97	2.313 06	2.436 40	2.699 55	2.985 98
7	2.210 68	2.502 27	2.660 02	2.826 22	3.185 47	3.583 18
8	2.475 96	2.852 59	3.059 02	3.278 41	3.758 86	4.299 82
9	2.773 08	3.251 95	3.517 88	3.802 96	4.435 45	5.159 78
10	3.105 85	3.707 22	4.045 56	4.411 44	5.233 84	6.191 74
11	3.478 55	4.226 23	4.652 39	5.117 26	6.175 93	7.430 08
12	3.895 98	4.817 90	5.350 25	5.936 03	7.287 59	8.916 10
13	4.363 49	5.492 41	6.152 79	6.885 79	8.599 36	10.699 32
14	4.887 11	6.261 35	7.075 71	7.987 52	10.147 24	12.839 18
15	5.473 57	7.137 94	8.137 06	9.265 52	11.973 75	15.407 02
16	6.130 39	8.137 25	9.357 62	10.748 00	14.129 02	18.488 43
17	6.866 04	9.276 46	10.761 26	12.467 68	16.672 25	22.186 11
18	7.689 97	10.575 17	12.375 45	14.462 51	19.673 25	26.623 33
19	8.612 76	12.055 69	14.231 77	16.776 52	23.214 44	31.948 00
20	9.646 29	13.743 49	16.366 54	19.460 76	27.393 03	38.337 60
21	16.803 85	15.667 58	18.821 52	22.574 48	32.323 78	46.005 12
22	12.100 31	17.861 04	21.644 75	26.186 40	38.142 06	55.206 14
23	13.552 35	20.361 58	24.891 46	30.376 22	45.007 63	66.247 37
24	15.178 63	23.212 21	28.625 18	35.236 42	53.109 01	79.496 85
25	17.000 06	26.461 92	32.918 95	40.874 24	62.668 63	95.396 22
26	19.040 07	30.166 59	37.856 80	47.414 12	73.948 98	114.475 46
27	21.324 88	34.389 91	43.535 31	55.000 38	87.259 80	137.370 55
28	23.883 87	39.204 50	50.065 61	63.800 44	102.966 56	164.844 66
29	26.749 93	44.693 13	57.575 45	74.008 51	121.500 54	197.813 60
30	29.959 92	50.950 17	66.211 77	85.849 88	143.370 64	237.376 31

续　表

年(n)/年利率(i)	24%	28%	32%	36%	40%	50%
1	1.240 00	1.280 00	1.320 00	1.360 00	1.400 00	1.500 00
2	1.537 60	1.638 40	1.742 40	1.849 60	1.960 00	2.250 00
3	1.906 62	2.097 15	2.299 97	2.515 46	2.744 00	3.375 00
4	2.364 21	2.684 36	3.035 96	3.421 02	3.841 60	5.062 50
5	2.931 63	3.435 97	4.007 46	4.652 59	5.378 24	7.593 75
6	3.635 22	4.398 05	5.289 85	6.327 52	7.529 54	11.390 63
7	4.507 67	5.629 50	6.982 61	8.605 43	10.541 35	17.085 94
8	5.589 51	7.205 76	9.217 04	11.703 38	14.757 89	25.628 91
9	6.930 99	9.223 37	12.166 49	15.916 60	20.661 05	38.443 36
10	8.594 43	11.805 92	16.059 77	21.646 57	28.925 47	57.665 04
11	10.657 09	15.111 57	21.198 90	29.439 33	40.495 65	86.497 56
12	13.214 79	19.342 81	27.982 54	40.037 50	56.693 91	129.746 34
13	16.386 34	24.758 80	36.936 96	54.450 99	79.371 48	194.619 51
14	20.319 06	31.691 26	48.756 78	74.053 35	111.120 07	291.929 26
15	25.195 63	40.564 82	64.358 95	100.712 56	155.568 10	437.893 89
16	31.242 59	51.922 97	84.953 82	136.969 08	217.795 33	656.840 84
17	38.740 81	66.461 40	112.139 04	186.277 95	304.913 47	985.261 25
18	48.038 60	85.070 59	148.023 53	253.338 01	426.878 85	1 477.891 9
19	59.567 86	108.890 36	195.391 06	344.539 69	597.630 40	2 216.837 8
20	73.864 15	139.379 66	257.916 20	468.573 98	836.682 55	3 325.256 7
21	91.591 55	178.405 96	340.449 38	637.260 61	1 171.355 6	4 987.885 1
22	113.573 52	228.359 63	449.393 19	866.674 43	1 639.897 8	7 481.827 6
23	140.831 16	292.300 33	593.199 01	1 178.677 2	2 295.856 9	11 222.741
24	174.630 64	374.144 42	783.022 69	1 603.001 0	3 214.199 7	16 834.112
25	216.541 99	478.904 86	1 033.590 0	2 180.081 4	4 499.879 6	25 251.168
26	268.512 07	612.998 22	1 364.338 7	2 964.910 7	6 299.831 4	37 876.752
27	332.954 97	784.637 72	1 800.927 1	4 032.278 6	8 819.764 0	56 815.129
28	412.864 16	1 004.336 3	2 377.223 8	5 483.898 8	12 347.670	85 222.693
29	511.951 56	1 285.550 4	3 137.935 4	7 458.102 4	17 286.737	127 834.04
30	634.819 93	1 645.504 6	4 142.074 8	10 143.019	24 201.432	191 751.06

附表二　复利现值系数表

n 年后获得或开支的 1 元现金的现值 $= \frac{1}{(1+i)^n}$

年(n)/年利率(i)	0.5%	1%	1.5%	2%	2.5%	3%
1	.995 02	.990 10	.985 22	.980 39	.975 61	.970 87
2	.990 07	.980 30	.970 66	.961 17	.951 81	.942 60
3	.985 15	.970 59	.956 32	.942 32	.928 60	.915 14
4	.980 25	.960 98	.942 18	.923 85	.905 95	.888 49
5	.975 37	.951 47	.928 26	.905 73	.883 85	.862 61
6	.970 52	.942 04	.914 54	.887 97	.862 30	.837 48
7	.965 69	.932 72	.901 03	.870 56	.841 27	.813 09
8	.960 89	.923 48	.887 71	.853 49	.820 75	.789 41
9	.956 10	.914 34	.874 59	.836 75	.800 73	.766 42
10	.951 35	.905 29	.861 67	.820 35	.781 20	.744 09
11	.946 61	.896 32	.848 93	.804 26	.762 14	.722 42
12	.941 91	.887 45	.836 39	.788 49	.743 56	.701 38
13	.937 22	.878 66	.824 03	.773 03	.725 42	.680 95
14	.932 56	.869 96	.811 85	.757 87	.707 73	.661 12
15	.927 92	.861 35	.799 85	.743 01	.690 47	.641 86
16	.923 30	.852 82	.788 03	.728 45	.673 62	.623 17
17	.918 71	.844 38	.776 39	.714 16	.657 20	.605 02
18	.914 12	.836 02	.764 91	.700 16	.641 17	.587 39
19	.909 59	.827 74	.753 61	.686 43	.625 53	.570 29
20	.905 06	.819 54	.742 47	.672 97	.610 27	.553 67
21	.900 56	.811 43	.731 50	.659 78	.595 39	.537 55
22	.896 08	.803 40	.720 69	.646 84	.580 86	.521 89
23	.891 62	.795 44	.710 04	.634 16	.566 70	.506 69
24	.887 19	.787 57	.699 54	.621 72	.552 88	.491 93
25	.882 77	.779 77	.689 21	.609 53	.539 39	.477 61
26	.878 38	.772 05	.679 02	.597 58	.526 23	.463 69
27	.874 01	.764 40	.668 99	.585 86	.513 40	.450 19
28	.869 66	.756 84	.659 10	.574 37	.500 88	.437 08
29	.865 33	.749 34	.649 36	.563 11	.488 66	.424 35
30	.861 03	.741 92	.639 76	.552 07	.476 74	.411 99

续 表

年(*n*)/年利率(*i*)	3.5%	4%	4.5%	5%	5.5%	6%
1	.966 18	.961 54	.956 94	.952 38	.947 87	.943 40
2	.933 51	.924 56	.915 73	.907 03	.898 45	.890 00
3	.901 94	.889 00	.876 30	.863 84	.851 61	.839 62
4	.871 44	.854 80	.838 56	.822 70	.807 22	.792 09
5	.841 97	.821 93	.802 45	.783 53	.765 13	.747 26
6	.813 50	.790 31	.767 90	.746 22	.725 25	.704 96
7	.785 99	.759 92	.734 83	.710 68	.687 44	.665 06
8	.759 41	.730 69	.703 19	.676 84	.651 60	.627 41
9	.733 73	.702 59	.672 90	.644 61	.617 63	.591 90
10	.708 92	.675 56	.643 93	.613 91	.585 43	.558 39
11	.684 95	.649 58	.616 20	.584 68	.554 91	.526 79
12	.661 78	.624 60	.589 66	.556 84	.525 98	.496 97
13	.639 40	.600 57	.564 27	.530 32	.498 56	.468 84
14	.617 78	.577 47	.539 97	.505 07	.472 57	.442 30
15	.596 89	.555 26	.516 72	.481 02	.447 93	.417 26
16	.576 71	.533 91	.494 47	.458 11	.424 58	.393 65
17	.557 20	.513 37	.473 18	.436 30	.402 45	.371 36
18	.538 36	.493 63	.452 80	.415 52	.381 47	.350 34
19	.520 16	.474 64	.433 30	.395 73	.361 58	.330 51
20	.502 57	.456 39	.414 64	.376 89	.342 73	.311 80
21	.485 57	.438 83	.396 79	.358 94	.324 86	.294 15
22	.469 15	.421 95	.379 70	.341 85	.307 93	.277 50
23	.453 29	.405 73	.363 35	.325 57	.291 87	.261 80
24	.437 96	.390 12	.347 70	.310 07	.276 66	.246 98
25	.423 15	.375 12	.332 73	.295 30	.262 23	.233 00
26	.408 84	.360 69	.318 40	.281 24	.248 56	.219 81
27	.395 01	.346 82	.304 69	.267 85	.235 60	.207 37
28	.381 65	.333 48	.291 57	.255 09	.223 32	.195 63
29	.368 75	.320 65	.279 02	.242 95	.211 68	.184 56
30	.356 28	.308 32	.267 00	.231 38	.200 64	.174 11

续 表

年(n)/年利率(i)	6.5%	7%	7.5%	8%	9%	10%
1	.938 97	.934 58	.930 23	.925 93	.917 43	.909 09
2	.881 66	.873 44	.865 33	.857 34	.841 68	.826 45
3	.827 85	.816 30	.804 96	.793 83	.772 18	.751 31
4	.777 32	.762 90	.748 80	.735 03	.708 43	.683 01
5	.729 88	.712 99	.696 56	.680 58	.649 93	.620 92
6	.685 33	.666 34	.647 96	.630 17	.596 27	.564 47
7	.643 51	.622 75	.602 75	.583 49	.547 03	.513 16
8	.604 23	.582 01	.560 70	.540 27	.501 87	.466 51
9	.567 35	.543 93	.521 58	.500 25	.460 43	.424 10
10	.532 73	.508 35	.485 19	.463 19	.422 41	.385 54
11	.500 21	.475 09	.451 34	.428 88	.387 53	.350 49
12	.469 68	.444 01	.419 85	.397 11	.355 53	.318 63
13	.441 02	.414 96	.390 56	.367 70	.326 18	.289 66
14	.414 10	.387 82	.363 31	.340 46	.299 25	.263 33
15	.388 83	.362 45	.337 97	.315 24	.274 54	.239 39
16	.365 10	.338 73	.314 39	.291 89	.251 87	.217 63
17	.342 81	.316 57	.292 45	.270 27	.231 07	.197 84
18	.321 89	.295 86	.272 05	.250 25	.211 99	.179 86
19	.302 24	.276 51	.253 07	.231 71	.194 49	.163 51
20	.283 80	.258 42	.235 41	.214 55	.178 43	.148 64
21	.266 48	.241 51	.218 99	.198 66	.163 70	.135 13
22	.250 21	.225 71	.203 71	.183 94	.150 18	.122 85
23	.234 94	.210 95	.189 50	.170 31	.137 78	.111 68
24	.220 60	.197 15	.176 28	.154 70	.126 40	.101 53
25	.207 14	.184 25	.163 98	.146 02	.115 97	.092 30
26	.194 50	.172 20	.152 54	.135 20	.106 39	.083 91
27	.182 63	.160 93	.141 90	.125 19	.097 61	.076 28
28	.171 48	.150 40	.132 00	.115 91	.089 55	.069 34
29	.161 01	.140 56	.122 79	.107 33	.082 15	.063 04
30	.151 19	.131 37	.114 22	.099 38	.075 37	.057 31

续　表

年(n)/年利率(i)	12%	14%	15%	16%	18%	20%
1	.892 86	.877 19	.869 57	.862 07	.847 46	.833 33
2	.797 19	.760 47	.756 14	.743 16	.718 18	.694 44
3	.711 78	.674 97	.657 52	.640 66	.608 63	.578 70
4	.635 52	.592 08	.571 75	.552 29	.515 79	.482 25
5	.567 43	.519 37	.497 18	.476 11	.437 11	.401 88
6	.506 63	.455 59	.432 33	.410 44	.370 43	.334 90
7	.452 35	.399 64	.375 94	.353 83	.313 92	.279 08
8	.403 88	.350 59	.326 90	.305 03	.266 04	.232 57
9	.360 61	.307 51	.284 26	.262 95	.225 46	.193 81
10	.321 97	.269 74	.247 18	.226 68	.191 06	.161 51
11	.287 48	.236 62	.214 94	.195 42	.161 92	.134 59
12	.256 67	.207 56	.186 91	.168 46	.137 22	.112 16
13	.229 17	.182 07	.162 53	.145 23	.116 29	.093 49
14	.204 62	.159 71	.141 33	.125 20	.098 55	.077 89
15	.182 70	.140 10	.122 89	.107 93	.083 52	.064 91
16	.163 12	.122 89	.106 86	.093 04	.070 78	.054 09
17	.145 64	.107 80	.092 93	.080 21	.059 98	.045 07
18	.130 04	.094 56	.080 80	.069 14	.050 83	.037 56
19	.116 11	.082 95	.070 26	.059 61	.043 08	.031 30
20	.103 67	.072 76	.061 10	.051 39	.036 51	.026 08
21	.092 56	.063 83	.053 13	.044 30	.030 94	.021 74
22	.032 64	.055 99	.046 20	.038 19	.026 22	.018 11
23	.073 79	.049 11	.040 17	.032 92	.022 22	.015 09
24	.065 88	.043 08	.034 93	.028 38	.018 83	.012 58
25	.058 82	.037 79	.030 38	.024 47	.015 96	.010 48
26	.052 52	.033 15	.026 42	.021 09	.013 52	.008 74
27	.046 89	.029 08	.022 97	.018 18	.011 46	.007 28
28	.041 87	.025 51	.019 97	.015 67	.009 71	.006 07
29	.037 38	.022 37	.017 37	.013 51	.008 23	.005 06
30	.033 38	.019 63	.015 10	.011 65	.006 97	.004 21

续 表

年(n)/年利率(i)	24%	28%	32%	36%	40%	50%
1	.806 45	.781 25	.757 58	.735 29	.714 29	.666 67
2	.650 36	.610 35	.573 92	.540 66	.510 20	.444 44
3	.524 49	.476 84	.434 79	.397 54	.364 43	.296 30
4	.422 97	.372 53	.329 39	.292 31	.260 31	.197 53
5	.341 11	.291 04	.249 53	.214 93	.185 93	.131 69
6	.275 09	.227 37	.189 04	.158 04	.132 81	.087 79
7	.221 84	.177 64	.141 32	.116 21	.094 86	.058 53
8	.178 91	.138 78	.108 49	.085 45	.067 76	.039 02
9	.144 28	.108 42	.082 19	.062 83	.048 40	.026 01
10	.116 35	.084 70	.062 27	.046 20	.034 57	.017 34
11	.093 83	.066 17	.047 17	.033 97	.024 69	.011 56
12	.075 67	.051 70	.035 74	.024 98	.017 64	.007 71
13	.061 03	.040 39	.027 07	.018 37	.012 60	.005 14
14	.049 21	.031 55	.020 51	.013 50	.009 00	.003 43
15	.039 69	.024 65	.015 54	.009 93	.006 43	.002 28
16	.032 01	.019 26	.011 77	.007 30	.004 59	.001 52
17	.025 81	.015 05	.008 02	.005 37	.003 28	.001 01
18	.020 82	.011 75	.006 76	.003 95	.002 34	.000 68
19	.016 79	.009 18	.005 12	.002 60	.001 67	.000 45
20	.013 54	.007 17	.003 88	.002 13	.001 20	.000 30
21	.010 92	.005 61	.002 94	.001 57	.000 85	.000 20
22	.008 80	.004 38	.002 23	.001 15	.000 61	.000 13
23	.007 10	.003 42	.001 69	.000 85	.000 44	.000 09
24	.005 73	.002 67	.001 28	.000 62	.000 31	.000 06
25	.004 62	.002 09	.000 97	.000 46	.000 22	.000 04
26	.003 72	.001 63	.000 73	.000 34	.000 16	.000 03
27	.003 00	.001 27	.000 56	.000 25	.000 11	.000 02
28	.002 42	.001 00	.000 42	.000 18	.000 08	.000 01
29	.001 95	.000 78	.000 32	.000 13	.000 06	.000 01
30	.001 57	.000 61	.000 24	.000 10	.000 04	.000 01

附表三　年金终值系数表

利息期为 n、市场利率为 i 的 1 元年金终值 $=\frac{(1+i)^n-1}{i}$

年(n)/年利率(i)	0.5%	1%	1.5%	2%	2.5%	3%
1	1.000 000	1.000 000	1.000 000	1.000 000	1.000 000	1.000 000
2	2.005 000	2.010 000	2.015 000	2.020 000	2.025 000	2.030 000
3	3.015 025	3.030 100	3.045 225	3.060 400	3.075 625	3.090 900
4	4.030 100	4.060 401	4.090 903	4.121 608	4.152 516	4.183 627
5	5.050 251	5.101 005	5.152 267	5.204 040	5.256 329	5.309 136
6	6.075 502	6.152 015	6.229 551	6.308 121	6.387 737	6.468 401
7	7.105 879	7.213 535	7.322 994	7.434 283	7.547 430	7.662 462
8	8.141 409	8.285 671	8.432 839	8.582 969	8.736 116	8.892 336
9	9.182 116	9.368 527	9.559 332	9.754 628	9.954 519	10.159 106
10	10.228 026	10.462 213	10.702 722	11.949 721	11.203 382	11.463 879
11	11.279 167	11.566 835	11.863 262	12.168 715	12.483 466	12.807 796
12	12.335 562	12.682 503	13.041 211	13.412 090	13.795 553	14.192 030
13	13.397 240	13.809 328	14.236 830	14.608 332	15.140 442	15.617 790
14	14.464 226	14.947 421	15.450 382	15.973 938	16.518 953	17.086 324
15	15.536 548	16.096 896	16.682 138	17.293 417	17.931 927	18.598 914
16	16.614 230	17.257 864	17.932 370	18.639 285	19.380 225	20.156 881
17	17.697 301	18.430 443	19.201 355	20.012 071	20.864 730	21.761 588
18	18.785 788	19.614 748	20.489 376	21.412 312	22.386 349	23.414 435
19	19.879 717	20.810 895	21.796 716	22.840 559	23.946 007	25.116 868
20	20.979 115	22.019 004	23.123 667	24.297 370	25.544 658	26.870 374
21	22.084 011	23.239 194	24.470 522	25.783 317	27.183 274	28.676 484
22	23.194 431	24.471 586	25.837 580	27.298 984	28.862 856	30.536 780
23	24.310 403	25.716 302	27.225 144	28.844 963	30.584 427	32.452 884
24	25.431 955	26.973 465	28.633 521	30.421 862	32.349 038	35.426 470
25	26.559 115	28.243 200	30.063 024	32.030 300	34.157 764	36.459 264
26	27.691 911	29.525 632	31.513 969	33.670 906	36.011 708	38.553 042
27	28.830 370	30.820 888	32.986 679	32.344 324	37.912 001	40.709 634
28	29.974 522	32.129 097	34.481 479	34.051 210	39.589 801	42.930 923
29	31.124 395	33.450 388	35.998 701	35.792 235	41.856 296	45.218 850
30	32.280 017	34.784 892	37.538 681	37.568 079	43.902 703	47.575 416

续 表

年(*n*)/年利率(*i*)	3.5%	4%	4.5%	5%	5.5%	6%
1	1.000 000	1.000 000	1.000 000	1.000 000	1.000 000	1.000 000
2	2.035 000	2.040 000	2.045 000	2.050 000	2.055 000	2.060 000
3	3.106 225	3.121 600	3.137 025	3.152 500	3.168 025	3.183 600
4	4.214 943	4.246 464	4.278 191	4.310 125	4.342 266	4.374 616
5	5.362 466	5.416 323	5.470 710	5.525 631	5.581 091	5.637 093
6	6.550 152	6.632 975	6.716 892	6.801 913	6.888 051	6.975 317
7	7.779 408	7.898 294	8.019 152	8.142 008	8.266 894	8.393 838
8	9.051 687	9.214 226	9.380 014	9.549 109	9.721 573	9.897 468
9	10.368 496	10.582 795	10.802 114	11.026 546	11.256 260	11.491 316
10	11.731 393	12.006 107	12.188 209	12.577 893	12.875 354	13.180 795
11	13.141 4	13.486 351	13.841 179	14.206 787	14.583 498	14.971 643
12	14.992	15.025 805	15.464 032	15.917 127	16.385 591	16.869 941
13	16.601 962	16.626 838	17.159 913	17.712 983	18.286 798	18.882 138
14	17.113 030	18.291 911	18.932 109	19.598 632	20.292 572	21.015 066
15	19.676 986	20.023 258 8	20.784 054	21.578 564	22.408 664	23.275 970
16	20.971 030	21.824 531	22.719 337	23.657 492	24.641 140	25.672 528
17	22.705 016	23.697 512	24.741 707	25.840 366	26.996 403	28.212 880
18	24.499 691	25.645 431	26.855 084	28.132 385	29.481 205	30.905 653
19	26.357 181	27.671 229	29.063 561	30.539 004	32.102 671	33.759 992
20	28.279 682	29.778 079	31.371 423	33.065 954	34.868 318	36.785 591
21	30.269 471	31.969 202	33.783 137	35.719 252	37.786 076	39.992 727
22	32.328 902	34.247 970	36.303 378	38.505 214	40.864 310	43.392 290
23	34.460 414	36.617 889	38.937 030	41.430 475	44.111 847	46.995 828
24	36.666 528	39.082 604	41.689 196	44.501 999	47.537 998	50.815 577
25	38.949 857	41.645 908	44.565 210	47.727 099	51.152 588	54.864 512
26	41.313 102	44.311 745	47.570 645	51.113 454	54.965 981	59.156 383
27	43.759 060	47.084 214	50.711 324	54.669 126	58.989 109	63.705 766
28	46.290 527	49.967 583	53.993 333	58.402 583	63.233 510	38.528 112
29	48.910 799	52.966 286	57.423 033	62.322 712	67.711 354	73.629 798
30	51.622 677	56.084 938	61.007 070	66.438 848	72.435 478	79.058 186

续　表

年(n)/年利率(i)	7%	8%	9%	10%	12%	15%
1	1.000 000	1.000 000	1.000 000	1.000 000	1.000 000	1.000 000
2	2.070 000	2.080 000	2.090 000	2.100 000	2.120 000	2.150 000
3	3.214 900	3.246 400	3.278 100	3.310 000	3.374 400	3.472 500
4	4.439 943	4.506 112	4.573 129	4.641 000	4.779 328	4.993 375
5	5.750 740	5.866 601	5.984 711	6.105 100	6.352 847	6.472 381
6	7.153 291	7.335 929	7.523 335	7.715 610	8.115 189	8.753 738
7	8.654 021	8.922 803	9.200 435	9.487 171	10.089 012	11.066 799
8	10.259 803	10.636 628	11.028 474	11.435 888	12.299 693	13.726 819
9	11.977 989	12.487 558	13.021 036	13.579 477	14.775 656	16.785 842
10	13.816 448	14.486 562	15.192 930	15.937 425	17.548 735	20.303 718
11	15.783 599	16.645 487	17.560 293	18.531 167	20.654 583	24.349 276
12	17.888 451	18.977 126	20.140 720	21.384 284	24.133 133	29.001 667
13	20.140 643	21.495 297	22.953 385	24.522 712	28.029 109	34.351 917
14	22.550 488	24.214 920	26.019 189	27.947 983	32.392 602	40.540 705
15	25.129 022	27.152 114	29.360 916	31.772 482	37.279 715	47.580 411
16	27.888 054	30.324 283	33.003 399	35.949 730	42.753 280	55.717 472
17	30.840 217	33.750 226	36.973 705	40.544 703	48.883 674	65.075 093
18	33.999 033	37.450 244	41.301 338	45.599 173	55.749 715	75.836 357
19	37.378 965	41.446 263	46.018 458	51.159 090	63.439 681	88.211 811
20	40.995 492	45.761 964	51.160 120	57.274 999	72.052 442	102.443 583
21	44.865 177	50.422 921	56.764 530	64.002 499	81.498 736	118.810 120
22	49.005 739	55.456 755	62.873 338	71.402 749	92.502 584	137.631 638
23	53.436 141	60.893 296	69.531 939	79.543 024	104.602 894	159.276 384
24	58.176 671	66.764 759	76.789 813	88.497 327	118.155 241	184.167 814
25	63.249 038	73.105 940	84.700 896	98.347 059	133.333 870	212.793 017
26	68.676 470	79.954 415	93.323 977	109.181 765	150.333 934	245.711 970
27	74.483 823	87.350 768	102.723 135	121.099 942	169.374 007	283.568 766
28	80.697 691	95.338 830	112.968 217	134.209 936	190.698 887	327.104 080
29	87.346 529	103.965 936	124.135 356	148.630 930	214.582 754	377.169 693
30	94.460 786	113.283 211	136.307 539	164.494 023	241.332 684	434.745 146

续　表

年(n)/年利率(i)	18%	20%	25%	30%	40%	50%
1	1	1	1	1	1.000	1.000
2	2.18	2.2	2.25	2.3	2.400	2.500
3	3.572 4	3.64	3.812 5	3.99	4.360	4.750
4	5.215 4	5.368	5.765 6	6.187	7.104	8.125
5	7.154 2	7.441 6	8.207	9.043 1	10.946	13.188
6	9.442	9.929 9	11.258 8	12.756	16.324	20.781
7	12.141 5	12.915 9	15.073 5	17.582 8	23.853	32.172
8	15.327	16.499 1	19.841 9	23.857 7	34.395	49.258
9	19.085 9	20.798 9	25.802 3	32.015	49.153	74.887
10	23.521 3	25.958 7	33.252 9	42.619 5	69.814	113.330
11	28.755 1	32.150 4	42.566 1	56.405 3	98.739	170.995
12	34.931 1	39.580 5	54.207 7	74.327	139.235	257.493
13	42.218 7	48.496 6	68.759 6	97.625	195.929	387.239
14	50.818	59.195 9	86.949 5	127.912 5	275.300	581.859
15	60.965 3	72.035 1	109.686 8	167.286 3	386.400	873.788
16	72.939	87.442 1	138.108 5	218.472 2	541.99	1 311.7
17	87.068	105.930 6	173.635 7	285.013 9	759.78	1 968.6
18	103.740 3	128.116 7	218.044 6	371.518	1 064.7	2 953.8
19	123.413 5	154.74	273.555 8	483.973 4	1 491.6	4 431.7
20	146.628	186.688	342.944 7	630.165 5	2 083.2	6 648.5
21	174.021	225.025 6	429.680 9	820.215 1	2 925.888 9	9 973.770 2
22	206.344 8	271.030 7	538.101 1	1 067.279 6	4 097.244 5	14 961.655 3
23	244.486 8	326.236 9	673.626 4	1 388.463 5	5 737.142 3	22 433.482 9
24	289.494 5	392.484 2	843.032 9	1 806.002 6	8 032.999 3	33 666.224 4
25	342.603 5	471.981 1	1 054.791 2	2 348.803 3	11 247.199 0	50 500.336 6
26	405.272 1	567.377 3	1 319.489	3 054.444 3	15 747.078 5	75 751.504 9
27	479.221 1	681.852 8	1 650.361 2	3 971.777 6	22 046.909 9	113 628.257 3
28	566.480 9	819.223 3	2 063.951 5	5 164.310 9	30 866.673 9	170 443.386 0
29	669.447 5	984.068	2 580.939 4	6 714.604 2	43 214.343 5	255 666.079 0
30	790.948	1 181.881 6	3 227.174 3	8 729.985 5	60 501.080 9	383 500.118 5

附表四　年金现值系数表

n 年中每年获取或支出 1 元现金的现值 $=\frac{1}{i}-\frac{1}{i(1+i)^n}$

年(n)/年利率(i)	0.5%	1%	1.5%	2%	2.5%	3%
1	0.995 02	0.990 10	0.985 22	0.980 39	0.975 61	0.970 87
2	1.985 10	1.970 40	1.955 88	1.941 56	1.927 42	1.913 47
3	2.970 25	2.940 99	2.912 20	2.883 88	2.856 02	2.828 61
4	3.850 50	3.901 97	3.854 38	3.807 73	3.761 97	3.717 10
5	4.925 87	4.853 43	4.782 64	4.773 46	4.645 83	4.579 71
6	5.896 38	5.795 48	5.697 19	5.601 43	5.508 13	5.417 19
7	6.862 07	6.728 19	6.598 21	6.471 99	6.349 39	6.230 28
8	7.822 96	7.651 68	7.485 93	7.325 48	7.170 14	7.019 69
9	8.779 06	8.566 02	8.360 52	8.162 24	7.970 87	7.786 11
10	9.730 41	9.471 30	9.222 18	8.982 59	8.752 06	8.530 20
11	10.677 03	10.367 63	10.071 12	9.786 85	9.514 21	9.252 62
12	11.618 93	11.255 08	10.907 51	10.575 34	10.257 76	9.954 00
13	12.556 15	12.133 74	11.731 53	11.348 37	10.983 18	10.634 96
14	13.488 71	13.003 70	12.543 38	12.106 25	11.690 91	11.296 07
15	14.416 62	13.865 05	13.343 23	12.849 26	12.381 38	11.937 94
16	15.339 93	14.717 87	14.131 26	13.577 71	13.055 00	12.561 10
17	16.258 63	15.562 25	14.907 65	14.291 87	13.712 20	13.166 12
18	17.172 77	16.398 27	15.672 56	14.992 03	14.353 36	13.753 51
19	18.082 36	17.226 01	16.426 17	15.678 46	14.978 89	14.323 80
20	18.987 42	18.045 55	17.168 64	16.351 43	15.589 16	14.877 47
21	19.887 98	18.856 98	17.900 14	17.011 21	16.184 55	15.415 02
22	20.784 06	19.660 38	18.620 82	17.658 05	16.765 41	15.936 92
23	21.675 68	20.455 82	19.330 86	18.292 20	17.332 11	16.443 61
24	22.562 87	21.243 39	20.030 41	18.913 93	17.884 99	16.935 54
25	23.445 64	22.023 16	20.719 61	19.523 46	18.424 38	17.413 15
26	24.324 02	22.795 20	21.398 63	20.121 04	18.950 61	17.876 84
27	25.198 03	23.559 61	22.067 62	20.706 90	19.464 01	18.327 03
28	26.067 69	24.316 44	22.726 72	21.281 27	19.964 89	18.764 11
29	26.933 02	25.065 78	23.376 08	21.844 38	20.493 55	19.188 45
30	27.794 05	25.807 71	24.015 84	22.396 46	20.930 29	19.600 44

续 表

年(n)/年利率(i)	3.5%	4%	4.5%	5%	5.5%	6%
1	0.966 18	0.961 54	0.956 94	0.952 38	0.947 87	0.943 40
2	1.899 69	1.886 09	1.872 67	1.859 41	1.846 32	1.833 39
3	2.806 14	2.775 09	2.748 96	2.723 25	2.697 93	2.673 01
4	3.673 08	3.629 90	3.587 53	3.545 95	3.505 15	3.465 11
5	4.515 05	4.451 82	4.389 98	4.329 48	4.270 28	4.212 36
6	5.328 55	5.242 14	5.157 87	5.075 69	4.995 53	4.917 32
7	6.114 54	6.002 05	5.892 70	5.786 37	5.682 97	5.582 38
8	6.873 96	6.732 74	6.595 89	6.463 21	6.334 57	6.209 79
9	7.607 69	7.435 33	7.268 79	7.107 82	6.952 20	6.801 69
10	8.316 61	8.110 90	7.912 72	7.721 73	7.537 63	6.360 09
11	9.001 55	8.760 48	8.528 92	8.306 41	8.092 54	7.886 87
12	9.663 33	9.385 07	9.118 58	8.863 25	8.618 52	8.383 84
13	10.302 74	9.985 65	9.682 85	9.393 57	9.117 08	8.852 68
14	10.920 52	10.563 12	10.222 83	9.898 64	9.589 65	9.294 98
15	11.517 41	11.118 39	10.739 55	10.379 66	10.037 58	9.712 25
16	12.094 12	11.652 30	11.234 02	10.837 77	10.462 16	10.105 90
17	12.651 32	12.165 67	11.707 19	11.274 07	10.864 61	10.477 26
18	13.189 68	12.659 30	12.159 99	11.689 59	11.246 07	10.827 60
19	13.709 84	13.133 94	12.593 29	12.085 32	11.607 05	11.158 12
20	14.212 40	13.590 33	13.007 94	12.462 21	11.950 38	11.469 92
21	14.697 97	14.029 16	13.404 72	12.821 15	12.275 24	11.764 08
22	15.167 12	14.451 12	13.784 42	13.163 00	12.583 17	12.041 58
23	15.620 41	14.856 84	14.147 77	13.488 57	12.875 04	12.303 38
24	16.058 37	15.246 96	14.495 48	13.798 64	13.151 70	12.550 36
25	16.481 51	15.622 08	14.828 21	14.093 94	13.413 93	12.783 36
26	16.890 35	15.982 77	15.146 61	14.375 19	13.662 50	13.003 17
27	17.285 36	16.329 59	15.451 30	14.643 03	13.898 10	13.210 53
28	17.667 02	16.663 06	15.742 87	14.898 13	14.121 42	13.406 16
29	18.035 77	16.983 71	16.021 89	15.141 07	14.333 10	13.590 72
30	18.392 05	17.292 03	16.288 89	15.372 45	14.533 75	13.764 83

续　表

年(*n*)/年利率(*i*)	6.5%	7%	7.5%	8%	9%	10%
1	0.938 97	0.934 58	0.930 23	0.925 93	0.917 43	0.909 09
2	1.820 63	1.808 02	1.795 57	1.783 26	1.759 11	1.735 54
3	2.648 48	2.624 32	2.600 53	2.577 10	2.531 29	2.486 85
4	3.425 80	3.387 21	3.349 33	3.312 13	3.239 72	3.169 87
5	4.155 68	4.100 20	4.045 88	3.992 71	3.889 65	3.790 79
6	4.841 01	4.766 54	4.693 85	4.622 88	4.485 92	4.355 26
7	5.484 52	5.389 29	5.296 60	5.206 37	5.032 95	4.868 42
8	6.088 75	5.971 30	5.857 30	5.746 64	5.534 82	5.334 93
9	6.656 10	6.515 23	6.378 89	6.246 89	5.995 25	5.759 02
10	7.188 83	7.023 58	6.864 08	6.710 08	6.417 66	6.144 57
11	7.689 04	7.498 67	7.315 42	7.138 96	6.805 19	6.495 06
12	8.158 73	7.942 69	7.735 28	7.536 08	7.160 73	6.813 69
13	8.599 74	8.357 65	8.125 84	7.903 78	7.486 90	7.103 36
14	9.013 84	8.745 47	8.489 15	8.244 24	7.786 15	7.366 69
15	9.402 67	9.107 91	8.827 12	8.559 48	3.060 69	7.606 08
16	9.767 76	9.446 65	9.141 51	8.851 37	8.312 56	7.823 71
17	10.110 58	9.463 22	9.433 96	9.121 64	8.543 63	8.021 55
18	10.432 47	10.059 09	9.706 01	9.371 89	8.755 63	8.201 41
19	10.734 71	10.335 60	9.959 08	9.603 60	8.950 11	8.364 92
20	11.018 51	10.594 01	10.194 49	9.818 15	9.128 55	8.513 56
21	11.284 98	10.835 53	10.413 48	10.016 80	9.292 24	8.648 69
22	11.535 20	11.061 24	10.617 19	10.200 74	9.442 43	8.771 54
23	11.770 14	11.272 19	10.806 69	10.371 06	9.580 21	8.883 22
24	11.990 74	11.469 33	10.982 97	10.528 76	9.706 61	8.984 74
25	12.197 88	11.653 58	11.146 95	10.674 78	9.822 58	9.077 04
26	12.392 37	11.825 78	11.299 48	10.809 98	9.928 97	9.160 95
27	12.575 00	11.986 71	11.441 38	10.935 16	10.026 58	9.237 22
28	12.746 48	12.137 11	11.573 38	10.051 08	10.116 13	9.306 57
29	12.907 49	12.277 67	11.696 17	11.158 41	10.198 28	9.369 61
30	13.058 68	12.409 04	11.810 39	11.257 78	10.273 65	9.426 91

续 表

年(n)/年利率(i)	12%	14%	15%	16%	18%	20%
1	0.892 86	0.877 19	0.869 57	0.862 07	0.847 46	0.833 33
2	1.690 08	1.646 66	1.625 71	1.605 23	1.565 64	2.527 78
3	2.401 83	2.321 63	2.283 23	2.245 89	2.174 27	1.106 48
4	3.037 35	2.913 71	2.854 98	2.788 18	2.690 06	2.588 73
5	3.604 78	3.433 08	3.352 16	3.274 29	3.127 17	3.990 61
6	4.111 41	3.888 67	3.784 48	3.684 74	3.497 60	3.325 51
7	4.563 76	4.288 30	4.160 42	4.038 56	3.811 53	3.604 59
8	4.967 64	4.638 86	4.487 32	4.343 59	4.077 57	3.837 16
9	5.328 25	4.946 37	4.771 58	4.606 54	4.303 02	4.030 97
10	5.650 22	5.216 12	5.018 77	4.833 23	4.494 05	4.192 47
11	5.937 70	5.452 73	5.233 71	5.028 64	4.656 01	4.327 06
12	6.194 37	5.660 29	5.420 62	5.197 11	4.793 22	4.439 22
13	6.423 55	5.842 36	5.583 15	5.342 33	4.909 51	4.532 68
14	6.628 17	6.002 07	5.724 48	5.467 53	5.008 06	4.610 57
15	6.810 86	6.142 17	5.847 37	5.575 46	5.091 58	4.675 47
16	6.973 99	6.265 06	5.954 23	5.668 50	5.162 35	4.729 56
17	7.119 63	6.372 86	6.047 16	5.748 70	5.222 33	4.774 63
18	7.249 67	6.467 42	6.127 97	5.817 85	5.273 16	4.812 19
19	7.365 78	6.550 37	6.198 23	5.877 46	5.316 24	4.843 50
20	7.469 44	6.623 13	6.259 33	5.928 84	5.352 75	4.869 58
21	7.562 00	6.686 96	6.312 46	5.973 14	5.383 68	4.891 32
22	7.644 65	6.742 94	6.358 66	6.011 33	5.409 90	4.909 43
23	7.718 43	6.792 06	6.398 84	6.044 25	5.432 12	4.924 53
24	7.784 32	6.835 14	6.433 77	6.072 63	5.450 95	4.937 10
25	7.843 14	6.872 93	6.464 15	6.097 09	5.466 91	4.947 59
26	7.895 66	6.906 08	6.490 56	6.118 18	5.480 43	4.956 32
27	7.942 55	6.935 16	6.513 53	6.136 36	5.491 89	4.963 60
28	7.984 42	6.960 66	6.533 51	6.152 04	5.501 60	4.969 67
29	8.021 81	6.983 04	6.550 88	6.165 55	5.509 83	4.974 72
30	8.055 18	7.002 66	6.565 98	6.177 20	5.516 81	4.978 94

续　表

年(n)/年利率(i)	24%	28%	32%	36%	40%	50%
1	.80 645	.78 125	.75 758	.73 529	.71 429	.66 667
2	1.456 82	1.391 60	1.331 50	1.275 95	1.224 49	1.111 11
3	1.981 30	1.868 44	1.766 29	1.673 50	1.588 92	1.407 41
4	2.404 28	2.240 97	2.095 67	1.965 81	1.849 23	1.604 94
5	2.745 38	2.532 01	2.345 22	2.180 75	2.035 16	1.736 63
6	3.020 47	2.759 38	2.534 25	2.338 78	2.167 98	1.824 42
7	3.242 32	2.937 02	2.677 47	2.454 98	2.262 84	1.882 94
8	3.421 22	3.075 79	2.785 97	2.540 43	2.330 60	1.921 96
9	3.565 50	3.184 21	2.868 16	2.603 26	2.376 00	1.947 98
10	3.681 86	3.268 92	2.930 41	2.649 45	2.413 57	1.965 32
11	3.775 69	3.335 09	2.977 59	2.683 42	2.438 27	1.976 88
12	3.851 36	3.386 79	3.013 32	2.708 41	2.455 90	1.984 59
13	3.912 39	3.427 18	3.040 41	2.726 76	2.468 50	1.989 72
14	3.961 60	3.458 73	3.060 91	2.740 28	2.477 50	1.993 15
15	4.001 29	3.483 39	3.076 44	2.750 20	2.483 93	1.995 43
16	4.033 30	3.502 65	3.088 22	2.757 50	2.488 52	1.996 96
17	4.059 11	3.517 69	3.097 13	2.762 87	2.491 80	1.997 97
18	4.079 03	3.529 46	3.103 89	2.766 81	2.494 14	1.998 65
19	4.096 72	3.538 64	3.109 01	2.769 72	2.495 82	1.999 10
20	4.110 26	3.545 82	3.112 88	2.771 86	2.497 01	1.999 40
21	4.121 17	3.551 41	3.115 82	2.773 42	2.497 87	1.999 60
22	4.129 98	3.555 79	3.118 05	2.774 58	2.498 48	1.999 73
23	4.137 08	3.559 21	3.119 73	2.775 42	2.498 91	1.999 82
24	4.142 81	3.561 89	3.121 01	2.776 06	2.499 22	1.999 88
25	4.147 42	3.563 96	3.121 98	2.776 50	2.499 44	1.999 92
26	4.151 15	3.565 61	3.122 72	2.776 84	2.499 60	1.999 95
27	4.154 15	3.566 89	3.123 26	2.777 09	2.499 72	1.999 96
28	4.156 57	3.567 86	3.123 69	2.777 28	2.499 80	1.999 98
29	4.158 53	3.568 65	3.124 00	2.777 42	2.499 86	1.999 98
30	4.160 10	3.569 26	3.124 25	2.777 50	2.499 90	1.999 99

附表五 自然对数 e^{rt} 的未来值

现在的 1 元按年利率(r)连续复利计息,t 年后的价值

rt	.00	.01	.02	.03	.04	.05	.06	.07	.08	.09
.00	1.000	1.010	1.020	1.030	1.041	1.051	1.062	1.073	1.083	1.094
.10	1.105	1.116	1.127	1.139	1.150	1.162	1.174	1.185	1.197	1.209
.20	1.221	1.234	1.246	1.259	1.271	1.284	1.297	1.310	1.323	1.336
.30	1.350	1.363	1.377	1.391	1.405	1.419	1.433	1.448	1.462	1.477
.40	1.492	1.507	1.522	1.537	1.553	1.568	1.584	1.600	1.616	1.632
.50	1.649	1.665	1.682	1.699	1.716	1.733	1.751	1.768	1.786	1.804
.60	1.822	1.840	1.859	1.878	1.896	1.916	1.935	1.954	1.974	1.994
.70	2.014	2.034	2.054	2.075	2.096	2.117	2.138	2.160	2.181	2.203
.80	2.226	2.348	2.271	2.293	2.316	2.340	2.363	2.387	2.411	2.435
.90	2.460	2.848	2.509	2.535	2.560	2.586	2.612	2.638	2.664	2.691
1.00	2.718	2.746	2.773	2.801	2.829	2.858	2.886	2.915	2.945	2.974
1.10	3.004	3.034	3.068	3.096	3.127	3.158	3.190	3.222	3.254	3.287
1.20	3.320	3.353	3.387	3.421	3.456	3.490	3.525	3.561	3.597	3.633
1.30	3.669	4.706	3.743	3.781	3.819	3.857	3.896	3.935	3.975	4.015
1.40	4.055	4.096	4.137	4.179	4.221	4.263	4.306	4.349	4.393	4.437
1.50	4.482	4.527	4.572	4.618	4.665	4.711	4.759	4.807	4.855	4.904
1.60	4.953	5.003	5.053	5.104	5.155	5.207	2.259	5.312	5.366	5.419
1.70	5.474	5.529	5.585	5.641	5.697	5.755	5.812	5.871	5.930	5.989
1.80	6.050	6.110	6.172	6.234	6.297	6.360	6.424	6.488	6.553	6.619
1.90	6.686	6.753	6.821	6.890	6.959	7.029	7.099	7.171	7.243	7.316
2.00	7.389	7.463	7.538	7.614	7.691	7.768	7.846	7.925	8.004	8.085
2.10	8.166	8.248	8.331	8.415	8.499	8.585	8.671	8.758	8.846	8.935
2.20	9.025	9.116	9.207	9.300	9.393	9.488	9.583	9.679	9.777	9.875
2.30	9.974	10.07	10.18	10.28	10.38	10.49	10.59	10.70	10.80	10.91
2.40	11.02	11.13	11.25	11.36	11.47	11.59	11.70	11.82	11.94	12.06
2.50	12.18	12.30	12.43	12.55	12.68	12.81	12.94	13.07	13.20	13.33
2.60	13.46	13.60	13.74	13.87	14.01	14.15	14.30	14.44	14.59	14.73
2.70	14.88	15.03	15.18	15.33	15.49	15.64	15.80	15.96	16.12	16.28
2.80	16.44	16.61	16.78	16.95	17.12	17.29	17.46	17.64	17.81	17.99
2.90	18.17	18.36	18.54	18.73	18.92	19.11	19.30	19.49	19.69	19.89
3.00	20.09	20.29	20.49	20.70	20.91	21.12	21.33	21.54	21.76	21.98
3.10	22.20	22.42	22.65	22.87	23.10	23.34	23.57	23.81	24.05	24.29
3.20	24.53	24.78	25.03	25.28	25.53	25.79	26.05	26.31	26.58	26.84
3.30	27.11	27.39	27.66	27.94	28.22	28.50	28.79	29.08	29.37	29.67
3.40	29.96	30.27	30.57	30.88	31.19	31.50	31.82	32.14	32.46	32.79
3.50	33.12	33.45	33.78	34.12	34.47	34.81	35.16	35.52	35.87	36.23
3.60	36.60	36.97	37.34	37.71	38.09	38.47	38.86	39.25	39.65	40.40
3.70	40.45	40.85	41.26	41.68	42.10	42.52	42.95	43.38	43.82	44.26
3.80	44.70	45.15	45.60	46.06	46.53	46.99	47.47	47.94	48.42	48.91
3.90	49.40	49.90	50.40	50.91	51.42	51.94	52.46	52.98	53.52	54.05

注：现在的 1 元按每年 10%的利率连续复利计息,1 年后的价值为 1.105 元,2 年后的价值为 1.221 元。

参考资料

[1] 欧阳令南:《公司财务》,上海财经大学出版社 1995 年版。

[2] 欧阳令南:《公司理财》,中国经济出版社 1997 年版。

[3] 荆新、王化成:《财务管理学》,中国人民大学出版社 1993 年版。

[4] 茅宁:《股份公司理财学》,南京大学出版社 1994 年版。

[5] 陆廷纲:《中外企业财务》(第二版),复旦大学出版社 1996 年版。

[6] 瞿卫东:《金融工程学》,中国财政经济出版社 1997 年版。

[7] 中国注册会计师协会:《财务成本管理》,2020 年全国 CPA 考试辅导材料,中国财政经济出版社 2020 年版。

[8] Lawrence J. Gitman, *Principles of Managerial Finance*, Seventh Edition, Harper Collins College Publishers, 1994.

[9] Stephen A. Ross and Randolph W. Westerfield, *Corporate Finance*, Times Mirror/Mosby College Publishing, 1988.

[10] George G. Kaufman, *The U.S. Financial System*, *Prentice-Hall*, 1986.

[11] Robert Z. Aliber, *The Handbook of International Financial Management*, Dow Jones-Irwin, 1989.

[12]《中华人民共和国证券法》(2019 年 12 月 28 日修订)。

[13]《中华人民共和国公司法》(2018 年 10 月 26 日修订)。